KB175237

일본의 헌법이념과 헌법정치

일본의 헌법이념과 헌법정치

장진호 지음

한국학술정보

머리말

일본은 패전 후 신헌법에서 국민주권주의와 평화주의를 선언했지만 그 신헌법의 헌정도 논란과 반발을 부른다. 파시즘과 군국주의를 방치, 추인, 고무시킨 전전의 헌법정치에 대한 그 '반성'의 헌정도 평화주의를 비웃는 자위대의 존재와 그 확장적 행동, 재군비와 맞물린 끊임없는 개헌 시도, 잊을 만하면 등장하는 총리의 야스쿠니신사 참배 등으로 지탄과 비난의 대상이 되는 것이다. 그런데 반발과 비판의 주요 발원지인 우리는 현상비판을 넘는 근본 원인에 대해서는 크게 주목하지 않는다. 그런 헌법적 논란이 일본헌법이 지닌 본질적 이념이나 원리의 부정적 측면 혹은 운용의 잘못에 기인한 것인지 아니면 헌정의 기반이나 운행 즉 헌법현실이 헌법이념과 괴리됨으로 인한 것인지 등의 본질적 물음을 거의 던지지 않는다.

그 이유는 분명하다. 한국은 일본의 헌법정치에 대해 부정, 비판, 수용, 반응하는 갈등적 이해관계 상대방의 위치에 있지만, 식민 피지배의 경험과 기억에서 출발해 일본적 사상이나 가치관에 대한 배타성으로 이어진 일본거부 의식을 뼛속 깊이 지니기 때문이다. 그래서 일본 문제에 접근하는 경우에도 여전히 그런 의식의 속박 안에서 분석하고 평가하고 결론 내리기에 본질적인 물음에 이르는 길이 은연중에 차단된다. 출발점에서부터 이미 부정적 판단이 전제되어 그에 걸맞은 사실만을 사실이라 믿으면서 즉 스스로 사실이라 믿고 싶은 것만을 사실이라 믿고 게다가 그런 의식의 장벽에 대한 자각조차도 실은 쉽지 않은 토대 위에서 판단해야 하기에 본질적 물음에 이르는 것이 어렵다.

알고 보면 그런 식의 대응은 개별적 인식의 결론이 아니라, 반일

슬로건을 만드는 정치가 주입해 온 국민적 의식의 산물이다. 반일감정을 정치적으로 이용하는 그 논리는 필요시에는 국민을 손쉽게 단결시키고 국면전환용의 정치적 수단이 되고 평시에도 민족적 자존심을 달래는 역할로 늘 이용된다. 그런 논리 구조에 기반을 둔 학적 작업은 진실에 접근하고자 하더라도 이미 실체적 진실에 접근할 수가 없는 것이 되고 만다. 그 의식의 장벽이 진실에 대한 분석을 얼마나 왜곡시키고 있는지를 그리고 그 왜곡이 얼마나 자연스럽게 자리 잡아 마치 진실인 양 행세하면서 일상에 늘 공존하고 있는지를 쉽게 알기는 물론 어렵다.

그래서 진실에 접근하기 위해 일본에서 자료를 구하기로 했다. 두 달에 한 번씩 4년여를 들렀다. 도쿄 '진보초神保町'의 전문적 고서점은 물론이고 주요 대학 인근이나 여러 대도시에 산재한 고서점 등이 도움이 되었다. 인터넷이나 안내 책자에서 이름도 낯선 지역의 고서점 주소를 발견해 물어물어 찾아가는 일은 즐거움이었다. 그렇게 나온 이 책은 서두에 밝힌 물음에 대한 답이라기보다는 하나의 시안 같은 결실이다. 궁극적 해답은 엄두도 못 낸 상태에서 출발점의 의견 같은 것이다. 그래도 일본의 헌법이념과 헌법정치에 관심이 있는 분들에게 조금이라도 참고가 되길 바란다.

2020. 9. 25.
초가을 의림대로 사무실에서

목 차

머리말

제 1 장

서

서구의 것이 수용되어 변형되고 굴절된 일본형 헌법 이론과 국가 사상은 구한말과 식민지시대를 거쳐 우리의 헌법 생활과 국가 생활을 지배한 사상적, 이론적 원류의 한 부분이 되었다. 개화기 이래 사상의 수입에서 메이지유신을 거친 일본은 모범의 대상으로 우리가 서구의 제도와 문물을 접하는 간접루트였다. 특히 입헌정치의 도입은 동양의 약소국이던 일본이 서양 열강과 대적할 정도로 부강하게 된 원인으로 상찬되었다. 일본의 발전과 부강의 근원이 모두 입헌정치에 있는 양 칭송되었다. 그렇게 일본의 입헌주의立憲主義 constitutionalism[1]나 입헌정치 경험으로부터 적지 않은 영향을 받았음은 부인하기 어렵다.[2]

그렇게 우리의 헌정에 제도적이든 인식적이든 영향을 주었다는 점, 더욱이 그 헌정의 결과가 좋든 싫든 우리의 과거와 현재를 규정하기도 했다는 점에서 보면 해방 후 75년이 지났는데도 아직도 심각한 수준인 오늘날의 일본에 대한 외면은 오히려 기이하다. 이

1) 우리의 경우는 그 개념원리의 도입 이래 오랫동안 '입헌주의'로 불리다가 근래 '헌정주의'로 통용되나 일본에서는 지금도 여전히 '입헌주의'로 통용된다.

2) 신우철, 『비교헌법사』, 14-15, 31-32; 신우철, "일본 입헌주의의 초기 형성", 56; 김효전, "한국에 있어서 일본헌법이론의 초기수용", 235-274; 김영수, 『한국헌법사』, 172-182, 347.

는 학문적이지도 않고 현실정치적이지도 않다. 민족감정이나 그로 인한 편견에 치우친 일본관에 기반을 둔 의식적 혹은 무의식적 외면이나 감추기나 평가절하는 비과학적일뿐더러 현실정치에서 일본의 개헌 움직임의 이유나 원인분석에도 도움이 되지 않는다. 따라서 효과적 대응도 어렵게 만든다. 그 점에서 일본의 헌법정치는 제대로 주목되고 평가되어야 한다.

일본은 비서구권 최초로 근대헌법인 '메이지明治 헌법'을 만들었다. 그것이 근대입헌주의 헌법의 전형은 아니지만 입헌주의는 긍정의 이미지였다. 한국을 포함한 2차 대전 이후의 많은 나라의 경험처럼 19세기 후반 일본에도 헌법은 서구화였다. 비서구권의 선구적 제헌이라는 자긍심은 '민주'나 '자유'라는 이념보다 '헌법'과 '입헌주의'를 더 근대화의 표상으로 삼았다. 민주주의도 메이지 초기에 알려져 있기는 했다. '자유민권自由民權 운동'이 서구의 자유주의와 민주주의를 전파했기 때문이다. 그런데 주권재민의 민주주의는 정부주도의 이념적 지향성을 가로막거나 이념적 선택지를 줄여버리는 위험한 급진사상으로 간주된 반면, '입헌'은 서구화를 지향하는 국가적 추진력과 결부되었다.

그래서 입헌은 근대화의 상징이나 보증이었다. 부국강병을 위한 산업화가 경제와 국방의 근대화라면 제헌은 정치 분야의 근대화였다. 그래서 입헌을 외치던 속내는 정치적 서구화 선언이었다. 그 긍정적 '입헌'은 유행어가 되어 정당명에도 두루 쓰였다. 전전 양대 정당은 '입헌정우회'와 '입헌민정당'이고 '입헌개진당', '헌정본당', '헌정회' 등도 있었다. 입헌이 어필하면서 전전에 몇 차례의 대중적 '호헌운동護憲運動'도 나타났고, 의회와 정당을 무시하는 '마이웨이 정권'은 '비입헌' 정권으로 조롱받았다. 그런데 패전 후에는 민주주의 이념이 더 중시되면서 입헌의 대중성도 희미해졌다.

패전 후 만들어진 '신헌법'에 의해 국민주권 시대가 열린 이후 오늘에 이르기까지의 시기에 입헌주의의 인기는 시들해져 있다. 의회주의가 정착할수록 '국민이 결정한 것을 왜 헌법이 제약해야 하나?'라든지, 국민주권 시대이므로 국민이 스스로를 속박하는 입헌주의라는 건 필요 없는 게 아닌가의 의문도 생겨났다.3) 그래서 입헌주의는 더 이상 유행어도 아니다. 특히 민주주의와 대비하면 설 자리가 없어 보인다. 즉 전후에는 전쟁에 대한 반성과 비판 그리고 해방된 변혁 주체로서의 근대적 인간관에 기반을 둔 '민주주의'가 지배해 왔다. 마르크스주의이든 자유주의이든 민주주의를 말했다.4)

그렇듯 전후戰後의 일본이 추구한 가치는 '민주주의'였고, 굳이 하나를 더 보태자면 '평화주의'였다. 전전이나 전쟁 중의 어두운 기억들로 인해 전후 세대는 민주주의와 평화라는 가치의 지배에 만족했다. 그러다 보니 입헌의 가치에는 거의 눈을 돌릴 여유도 없게 되었다.5) 세월이 흘러 입헌주의는 중·고등학교 교과서에도 거의 나오지 않을 정도가 되었다. 입헌주의의 가치는 거의 잊혀 갔다. 그래서 학자들이 오늘날 아베 신조安倍晋三 총리의 개헌 공세에 대해 '헌법의 위기', '입헌주의의 위기'라고 비판해도 그에 대한 국민적 공명은 제대로 확인되지 않는 듯하다.

그래도 입헌의 호소력은 아주 사라진 건 아니다. 최근 수년 사이의 아베 정권의 움직임에 대항한 헌법정치의 정상화와 사수라는 대

---

3) 樋口陽一·小林 節, 『憲法改正の真実』, 36-38.

4) 吉田傑俊, 『戦後思想論』, 22-23.

5) 清水幾太郎, 『無思想時代の思想』, 32-33.

항 슬로건으로서 입헌의 호소력은 어느 정도 확인되었다. 2017년 10월의 중의원선거를 앞두고 급조된 '입헌민주당立憲民主党'의 선전이 한 예다. 반아베 진영인 '민진당'의 후신인 정당이 개헌 공세로 입헌주의를 위협하는 아베의 '자유민주당'에 대항한 의외의 선전이었기 때문이다. '입헌'이라는 호소가 '개헌'을 내세운 정치적 다수파가 입헌주의를 경시하는 횡포에 대한 저항 슬로건으로 어필한 것이다. 이는 입헌주의의 끈질긴 생명력을 보는 듯했다.

일본에서 그 입헌주의의 생명력은 대립적인 두 이념의 상호작용의 결과로 설명될 수 있다. 하나는 서구에서 유래한 인류 보편적 원리에 기반을 둔 이념이고, 다른 하나는 일본의 전통적인 정신적 도덕적 이념이다. 다른 나라들과 비교해 볼 때 일본의 입헌주의는 특히 이들 이념 사이의 갈등과 타협과 공존의 형태로 드러난다. 일단 서구적 보편이념에 주목해 보면 일본헌법정치의 출발은 서구의 보편적인 근대헌법적 이데올로기를 제헌에 담는 서구화를 통해 성립했음을 볼 수 있다. 신헌법 역시도 점령군의 강요에 의한 결과적 서구이념의 수용의 형태로 이루어졌다. 그 점에서 메이지 헌법은 서구화 속에서의 자주성 유지를 위한 방편의 모색이고 현행헌법은 패전에 의한 부득이한 서구체제로의 편입으로서 모두 현실정치적 서구화의 결과물이다.

메이지 헌법은 서구적 제도화에 더 방점이 있었다. 제헌 과정에서 서구화를 향한 이념적 입장이나 방식의 차이로 인한 갈등이 없지 않았지만 서구적 제도화와 그 제도화를 뒷받침하는 이념의 수입 자체에는 거의 동의했는데 특히 제도화의 성과에 기대했다. 패전 후 점령군에 의해 사실상 기초되어 보수우익들이 강요된 헌법이라고 말하는 아니 국민조차도 그 강요적 성격은 이해하는 신헌법도 결과적으로 인류 보편적 이념과 제도 모두를 수용한 서구화였다. 그 서구화는 강요인데 그 강요성 즉 신헌법의 제정이 자주적이지 못했다는 것은 메이지 헌법 부활론자나 개헌론자뿐만 아니라 대부분의 호헌론자도 이해할 정도다.[6)]

그렇게 신헌법의 서구화는 종속이라는 부정적 측면을 뒤에 감추고 있다. 종속의 시발점은 점령이었다. 그래서 신헌법은 타의성이 부정되기 어렵지만 그래도 패전에 의한 강요를 넘어 인류보편주의라는 입헌주의적 헌법의 진일보로서의 서구화라는 점에서 자발적 혁명이라는 주장도 제기되었다. 그렇기에 종속과 입헌주의적 진일보가 교차하는 서구화의 지점에서 전통적 사고와의 긴장도 드러난다. 전후의 국민적 반미적 안보투쟁이나 아베 정권으로 대표된 공세적 개헌론은 이념의 차이는 있더라도 반서구화의 측면에서는 공통적이었다. 돌이켜보면 전전 체제에서의 군국주의와 혁신론의 반서구화도 그런 긴장의 표출이었다.

그렇듯 반서구적 전통적 이념도 헌정에 깊이 자리 잡고 헌정을 규정한다. 그 밑바닥에는 천황주의적 가치의 공유과정에서 드러난 헌법에 관한 법적·도덕적 사고의 병존 같은 것이 있다. 헌법을 도덕적 규범의 성격으로도 보는 그 태도에서 법이나 헌법과 도덕 사이의 구별은 희미하다. 근대 이후의 세계에서 분리된 법과 도덕은 일본에서는 구별되지 못하고 헌법과 법률도 구별되지 못한다. 오늘날 개헌파의 개헌안에서도 그런 메이지 헌법체제의 천황주의를 둘러싼 도덕적 요소가 재현된다. 그들은 권력에 대한 통제규범인 헌

---

6) 小林直樹, 『日本における憲法動態の分析』, 44; 恒藤 恭, 「平和憲法と国民の真情」, 27-34.

법이 아니라 권력에 의한 통제를 말한다. 국민의 통치권력에 대한 명령인 헌법과 통치권력의 국민에 대한 명령인 법률의 구분은 사라진다.7)

그 전통적 도덕규범적 헌법과 헌정은 역사적 필연성이 결여된 서구모방으로서의 메이지 헌법의 숨겨진 정체성이다. 그 헌법이 오랜 기간 생명력을 가졌던 이유도 전통적 도덕규범화의 목표인 천황주의적 가치의 공유로 인해 천황 외의 권력이 상대화되었기 때문이다. 국가목표인 천황주의적 가치에 강하게 응집하면서 개별정권의 단기적 사익은 우선순위에서 뒤로 밀렸다. 그래서 권력독점을 위한 헌법의 사유화가 회피됨으로써 전전에 헌법체제에 대한 도전은 없었다. 그런데 절대화된 천황은 정치적 결정력은 없고, 반면 상대화된 다원적 정치력이 실질적 결정주체로 병존하면서 전전의 헌정은 무책임의 체계이자 무한책임의 체계가 된다. 결정주체가 불분명해 누구도 책임지지 않고 그렇다고 절대화된 천황에게 책임을 지우지도 않기에 상대화된 권력의 무한책임이 된다.

오늘날 전통적 이념의 반발은 다른 의미에서 헌정의 결정인자가 된다. 전후의 신헌법에 대한 반발인 전통이념으로 무장한 개헌파의 헌법적 공격에 대항하는 호헌세력의 서구적 보편이념이 헌정에서 세력균형을 만들어냄으로써 개헌이 저지되기 때문이다. 그런데 이는 서구에 의해 강요된 헌법이 비무장 평화주의를 선언하면서도 실질은 자위대라는 위헌적 군대가 있고 그것이 해외파병 등 확장적 행동으로 나아감으로써 모순이 극대화되는 상황을 눈감는 현실주의의 모습이기도 하다. 그래서 전통적 저항이나 반작용이 이념적으로

7) 奧平康弘·宮台真司, 『憲法対論』, 104.

는 유지되면서도 헌정을 실질적으로 붕괴시키지는 못했다. 그 점에서 '전후체제로부터의 탈각'을 내세우면서 헌정 시스템을 뿌리째 흔드는 오늘날의 복고적 개헌 움직임은 큰 도전인 것이다.

여기서는 일본헌법정치의 그런 서구적 보편성의 측면 그리고 대항이데올로기로서의 전통적 측면을 입헌이념의 관점에서 볼 것이다. 일반적 관점에서는 민주주의와의 긴장 그리고 인민주의에 대한 견제적 요소를 보고, 보다 세부적으로는 헌법이념의 근저에 있는 유교적 윤리와 정치, 가족제도 이데올로기, 헌법을 도덕규범시하는 태도, 제도에 대한 숭배 그리고 입헌주의에서의 법치와 덕치가 혼재된 상황을 본다. 그리고 천황주권과 국민주권 모두 실질적 지배의 취약성을 지닌 측면 그리고 정책결정자인 관료가 주권과 지배에서 실질화되어 있음을 살핀다. 그런데도 헌정에서 절대적 권위가 상정되어 헌법 사유화를 위한 권력투쟁은 보이지 않고 뚜렷하지는 않지만 헌법이 권력관계의 룰로서 기능함을 본다.

헌정의 실제에서는 서구충격이 어떻게 '존왕양이尊王攘夷'에서 '왕정복고王政復古'의 체제변혁론으로 이어지고 메이지유신明治維新의 쿠데타로 귀결되어 전통적인 공권력을 지칭하던 '공의公儀'를 바쿠후 대체적인 서구형 의회구상으로 진전시켰는지 본다. 그 과정은 삼권분립론의 돌발에서 복고적 제도화로 이어지고 입법과 행정에 관한 근대적 의식과도 거리가 있는 근대적 제도화의 시행착오이기도 하지만 결과적으로는 신정부가 민권파 사무라이 출신의 제헌론 선점에 대한 두려움으로 입헌정체를 기획하게 되는 과정이다. 자세히 보면 정부 내에서조차 민권파적 '정당내각론'이 등장하면서 위기감이 더해져 마침내 프로이센 방식으로 결집해 제헌 준비로 내각제를 창설하고 국권론으로 공세를 펴며 이토 히로부미伊藤博文 중심으로 제헌하는 모습이다.

그 메이지 헌법은 군주주권과 신민의 권리를 병존시키고 천황대권 하의 부진정 의원내각제를 창출해 대립적 헌법이념을 방치시킨다. 그 결과 전전의 입헌주의는 누구도 책임지지 않고 책임의 소재도 파악되지 않는 무책임의 시스템이 되고 초기 정치체제도 그런 무책임의 연장 선상에서 의회에 대해 초연한 입장에 서는 '초연 내각超然內閣'이 된다. 그것은 현실의 권력적 갈등을 의회정치 내에서 담아 해소하는 체제가 아니라 그저 권력갈등을 이념적으로 미봉하는 헌정이었다. 헌법현실에서 '오츠大津 사건'이나 '법전논쟁'에서처럼 규범과 권력이 충돌하고, 근대와 전통이 충돌하는 입헌적 충돌에 이르게 됨은 그런 한계와 무관치 않다.

그런데도 헌정은 운용을 통해 정당내각을 실현하며 그에 대한 반발도 호헌운동으로 배제하면서 서구화를 진전시켜 마침내 초연 내각도 자취를 감추게 되고 서구형 의원내각제가 제도화된다. 반면 그 단계에서 반서구화로 등장한 '군국주의'가 '통수권독립'과 '현역무관제'를 무기로 발호하고 '쇼와 유신昭和維新'의 '혁신'이 의회정치를 부정해 '헌정의 상도憲政の常道'를 붕괴시키면서 군부주도의 파시즘을 방조하고 그 파시즘에 국민과 정당이 끌려간다. 그 상황의 이념적 절정은 절대적으로 규범화된 '국체國體'를 내세우면서 입헌주의적인 '천황기관설天皇機関説'을 공격한 사실로 확인되고 그에서 군국주의와 파시즘이 승리함으로써 국체 이념을 국민적으로 주입하게 되는 지경에 이른다.

그 상황을 종식한 패전은 '포츠담선언'의 수락이기도 하기에 정부는 전후의 점령을 받아들이지만 개헌은 원치 않는데, 점령군의 요구에 내키지 않는 개헌작업을 출발시킬 수밖에 없자 구헌법의 미봉적 수정에 그치고자 했다. 그러나 일본의 태도에 반발한 점령군의 '맥아더 초안'이 천황제 유지를 전제로 사실상 강요되면서 상황은 일변해 결국 강요된 또 하나의 서구화로서의 신헌법이 개정형식으로 탄생하지만 그 헌법은 헌법혁명이냐 아니냐의 공방에 빠지고 국체변경 여부의 논란을 만들고 특히 평화조항인 제9조를 담은 것이기에 추후의 개헌론의 불씨를 안은 것이 된다. 그 불씨는 예정된 수순처럼 한국전쟁을 필두로 한 냉전의 시대에 반공교두보로서의 재무장을 미국에 의해 요구받으면서 개헌론의 불을 지핀다.

그 개헌론은 '강요된 헌법'이라는 논리를 앞세워 공격적 태도를 보이는데 결국 국민적 공론화에는 실패함으로써 좌절되지만 이후의 개헌론의 핵심 논거로 자리 잡는다. 그런데도 이후 오랫동안 개헌은 저지되는데 그것은 자민당 장기집권을 의미하는 '55년 체제'의 '자유민주당自由民主党'과 '사회당社会党' 간의 세력균형, 그리고 자민당 내의 파벌 간의 세력균형이라는 두 세력균형에 의한 개헌저지력의 결과로 평가된다. 개헌이 창당의 주요한 이유였던 보수 합동 자민당의 집권 하에서 개헌이 되지 못한 역설적 상황이 대변하듯 일본은 경제성장과 경무장을 공존시키는 현실주의 노선을 이어왔는데 그 노선에 공감하는 세력이 야당은 물론이고 여당 내에도 상존했기에 세력균형이 형성된 것이다.

그 현실주의는 강화조약 이후 독립국으로서의 헌법체제와 안보를 미국에 의존하는 안보체제가 공존하는 모순적 상태를 의미한다. 현실주의 노선이 의미하는 정책적 모호함 그리고 헌정과 안보체제의 공존이 의미하는 모순의 공통적 핵심에는 헌법 제9조의 비무장 조항 하에서도 실질적 군대로 존재하는 '자위대'의 위헌성 문제 그리고 거기에 '집단적 자위권' 논란까지 더해져 있음이 확인된다. 그 위헌성을 부인할지 혹은 위헌성을 인정하고 개헌으로 정면돌파할지 아니면 위헌성이 인정되더라도 해석적으로 우회해 문제를 방치할지에 관한 정치적 혹은 학문적 논란이 전후 일본 사회를 구속한다. 정치권은 논란의 한가운데서 미국의 국제공헌 요구에 편승한 해외파병의 상례화로 평화주의를 무색케 하는 정치 행동으로 나아간다.

이런 최근의 행동의 배후에는 구헌법이념으로의 복귀를 주장하는 복고적 퇴행적 반서구화 움직임이 있다. 전후 개헌론의 전체적 흐름이 국제공헌론으로 바뀐 경우에도 그 복고적 퇴행성은 유지된다. 그것은 역사수정주의로서 전전에 지배한 정치적 이념적 입장의 '전후판'이다. 최근의 정치적 이념적 호헌론의 약세와 무관심은 그런 이념에 기반을 둔 개헌파의 대공세를 허용하고 있다. 그에 따라 아베 정권으로 대표된 복고적 탈서구형 개헌파가 '전후체제로부터의 탈각'이라는 국가주의적 개헌을 위한 안보정책을 구축하면서 집단적 자위권 법제 등 개헌으로의 본격적 시동을 건다.

개헌론을 떠받치는 다른 배경으로 종교도 주목된다. 야스쿠니신사靖国神社로 대변되는 '정교政敎분리'의 헌법문제가 실은 종교의 정치화이듯이 개헌파는 종교의 면에서 전전을 넘지 못하고 오히려 종교에 기반을 둔 세력을 개헌 동력으로 삼아 정치화한다. 이런 정치를 제어해야 할 사법도 제 기능을 못한다. 즉, 사법의 관료적 정치화로 인해 정치적 헌법문제를 판단해야 할 사법심사가 무력화되어 임무를 유기한 상태에 있고, 특히 현실의 위헌적 군대의 존재와 그 확장적 군사행동을 묵인하는 자위대 위헌성 판단의 회피가 보수우파적인 정치적 스탠스를 의미함으로써 '스나가와砂川 판결' 같은 정치적 판결이 입헌주의적 갈등을 드러내고 있음을 확인한다.

제2장

일본의 입헌정치 이념

1. 민주주의와의 긴장

민주주의는 인민의 자기 지배다. 루소J. J. Rousseau는 그것이 치자와 피치자의 동일성이라지만 오늘날 이는 국민대표를 통한 대의제로 구현된다. 이와 달리 근대입헌주의는 국가 통치질서를 헌법으로 규율한 정치원리로 기본권 보호를 위해 국가지배에 법적 한계를 설정한 정치권력제한원리다. 기본권 보호, 법치, 권력분립이 핵심인 입헌주의는 17세기 영국 그리고 18세기 미국과 프랑스에서 이루어진 일련의 역사적 과정을 통해, 자의적 전제적 군주가 의회제도로 대체되고 이어 의회도 전제적이고 자의적일 수 있자 몇몇 견제와 균형형태를 추가 도입함으로써 완성된다. 그래서 의회가 기본권을 짓밟거나 타협시키는 권력을 가질 수 없게 법적 권리를 제도화한 헌법적 보호 체계가 된다.[1]

근대입헌주의가 18세기 후반 미국에서 처음 출현하고 이어 프랑스에 등장했다고 알려진 것은 기본권목록과 권력분립이 두 나라의

---

1) Jon Elster, "Constitutional Bootstrapping in Philadelphia and Paris", 59; Ronald Dworkin, "Constitutionalism and Democracy", 2.

성문헌법에서 실현되었기 때문이다. 미국 헌법은 권력분립을 선언하고 헌법 수정으로 권리장전Bill of Rights을 담았다. 대혁명 직후의 프랑스 헌법은 미국보다 더 뚜렷하게 기본권과 권력분립을 채택했다. 이 헌법들은 법치로 국가지배에 법적 한계를 설정해 정치권력을 나누고 서로 교차 통제하게 함으로써 즉 권력을 분립하고 제한함으로써 기본권영역을 국가권력이 침범하지 못하게 했다. 결국 입헌주의는 정체 내의 상호작용이 일련의 권위적 규칙인 헌법에 의해 그렇게 통치된다는 이념적 약속이다.2)

그렇더라도 입헌주의와 민주주의는 개념적 중첩성이 있고 성립 연원이나 이념적 지향성에서 상호의존적이다. 입헌주의가 국민주권으로 안착한 민주주의 지배이념의 제도화된 형태를 담는 점에서도 그렇고, 개인의 자유와 권리목록은 민주적 합의에 따라 제정된 입헌주의 헌법에 포섭됨으로써 민주주의가 제도적으로 작동하는 점에서도 그렇다. 그러나 본질에서 다르기도 하다. 민주주의는 제도이기도 하지만 민주적 권력의 혁명 혹은 운동의 측면으로 더 부각된다. 입헌주의는 비록 혁명적 산물이더라도 정적인 제도원리로서의 측면이 주로 주목된다. 그래서 입헌주의는 민주주의에 비하면 일상에서 크게 어필하지도 체감되지도 못한다.

특히 자의적 권력에 대한 제어로서의 입헌주의가 민주주의의 자의성을 지적할 때 양자는 대립한다. 그것은 원리적 대립이다. 권력견제 원리인 입헌주의가 인민의 지배로서 권력의 집중과 무제한성의 원리인 민주주의에 대립하는 것이기 때문이다.3) 그것을 생래적

---

2) Alec Stone Sweet, *Governing with Judges*, 20.

3) Sheldon Wolin, "Collective Identity and Constitutional Power", 8.

대립이라 말할 수는 없더라도 헌법실천 주체들의 헌법을 둘러싼 역학관계에서 그렇게 대립적인 것이다.[4] 요즘처럼 민주화 이후의 국가와 사회에서도 민주화 요구가 여전히 범람해 그 무한적 요구가 입헌주의를 넘는 걸 당연시하는 경우에 양자는 대립한다. 자의적 권력에 대한 제어가 입헌주의였듯이 흔히 반입헌주의적 태도와 결부된 민주주의라는 이름의 무한적 요구를 제어하는 것도 입헌주의이기 때문이다. 그렇듯 입헌주의는 민주주의의 부정적 현상을 확인하고 제거하고 예방하면서 그에 대립한다.

민주주의가 폭주로 치달을 때 입헌주의의 필요성에 주목하거나 이미 망가진 입헌주의적 장치의 부재를 아쉬워하게 된다. 평시에는 민주주의와 입헌주의가 일체화된 것으로 보여 그 차별성을 느끼지 못하다가 민주주의의 폭주가 위협으로 느껴질 때 입헌주의적 장치의 존재를 요구한다. 근대헌법이 권력분립을 담은 이유도 그런 장치의 상시적 구축 요청이었다. 그래서 기본권 보호와 그 수단인 권력분립을 담지 않은 헌법은 헌법이라 이름 붙여도 근대적 '입헌주의 헌법'은 아니다. 따라서 헌법은 통치의 기본약정을 담은 것에 불과하다거나 헌법이 권력을 속박하기 위한 법이라는 측면은 일시적이거나 이례적이라고 말하는 것은[5] 자의적 권력을 구속하고 통제하는 입헌주의 원리에 대한 무지다.

입헌주의가 민주주의를 제한할 수 있는 것은 입헌이 내포하는 애초의 사회계약이다. 민주주의의 영역이 입헌주의적으로 한계 설정된 애초의 그 약속을 침범하면 입헌주의가 작동해야 한다. 작동하

---

4) 이경주, "일본의 헌정주의와 민주주의", 193.

5) 西村幸祐, 『日本人に「憲法」は要らない』, 18, 82.

지 않는 경우의 파멸은 나치즘과 같은 합법적 불법에서 극단적으로 확인된다. 민주적 선거로 지배의 정당성을 마련한 12년간의 나치즘 치하에서 독일국민이 나치즘의 실체를 인식하는 게 쉬웠다고 보는 것은 오늘날의 시각일 뿐이다. 국민은 정치적 교란 장치들로 인해 그 많은 일들의 전체과정이 궁극적으로 무엇을 의도하는지 통찰하기 어려웠다. 전체과정을 멀리 떨어진 시각에서 보지 않는 한, 각각의 작은 조치들이 원리적으로 무엇을 의미하는지 이해하기 힘들었다. 그래서 누군가가 그 작은 행동들의 결과가 파시즘의 결말에 이를 것이라 외치면 비난과 저주의 대상이 되었다.6)

바이마르Weimar 체제에서 합법적으로 선출되어 민주적 정당성을 확보한 히틀러정권의 행동을 국민은 일종의 민주주의의 급진적 방식쯤으로 이해했다. 따라서 어떤 국가가 히틀러 지배하의 독일국민이 했던 그런 무감각적 반응 같은 건 되풀이할 수 없으리라는 생각은 오만이자 착각이다. 정치는 국민이 자각하지 못하도록 하는 장치를 얼마든지 효율적으로 작동시킬 수 있고, 그런 조작을 민주주의의 이름으로 포장할 수 있다. 대중은 민주주의를 빙자해 제도적 통제를 무시하고 선동하는 정치가 국가의 근본을 흔드는 것을 막기 어렵다. 그 제동장치가 입헌주의다. 그것은 민주주의를 표방한 무분별한 비제도적 요구를 무차별적으로 수용하는 통제 불능의 정치적 폭주와의 싸움의 원리이자 제도이기 때문이다.

물론 제도적 통제를 돌파하는 민주주의의 결정이 모두 실질적 의미의 폭주로 평가되는 것은 아니다. 민주주의가 통일적 결론을 과감하게 내릴 때 소수의 입장에 있는 자는 그것을 폭주로 받아들이

---

6) 丸山眞男, 『現代政治の思想と行動』, 468-472.

는 경향도 있기 때문이다. 즉 민주주의의 판단은 필연적으로 대결을 부른다. 미국에서 노예해방 문제를 민주적으로 해결하는 것이 불가능해져 내란을 불러온 사실, 바이마르공화국이 사회 내부의 심각한 이데올로기 대립을 해결하지 못해 히틀러의 등장으로 민주주의 자체의 붕괴를 초래한 사실 등이 그렇다. 그래서 민주정치가 그런 사회의 근간에 관련된 문제를 해결하는 게 불가능할지도 모르기에 입헌주의라는 해법을 둔 것이다. 그런 문제는 아예 결정대상에서 벗어나게 하는 게 입헌주의이기 때문이다.

즉 민주정치에서도 민주적으로 결정해서는 안 되는 사회적 근간인 문제들을 설정해 둔 게 입헌주의에 의한 민주주의의 제한이다. 민주주의가 양호하게 기능하려면 민주주의가 다루어서는 안 되는 문제의 선을 넘지 않게 지키는 것이 입헌주의다.[7] 그런데 민주주의는 입헌주의의 그런 역할이 자신을 제약한다고 생각하기에 달가워하지 않는다. 그래서 그 제한장치를 파괴하기 위해 민주주의 이념을 휘두름으로써 입헌주의와 충돌한다. 그런 일들을 경험적 이념적으로 알고 있는 민주주의와 입헌주의는 상시적 긴장을 내재하게 된다. '입헌주의가 민주주의의 제한선이라는 건 어불성설이야'라고 다투거나 구체적인 경우에 어디까지가 그런 제한선인지를 다투는 것 등이 모두 그런 긴장의 표현이다.

일본의 입헌주의도 그렇게 민주주의와 공존하면서 긴장한다. 오늘날 의회다수파의 힘에 의존해 '국민의 심판을 받는 의회의 결정이면 못할 것이 없다'라고 말하는 아베식의 개헌 논리는 다수파 민주주의적 폭거의 전형이다. 그 오만한 민주주의 안에서의 제어장치

---

7) Robert Dahl, *A Preface to Democratic Theory*, 長谷部恭男, 『憲法と平和を問いなおす』, 39-41.

는 바로 입헌주의다. 이는 두 가지 의미에서 그렇다. 하나는 물론 입헌주의가 민주주의에 대한 제어장치라는 의미이다. 그런데 다른 하나는 입헌주의가 그런 민주주의 혹은 민주주의를 빙자한 행동에 의해 붕괴할 수도 있다는 의미다. 즉 민주주의 안에서 입헌주의적 제어가 작동하지 못하면 그 자체가 이미 입헌주의의 위기일 수밖에 없다는 의미다.

게다가 종국에 그것은 민주주의의 자멸이기도 하다. 민주적이고 동시에 입헌주의적 헌법을 지녔다고 평가되던 바이마르헌법 체제 하의 의회가 민주적 선거를 통해 히틀러의 '전권위임법'을 가결한 것은 헌법 틀 안에서 민주주의 시스템이 입헌주의를 붕괴시킨 것이다. 본래 입헌정치 시스템은 완결적인 자기유지 시스템은 아니어서 헌정이 지속하려면 입헌에 관한 헌법의사의 지속이라는 헌법 외적 기반이 필요하다.[8] 전권위임법이 의미하는 민주주의를 가장한 폭주는 그 헌법 외적 기반을 말살했다. 결국 입헌주의가 기능을 마비당한 채 민주주의를 가장한 폭주가 계속되면서 바이마르체제는 붕괴했다. 파시즘의 폭주는 이후 전쟁을 통해 왜곡된 해방감을 누리지만 그것은 더 큰 파멸이었다.

'다이쇼大正 데모크라시' 이후 1930년대를 거쳐 40년대 중반의 패전에 이르기까지의 일본도 마찬가지의 교훈을 보여준다. 정당 내각제의 확립으로 민주주의가 정착하는가 싶었던 그 시기에 오히려 군부 파시즘은 날뛰고 매스컴은 나발을 불고 호도된 대중은 제어가 어려워졌다. 그런데도 선거판 정치는 그런 대중과 등을 지는 위험한 시도를 기피했고, 내각은 군부가 만든 파시스트적 행동에 대한

---

8) 奥平康弘・宮台真司, 『憲法対論』, 170-171.

대중적 지지로 인해 그것을 어쩔 수 없이 추인하기에 바빴다. 그 사이 입헌주의는 완전히 사라졌고 결국은 일본 최초로 '민주주의'의 이름으로 장식된 그 정당정치의 시대도 막을 내렸다. 그렇게 다이쇼 데모크라시로 불린 민주주의 정치의 자의적 일탈을 미리 상정하고 차단하는 장치도 입헌주의였다. 그런데 파시즘과 군국주의에 의해 입헌주의의 기능이 차단당하자 민주주의도 사라진 것이다.

민주주의의 선거에서 다수가 되어 개헌안 의결정족수에 달하면 개헌이든 무엇이든 모든 게 가능하다는 오늘날 아베 정권식의 이념적 폭주를 상기해 보자. 국민에 의해 선출된 즉 민주주의가 선택한 권력이므로 임기 중에는 자신들의 뜻대로 할 수 있는 민주적 정당성을 지니는데, 그것을 헌법이 제한하는 건 이상하지 않느냐는 아베의 말은 분명한 입헌주의 부정이었다. 그 부정의 뒤에는 전후체제를 벗어나 전전의 정치로 돌아가려는 개헌론이 있다. 그 개헌 즉 전전으로의 회귀가 가져올 위험성은 일본의 패전을 통해 익히 알려진 것이기에 재삼 설명할 필요도 없다. 그렇게 민주주의가 초래하는 헌법적 위기나 혼란 혹은 분열의 지점에서 입헌주의가 필요한 것임은 일본에서도 분명히 확인된다.

2. 인민주의에 대한 견제

근대입헌주의의 출발점에서 '인민주의' 즉 포퓰리즘populism은 만연했다. 오늘날의 정의로는 대의민주주의에서 의회를 통한 권력 분립적 견제와 균형을 통해 즉 통치제도의 틀 내에서 정치적 해법을 찾지 않고 대중에 직접 호소하거나 그를 통해 정치행위의 정당성을 확보하는 이념이 포퓰리즘이지만, 근대입헌주의 초기에 포퓰리즘은 비제도화된 형태로 다양하게 목소리를 낸 인민주의적 행동의 총체였다. 인민에 의한 정치권력견제만 강조하는 그 직접호소 방식은 정상적이고 효과적인 입헌주의적 보호에는 취약할 수밖에 없었다.[9] 그 결과 인민주의로 대변되는 인민주권적 요청은 결국 국민주권주의와의 싸움을 통해 대의제의 뒤로 물러났다. 즉 주권론과 대의제가 연결되는 과정의 '국민주권'과 '인민주권'의 대립 즉 '국민nation'과 '인민people'의 대립 속에서 국민주권의 대의제가 선택되면서 밀려난다.

그렇게 인민주권이 제도적으로 배제된 것은 그런 직접 행동이 막 성립하던 근대입헌주의에 포용되기 어려웠기 때문인데 이는 역사 속에서 확인된다. 프랑스 '앙시앙 레짐Ancien Régime'의 군주주권을 부정하면서 루소가 사회계약론에서 말한 '인민' 그리고 시에예스E. J. Sieyès가 말한 '제3신분'은 새로운 정치사회의 주권자가 되었다. 혁명 초기의 인민주권 사상은 1789년 8월의 '인간과 시민의 권리선언'에도 반영됐고 1793년의 '헌법'에도 선언되었다. 그런데 결국 인민주권 원리는 사라진다. 인민의 정치참여를 배제하기 위한 부르주아적 국민주권론이 제시되면서 그에 흡수된 것이다.

즉 이미 1789년 7월에 성립해 1791년까지 유지되었던 '헌법제정 국민회의Assemblée nationale constituante'에서부터 루소나 시에예스에서 전개된 인민주권 원리는 배제되었다. 국민주권에서 주권은 헌법을 정한 여러 조건에 따라 국민의 대표기관 등에 의해 행사되

---

9) Richard Bellamy, *Political Constitutionalism*, 139, 141.

는 것이 되었다. 주권자 국민은 관념적 추상적 존재로서 국민주권 하의 각 시민은, 주권의 분유자로서 일반의사의 결정에 참가하는 당연한 권리를 가지며 선거권도 당연히 보장받는다는 인민주권의 인민과는 달랐다. 즉 국민주권은 법적으로는 인민의 정치참여를 배제하는 것이 되었다.[10]

그러나 인민주의를 배제하고 국민주권을 선택한 과정을 보여주는 그 이념사가 타당하더라도 현실의 인민주의가 사라진 것은 아니다. 제도로서는 배제된 인민주의지만 현실의 행동이나 주장 그리고 태도의 형태로는 여전히 만연해 있다. 대표에 의한 주권행사 체계인 대의제의 실패 혹은 비적응성이 직접민주주의라는 명분을 통해 부정적으로 진행하면서 인민주의는 횡행한다. 선출직이 민주적 정당성의 이름 아래 자신의 정책을 국민의 의지와 동일시해 인민주의에의 호소로 진전시켜 인민주의와 반인민주의의 대립 구도를 만든다. 그러면 입헌주의는 위험해진다. 인민주의는 대개 민주주의를 참칭하고 있기에 인민주의 비판은 민주정치에 대한 비판으로 받아들여지기 때문이다.[11] 그래서 민주주의를 가장한 인민주의는 입헌주의와의 대결에서 이기곤 한다.

그 결과 입헌주의의 확장적 요소로 자리 잡아 왔던 대의민주주의는 멀어진다. 제도로서의 민주주의가 직접 참여와 공존한다는 데는 이견이 없지만, 그렇다고 정책적 반대가 빈번히 인민주의에 호소하는 것은 대의제를 버리는 것이기 때문이다. 그 경우 대의민주주의 실패의 대안은 우선 헌법적 수권제도 즉 입헌주의 안에서 모색되어

---

10) 杉原泰雄, 『国民主権の研究』, 82, 210-211, 274, 360.

11) 杉田 敦, 『政治的思考』, 98.

야 하지만, 인민주의는 이미 입헌주의를 눌러 입헌주의가 대안으로 부상하지도 못한다. 그런데 이런 입헌주의의 하소연 자체에 대해 인민주의는 반발한다. 그들은 그런 순수한 입헌주의의 존재에 대한 믿음은 환상이고 정치를 초월해 이를 보장하는 것은 없다고 말한다. 즉 인민주의적 정치참여가 위험해도 그것은 헌법정치에 내재하는 것이기에 인민주의와 대립하는 의미의 입헌주의란 인정되어서는 안 된다고 말한다.12)

그러나 자의적 권력에 대한 통제로서의 근대입헌주의를 받아들인 국가들의 역사가 인민주의를 배제하는 제도를 구축한 역사이기도 함은 부정하기 어렵다. 근대 최초의 헌법을 만든 미국의 제헌기의 정치사회적 삶도 인민이 주도한 인민주의 내지 인민주권의 다양한 모습이었다. 식민지인은 영국의 주권자와 단절된 주권자로 미국 인민을 내세웠다.13) 그 역사적 실체는 각 주의 인민회합대회였다. 각주의 의회권력은 1770년대 이후 '인민대회popular convention'를 만들었다. 주의회를 선출한 인민의 의사가 임시기관인 인민대회를 통해 주에 근본법을 줌으로써 인민이 근본법을 형성했다. 선구는 매사추세츠 헌법이었다. 입법적으로 작성된 1778년 헌법이 주의 타운들에 의해 5대1로 부결된 이후 매사추세츠 인민은 '새 헌법의 틀을 만들 유일한 목적을 지닌 인민대회를 형성하기 위한' 대표자 단체를 선출했다. 이 인민대회가 제안한 헌법이 1780년 압도적으로 채택되고 그 제헌 방식은 각주의 모델이 된다.14)

---

12) Richard D. Parker, "Here, the People Rule", 114-115.

13) Stephen M. Griffin, *American Constitutionalism*, 19-22.

14) Gordon S. Wood, *The Creation of American Republic*, 307, 342; Oscar Handlin and Mary Handlin (ed.), *The Popular Source of Political Authority: Documents on the Massachusetts Constitutions of 1780*.

미국건국 초기의 정치공동체에 관한 두 이념의 대비에서도 인민주의의 실체는 확인된다. 헌법이 각주 인민대회를 통해 인민에 의해 만들어졌다고 본 '인민주권 이론popular sovereignty theory'은 인민이 주 정부를 창설한 것이고 그 주가 연방정부에 권력을 위임한 것이라 했다. 인민이 연방정부를 구성하고 정부에 직접 자신의 권력을 위임한다는 뜻이다. 반면 매디슨J. Madison과 제퍼슨T. Jefferson의 '협정이론compact theory'은 연방 권한의 우위를 유지하면서 주 권한도 용인하는 타협을 주장했다. 그들은 연방헌법은 연방의 실체를 만들기 위해 각주들이 맺은 협정이라 했다. 그래서 연방정부도 주로부터 위임받은 권력을 쥐는 대리기관이라 했다.15) 이 두 이념의 대립이 인민주의의 존재를 확인시켜 준다. 그것은 연방헌법이 인민주권을 제한할 필요를 담은 것이냐에 관한 시각의 차이 즉 인민주의에 대한 관점의 차이였기 때문이다.

　즉 두 이론은 실제로 각주에서 인민에 의한 통제가 선거, 청원 그리고 비폭력적 항의로 나타나는, 그런 인민주의에 대한 경계의 필요성에 관한 노선의 차이였다.16) 이는 인민의 직접호소를 통한 통제권 행사에 주안점을 둔 인민주권론의 반영방식이 근대적 제헌에서의 난제였음을 재확인시켜 준다. 연방헌법이 각주 비준을 얻어야 하는 현실에서 인민에 의해 뒷받침된 의회를 통한 주의 주권을 고려함에 있어 인민주권론 그리고 인민주의와 타협하되 인민주권을 그대로 받아들일 수는 없었던 협정이론이 대립한 것이기 때문이다.17) 따라서 미국의 제헌기에 인민주의와의 협정이론적 타협이 결

---

15) John Ferejohn, "Accountability and Authority", 134-135.

16) Larry D. Kramer, *The People Themselves*, 231; Richard Bellamy, *Political Constitutionalism*, 136.

17) Alfred H. Kelly and Winfred A. Harbison, *The American Constitution*, 143-146.

국 이루어진 것은 강력한 인민주의를 어떻게 헌법적으로 정리하느냐가 제헌의 숙제였음을 보여주는 것이다.

제헌기의 일본도 민권운동에 담긴 인민주의적 이념의 폭주에 대한 경계를 보여주었다. 사실 제헌 이전부터 이미 인민주의적 행동에 대한 경계는 표출되었다. 메이지유신 전후의 가장 영향력 있는 지식인 후쿠자와 유키치福沢諭吉는 미국의 정치는 '인민'의 힘에 의한 것으로 일종의 이상적 형태이기는 하지만 그 실상을 보면 전제적 국왕을 대체한 인민에게서도 마찬가지의 전횡이 보인다고 했다.18) 이런 인식은 유신 주역들의 정치적 입장에서도 확인되었다. 즉 메이지 정부가 인민주의를 경계하고 두려워했다는 것은 이미 '이와쿠라岩倉 사절단' 시절부터 보였다. 당시 미국에서 백악관이나 의회를 시찰한 사절단은 공화제에 대해 비판했는데, 그 이유가 공화제는 자유의 폐해가 많고 하층민들이 멋대로 행동하기 때문이라는 것이었다.

파리의 모습은 더욱 사절단에게 인민주의 경계를 불러왔다. 사절단은 프랑스에서 최초로 공화주의 등을 내세우며 인민주의를 혁명적으로 표출한 '파리 코뮌Paris Commune'이 붕괴한 뒤 1년 반이 지난 시기에 방문하여 마침 탄흔 등으로 손상된 개선문 등의 피해 복구 현장을 보았다. 그 피해는 1870-71년 사이의 '보불전쟁'에서 프로이센Preußen에 의해 이루어진 것보다 더 크게 비쳤다. 사절단은 인민으로 이루어진 코뮌의 주체들을 폭도라고 표기했다. 반면 코뮌을 철저히 탄압한 당시의 대통령을 긍정적으로 평가했다. 따라서 귀국 후 사절단이 직면한 자유민권운동에 대응하면서 제헌주도

18) 福沢諭吉,『文明論之概略』, 61.

권을 선점하고자 한 것은 그들이 말하는 공화제나 코뮌의 폐해에 대한 인식과 무관치 않았다.[19] 미국이나 프랑스에서의 공화제는 자유나 민권과 마찬가지로 인민주권과 거의 같은 것이라고 해석되었기에 그런 공화제 비판은 인민주의 경계였던 것이다.

1787년 미국의 제헌으로부터 100년이 더 지난 1889년의 메이지 헌법도 인민주의 경계의 이념이 분명하게 반영된 것이었다. 제헌이 보여준 민권운동 혹은 민당에 대한 경계는 이와쿠라 사절단의 우려와 다르지 않았다. 무엇보다 정부의 제헌주도권 장악 및 제헌작업 수행 그리고 헌법에서의 민권적 주장의 배제는 철저히 인민주권적인 민당의 주장을 제한하려는 의도와 무관치 않았다. 천황주권을 통한 의회 권한의 제한이야말로 바로 그 최종적 결실이었다.[20] 결국 메이지 헌법은 근대입헌주의적 권력분립과 제한이라는 원칙적 입장을 일면 내세운 것이기도 했지만 실은 제헌 자체의 동기의 측면에서 보면 의회 권한의 제한 즉 인민주의적 요구의 통제가 주된 관심사였던 것이다.

헌법에 등장한 '신민臣民'도 그런 인민주의 경계와 무관치 않았다. 천황의 지배를 받는 인민 즉 천황에 대한 의무자로서의 성격이 부각된 신민은 인민주의적 발상에 대한 국가주의적 경계에서 고안된 천황주권 헌법의 부산물이다. 비록 천황주권주의 임에도 국민주권주의적 자유권조항 등을 담기도 했다지만 그것이 제헌의 실질적 의도와 부합하지 않는다고 보이는 이상, 그조차도 실은 민권운동의 주장에 대한 적절한 순치의 의도였다고 보인다. 즉 현실의 인

---

19) 田中 彰, 『小国主義』, 29-34.
20) 坂野潤治, 『未完の明治維新』, 129.

민적 권력의 폭주를 경계했기에 그것을 제도적으로 순치하려 한 것이다. 그렇듯 근대헌법적 청사진을 정부 독자적인 방식으로 추구한 메이지 헌법은 당면한 민권운동의 요구와 괴리된 현실의 인민주권적 요구에 대한 반작용의 결실이었다. 그 점에서 인민주의 방어적 제헌 이념은 일본에서도 확인된 것이다.

패전 후의 신헌법에도 인민주의에 대한 경계와 방어는 드러난다. 역설적이기는 하지만 국민주권의 보유자로서의 '국민国民'의 등장이 그렇다. 즉 메이지 헌법 하의 신민이 인민주의에 대한 국가주의적 경계로서의 천황주의 흠정헌법에서 나타난 것이었다면, 신헌법의 국민도 인민주의에 대한 경계와 무관치 않다. 점령군은 포츠담선언에 기초해 신헌법의 기틀을 지도하면서 '인민people'을 말했지만, 그것은 일본의 신헌법에서 결국 '국민'이 되었기 때문이다. 즉 미국 헌법에서도 주권자는 '인민'이거니와 일본의 신헌법을 위한 점령군의 초안에서도 미국은 일본 '인민'에게 주권이 있는 신헌법을 말했다. 그런데 신헌법의 주권자 표기는 일본 측의 번역에 따라 어느새 국가 귀속적인 '국민'이 되었다.21) 그것은 신민과 다를 바 없는 메이지 시대의 유물 같은 개념이었다. 따라서 국민의 채택은 당시 인민이 표상하는 인민주의적 의미에 대한 경계의 결과였다. 그렇듯 패전 후의 신헌법도 인민주의에 대한 방어이념과 무관치 않은 것이다.

---

21) 長谷川正安, 『日本の憲法』, 57-58.

3. 유교적 윤리와 정치

헌법은 권력의 지배 구도나 권력적 타협을 반영하는 현실 정치지배의 반영물이다. 따라서 헌법정치의 분석도 그에 대한 탐구가 되지만, 그 경우 일본에서는 전통적인 정신적 도덕규범적 요소도 무시될 수 없다. 이유는 평론가 가토 슈이치加藤周一가 말한 다음의 점과 관련 있다. 그는 일본 정신사의 시대정신은 각 문화영역에 걸친 것으로 시대정신의 표현으로서의 문화의 각 영역은 상호 관계지어져 통일된 전체라 했다. 따라서 정신사연구는 각 시대의 문화를 시대정신에 관계시켜 그 각 대상을 정신사의 흐름 속에 위치 지워 각시대의 문화를 일정한 방향을 지닌 발전으로서 이해하는 것이라 했다.[22] 각 시대의 전통문화는 시대의 산물로서의 시대정신이고 이는 하나의 정신사적 맥락 안에 있다는 의미다.

그 표현은 헤겔적 '시대정신'의 논리를 일본에 적용한 것인데, 특히 일본에서 그런 정신사적 흐름은 정치와 무관치 않기에 헌정 이해에서 전통적인 정신사적 측면을 고려할 필요가 있음을 강조한 의미로서는 손색이 없다. 구체적으로 그것은 역사문화와 이데올로기 그리고 도덕규범이 헌정의 성립과 운용 그리고 오늘날의 개헌론에 이념적 토대를 제공하거나 실행의 근거가 되거나 혹은 논란의 쟁점이 되기에, 그를 통해 헌정의 원리와 운용의 동학과 이념적 배경을 탐구해야 한다는 것이다. 또한 그렇기에 역사문화나 이데올로기나 도덕규범적인 사고의 반영으로 파악되는 일본 헌정의 특징은 비록 여러 형태로 표현되더라도 궁극적으로는 일본적 특수성이라는

---

22) 和辻哲郎, 『日本精神史研究』, 391-393.

점에서 상호연관성을 지닌 것으로 이해해야 한다는 뜻이기도 하다.

물론 일본정신이 역사를 관통하는 고정불변임을 말하고자 하는 건 아니다. 그것은 전전의 일본주의에서 팽배했거니와 오늘날에도 보이는 위험한 사고다.[23] 즉 그런 사고는 1931년 '만주사변滿州事変' 이후 군국주의의 발흥과 그로 인한 국제연맹 탈퇴 같은 국제적 고립 그리고 '천황기관설天皇機関説 공격' 같은 상황에 맞물려 사상적 확립이 요청되면서 일본정신의 형태로 추구되었다. 그 시기에 그와 관련된 수많은 저작이나 논문이 쏟아져 나왔다.[24] 오늘날의 개헌파도 그런 일본정신을 개헌론의 논리적 근거로 삼고 있다. 그런 태도는 국내외적 상황에 자극받아 나타난 고정불변의 일본적인 것이라는 자민족중심주의적 환상과 결부되어 있기에 배격되어야 한다. 따라서 그런 위험성은 걷어내고 그야말로 일본적 역사문화와 이데올로기 그리고 도덕규범의 특수성만을 헌정 분석에서 참고하자는 것이다.

우선 이념이나 이데올로기와 유사한 의식형태가 헌정의 이해관계를 적절히 형식적으로 포장해 합리화하는 점에 주목할 필요가 있다. 그것은 서구의 종교전쟁에서 보였던 것과 같은 확신적 신념이나 이념전쟁에서 보인 것과 같은 강한 수준의 의식형태는 아닐 수 있다. 상당수는 현실정치에서 뿌리내린 것이어서 이데올로기나 사상에서 보이는 이념적 보편성도 강하지 않은 경우도 흔하다. 그것은 지켜야 할 도리 같은 수준인데 어떤 행동에 이르게 하는 구실이 된다는 의미에서 그야말로 명분과 유사하다. 크게는 국가목표의 수

---

23) 末木文美士, 『日本宗教史』, 3.

24) 藤田正勝, 『日本文化をよむ』, 174-175.

준이기도 하고 작게는 집단의 목표 같은 것이기도 한데 어떤 경우는 대의명분과 같은 의미이고 작게는 그저 구실로서의 명분과 유사한 의미이기에 명분으로 부르기로 하자. 그 명분은 두 가지 점에서 의미 있게 주목된다.

하나는 그런 국가 목표적 혹은 집단 목표적 명분이 헌정에 이념적으로 장식된다는 것이고, 다른 하나는 헌정이 그런 명분 중심으로 운용되는 것에 헌정의 행위자들이 거의 이의를 제기하지 않는다는 것이다. 그렇기에 일본에서 그 포장된 명분은 제도가 어떻게 변하든지 간에 공식적 제도의 이면에서 실질적 동기나 영향력의 형태로 상존한다. 예로 메이지유신에 의해 봉건적 정치조직은 붕괴하였더라도 일반의 사상 특히 도의의 면에서는 봉건적 측면이 그대로 온존되었다고 평가되는 이유도 그와 관련된다. 즉 메이지 문화라는 것은 아무리 작은 것에라도 봉건성이 담겨 있다고 평가되는데,25) 그 배경에는 서구적 관점에서는 이해되기 어려운 명분에의 집착이 있다는 것이다.

명분은 전근대에는 종교적 태도 혹은 이념과 결부된 것이라기보다는 그저 주군에 대한 충성이나 은혜 갚기 같은 정치적 편 가르기 구조에서의 다분히 개인적 인정에 기반을 둔 것이었다. 그러나 근대 이후에는 왕정복고, 천황 친정, 국체国体, 가족, 전통, 향토애 등에서 보듯이 거의 이념과 유사한 것이 되었다. 즉 이데올로기나 사상이 어떤 시대 현상이 어떤 이념의 현실적 구현형태인지를 추상화 개념으로 대체로는 표현할 수 있는 보편성을 지닌 것이라 본다면 그들 명분은 대개 그런 보편성도 보여주곤 한다. 그러나 그 실질을

---

25) 中川善之助, 憲法普及会 編『新憲法と家族制度』, 52; 小林孝輔, 『戦後憲法政治の軌跡』, 114.

보면 다분히 인공적이어서 보편성이 말하는 시대 대변적 성격은 약한 것일 수도 있다.

즉 이데올로기가 시대의 산물로서의 의식형태라면 명분은 현실 정치의 인공적 편의적 창작의 성격이 강하다. 실제로 명분은 정치적 주류의 편에서는 냉혹한 현실정치에서 기계적 재단을 가능하게 하는 수단이 되고, 소모적 권력투쟁을 단념시키는 효율적인 장치가 되기도 하고, 정치적 승자의 행보를 정당화시키는 논리도 된다. 그런가 하면 비주류의 반발도 보여줌으로써 오히려 현실정치에 대한 비판의 기준도 된다. 그런 면에서 명분에 관한 평가 기준은 주류인지 아닌지 라기보다는 명분에 충실했느냐에 더 중점이 있는 것처럼 보인다.

근대에 정치적 도구로 가장 큰 힘을 발휘한 명분은 '왕정복고王政復古'였다. 메이지유신은 쿠데타에 불과할 수 있지만, 유신세력이 '바쿠후幕府' 타도를 위해 왕정복고를 이용하면서 신체제는 정당화되었다. 실은 왕정복고의 주체가 왕실인지도 의문이었거니와 왕실 혹은 조정이 유신 이전에 어떤 구체적 권력이기는 했는지도 의문이기는 했다. 전통적 상징적 권위는 있을지 모르지만 경제적 군사적 혹은 정치적 측면의 실제적 권력인지 의문이었다. 그래서 후쿠자와 유키치福沢諭吉도 왕정복고는 왕실의 힘에 의한 것도 아니고 왕실은 그저 그 이름만 빌려준 것에 불과하다고 했다.26) 그런데도 왕정복고는 유신의 효율적인 정치적 도구로 충분히 이용되었다.

즉 왕정복고가 유신을 완성한 도구였다. 중앙집권체제로 가는 길에서 기득권세력인 봉건영주 '다이묘大名'들의 존재기반을 없앤 '폐

---

26) 福沢諭吉,『文明論之槪略』, 95.

번치현廢藩置県' 같은 정책을 수긍하게 만든 도구였다. '번藩'의 존재가 천황통치에 지장을 준다는 명분을 내세우자 번들은 대항 논리를 내세우지 못했다. 그것은 유신세력의 기획이었다. 왕정복고론이 봉건적 할거주의를 극복해 중앙집권체제로 나아가 일본을 국방이나 내정에서 견고하게 했다는 해석은 성공한 유신의 변명에 불과하다. 실은 유신은 천황통치의 내실도 없었고 반대편도 그걸 잘 알았지만 그 명분에 저항하기 어려웠기에 그저 수긍 당해야 했다. 그렇게 왕정복고의 명분은 체제 유지와 정당화의 도구가 되었다.

명분은 분쟁의 해결에도 이용되었다. 전통적인 일본의 법의식에서는 개인 간의 사회적 관계로서의 권리와 의무는 있는 듯 없는 듯했다. 대신 정상情狀, 의리, 인정, 우정, 진심 등에 의존했다. 역사적으로 실재한 사건을 그린 '쥬신구라忠臣蔵'에 담긴 용사들의 영웅담에 열광하는 이유도 그것이다. 주군이 쇼군将軍 앞에서 동료로부터 모욕을 받고 칼을 꺼냈다가 법도에 따라 사형당하고 영지가 몰수되자, 그 가신들이 주군의 복수를 위해 가정을 버리고 낭인이 되어 기회를 노리다 복수에 성공한다는 그 이야기는 은혜, 의리, 진심의 가치를 역설한다. 그런 해결법을 중시하다 보니 권리와 의무를 명확하고 확정적인 것으로 만드는 재판은 바람직하지 않다고 생각한다. 당사자 간의 우호적이고 협동적인 관계의 기초를 파괴하게 되는 재판을 싫어한다.[27] 그렇게 분쟁 해결에도 명분이 개입된다.

상반되는 명분 간의 대립은 정치적 혼란도 만들었다. 바쿠후와 여러 번이 지배할 때는 바쿠후나 번의 대의명분을 지키다가 그들이 무너지면 신정부의 대의명분을 따르려고 우왕좌왕한 것이 그렇다.

---

27) 川島武宜, 『日本人の法意識』, 98-99, 139-140.

그 각자는 당대의 대의명분 즉 대세가 바로 자신이라고 주장했다. 그러다 보니 정치 현실의 행동지침이 된 명분에 의한 도덕적 판단은 곤란했다. 정부에 대항해 거병한 사이고 다카모리西鄕隆盛의 군대나 관군이나 모두 대의를 위해 싸운다고 말하기에 그중 어느 것이 더 천하의 도덕에 가까운지 알기 어려웠다.28) 유신 주역들도 알고 보면 대부분 얼마 전까지 양이론자로서 수구파였던 것에서 보듯이 명분은 도덕적 윤리적 기준이 되기 어려웠다. 다만 그런 명분들을 지배한 상위의 가치인 '유교'는 정치에서 도덕적 윤리적 기준을 제시했다.

전근대로부터 현실의 이해관계를 포장하며 정치행위의 정당성의 근거를 만든 명분들의 이념적 공통분모는 거의 '유교儒教'였다. 유교 자체가 명분과 친한 이념이었다. 즉 일본에서 유교의 영향 중에 가장 중요한 부분은 바로 대의명분의 가르침이었다.29) 유교는 메이지 시대 이전은 물론이고 이후에도 윤리강령으로서 윤리적, 정치적인 명분의 기반이 되었다. 그 유교적 명분은 에도江戸 중기 이후 등장한 일본 특유의 '국학国学'에도 크게 작용했다. 국학은 유학을 배척하는 태도를 보이지만 국학에서 주장된 '존왕양이尊王攘夷'는 분명히 유교적이었다. 국학 자체가 지닌 유교적 토양은 둘째 치더라도 국학이 내세운 왕정복고의 신질서관도 유교적이었다.

일본적인 것을 강조한 국학의 이념적 산물인 천황주의가 자리 잡고 메이지유신이 서구화를 추진해도 그 왕정복고의 기반이 유교적 질서의 명분을 담은 이상 유교는 살아남았다. 천황과 국체라는 정

---

28) 福澤諭吉, 『福澤諭吉 幕末・維新論集』, 88-89.
29) 宇野哲人, 「儒教と日本國民性」, 303-310.

치적 명분은 알고 보면 유교적이기 때문이다. 다만 천황주의의 질서관념은 그 신화적 요소로 인해 유교와 다른 듯 보이기는 했다. 즉 현인 신적 군주관은 이승에 현신한 신의 관념이었다. 어떤 사람을 생전에 신으로서 추앙하는 그 신앙적인 모습은 근세 이후 일본에서 뚜렷이 확인되는 사회현상이었다.[30] 거기에 신화까지 가미되어 과거의 실제적 사실에 대한 인위적 개작이 가해지고 역사적 사실도 왜곡되었다. 그렇게 종교적 신성성으로 고양된 신화에 유교적 흔적은 거의 없는 것처럼 보였다.

국가는 그런 신화적 신성성의 역사를 국민이 맹신하게 했다. 일본민족은 신적 종족으로서 지고한 가치를 담당해야 할 위치라고 자기도취에 이르게 했다. 나중에는 영토적 물질적 욕망에 근거해 도발한 전쟁들도 마치 진리와 도의를 위한 싸움인 것으로 포장하고 미화했다.[31] 국가신도 체제에서 신화가 그대로 국가권력의 이데올로기적 기초가 되면서 천황에 의한 지배는 정당화되었다. 근대국가에서 신화가 일본처럼 그렇게 직접적인 정치적 기능을 담당하게 된 것은 극히 드문 현상이었다.[32] 이렇게만 보면 그 신화는 유교와 무관한 것처럼 보이지만 실은 알고 보면 천황의 초월성도 유교적이었다. 그 초월적 권위는 인위적으로 중국에서 수입한 것에 불과했기 때문이다.

천황이라는 신적 요소는 중국의 황제에 필적하는 형식을 갖추고자 고대에 수입된 중국 고전에서 차용하고 다듬은 것이었다. 7세기 말경에 처음 사용된 그 호칭은 그 후 궁정에서조차도 사용되지 않

---

30) 田中 彰, 『明治維新』, 174.

31) 南原繁, 『人間と政治』, 14-16; 網野善彦, 『日本社会の歴史(下)』, 152-156.

32) 村上重良, 『国家神道』, 142.

았다. 7세기에서 8세기에 걸친 고전 시가들을 8세기에 담아낸 가장 대표적인 문학작품인 '만요슈万葉集'에도 천황 혹은 천황을 의미하는 일본식 표현은 보이지 않는다. 그러다가 19세기 중반에 이르러 우연히 다시 사용된다. 메이지유신 세력에 의해 다시 초월적 권위의 상징으로 내세워진 것이다. 그렇게 유신 정부가 천황이라는 명칭에 권위를 부여하기 이전까지 존재하던 천황관은 중국적이었다.[33] 그렇게 천황의 권위는 다분히 중국적 유교적임을 부정할 수 없다.

더욱이 천황의 신화적 기반도 유교를 통해 정치적 요소가 되었다. 일본의 유교는 중국이나 한국에서 나타난 것과 같은 종교성이나 형이상학적 성격으로는 나아가지 않고 윤리 혹은 치세의 정치론이 되었다.[34] 유교의 그런 치세의 정치론으로서의 성격은 특히 '국체国体' 관념에서 두드러진다. 오늘날에는 공식적으로 거의 쓰이지 않지만 우익과 개헌파에게는 아직도 큰 비중으로 남아있는 국체는 에도江戸 시대 말기의 '후기 미토水戸학파'에서 국가구조의 기본을 가리키는 개념으로 등장한 것이다. 국체는 일본의 통치형태나 국가 지향성을 표현하면서 규범적 의미까지 담아 최고의 이데올로기가 되었다. 그런데 그 국체론이 유교와 무관치 않다.

정치적 상위 명분으로서의 국체의 지위는 그것이 메이지 헌법 하의 천황주권원리를 단적으로 드러낸 최고의 본질적 가치라는 데 있다. 그래서 일본을 위해 국체가 있는 게 아니라 국체를 위해 일본이 있다고 말할 정도였다. 1945년 8월 15일 항복할 때도 천황은

---

33) 吉野作造, 『吉野作造選集 <第六卷>』, 316; 安丸良夫, 『現代日本思想論』, 99-100.
34) 末木文美士, 『日本宗教史』, 147.

'국체'를 지키겠다고 약속할 정도였다.35) 그 국체도 실은 수입과 창작의 산물이다. 국체는 알고 보면 일본 고유의 개념도 아니고 중국 고전에서 사용되던 한자 숙어였다. 그런데 에도 말기의 주자학적 흐름인 후기 미토학水戶学의 '존황론尊皇論'을 통해 일본 고유의 국가형태를 지칭하는 개념이 된 것이다.36) 이는 국체론적 사상이 중국에서 유래했다는 것과 국체 사상이 체계적 주의 주장으로 된 것도 유학 사상의 뒷받침에 의해 중세 이후에 인위적으로 이루어진 것임을 알려준다.37) 근대로의 진입단계에서 외압에 대비하는 정신적 국방론이자 정치적 대비책으로 국학이 정립한 논의가 국체론인데 그 국학의 기반도 주지하다시피 유학이기 때문이다.

더욱이 정치적 치세론으로서의 유교의 성격은 국체론에서 가장 선명하게 드러난다. 국체론에서 천황은 윤리적 정치적 정점이다. 그 천황 중심의 윤리적, 정치적 명분을 통해 신질서관을 만드는 것을 가능케 한 것은 유교였다. 천황의 직접통치 즉 '천황 친정親政'이라는 명분이 세속적 정치형태가 될 수 있었던 것 자체도 유교적 질서개념에 의한 것이지만 그 보조적인 정치적 명분인 '보필補弼'도 유교적 질서관 안에 있다. 천황 친정은 메이지 헌법체제에서는 헌법 외적 존재들에 의해 보완되는 보필에 의해 가능했는데, 그로 인해 헌법이념이 퇴색하기도 했다. 헌법은 천황 친정에 반하는 바쿠후적 존재를 배제하는 원리임에도 현실에서는 보필에 의해 바쿠후적 존재가 요청되었기 때문이다. 그래서 개헌 내지 헌법 운용 변경으로 천황 친정을 형해화하는 보필기관들을 통합하려고도 했지

---

35) 宮澤俊義, 『憲法講話』, 101-102.

36) 刈部 直, 「日本の思想と憲法」, 4.

37) 清原貞雄, 『外來思想の日本的發達』, 146-148.

만38) 결국 바뀌지 않았다. 헌법이념과 모순되어도 유교적 질서관에는 부합했기 때문이다. 그만큼 유교는 헌정의 이념과 운용에서 큰 배경을 이룬 상위의 가치였다.

4. 가족제도 이데올로기

유신 이후 천황 중심의 이데올로기는 강화되었다. 천황을 정점으로 한 국가 자체에서 최고의 가치를 발견하는 '국가주의國家主義'나 심지어는 그를 넘어 국가의 전면적 개조와 제국주의적 팽창을 외치는 '초국가주의超国家主義'까지 등장했다. 천황을 신의 후손이라 보는 사고는 선민사상으로까지 이어졌다. 국학에서 보이듯 신화가 그에 큰 역할을 했다. 일본의 독자적 문화나 사상 그리고 정신세계를 탐구한 국학은 고대의 신화에 주목했는데, 그 흐름 속에서 '신도神道' 등도 강조되고 존왕 사상도 나타났다. 없었던 것이거나 희미했던 것이 마치 태곳적부터 존재했던 양 포장되었다. 그래서 유학이나 불교와 결별하기 시작했다. 결국 천황에서 시작하는 국가나 민족적 차원의 명분이 모든 것의 중심이 되었다.

그렇게 인과적으로 연결된 신도와 존왕 그리고 양이의 사상은 개국 후의 일련의 흐름과 결부된 것이다. 개국 후 양이 운동의 진전과 더불어 정쟁이 격화되고 내전으로 전개되는 과정에서 신도에 대한 기대가 커지고, 그것이 바쿠후의 권위가 실추되고 천황이 지닌 고대의 종교적 권위가 부활하는 것과 맞물린 것이다. 그 점에서 신

---

38) 林 尚之, 「世界大戰のなかの立憲主義と世界連邦的国連中心主義」, 167.

도의 융성은 유신세력의 바쿠후 체제 타도라는 정치적 목표와 직결된 것이었다.[39] 그렇게 '신도'와 '왕정복고론'을 이념적으로 연결해 준 것은 '가家' 개념이었다. 비정치적 자연적 존재였던 천황에 국민적 민족적 통합의 중심을 두게 되는 데 있어 본래 자연적 존재였던 '가'가 통합을 위한 정신적 근거가 되었다. 자연적 천황이 적극적 정치기능을 부여받는 제도화에서 '가'가 연결고리가 된 것이다.[40]

가족은 향토 자체를 의미하는 국가와 연결되고 존황론이나 천황주의도 그 안에 자리 잡으면서 인민은 '신민'으로 자리했다. 메이지 정부는 유교적 가족 도덕에 기초한 가부장제를 공인하고 강화하고 이를 봉건적인 '은혜 갚기' 교설로 정당화했다. 그렇게 인성의 기본 구조를 형성해 절대권력에 순종하는 신민을 만들었다. 특히 「교육칙어敎育勅語」를 획으로 봉건적인 가부장제적 '효'와 그에 기초한 가부장제적 국가관으로서의 '충'에 관한 도덕교육이 문부성 검정의 '수신修身' 교과서를 통해 전 국민에 주입되었다.[41] 교육칙어로 대표되는 그 유교적 교화정책은 1879년에 메이지 천황의 측근인 유학자 모토다 나가자네元田永孚의 발의로 당시의 자유민권운동의 반정부적인 자유주의 교육정책에 대항하기 위해 등장한 것이었다.

자세히 보면 교육칙어에 앞서 천황의 의사표시라는 권위적 형식으로 '인의충효仁義忠孝'를 세우자는 '교학대지敎學大旨'가 먼저 공적으로 선언되었다. 그리고 이후 민권운동의 계속된 위협에 대항하여 1890년 도쿄에서 열린 지방관회의에서 제안된 도덕교육에 관한 건의를 계기로 추밀원 고문관 모토다와 법제국장관 이노우에 고와시

---

39) 村上重良, 『国家神道』, 81.

40) 中村雄二郎, 『近代日本における制度と思想』, 56-57.

41) 川島武宜, 『イデオロギーとしての家族制度』, 4-11.

井上毅가 기초한 「교육칙어」가 이어서 선언된 것이다. 이노우에가 중심이 되고 모토다의 의견이 반영된 교육칙어는 신성불가침의 천황의 권위로 당시까지 있었던 유교주의적 교육정책을 둘러싼 시비논쟁에 종지부를 찍었다.[42] 그것이 근대 이후의 이념적 정체성을 규정했다. 천황제 국가원리가 '국체론'과 '가족제도'에 의해 시민생활은 물론이고 사생활까지도 국가 생활 속에 편입시켜 정치의 도덕화라는 명목하에 도덕의 정치화를 이루었다.[43]

천황이 제헌과 교육칙어를 동시에 만들어낸 정점의 권위로 받아들여지면서 정치적 권력이면서 정신적 권위가 되었다. 권력은 윤리에 의존하고 윤리는 권력에 의해 뒷받침되었다.[44] 천황주의가 도덕론이 된 것이다. 모토다류 유교 사상이 '가'를 밑에서 도덕적으로 강화한 것이다. 한편으로 이토 히로부미伊藤博文의 근대입헌주의 정치실현의 노력은 '가'의 대응물인 '황국'을 위에서 정치적 제도적으로 강화하고 확립했다. 그래서 도덕적으로 강화된 '가'의 재편은 '황국'과 '가'를 상호관통시키면서 두 움직임은 상호작용했다.[45] 그것이 메이지 이후의 정치적 필요에 의해 인위적으로 만들어져 1945년의 패전에 이르기까지 사상적 지주가 된 '가족제도 이데올로기'였다.

그 이데올로기에서는 '가'가 삶의 중심으로 외부와 구별되는 정체성의 시작이다. 가에서 개인은 가족으로서만 현상하고, 국민이

---

42) 内田 滿, 「教育勅語と戦後日本の道徳教育」, 100; 川島武宜, 『イデオロギーとしての家族制度』, 35-39.
43) 中村雄二郎, 『近代日本における制度と思想』, 25.
44) 久野 収・鶴見俊輔, 『現代日本の思想』, 127.
45) 中村雄二郎, 『近代日本における制度と思想』, 72.

담지한 전체성도 알고 보면 가가 지닌 전체성을 통하여 이루어진다고 이해되었다. 가에서의 인격이 지닌 전체성은 신으로서 파악되는데, 그 신은 역사적 수준에서의 가의 전체성으로서의 '조선신祖先神' 즉 가의 첫 대로서의 신과 다름 아니었다. 존왕양이로 표현된 유신의 자각도 일본을 신국神国으로 이해하는 그런 신화적 정신에 기초한 것이었다. 그렇게 국민의 전체성은 신화 속에서 이해되고, 국민의 특수성은 가로서의 존재 방식에 의해 표현되어 졌다. 그에 따라 개인은 소멸하고 집단적 삶에 지장을 주는 것은 터부시되는 삶이 지배했다.46)

가족주의 이데올로기는 입헌주의에 치명상을 입혔다. 국가가 그런 태도를 보임으로써 권력통제로서의 입헌주의가 제대로 작동할 수 없었기 때문이다. 개인이 국가권력을 규제하기는커녕 오히려 개인으로서는 하지 않았을 행위를 국가의 이름 아래 하도록 만드는 최악의 결과만 초래되었다. 그래서 패전 후 일본은 가족주의 이데올로기를 버렸다. 가정생활에서의 개인의 존엄과 양성평등을 규정한 신헌법 제24조는 가족제도 이데올로기 차단장치다. 신헌법은 가정생활의 보호 목적을 개인의 존엄보다는 가의 계통과 가족의 결합통제의 유지에 두었던 전전의 태도의 배척이다. 즉 가정생활에서의 개인의 존엄과 평등이 중시되는 개인 본위가 입헌주의의 기본임을 재확인한 것이다.47) 이런 변혁은 국민적으로 환영받았다.48) 그런데 오늘날 개헌파는 그 부활을 시도한다.

---

46) 和辻哲郎, 『風土』, 173-184.

47) 田口精一, 「家庭生活における基本原理」, 140-141.

48) 小林直樹, 『日本国憲法の問題状況』, 78.

5. 도덕규범적 헌법관

근대입헌주의는 근대 이전부터 존재한 통치권 규정과 법에 의한 지배를 넘어 기본권 보호와 권력분립 원리를 담은 것이다. 전근대 유럽에는 법에 의한 지배라는 의미의 입헌주의는 있었지만 공적 영역과 사적 영역이 구분되지 않아 기본권 보호나 권력분립의 사상은 없었는데, 근대입헌주의에서는 개인의 자유가 공적 결정에 함몰되지 않고 양립하면서 그것들이 보장된 것이다. 그 점에서 전전의 일본은 입헌국가였는지는 몰라도 국체관념을 중심으로 국가가 모든 가치의 실체를 독점해 개인을 함몰시켜 소멸하게 한 국가였기에 전근대나 마찬가지였다.[49] 그런데도 그 시기를 이상 국가로 보고, 반면 근대적 가치의 출발점인 개인에 대해서는 부정적인 근래의 개헌론은 근대입헌주의의 인류 보편적 가치에 대해 부정적인 전근대적 입장에 서 있는 것이다.

세계적으로도 드문 그런 전근대적 복고적 개헌론이 왜 일본에서 전개되는가. 형식적 의미의 헌법 혹은 형식적 법치에 아직도 매몰된 상태여서인가. 즉 법치가 통치의 도구로서 기능하는 형식적 의미의 법치여서 실질적 의미의 법치에 이르지 못하는 것이 전근대적 사회의 특징이라면, 일본의 개헌파는 최소한 헌법적 법치관념에서 형식적 의미의 법치의 수준에 머무는 것인가. 그래서 근대적 실질과 괴리가 있는 것인가. 그렇다면 왜 개헌파는 근대입헌주의의 형식성은 받아들이면서도 그 내용적 실질은 거부하는가. 혹시 그 이유가 일본이 헌법에 대해 사고하는 독특한 관념에 기인한 것인지

---

49) 姜尚中, 『愛国の作法』, 74-76.

묻게 된다.

보건대 일본에서 '헌법'이라는 용어가 근대적 의미로 쓰인 것은 1873년 법학자 미츠쿠리 린쇼箕作麟祥의 번역어에서부터였는데, 그것이 1881-82년 무렵부터 일반에 통용되었다고 한다.[50] 특히 제헌을 위해 이토를 구미에 파견하는 1882년 3월의 칙어가 '유럽 각 입헌군치국立憲君治國의 헌법憲法'의 원리와 실태를 배우고자 하는 뜻을 분명히 밝힌 것에서 보듯이 그 칙어도 '헌법'이라는 용어가 결정적으로 확립되는 한 계기를 이루었다고 보인다.[51] 그 사실들은 근대헌법 형성기의 번역어로서의 '헌법'의 존재와 그 헌법 개념의 일정한 수준의 인식 가능성 그리고 아울러 그 용어 자체의 일반화의 연원을 모두 보여준다.

그런데 실은 전근대사회에서부터 '헌법'이라는 용어에 익숙했다. 고대 역사서인 797년의 『속일본기續日本紀』에도 보이고, 그에 앞서 스이코推古 천황 시절인 604년 쇼토쿠聖德 태자가 만들었다는 「17조 헌법十七条憲法」에도 '헌법'이 등장하기 때문이다. 특히 17조 헌법은 일본인이 어린 시절부터 배워서 잘 안다. 물론 그 '헌법'은 오늘날의 관점으로 보면 최고법이라기보다는 실은 관리에 대한 도덕적 훈시였다. 즉 도덕의 지배를 위한 훈계였다.[52] 오늘날의 규칙이나 법도를 의미하는 오키테掟나 기껏해야 법률의 의미 정도다. 그래도 그런 '헌법'이라는 말이 일본에 있었기에 '근대 이후 서양에서 수입된 콘스티투치온Konstitution' 혹은 '컨스터튜션constitution' 혹은 '페어파숭Verfassung'의 일역어로 '정체政体', '국헌国憲', '정법政

---

50) 尾佐竹猛, 『日本憲政史の研究』, 7-8.

51) 大石 眞, 『憲法講義I』, 4-5.

52) 和辻哲郎, 『日本精神史研究』, 20.

法’, ‘정규政規’, ‘건국법建国法’ 등과 나란히 ‘헌법’도 사용된 것이다.

즉 ‘헌법’은 본래 익숙하던 말이자 번역어로도 통용되다가 대세로 굳어져 일반화된 것이다. 그래서인지 ‘헌법’은 사전적으로 규칙, 법도라는 의미도 있고, 국가존립의 기본조건을 정한 근본법, 국가의 통치권, 근본기관과 그 작용의 대원칙을 정한 기본법의 의미, 즉 우리가 흔히 생각하는 헌법의 의미를 모두 담고 있다. 아마도 이는 쇼토쿠태자의 ‘헌법 17조’에 의해 예부터 사용되던 헌법이라는 일본어가 넓게 규칙이나 규범을 지칭하는 것이 되었기 때문인 듯하다. 반면 오늘날의 헌법의 번역대상이 된 외국 원어의 본래 의미는 그와 달리 국가의 근본구조 등의 의미이기에 일본적 의미와는 차이가 있다. 결국 본래의 일본어의 의미와 새로운 번역어로서의 의미는 차이가 있지만, 메이지유신 전후에 그 새로운 ‘헌법’의 의미가 정착된 것이라 볼 수 있다.53)

그렇게 ‘헌법’의 대중화에 일면 기여한 그 17조 헌법은 ‘화和’를 소중히 하고 불교를 신봉하고 임금을 섬기라는 내용으로 시작해 대부분은 관리의 공직윤리를 담은 것이다. 예로서 인민을 다스리고 탐욕을 버리고 송사를 엄정히 하며 공무를 성실히 수행하고 세금을 공정히 징수하고 부역을 시킬 때는 인민에 부담이 되지 않는 시기를 택하라는 등이다. 그중 권력 남용을 경계하라는 것은 공권력 규제라는 근대헌법의 취지와도 통한다. 그래도 어디까지나 윤리규범이다. 게다가 그 윤리규범은 왜곡되기도 했다. ‘화’를 소중히 하라는 점은 파시즘에 이용당했다. 쇼토쿠태자의 ‘화’는 도덕적 계율이나 마음가짐이나 생활지침인데, 태평양전쟁이 한창일 때에는 국민

---

53) 長谷川正安, 『日本の憲法』, 2-3.

을 하나로 만드는 이데올로기가 되었다.54)

그 계율적 '헌법'의 존재를 보면서 '일본에서 헌법이 일종의 도덕규범으로도 이해되는 게 아닌가'라는 우려가 떠오른다. 근대입헌주의 헌법은 주권자 국민의 요구를 정치의 틀로 만든 것, 즉 공권력 규제를 위한 법적 규범이라면, 17조 헌법은 국왕이 신민에게 내려 준 도덕규범이다. 그런데 일본인이 17조 헌법을 통해 내면화된 윤리규범적 이해로 인해 헌법을 일종의 도덕규범으로 보는 관념에 사로잡혀 있는 게 아닐까 하는 우려다.55) 헌법이 권력규제를 위한 법적 규범이더라도 각국의 헌법에 개별국가 특유의 이념적 지향성도 반영되어 헌법에 대한 대응 태도도 다를 수 있기에 그렇다. 실제로 그 우려는 근거가 없지 않다. 제헌 무렵 모토다는 교육칙어에 앞선 교학 대지가 내려지기 전에 천황에게 낸 국회개설 의견서에서 '국체'와 '정체'의 이중구조를 전제로 한 천황 친정 입헌정체를 주창했다. 국체와 관련된 '도덕 통치'를 정당화한 것이다. 즉 헌법의 도덕규범성을 밝힌 것이다.

그리 되면 입헌정체는 핵심을 잃게 되기에 이토는 모토다의 의견에 반대했다. 결국 그 반대는 유교적 도덕의 논리와 입헌정치의 논리의 대립 즉 도덕과 정치의 논리의 대립이었다. 이토의 정치의 논리가 근대입헌주의였다면, 그에 대립적인 도덕론 즉 국가의 기초를 유교적인 도덕적 통일에서 구하려는 논리인 정치의 도덕규범화가 모토다의 것인데 그것이 제헌기에 주장된 것이다. 게다가 이토가 주도한 헌법조차도 실은 도덕적 측면을 담고 있었다. 즉 '외견적'이

---

54) 伊藤公雄, 「『和の精神』の発明: 聖德太子像の変貌」, 92-102.

55) 小林 節, 『白熱講義! 日本国憲法改正』, 106-107; 初宿正典, 『憲法 1』, 3.

라 불린 이유에서처럼 메이지 헌법은 입헌적 측면 외에도 국체론에서 보듯 정치적인 것을 종교화 내지 도덕화시킨 전통주의적 국가주의적 측면을 모두 지녔다. 그래서 도덕적 측면에서 본다면 천황 자체는 단순한 입헌군주로서 헌법 속에서 정치적 법적으로 규정된 것이라기보다는 헌법 외적인 종교적 도덕적 영역에 열린 형태였다.[56) 그것은 헌법에 법과 도덕이 혼재한 것이었다.

이런 모습은 근대입헌주의에 비전형적이다. 도덕규범은 법규범과 구별하는 것이 근대적 사고이기 때문이다. 법과 도덕의 관계에 관해서는 양자의 관계를 법 혹은 도덕의 어느 하나로 일원화시켜 이해하거나 양자 중 어느 하나의 우위를 주장하기도 하지만 대체로 도덕은 사회의 근본 관계를 규율하기 위한 공동사회의 관계 규범으로서 보다 일차적인 자율규범이고, 법은 국가의 조직 관계 규범으로서 타율 규범이므로 그 규범적 성격이나 목적이 다르다고 이해된다. 그래서 법규범의 정상에 있는 헌법은 비록 그 추상적 성격을 고려하더라도 법규범의 일종이고 아무리 양보해 보더라도 기본권 보호와 국가통치의 원리이므로 도덕과는 구별된다. 그런데 양자가 구별되지 않는다면 근대입헌주의에서는 비전형적인 것이다.

게다가 그것은 입헌주의에 적합하지도 않다. 헌법을 도덕규범으로 보는 사고는 천황, 국체, 신, 영령 등에 대한 집단적 관념을 동반하는데 그것은 전근대적 속박에서 벗어나지 못함을 의미한다. 즉 현실정치에서 실재할 만한 최악의 상태를 견제하려는 근대입헌주의는 중세적 신의 속박에서 벗어난 자유로운 개인을 전제로 하기에, 전근대적 사고는 그에도 부응하지 않는다. 더욱이 국가 안의 도덕

---

56) 中村雄二郎, 『近代日本における制度と思想』, 67-69, 95.

규범적 사고는 주어진 질서에 대한 순응을 위한 것이라는 점에서도 부정적이다. 결국 그런 헌법은 윤리적 가치로 받아들이도록 설득시키는 복종의 장치나 마찬가지기에 헌법에 대한 도덕규범적 사고는 근대입헌주의에 적합할 리가 없다.

특히 일본이기에 그런 사고는 위험하다. 상냥하고 예의 바르고 자기 의견을 강하게 드러내지 않는 일본인은 집단적 강박에 의해서는 강한 호전성을 드러냈다. 그 집단적 강박은 대외적 증오로 전환되기 쉬웠다. 도덕규범적 헌법관은 그런 전환을 용이하게 한다. 즉 집단주의적 태도는 도덕교육적 사고와 연결되면 위험한 군국주의적 풍조에 순응하는 태도가 되었기에 위험하다. 이는 개헌론자들이 도덕적 사고를 개헌론에 이용하는 것에서도 확인된다. 실제로 현대에 들어와서도 자유나 권리 같은 법적 의식의 존재와 더불어 효도나 은혜 갚기 같은 덕목도 여전히 공존하는 게 일본 사회다. 효도나 의리와 같은 도덕관념이나 사회규범이 아직도 지배적인 지위를 점한다.[57] 그렇기에 개헌론자들이 이를 내세우는 것은 반입헌성의 부활로서 이념을 넘어 현실에서도 위험한 것이다.

6. 제도에 대한 숭배

전전의 군국주의에서 확인되듯 일본에는 집단적 믿음, 신성한 목적에 대한 숭배 그리고 숭배가 시작되면 정상적 판단은 보류되어 버리는 물신주의적인 대상에 대한 존중이 있다. 도덕규범적 헌법관

---

57) 利谷信義, 『日本の法を考える』, 193-194.

도 기성 제도에 대한 그런 맹목적 숭배에 근거한 순응 즉 도덕률에 따른 순응과 결합하면 훨씬 더 부정적인 것이 된다. 그런 도덕률에 따른 순응은 자신의 선택에 대한 비판이나 저항을 허용하지 않고 스스로가 받아들인 양 인식되면서 최악의 결과를 초래해도 자기 자신에 대한 자책에 그치기 때문이다. 오늘날의 일본과도 무관치 않은 그런 모습은 이미 전전에 충분히 확인되었다.

전전의 일본에서는 '저항권' 관념 자체를 찾아보기 힘들었다. 저항권은 헌법상 명문화 여부를 불문하고 자연법적 권리로 인정되지만, 일본에서는 메이지 시대 민권운동에서조차 보이지 않았다. 자유당계의 급진적인 우에키 에모리植木枝盛가 1881년에 내놓은 헌법 초안을 제외하고는 사상 혹은 관념으로 나타나지도 못했다.[58] 그 정도로 기성의 체제나 제도에 대한 저항에 익숙하지 않았다. 그래서 헌정에서 헌법이 왜 천황주권 같은 걸 허용했는지가 문제 제기되지도 않았다. 설사 문제 제기되더라도 그것은 도덕규범적 영역 안에 갇힌 것이 되기에 싸움이나 논쟁이 될 수도 없었다.

그렇게 헌법의 도덕규범적 요소 안에 갇힌 문제들에 대한 이견이 힘든 것은 제도에 대한 숭배의 강화요소가 된다. 정치학자 마루야마 마사오丸山眞男가 말한 '초국가주의'도 그와 유사한 상황적 순응에 대한 지적이다. 패전 직후에 개인의 자율을 둘러싼 여러 논의 중 특히 주목받은 초국가주의론은 전쟁에 휘말린 이유를 일본인의 사고패턴에서 찾았다. 즉 16세기 이후의 유럽에는 사상이나 신앙이나 도덕에 관한 여러 가치 중 어떤 것을 선택할까에 관해서는 개인

---

58) 家永三郞 編, 『植木枝盛選集』, 95; 利谷信義, 『日本の法を考える』, 192; 小林直樹, 『日本国憲法の問題状況』, 264.

의 양심이나 사적 단체의 결정에 맡기는 가치 중립적 국가가 발달했다. 반면 유신 이후의 일본에서는 국가가 개인의 내면을 지배해 공적 영역과 사적 영역이 융합하고, 개인을 밖에서 지배하는 권력과 내면의 가치에 관한 권위가 일체화하는 사태가 생겼다.

그래서 개인은 국가나 천황의 뜻을 몸으로 행동하는 것이라 보는 사고방식인 초국가주의가 되었다. 초국가주의에서 자유로운 주체적 의식이 없는 각 개인은 행동의 제약을 스스로의 양심 속에 가지지 못하고 자신보다 상급자로서 궁극적 가치에 근접한 자의 존재에 의해 규정되고 있었다. 마루야마는 그 개인의 자율성 부재가 만든 '기성 사실에의 굴복'을 말했다. 전전과 전쟁 중의 정부나 군부를 구성하는 지배계급의 심성은 상황이 이러니 따라갈 수밖에 없다고 생각하는 기성 사실에의 굴복이었다는 것이다. 즉 그 경우에 상황이란 자기가 주체적으로 창출하거나 수정해야 하는 것이 아니라 창출된 것이어서 그저 따르고 수용되어야만 하는 것으로 이해되었다는 것이다.[59]

그러한 순응은 과학적 인식의 부재를 의미했다. 철학자 와츠지 데츠로和辻哲郎는 전전의 모습을 봉건사회 이미지로 그려내면서 패전의 원인을 일본인의 '과학적 정신의 결여'에서 찾았다. 합리적 사색의 멸시와 편협한 광신 즉 직관적 사실만 신뢰하고 합리적 판단을 중시하지 않는 민족적 성향이 비극을 만들었다는 것이다. 그는 특히 서구에서 과학적 사고가 생활을 지배하게 되는 시기에 일본은 쇄국을 해 2백 년 이상 서구적 근세 정신의 영향을 차단했기에, 이후 최신 과학의 성과를 급격하게 수입해 이용하면서도 동시에 광신적이

---

59) 小田中直樹, 『日本の個人主義』, 36-37, 137; 丸山眞男, 『現代政治の思想と行動』, 25, 106.

기도 한 기묘한 현상조차 벌어졌다고 했다.[60] 서구의 과학적 성과를 이용하면서도 광신적인 비합리적 사고에 이끌렸다는 것이다.

이는 일본의 이념들이 주로 여러 기회에 수입된 외래의 것인 점과도 연관된다. 즉 자체 내에서 내면화시키는 과정이 결여되어 있는 수입된 이념들은 생활과 동떨어진 것이 됨으로써 일종의 마술적인 것이 되기 때문이다. 빌린 물건이 본래 지니던 것과 공존하면서 빌린 물건 즉 수입 사상이 지니는 물신성은 특별한 형태가 되었다. 물신성은 사상이 생활사실과의 내적 연관을 가지기에 생기는 것인데, 수입된 사상들은 본래 생활사실과의 필연적 연관을 가지지 못한 것이기에 그 물신성은 마술적인 것으로 존재한다는 것이다.[61] 그렇게 수입된 이념이 마술적 형태로 존재한다는 것이 서구의 과학적 성과의 이용이 만든 비합리적 사고와 무관치 않은 것이다.

이는 일본에서 정치의 가치가 비합리적 사고와 결합하게 된 연유를 설명해 준다. 전근대 일본의 '닫힌 사회'에서는 정치적 권위가 도덕적 가치나 종교적 가치와 합일했다. 그 정치적 권위에 거스르려는 자는 도덕이나 신성성을 무너뜨리는 자로서 섬멸되어야 할 적이 되었다. 바쿠후 말기의 존왕양이론은 그런 닫힌 사회의 전형적 사상이고 유신의 시기는 닫힌 사회의 권위나 관습이 붕괴하며 '열린 사회'로 나아가는 과정이었지만, 닫힌 사회의 붕괴로부터 생겨난 에너지가 천황제 국가라는 또 다른 닫힌 사회의 구심력으로 규합되어 버렸다. 그 과정에서 열린 사회에 필요한 합리주의는 충분히 확립되지 못했다. 그렇기에 패전 후 1946년 1월 1일에 천황의 '인간 선언'

---

60) 和辻哲郎, 『鎖国(上)』, 13-14.

61) 神島二郎, 『近代日本の精神構造』, 1-2.

이라는 웃지 못할 비극적 해프닝마저 생겼다는 것이다.62)

그런 외래성과 비합리성은 전쟁 도발의 원인 중의 하나다. 전쟁
반대가 관철되지 못한 것은 단순히 탄압되거나 강제되거나 속았다
는 사정 등에 의한 것이 아니라, 천황과 민족과 국가를 한 덩어리
로 만든 '일본'을 초월할 수 있는 어떤 가치개념이나 진리개념이
없었기 때문인데, 그렇게 초월성에 확신을 가질 수 없었던 이유 중
의 하나는 바로 사상 혹은 이데올로기의 외래성이었다. 물론 사상
이나 이념의 그런 외래성은 극복될 수도 있다. 파시즘 광풍 속에서
도 그런 전쟁은 인류의 정의에 적합한 게 아니고 현대사의 흐름에
도 역행하는 폭거라며 물러서지 않았던 지식인들은 국가 초월적 가
치개념으로 사상의 외래성을 극복한 것이다.63) 그러나 많은 국민은
그 외래성을 극복하지 못해 전쟁반대로 나아갈 수 없었다.

그런 비합리성 내지 비과학성이 있기에 헌법에 서구의 합리주의
적 사고와는 다른 도덕규범적 성격이 유지되고, 그런데도 그 도덕
규범적 성격이 문제시되지도 않은 것이다. 그 결과 상당히 기이한
헌법관이 만들어졌다. 헌법이 옳고 그름의 문제의 영역으로 되었다.
헌법현실 배후의 이념이 현실과 거리를 둔 채 헌법을 지배하는 상
태가 되었다. 이는 정치권력 불신을 전제로 쉽게 침범할 수 없는
존재적 규범형식을 둔 근대입헌주의의 태도 즉 있을 수 있는 최악
의 공권력에 대비한 법 제도적 규범을 둔 취지와는 다른 태도다.
당위 판단이나 순응을 전제로 한 도덕규범성은 헌법에 관한 합리주
의적 사고가 아니다. 그래서 전통의 헌법화라는 이름 아래 도덕적

---

62) 丸山眞男, 『忠誠と反逆』, 191.

63) 加藤周一, 『加藤周一自選集 2』, 387.

요청을 헌법에 담고자 하는 최근의 개헌론이 반입헌주의적이라고 평가되는 것이다.

그런데 역설적으로 보면 지금까지도 개헌이 성공하지 못한 이유가 헌법에 대한 그런 도덕관념화 그리고 그와 결합한 제도에 대한 순응과 무관치 않다고 보인다. 패전 후 국제정치적 맥락에 따라 이루어진 현행헌법 제정의 강제성 혹은 외부적 소여성을 고려하면 개헌은 불가피한 듯도 보였다. 그런데도 지금까지 저지된 것은 국민의 제도적 순응과 무관치만은 않다. 제도에 대한 순응이 제도에 대한 거부를 쉽게 억누르는 일본에서는 혁명적 변화나 외부적 강제적 소여에 의한 변화 즉 메이지 헌법과 현행헌법을 만든 두 계기 수준의 큰 변화가 없는 경우에는 미시적이거나 일시적 혹은 잠정적 변화 같은 시도는 거의 봉쇄되거나 포기된다. 일부 정치세력이 시도했지만 벽을 넘지 못했다. 개헌의 실패도 제도에 대한 그런 순응과 무관치 않다는 것이다.

그렇게 본다면 전쟁과 군비의 포기를 규정한 현행헌법 제9조가 논란 속에서도 유지되는 이유가 개헌에 필요한 의회 내 의석수의 미확보뿐만은 아니다. 메이지 헌법에서도 천황통수권 규정으로 인한 군부와 내각 및 의회의 갈등이 계속되었음에도 개헌하려고는 하지 않았던 이유가 천황의 절대성만으로 설명될 수는 없다. 헌법현실과 헌법이념의 괴리가 있더라도 국민적 순응이 헌법을 유지할 것이라는 기대가 상존하기에 개헌이 어려웠던 것이다. 천 년 이상 동안 명목상 군주에 불과했던 천황이 갑자기 정치 전면에 등장하고 헌법에서 주권마저 부여받았는데도 그 천황상을 그대로 받아들인 것부터가 제도에 대한 순응이었다. 도덕규범적 관념과 결합한 그 순응이 헌법정치를 끌고 갈 것이라는 기대가 현상유지의 동력이 된 것이다. 마찬가지로 오늘날에도 제도에 대한 순응이 호헌의 주요 동력으로 개헌억지력으로 작용한다고 볼 수 있다.

7. 법치와 덕치의 뒤섞임

전후의 일련의 개헌 움직임들이 실패하자 그에 대한 반발로 최근에는 차라리 헌법 같은 건 필요 없다든가, 계속 바뀌어도 상관없다는 식의 목소리도 나온다. 영국은 성문헌법이 없어도 그렇게 잘 되고 있으니 일본도 헌법개정이나 해석개헌 등의 논의에 안달하지 말고 헌법을 없애면 좋겠다고 한다.[64] 이 주장은 입헌주의가 권력제한을 위한 장구한 투쟁의 결과였음을 알지 못하기에 즉 영국이나 프랑스나 미국과 같은 의회와 국왕 혹은 주의회와 연방주의 간의 권력투쟁의 결과임을 알지도 못하고 그를 겪지도 못한 일본의 특수성만을 보고 낸 견해다.

서구는 물론이고 후발 입헌국가에서도 제헌은 권력투쟁의 결과를 반영한 권력규정이다. 그래서 통치질서 규정은 현재 권력관계가 이렇다는 것을 규정한 것이다. 반면 그렇게 권력투쟁으로 의회주의와 의원내각제가 형성되면서 입헌주의의 발상지가 된 국가들과는 달리 외견적 입헌주의가 도입된 일본은 입헌주의 초기는 물론이거니와 지금까지도 의회와 천황이 갈등하거나 권력투쟁을 하는 모습이 없었기에, '입헌주의가 꼭 필요한가'라는 의문을 가지기에 그러

---

64) 井上ひさし・樋口陽一, 『'日本国憲法'を読み直す』, 37.

면 헌법 없는 체제도 상관없지 않느냐는 주장이 나오는 것이다. 따라서 그 주장은 일본 입헌의 배경적 특수성을 간접적으로 확인시킨 말이다.

그런 일본의 입헌적 배경은 헌정에도 유지되어 왔다. 즉 천황에 협찬적인 의회이거나 의회를 무시한 군부가 천황통수권의 이름으로 전횡하거나, 혹은 전후처럼 상징 천황의 권위를 메이지 시대로 되돌리려는 자들이거나 혹은 군국주의적 재무장 움직임에 천황의 권위를 앞세우려 하든 간에 천황과 의회가 혹은 천황과 내각이 다투거나 권력투쟁 하는 모습 같은 것은 보이지 않았다. 즉 제헌 당시 권력투쟁의 산물이 아니었던 헌법은 이후에도 헌법을 둘러싼 권력투쟁을 만들지 않았다. 그렇게 일본에서 헌법은 권력관계의 반영규범으로서의 성격이 약한 듯하다.

대신 일본에서 헌법은 군주가 만든 계몽적 규범이었다. 이는 법률에 대한 특별한 이해에 기인한다. 법률은 체제 정당화 수단이지만 동양 특히 일본에서 그것은 하사이자 학습대상의 의미였다. 법률을 만드는 일은 천황이나 쇼군將軍의 관료들이 그들을 위해 해왔던 것이다. 국민을 위해 법률을 만드는 일은 없었다. 율령제律令制 시대의 관료든 무가武家 시대의 관료든 근대의 관료든 그러했다.[65] 메이지 헌법 역시 천황이 만들어 신민에게 하사하는 '흠정'형식이었다. 최근의 아베를 포함한 보수우파의 개헌론이 '가족'이나 '화和'를 추구함으로써 헌법으로 국민을 가르치려 드는 것도 그런 사고의 연장이다.

그런데 그렇게 헌법을 계몽적 규범으로 이해함으로써 이념적으

---

65) 三上 治, 『憲法の核心は権力の問題である』, 154.

로 입헌주의는 법치에 스며든 '덕치'가 되었다. 군주의 덕치주의를 수용해서 제도적으로 순응하는 학습의 대상자로서의 '신민臣民'을 성립시켰다. 그 신민에게 교육칙어를 하사해 교화의 완성을 이루는 천황과의 사이의 역할 관계를 받아들이게 하는 정치였다. 전전 일본은 근대적 '법치주의法治主義'와 그런 '덕치주의德治主義'가 공존했다. 연원적으로 통치권의 확립이 혈통주의에 근거하다 보니 덕치주의는 유교의 도입과 맞물려 백성에 대한 군림의 자격으로 강조될 필요도 있었다.[66] 규범주의적으로 이는 천황의 덕에 감화된 신민이 일원적 국론 하에서 통합되는 모습이었다.

사실 법치와 덕치는 법과 도덕의 차이에서 보듯이 규범적 내용과 적용 범위와 우선순위의 차이 등을 통해 통치기초의 차이가 확인되는 대립적 개념이기도 하다. 그러나 현실에서 둘은 서로 용납되었다. 메이지 헌법 하의 일본은 법치주의를 내세우지만 실체는 덕치주의였다. 이는 1890년 10월 발포된 교육칙어에서 여실히 확인되었다. 칙어에서 천황의 이미지는 법치주의적 군주상과 덕치주의적 군주상이었다. 천황은 입헌주의적이면서 다른 한편으로는 국민교화 기능을 담당했다. 천황의 이름으로 신민을 교화해 인격 형성을 촉진하기 위해 발포된 칙어는 군주의 덕으로 신민을 감화시키는 장치였다.

교육칙어는 정치적 타협의 결론이었다. 칙어를 주도한 모토다는 비록 유학적 토대에 서 있기는 했지만 국가신도적 기반을 통해 종교와 도덕에 걸쳐 국민을 교화시키는 명확한 국교적 가르침을 생각했다. 반면 칙어에 같이 참여하게 된 이노우에 고와시는 도덕이나

---

66) 清原貞雄, 『外來思想の日本的發達』, 49.

종교와 국가정치는 다른 차원이라고 이해했기에 칙어 구상에 소극적이었다. 그래서 이노우에는 부득이 한다면 군주의 개인적 저작으로서 그 내용도 종교적이 아닌 도덕적 선언에 그칠 것을 요구했다. 결국 그 두 견해가 타협해 교육칙어는 정치적 군주가 아니라 사회적 군주가 발한 일종의 저작공고로 간주되었다.

그 군주는 국민을 교화하는 덕치의 군주에 가까웠다. 그래서 천황주권설의 중심에 있던 호즈미 야츠카穗積八束는 천황의 실체를 법치주의와 덕치주의로 분절화된 것으로 이해하며 국민의 도덕은 국가의식과의 관계에서 형성된다고 했다.[67] 국민도덕이 국체관념을 지지하고 국체관념이 입헌주의를 지지할 수 있게 되는 헌정은 국민의 정치적 도덕의 반영이었다.[68] 우에스기 신키치上杉愼吉도 천황에 의해 감화된 도덕화된 인격체로서의 개인을 말했다. 국민은 천황에 익찬해 민의를 집약하도록 요구받는데, 단일 국가의사를 형성하는 그 민의는 개개의 민의에 국체관념이 내재한다는 것에 의해 담보된다 했다. 천황은 개인으로서의 국민을 감화시켜 인격을 구성하는데, 그에 의해 개인은 도덕화된 인격이 된다고 했다. 입헌주의는 그런 천황의 신격성을 이용한 절대적 의미여서 지고의 가치라고 이해되었다.[69]

그렇게 덕치주의가 천황의 절대성을 배경으로 하기에 입헌주의 안에서 덕치주의에 대한 비판은 보이지 않았다. 오히려 덕치주의는 서구모방으로서의 메이지 헌법의 외견성의 한계를 극복하는 성과를 만들었다. 돌이켜 보면 제헌은 근대입헌주의로 이어지는 역사적 필

---

67) 住友陽文, 「大正期立憲デモクラシー論の展開と帰結」, 68-72; 村上重良, 『国家神道』, 136.

68) 穗積八束, 『憲政大義』, 26.

69) 住友陽文, 「大正期立憲デモクラシー論の展開と帰結」, 68, 100.

연성이 없는 상태에서 의식적으로 모방해 군주주권과 입헌주의의 조합이라는 '외견성外見性'을 지닌 것이었다.[70] 1930년대 일본 자본주의 논쟁에서 '강좌파講座派' 같은 마르크스주의자들의 근대사 인식에서 강조된 이후 널리 퍼진 이런 평가는 과도한 추상화일 수도 있지만 모방의 한계를 지적하는 점에서는 의미 있다.

이는 근대입헌주의의 탄생의 모습과는 다른 것이었다. 근대입헌주의를 탄생시킨 배경은 당대의 헌법적 타협의 기초가 되는 정치의 실질적 기반이었다. 영국이나 프랑스 혹은 미국의 입헌주의는 고유한 그들 국가의 정치적 배경 아래서 가능했다. 중세유럽에서는 신분제의회 등이 존재했고 여기서 국왕의 권력을 제한하고자 하는 사상이 나타났다. 마그나 카르타Magna Carta가 대표적이었다. 이후 국왕의 권한이 강화되는 반동의 시기도 겪었다. 그래도 그 역사가 근대의회를 탄생시키는 기반이 되었기에 근대적 입헌주의라 불린 것이다. 즉 국가 고유의 정치적 배경이 근대입헌주의를 만들었다.

그 영국에서 입헌주의는 역사적 경과를 통해 형성된 법의 지배를 동반했지만, 그런 과정을 겪지 않은 독일에서는 '형식적 법치주의'가 지배했다. 절대주의적 전제나 전단의 수준만 벗어난 정도의 법치주의였다. 그렇게 메이지 헌법이 모범으로 삼은 프로이센의 입헌주의는 의회의 지배를 의미하는 실질적 의미의 법의 지배와 거리가 있었다. 그래서 '외견적 입헌주의'라 불렸다. 그런 독일을 모델로 한 메이지 헌법도 마찬가지로 외견적 입헌주의라 불린 것이다. 제헌 이후 의회의 결정에 개의치 않는 절대주의적 관료제 같은 초연내각超然內閣이 등장한 것도 그 외견적 입헌주의의 형식적 법치와

---

70) 中村政則, 『日本近代と民衆』, 217.

무관치 않은 것이었다.

그렇더라도 일본에서 헌법이 지닌 외견성은 오히려 헌법현실의 반영인 측면도 없지 않다. 일본과 유사한 소국이던 프로이센을 모방한 것도 일본적 해법이었다. 물론 그것은 역사적 투쟁이 의미하는 주체적 측면에서 보면 역사 필연성의 인과적 산물은 아니다. 기껏해야 모방에다가 그저 현실 인식이 추가된 형태로서의 입헌주의다. 특히 주체의 측면에서 일본의 입헌주의는 취약했다. 헌정의 성립을 포함해 메이지 시대 이래 급속히 진행된 그 근대화는 형태나 제도의 근대화로 인민 스스로의 변혁 필요성 인식에 따른 주체적 근대화는 아니었다. 그런 면에서는 전근대적이었다.[71]

그런데 군주주권과 입헌주의의 조합이라는 외견성으로 대변되는 태생적 한계를 지닌 메이지 헌법체제는 운용에서는 외견적 한계를 넘는 성과도 보였다. 거기서 법치주의와 혼재된 덕치주의가 긍정적으로 작동했다는 것이다. 즉 그 성과는 입헌적 토양의 결과물이라기보다는 덕치에 근거한 위로부터의 지도와 밑으로부터의 순응의 결과물이었다는 것이다. 천황주의에 대한 부정적 반응이 거의 없었던 것을 보면 그 덕치주의는 성공한 것으로 평가될 수도 있다. 다만 전쟁과 패전으로까지 이어진 결과를 고려하면 그것은 성공이 아니다. 오히려 외견성은 일본의 부정적 측면에 대한 설명의 주요근거일 수밖에 없다.

그 경우 외견성이 의미하는 것 즉 근대입헌주의의 모방과 현실의 군주주권 사이의 부조화는 최악의 결과로 이어졌다는 평가가 가능하다. 군국주의든 패전이든 모두 외견적 입헌주의의 산물로 이해된

71) 增田四郎, 「世界史的にみたヨーロッパと日本」, 16.

다. 따라서 그 외견성에서 돋보이던 덕치주의의 성과도 주목될 수 없다. 오히려 덕치주의는 전근대적 국가의식을 만들고 그 영향이 오늘날의 개헌파에까지 미칠 정도로 부정적인 모습이었다고 평가된다. 그런데도 덕치주의가 전전의 외견적 헌정이 만든 부정적 현상과 직접적 인과관계가 있는지는 의문이다. 오히려 헌정에서 드러난 주권적 지배의 명목성이 문제의 근원이었을 수 있다.

8. 주권의 명목과 실질

(1) 천황과 국민의 주권적 데자뷔

입헌주의 성립 이후 일본의 전전과 전후의 헌정에서 누가 주권자 혹은 지배자이며 누가 실질적 정책결정자였는지 묻게 된다. 천황은 전전의 헌법에서는 주권자였고 전후의 신헌법에서는 실권 없는 국가 상징이다. 따라서 전전에는 주권 혹은 그에 수반된 정책결정권을 가진 듯 보이지만 그렇지도 못했다. 천황은 도구였다. 천황은 중세 이전의 시기부터 계속 이용되어 왔다. 에도시대 이전에도 실권자들은 스스로 주권을 잡는 것보다 천황제 하에서 실권을 가지는 게 정권유지에 편리했기에 천황의 권위를 이용했다. 스스로 호령하는 것보다 천황에게 호령하게 시켜 그들 자신도 호령에 복종함을 보여줌으로써 호령이 쉽게 천하에 전파된다는 것을 알았다. 자신을 신이라 칭하면서 절대적 존엄을 인민에게 요구하는 건 불가능하고 천황의 존엄을 인민에게 강요해 그 존엄을 이용하기는 쉬웠다. 그 속에서 천황은 이용하는 자의 도구에 불과했다.[72]

그래서 세상에서 흔치 않은 바쿠후의 군사정권이 이미 중세시대부터 명목상의 쇼군 임명권만 지닌 천황을 업고 오랫동안 지배해왔다. 에도시대 이후의 바쿠후 체제에서도 천황은 실권 없는 존재였다. 바쿠후 말기에서 유신 그리고 제헌에 이르는 왕정복고 시기에도 마찬가지였다. 천황은 유신세력에 의해 '왕정복고' 즉 천황대권으로의 복귀라는 명분의 쿠데타의 구실로 이용되었다. 헌법에서는 대권을 부여받았지만 그것은 민권운동의 파고를 막고 서구화를 안정적으로 추진하는 완충용 방파제로서의 역할이었다. 천황대권을 헌법에 규정하고 '황실전범皇室典範'을 급하게 만든 이유는 민권운동의 국민주권적 주장 등 급진적 사고를 천황주의의 이름으로 막기 위해서였다. 특히 황실전범은 황실을 현실 정치계와는 분리해 궁중의 세계로 묶어두려는 것이었기에 떠오르던 '천황 친정론'을 일축한다는 의미조차 있었다.

메이지 헌법체제에서도 천황은 명목상 주권자 이상은 아니었다. 헌법의 천황주권을 가능케 한 것은 천황이 국가의 '기축機軸'의 역할로 설정되었기 때문인데 그 자체가 인위적 설정이라 실체가 불분명했다. 즉 유럽 열강들은 모두 종교 특히 기독교를 국가의 기축으로 삼았다. 그래서 이토는 일본에서 그 기축의 역할을 수행할 만한 걸 찾았다. 이 문제의식은 이토가 1882년부터 1883년에 걸쳐 유럽에 건너가 헌법기초 조사를 할 때 프로이센의 공법학자 그나이스트 R. von Gneist의 권고를 통해 가지게 된 것이다. 그나이스트는 일본은 불교를 국교로 해야 한다고 권고했지만, 이토는 종교로서는 미약한 일본의 불교가 유럽에서 기독교가 한 역할을 수행할 수 있

---

72) 柄谷行人, 『日本精神分析』, 95.

다고는 보지 않았다. 대신 이토는 그런 역할을 수행할 수 있는 것을 황실로 보아 천황을 내세웠다.73) 그래서 천황이 왕정복고 쿠데타의 명분에서 국가의 기축 역할로 진전되고 헌법상 주권자가 된 것인데, 그 설정은 천황이 만든 것도 원한 것도 아니었다.

바쿠후 말기와 메이지 초기의 정치에서 정치적 실권자가 가지는 국가의사와 천황의 의사 사이에는 차이가 있었고, 그 경우 천황의 의사가 종속적인 것이 되는 게 오랜 전통이었다. 헌법이 천황 친정을 내걸지만 그 권한은 제한되어 있어 천황의 의사는 기껏해야 정부와 의회와의 타협을 통해 실현되는 것에 불과했다. 따라서 천황의 의사라 표현되어도 천황의 개인적 판단은 아니고 마치 그런 듯 보일 뿐이었다. 쇼와시대에도 마찬가지였다. 쇼와의 천황제도 실질적으로는 친정하지 않음으로써 신성불가침이 보장되는 시스템이었고, 따라서 정당정치 하에서야 오히려 그 제도가 안정화되는 것이었다. 그렇게 천황을 정당이 정치적으로 이용했기에 그에 반발한 우익과 군부에 의한 초국가주의적 천황 신격화가 등장한 것이다.74)

특히 쇼와 유신 이후의 군국주의는 천황주의를 이용했다. 그 전체주의는 자신의 취약한 정당성을 극복하기 위해 국민에게 천황주의를 주입했다. 군부나 혁신세력이 천황통수권을 부각한 것도 천황을 위한 게 아니라 내각이 만드는 정상적 헌정으로부터 벗어나 멋대로 행동하기 위한 구실이었다. 천황도 아니고 내각도 아닌 참모본부가 결정하기 위한 구실이었다. 천황을 위해 전장으로 달려가 장렬히 목숨을 던졌다는 말을 상기하면 군 통수권자인 천황이 군사

---

73) 三谷太一郎, 『日本の近代とは何であったか』, 214-216.

74) 鈴木正幸, 『近代日本の軌跡7』, 9; 安丸良夫, 『現代日本思想論』, 122-123.

적 실권을 가지지 못했다는 말이 수긍되기 어렵겠지만, 실제로 천황은 내각의 보필과 관련된 대권 행사에서의 일부 실권을 제외하고는 전쟁과 관련해서도 실권이 없었다. 만주사변이든 중·일전쟁이든 진주만 기습으로 시작된 태평양전쟁의 개전이든 의사결정권자는 천황이 아니었다. 그런 권한이 천황에게 있었다고 말하는 것은 실증이 아니라 그렇게 믿고 싶거나 미화된 것일 뿐이다.

천황은 그 점에서 꼭두각시였다. 그 괴뢰성은 여러 자료나 증언에서 어렵지 않게 확인된다. 천황은 신격화되었지만 그 개인적인 판단, 의지, 의지의 실행은 일정한 틀 속에서 작동하는 것에 불과했다. 그 틀은 전전에는 군국주의적 권력기구의 틀이었다. 천황은 그 기구의 한 부분으로 권력의 도구였다. 천황의 권한이 국민에게 작용하는 것은 군국주의와 그 지배기구를 통하여 이루어지는 것으로서, 그것은 천황 자신의 감정, 판단, 의지와는 상관없는 기구의 틀에 따른 작용이었다. 천황은 천황이라는 역할을 연기했던 것이다.[75] 국민도 그 실체를 모르지는 않았다. 대부분의 일본인이 패전 직후에도 천황을 직접 비난하지 않고 군부와 정계만 비판한 것은 천황이 개전의 실권자라고 보지 않았기 때문이다.

천황 자신도 그렇게 인식했다. 1945년 9월 27일 종전 직후 천황과 만난 점령군 사령관 맥아더D. MacArthur가 왜 전쟁을 허가했는지를 묻자, 천황은 만약 자신이 허가하지 않았다면 새 천황이 세워졌을 것이고, 전쟁은 국민의 의사였기에 그런 국민의 바람을 거스를 수는 없었다고 답했다.[76] 국민의 뜻 자체가 파시즘과 군국주의에 의

---

75) 加藤周一, 『加藤周一自選集 2』, 139.

76) 豊下楢彦, 『安保条約の成立』, 147.

해 왜곡된 형태로 표출된 것이었음에 대한 인식이나 변명은 없었던 것이지만 최소한 자신이 보유했다고 헌법에 규정된 통수권統帥權이라는 것이 실질적 전쟁결정권과는 무관하고 결국 자신의 전쟁허가권이란 것도 불가항력인 행위였음에 대한 인간적 고백이었음은 분명했다. 그 고백은 주권의 명목성에 대한 자백과 다름 아니었다.

천황을 이용한 것은 점령군 혹은 맥아더도 마찬가지였다. 천황을 전쟁 책임에서 정치적으로 면제시킨 것은 소련에 대한 전략의 일환으로 천황을 이용하기 위한 것이었다.[77] 냉전의 시작 단계에서 장차 소련과의 대결 구도를 예상한 미국은 소련이 원한 천황제의 폐지나 천황에 대한 처벌을 피하면서 오히려 천황제 유지를 택해 일본의 미국에 대한 반감을 줄여 냉전에서 소련에 대한 극동의 방어 장치로 일본을 사용하겠다는 전략적 입장을 지녔다. 일본의 입장에서는 천황제 폐지 위기를 넘기기 위해서는 '인간 선언人間宣言'을 하든 '상징'이 되든 어떤 변화를 보여주어야만 하는 상황이었고 그 변화된 모습이 또 다른 이용 가능성을 불러오더라도 감수해야만 했다. 그래서 천황은 '상징'으로 살아남은 것이다.

상징 천황은 매스컴을 통해 어버이의 이미지가 되지만 이용된다는 점은 달라지지 않았다. 그 친근한 대중적 모습을 전파하고 싶은 건 천황이 아니라 정치 쪽이었기 때문이다. 그 이미지는 서구의 강권에 의해 신헌법을 수용해야만 했다는 패배주의적 구실로 혹은 인정하고 싶지 않은 점령을 받아들이도록 스스로를 설득하는 자기세뇌용이었다. 천황제를 지키기 위해 어쩔 수 없이 받아들인 거라는 식의 합리화와 위로였다. 또한 정신적 충격의 완화방법이기도 했다.

---

77) 柄谷行人, 『日本精神分析』, 102.

천황도 받아들이는데 우리가 별수 있냐는 식이었다. 오늘날도 천황은 개헌론에서 천황의 원수화 논의를 통해 재군비의 상징적 쟁점으로 이용된다. 천황이 몇 차례 언급한 바와 같이 재군비화는 천황이 바라는 게 아닌데, 재군비화 개헌에 천황의 원수화를 끼워 넣어 재군비의 관점을 일본의 자존심 회복의 일련의 조치라고 논리화하는 데 이용되는 것이다.

물론 천황의 수단적 성격이나 그 정도는 시대에 따라 다를 수 있다. 그래서 최소한 메이지 헌법의 천황만큼은 실질적 주권자로서의 측면이 있었다는 평가도 있다. 실제로 헌법이 시행되고 의회가 시작된 1890년대를 중심으로 몇몇 국면에서 메이지 천황은 일종의 재정자 역할이었다. 보필하는 국무대신의 부서가 없이는 천황이 정책결정을 할 수 없는 구조였더라도 '군림하되 통치하지 않는'다고 보기 어려운 경우가 있었다. 즉 천황이 통치하는 듯 보였다. 쇼와 천황도 그렇다. <장쒀린張作霖 폭살사건> 처리에 관해 다나카 기이치田中義— 총리를 힐책해 퇴진케 만든 것이나, '2.26 사건'에 대해 진압과 수습을 명한 것 등이 그렇다. 그러나 장쒀린 폭살에서는 대중국 정책의 핵심인물을 멋대로 죽여 군부주도의 상황을 만들려던 군부에 대한 거부감과 총리의 일구이언으로 인한 힐책이 주였고, 2.26 사건에서도 자신의 측근이기도 한 정부 요인들이 암살당해 국정 공백이 우려되자 부득이 나선 것이었다.

결국 '보필'에 의존하는 수동적 군주인 것이 핵심이고 때때로 불가피할 경우에 독자적 판단을 내리는 수준의 조정기능이었다. 그 조정기능은 군주주권제 헌법 하의 유연성에 불과했다. 그나마 조정기능은 쇼와시대에 들어서 점차 사라졌다. 병존하면서 서로 다투는 기관들이 자기주장을 내세웠기 때문이다. 그런데도 결정이나 결과에 대해 천황을 포함해 누구도 책임지지 않는 체제가 되었다.[78] 쇼와 헌정에서 확인된 그 무책임성은 누구의 책임인지도 불분명하고 누구에게나 분산된 책임인 이상 누가 적극적으로 책임지려 하지 않는 집단적 무책임성이었다.[79] 그 무책임에는 천황도 포함되어 있었다. 따라서 책임지지 않는 천황에게 조정자 역을 기대할 수도 없었다. 결국 전전의 천황주의 헌법 하의 천황도 명목상 주권자였는지는 몰라도 실질적 주권자도 아니고 정책결정자도 아니었다.

전전의 천황조차도 실질적 주권자가 아니었다면 피지배자는 주권과의 관계에서 어떤 입장에 있었다는 것인지를 살펴보기로 하자. 일단 그들을 민중이라 부르도록 하자. 보건대 헌정의 기초가 형성되는 메이지 유신기에 천황제 헌정체제가 성립하지만 헌정의 주도자 혹은 그 대항세력으로서의 민권운동에서도 민중의 역할은 뚜렷이 확인되지 않았다. 에도시대 바쿠후 지배체제의 방침에 의해 민중은 철저하게 정치적 주체에서 배제되어 정치적 힘을 상실해 있었다.[80] 무력하던 전근대의 민중은 메이지 체제에 들어와서도 스스로를 주체로 세우지는 못했다.

즉 민권운동이라는 동력을 발견하지만 정작 민권운동도 그 초기에는 민중을 실질적 주체로 설정하지 않았다. 민권운동 초기에는 '사무라이侍' 출신들만이 참가해서 그들의 목소리를 냈고 뒤이어 부농층이 목소리를 높이기는 했지만 민중의 목소리와는 여전히 거리가 있었다. 민중의 목소리는 극히 소수의 주장에 불과해서 대세

---

78) 牧原憲夫, 『民権と憲法』, 192.

79) 南 博, 『日本的自我』, 64; 柄谷行人, 『日本精神分析』, 58-59.

80) 和辻哲郎, 『日本倫理思想史(四)』, 223.

가 되지 못했다. 유신 정부에게도 그들은 마찬가지로 취급되었다. 그들은 여전히 피치자 이상도 이하도 아니었다. 근대국가를 창출한 유신은 주지하다시피 '위로부터의' 변혁이었기 때문이다. 따라서 민중의 주도란 기대할 수 없는 것이었다.[81]

그러다가 민중이 운동과 변혁의 주체적 모습을 보인 경우가 있었다. 러시아와의 전쟁에서 보여준 호전적 태도나 승전 이후 체결한 포츠머스 조약에 대해 보여준 반감, 만주사변 이후 중·일전쟁을 거치면서 보여준 호전적 태도 등에서 의지적 주체적인 민중상이 일부 확인되었다. 그러나 그 주체적 가능성은 전전의 체제 전반으로 진전된 건 아니었다. 그 민중은 그저 군부나 언론에 의해 기망되고 선동되어 전전의 군국주의자나 쇼와 유신을 부르짖은 혁신 관료들의 국가운영을 지지하는 층이 되었을 뿐이다. 그것은 선동된 대중 즉 이념적 지향성이나 주체성과는 거리가 있는 폭발적인 대중의 모습이었다. 결국 그 민중은 하나의 기층으로서 헌정을 리드한 것은 아니었다.

심지어 전전 파시즘의 형성과 진행에서도 민중은 주체가 아니었다. 일본 파시즘은 대중조직을 가진 운동이 외부로부터 국가기구를 점거하는 형태도 아니었고, 군부, 관료, 정당 등 기존의 정치세력이 국가기구 내부에서 점차 파쇼체제를 성숙시켜 갔을 뿐이었다. 밑으로부터의 파시즘운동이 헤게모니를 잡은 게 아니었다. 이는 서구적 부르주아 계급의 형성이 없었기 때문이다. 일본처럼 부르주아 혁명을 거치지 않은 경우에는 전형적 파시즘운동인 아래로부터의 성장도 없었던 것이다. 독일이나 이탈리아와는 달리 밑으로부터의 혁명

---

81) 服部之総, 『明治維新史』, 107.

을 경험한 적도 없는 일본은 밑으로부터의 파시즘이 헤게모니를 잡을 수 있는 여건도 형성되지 않고, 대신 메이지 시대 이래의 절대주의적 과두적 체제가 그대로 파시즘 체제로 이행된 것이다.[82]

그렇다면 이제 전전과 전후의 헌정에서 '신민'이나 '국민'이 주권자였거나 주권자인지 묻게 된다. 국민의 정책결정권은 묻지 않는 이유는 대의제 하에서 국민대표가 아닌 국민의 정책결정권이란 무의미하기 때문이다. 일단 메이지 헌법 하의 '신민'을 보자. 헌법은 천황주권도 규정하지만 국민주권적 규정도 일부 담고 있기에 그 신민도 주권자로 볼 여지가 없지는 않았다. 그러나 신민은 천황의 피지배자임을 전제로 한 규정형태이기에 그런 전근대적 규정의 존재만으로 그들을 주권자로 상정한다면 그것은 메이지의 헌법이념은 물론이고 헌법현실에도 맞지 않는 논리다. 따라서 명목상으로도 실제로도 주권자가 아니었다. 실제로 근대성과 전근대성의 충돌인 '민법전논쟁'에 의해 구민법이 실시되지 못하고 1898년에 새로 완성된 민법은 강력한 가부장권을 세운 가족제도를 규정했는데, 그 가족법은 절대주의적 '신민'의 형성을 국가적 목적으로 한다는 것을 대변했다.[83] 그렇듯 신민은 근대입헌주의에 대항하는 역주행의 중심에 있는 피지배의 형태였다.

다음은 구헌법의 시대에도 있었던 '국민国民'이다. 그러나 그 말은 있었지만 구헌법에는 국민이 없었다. 국민이란 전전에 형성되기는 했지만 전후의 신헌법에서야 주권자로 등장한 용어이기에 전전에는 헌법규정에서가 아닌 실제적 의미의 국민에 불과했다. 그러나

---

82) 丸山眞男, 『現代政治の思想と行動』, 71, 80, 84.

83) 川島武宜, 『イデオロギーとしての家族制度』, 5-10.

그 실제적 의미의 국민도 주권적 의미는 없었다. 전전의 신민에서 점차 천황의 '국민'이라는 이름으로 진전되어 간 국민도 객체로서의 정체성이 바뀐 것은 아니었다. 따라서 헌법상 주권은 패전 후 신헌법에 이르러서야 주권자임을 선언 받은 '국민'에게나 그 가능성을 물을 수 있는 것이 된다.

그러나 신헌법에서 주권자가 된 국민조차도 적지 않은 주권적 취약성을 안고 있다. 일단 그들은 전전이나 전후의 제헌에서 주역이 아니다. 게다가 전전에 이미 형성된 '국민' 자체가 천황제의 산물이어서 전후의 새로운 주권자로서의 국민은 이념적으로 전근대적 한계를 벗어나지 못한 게 된다. 즉 일본에서 근대 서구의 '네이션 nation'에 해당한다고 볼 수 있는 국민은 천황에 대한 충성의식에서 생성된 것이다. 천황의 존재를 일반적 충성심의 대상으로 하는 것에서 국민의식이 생겨났다. 그 점에서 서구에서의 네이션의 형성과는 달리 천황이 국민의 중핵적 지위였다. 즉 천황의 존재부각으로 인해 국민이 형성된 것이다.84) 따라서 국민은 주권에서 제약적 요소를 안고 있는 것이다.

그렇더라도 국민주권인 이상 국민이 주권자임에는 이견이 있을 수 없을 듯한데, 알고 보면 그조차도 문제에 부딪힌다. 국민주권은 대의제 하의 주권이기에 대의기관인 의회에 의해 행사되고 특히 정당을 매개로 행사될 수 있는 것인데 그 의회나 정당이 일본에서는 관료지배를 통해 심각하게 왜곡되고 있기 때문이다. 즉 의회나 정당이 또한 그를 반영하는 집행기관인 내각이 결정할 것을 실은 관료가 결정하는 상황은 '헌정의 실질적 주권자는 누구인가'라고 진

---

84) 橋川文三, 『ナショナリズム』, 113; 山內昌之, 『帝国と国民』, 308-312.

지하게 묻는 상황에 이를 정도가 되었다. 주권이 의미하는 지배의 요소를 기준으로 파악할 경우에 그것은 이념적 탄식의 수준이 아니라 현실의 문제로 부각되는 것이다.

즉 민주주의의 주권자가 국민이라는 것이 국민의 지배를 의미한다면 실질적 지배자가 실질적 주권자라 할 수 있는데 관료의 지배는 그런 실질성을 가로 채고 있어 국민의 지배를 차단하기 때문이다. 천황주권주의나 국민주권주의의 허울 뒤에 천황도 국민도 헌정의 실질적 주권자가 아니거나 주권행사에 취약성을 안고 있는데, 그 이유는 관료가 그 자리를 보완하거나 대체하기 때문이다. 국민의 주권적 취약성을 보완하거나 대체하는 역할을 관료가 맡는다. 그 보완적 대체적 주권기능의 실질이 헌정의 실질적 정책결정자라고 말할 수 있다면 실질적 주권은 관료에게 있다. 이점을 고려하면 전전의 천황주권이 실질적 주권이 아니듯이 전전의 일부 국민주권이나 전후의 국민주권도 실질적 주권이 아닌 듯 보임으로서, 마치 전후의 국민주권이 전전의 천황의 명목상 주권의 데자뷔처럼 보인다.

(2) 정책결정자 관료의 지배

관료지배는 특히 일본에서 상당히 오래전부터 전통적 제도화의 수준을 보여주었다. 수백 년 전부터 이어져 온 전통을 통해 정치는 정치가에게만 맡기는 권위주의적 문화가 받아들여졌다. 쇼군 지배체제인 바쿠후와 다이묘가 지배하는 각 번으로 운영되는 봉건적 국가형태를 이룬 17세기 이후에도 바쿠후의 치세가 성공하자 그 전통은 이어졌다.[85] 이후에 메이지 정부에서도 그 모습은 달라지지

---

85) 宮台眞司・福山哲郎, 『民主主義が一度もなかった国・日本』, 35.

않았다. 유신 정부는 서구 근대국가의 정부형태를 모방했음에도 권력정치의 구도는 바쿠후 체제와 크게 다르지 않았다. 봉건 지배계급에 속하던 무사 관료가 근대적 관료로 재편성되는 식이었다. 그 속에서 근대적 신민이나 국민의 정치 참여적 의식은 형성될 만한 기반조차 없었다.[86]

그렇게 피지배층의 정치참여 기반은 약한 반면, 관료제의 토양은 이어졌다. 관료제가 유신의 사쓰마薩摩나 죠슈長州 그리고 도사土佐 출신에 의한 번벌藩閥 정부 아래 정비되고 뿌리 깊은 방식으로 제도화하고 확대되었다. 그러자 비번벌 출신자, 특히 몰락한 사족의 자제도 관료조직에 들어갔다. 그것이 법과대학 졸업생의 관료임용을 시작으로 고급관료가 되기 위한 체계가 고등문관시험으로 통일되면서는 관료가 되고자 하는 국민적 입신출세 지향으로 나타났다.[87] 국민적 희망의 상징인 관료는 세속적 출세와 신분 그리고 권위 등 모든 것을 보장받았다. 이는 확립되고 고착된 권력이 되었다. 배후에는 그 고착된 권력을 신성시하는 국민의 태도가 있었다.

지배적 권력에 순응하는 태도 속에서 관료의 지배는 이어졌다. 그럴수록 국민 스스로가 자신의 생활과 실천 속에서 제도를 형성하는 경험은 멀어져갔다. 그것은 일본적 특성에 의해 뒷받침되었다. 역사적으로도 대부분의 근대적 제도는 기성의 제도로 들어와서 그 틀에 따라 국민의 생활이 규제되어 왔다. 그래서 먼저 법률이나 제도의 원칙이 있고 그것이 생활 속에 내려온다는 식으로만 실감되었다. 국민의 생활과 경험을 통해 일정한 법이나 제도의 설립을 요구

---

86) 三上 治, 『憲法の核心は権力の問題である』, 50.

87) 升味準之輔, 『日本政治史1』, 252-258.

하거나 혹은 그들을 바꿔 간다는 발상은 없었다.[88] 권능을 가지고 지배하는 자가 있으면 그 자가 누구이든 간에 쉽게 복종하는 일본적 토양이 상황을 더욱 악화시켰다.[89] 관료지배의 토양에서 국민의 지배는 더 멀어졌다.

그렇듯 헌정은 견고한 관료지배 구조가 되었다. 이는 긍정과 부정의 두 이미지를 지녔다. 전후 고도성장의 절정기 1980년대에는 서구 등에서 일본정치를 긍정적으로 보는 시각이 지배적이었다. 탁월한 실적을 이루어낸 정치체제라고 평가되기에 자민당 일당 지배조차도 민주정치의 한 유형으로 이해될 정도였다. 그 정책운영 능력의 우월성에서 특히 주목된 것이 관료였다. 관료가 사실상 정치를 담당하는 것은 보편적 현상이더라도 일본처럼 조직적이고 활발한 국가는 없다. 특히 관료가 정치와 완전히 결합해 있다. 관료와 정치는 이해관계로 거의 일체화 되어 그에 대한 공격에 관료와 정계가 공동으로 저항할 정도였다.[90]

전후만 보더라도 관료와 정치의 유착은 가타야마, 아시다, 요시다, 하토야마 내각이 교체되는 속에서 면면히 이어져 왔다. 그 유착의 시작은 실은 훨씬 전인 1900년 입헌정우회 결성으로까지 소급된다. 즉 관료기구는 유신 이후 점차 제도화되었는데, 메이지 말기 정당의 개선을 내건 정우회가 관료 출신을 적극 영입하면서부터 내각 진출이 현실화되었다. 정당에 들어간 관료 출신이 정당의 정책이나 정무에 도움을 주면서 양자의 관계는 밀접해졌다. 특히 정당정치는 예산으로 인해 관료에 의존했다. 관료의 권한이나 재원에

88) 丸山真男, 『日本の思想』, 169-171.

89) アーネスト・サトウ, 『一外交官の見た明治維新(下)』, 141.

90) 飯尾 潤, 『日本の統治構造』, 174-175; 屋山太郎, 『官僚亡国論』, 250-251.

접근해 선거구 예산확보를 했기 때문이다.[91] 그렇게 관료가 정당정치 하에서 사실상 정치를 했다.

관료는 스스로의 생장 기반도 마련했다. 인사에서의 자율성이었다. 각 성청의 관료는 인사에 관해 자신들이 실질적으로 결정했다. 즉 임명권자인 대신을 포함한 정치가의 개입을 거의 배제한다. 국가공무원 채용 '1종'에 합격해 중앙관청에 배치되어 흔히 '캬리아 career'라 통칭하는 고급관료가 그렇다. 법률상 이들의 임명권자가 성청의 대신이지만 이들은 해고 등이 거의 없고 연공적 승진이 보장되어 실제로는 대신의 인사권에서 자유롭다.[92] 그런 인사에서의 자율성은 관료지배의 아성을 견고하게 했다. 그 기반 위에서 관료 스스로가 대신이 되기도 해 그 자율성을 정계 안에서도 보장받게 함으로써 자율성은 더 강화되었다.

관료가 대신이 되어 내각에 참여하는 비율은 높았다. 전후의 역대 내각을 보더라도 관료의 점유는 압도적이었다. 특히 점령이 끝나고 오쿠라大藏, 통상산업, 농림수산 관료 등 경제관료를 중심으로 전문적 기술관료 집단이 부각되었다.[93] 그 결과 대신과 각 성의 관계도 좋아졌다. 정당은 관료의 입각을 당세 확장이라 생각했기에 당원들도 응원했다. 선거를 거치면 여론의 지지도 인정되었다. 관료가 당에 들어와 대신이 되는 것은 당 내외 질서를 유지하면서 정당내각을 실현하는 전략이 되었다. 정책 면에서도 정당과 관료의 거리는 좁혀졌다. 그 연결로 정당의 구조도 변했다. 본격적 정당내각은 관료 출신자를 시작으로 한 정당인의 교체로 이루어졌다. 정

91) 渡辺 治, 『政治改革と憲法改正』, 12-13; 山口二郎, 『日本政治の課題』, 87, 106.
92) 飯尾 潤, 『日本の統治構造』, 40-44.
93) 長谷川正安, 『日本の憲法』, 113-115.

당조직을 기반으로 관료 출신자가 정책결정의 중추를 장악해 갔다. 정당내각의 외형을 띤 관료와 정당의 이층구조는 정당과 각 성의 관계를 담보했다. '의사擬似 정당내각'의 탄생이었다.[94]

관료는 이제 정권의 정책결정 보조자가 아니다. 정치 현실에서는 관료가 말하는 대로 대신이 행동한다. 특히 자민당 장기집권 하에서는 각 파벌에 의한 대신 임명의 안배가 있어 적임자도 아닌 자가 대신이 되기도 하고 대신이 되려는 자도 많아 대신은 1년씩 교대로 하는 것 같은 관행이 있어 전문성이나 경험이 적었다. 그래서 대신이 주체적으로 행동할 환경이 아니었다.[95] 게다가 서로 다른 파벌들 간에 커뮤니케이션도 거의 없을 정도로 정치가들끼리 서로 나뉘어 있어 성청의 관료들에게 의존할 수밖에 없었다. 정책을 관료에게 맡기다 보니 관료들도 스스로를 그런 역할의 담당자라고 알게 되었다. 관료의 역할로 정당은 정책을 만들 필요조차 없게 되었다.[96]

최고 의사결정 기관인 '각의閣議'에서도 관료가 정치를 만든다. 헌법은 내각의 활동방법을 명문화하지 않고 내각법이 내각의 직권은 각의에 의해 행하라고 규정한다. 그렇게 총리와 각 성청의 대신들이 모인 내각에서 행정부 전체에 대한 조정이나 방침을 결정하는 게 각의다. 각의의 안건은 사전 교섭으로 모든 대신 혹은 성청의 합의를 한 타협안이 올라온다. 각의 전날의 '사무차관事務次官회의' 즉, 각 성청의 대신을 도와 업무를 관리 감독하는 사무차관들의 모임에서 조정된 것만 의제로 된다. 결국 각의는 관료에 의해 사전 교섭된 안건을 추인하는 '추인기관'이다.[97]

---

94) 淸水唯一朗, 『近代日本の官僚』, 267, 280-281.

95) 飯尾 潤, 『日本の統治構造』, 23-24.

96) 宮台眞司・福山哲郎, 『民主主義が一度もなかった国・日本』, 50, 109-118.

그렇게 사무차관회의가 실질적으로는 각의를 대신해 내각의 의사결정을 하듯이,[98] 관료가 정책결정을 실질적으로 담당해 헌정을 움직인다. 55년 체제에서 여당인 자민당이 내부적으로 합의한 법안은 거의 자동으로 국회에서 성립했는데 여당은 그 법안과 정책 입안에서 관료를 이용하고, 관료는 자민당의 의견을 담아 입안했다. 그 결과 도쿄의 관청 밀집 지역인 '가스미가세키霞ヶ関'로 대표되는 관료 주도권이 되레 자민당을 이용했다. 내각과 국회가 관료를 통해 연결되면서 관료가 총리나 대신의 정책을 통제한 것이다.[99] 이를 보면 의회를 통해 형성된 내각의 정책결정이라는 국민주권적 성격은 관료제로 인해 퇴색해 있음을 알 수 있다. 더욱이 관료지배로 국민의 지배의 매개체인 정당정치마저 실종하면서 국민이 주권자인 사실은 헌법현실과 더 멀어졌다.

9. 헌법 사유화의 기피

(1) 상대적 수준의 헌법 투쟁

제헌은 물론이고 개헌론에서도 사적 혹은 집단적 이익을 위해 개헌을 추구하는 헌법 '사유화' 현상은 일본에서는 거의 보이지 않는다. 우선 제헌의 목적은 메이지 헌법처럼 서구의 압박에 따른 헌법 국가화의 필요성이라는 국가적 차원의 동기이거나 신헌법처럼 점령에 의한 강요에 의한 것이었다. 이후 헌정에서도 의회 그리고 정당

---

97) 飯尾 潤, 『日本の統治構造』, 29-31; 菅 直人, 『大臣』, 52-56.
98) 菅 直人, 『大臣』, 53-55.
99) 中川秀直, 『官僚国家の崩壊』, 31-32, 251; 飯尾 潤, 『日本の統治構造』, 123-124.

이나 파벌 차원의 권력투쟁은 상존하고 개헌론도 간헐적으로 등장하지만 개헌 자체의 목적이 정권장악이나 정권연장을 위한 시도라고 보기는 어렵다. 즉 개헌 시도가 정권의 장악이나 연장과 결부되어 있기는 하더라도 정권 자체를 위해 개헌을 수단으로 한다고 보기는 어려웠기 때문이다.

그 이유의 하나는 천황의 존재와 결부된 것으로 보인다. 우선 전전의 상황을 보면 일본에서 절대적 천황의 신화는 나머지 권위를 전부 상대화시켰다. 이토 등은 천황의 권위를 이용해 전통적 토대에 기반을 둔 국권 중심적 헌법을 만들었다. 흠정 형식을 통해 창설 후에도 헌법을 일종의 도덕규범으로 몰고 감으로써 천황의 권위는 더 강화되었다. 그래서 '천황 친정'이니 '국체'니 하는 천황 중심적 명분에 헌정의 관여자들은 거의 이의 없이 동의해 왔다. 민권운동조차도 천황 중심론에 대해서는 이의를 제기하지 않았다. 그러자 권력의 정점인 천황이 절대화되고 나머지 모든 권력들은 상대화되었으며 황실은 그 권력들 간의 갈등의 완충지대처럼 부각되었다.

즉 제헌을 전후한 천황주의에 대한 동의의 결과 헌정에서 권력투쟁을 하더라도 한쪽의 일방적 승리로 귀결되기를 바라지 않는 봉건적 할거 의식이 천황대권 하에서 유지되었다. 전전에도 내각은 계속 존재해 왔지만 그것은 헌법에는 규정되지 않고 권한이 어디까지인지도 불분명해 헌법정치의 중심기관인지도 의문이었다. 헌법에 명문화된 것은 천황의 통수권과 의회의 협찬이지만 의회마저 천황대권 아래 상대적 권력이 되었다. 그 상대화된 권력들이 실질적 결정주체들로서 병존하면서 헌정을 지배한 결과 전전의 헌정은 무책임의 체계이자 무한책임의 체계가 되었다. 결정주체를 알기도 어려워 결과적으로 누구도 책임지지 않고 그렇다고 절대화된 천황에게 책임을 지우는 것도 아니기에 상대화된 권력의 무한책임이 되었다는 것이다.

그렇게 천황은 헌법규정에 의해서는 아니더라도 상대화된 권력들의 절대적 존재로의 승인을 통해 절대화되었는데 그렇기에 무책임한 존재가 되었다. 결국 결정은 상대화된 권력들이 하지만 그들은 헌정을 사유화해서 전복시키는 방향으로는 나아가지 않았다. 그점이 의회주의로서의 권력투쟁의 필요성을 약화하여 정치적 안정에 기여한 효과는 있었다. 즉 천황의 절대화와 천황 외의 권위의 상대화는 특정 권력 중심의 개헌을 구하는 헌법의 사유화를 막았다. 절대화된 천황이 상징하는 국가적 목표에의 강한 응집 속에서 개별정권의 단기적 사익은 우선순위에서 뒤로 밀린 결과 한국에서와 같이 정권의 성립이나 유지를 뒷받침하기 위해 헌법을 사유화하는 현상은 보이지 않았다.

천황의 의미는 신헌법 하에서도 비슷하게 보인다. 실질적 천황제는 사라져 천황주의의 절대성은 없지만 전후에는 입헌의 상징적 군주로서 유사한 완충적인 효과를 보여준다. 사실 천황은 신화적, 절대주의적이기도 했고 입헌군주적이기도 했는데, 전전에는 전자의 측면이 더욱 강조되었지만 후자의 측면도 있었기에 전후에 상징 천황으로서 존속하는 게 가능했다. 즉 신헌법은 전자의 측면을 최소화하고 대신 후자의 측면을 극대화한 것이다.[100] 그래서 상징 천황도 천황적인 요소를 지니기에 권력투쟁 완충적 의미를 여전히 이념의 형태로 보여준다. 전후에도 확인된 천황의 정치적 무책임성에

---

100) 堀 孝彦, 「天皇制の二重構造」.

대한 국민적 공감에서 보듯이 천황의 중재적 역할에 대한 기대는 여전히 존재하기 때문이다.

천황의 무책임성에 관한 사고는 패전 직후의 <교토대 천황京大天皇 사건>에서 확인된다. 당시조차도 천황에 대한 책임추궁은 금기시되었다. 강화문제와 임금인상문제 등으로 노동·학생운동이 고양되던 시기인 1951년 11월 쇼와 천황이 교토대를 방문하자 전학학생자치회全学学生自治会가 '공개질문장'을 천황에 제출하려 했다. 점령 하의 재군비문제나 한국전쟁이 진행되는 정세에서 일본이 전쟁에 휘말려들 경우의 대응 등을 묻는 내용이었다. 이 해프닝 직후 국회의 상당수 의원들은 이를 '불경不敬'이라 했고 매스컴도 동조했고 여론도 마찬가지였다. 교토대는 학회를 해산 처분하고 간부 등 학생 8명을 무기정학시켰지만, '교토대 폐교' 여론까지 일 정도로 비난은 지속하였다. 천황의 정치적 책임에 국민은 반대한 것이다.[101]

그렇듯 천황관은 전후에도 크게 달라지지 않았다. 패전 직후인 1945년 12월 23일 발표된 라디오방송 조사에서도 천황제 지지가 95%였다. 1946년이 되면서 차례차례 발표된 각 정당의 헌법안도 천황제 유지였다. 4월 군정 하의 총선에서도 각 당은 천황제 유지의 입장이었다. 총선 최대쟁점의 하나도 천황제였는데 가장 보수적인 진보당, 자유당 그리고 협동당까지 모두 천황제 '호지護持' 입장이었고 진보적 사회당조차도 주권은 국가에 있지만 이는 천황제를 포함하는 국민공동체로서의 국가에 있다는 식으로 천황제 존속의 입장이었다. 공산당 빼고는 다 유지에 찬성한 것이다.[102] 특히 진보

---

101) 小林直樹, 『日本国憲法の問題状況』, 24.

102) 藤本一美, 『戦後政治の争点』, 34.

당과 자유당의 원안은 거의 메이지 헌법과 동일한 천황이었다. 정부의 태도도 마찬가지였다. 국무대신을 위원장으로 한 내각 헌법문제조사위원회가 만든 헌법안에서도 그랬다. 천황은 마치 패전한 국민을 정신적으로 위로하는 역할 같았다.

물론 천황의 역할이 시기별로 같지는 않다. 메이지·쇼와 시대에 천황은 미미한 실권도 있지만 정치적 이해관계로부터 초연해서 절대적이었다. 그래서 2.26 쿠데타는 천황의 비난을 받자마자 국민에게 외면당했다. 반면 실권은 고려되지 않는 오늘날의 천황은 그런 절대성과는 거리가 있다. 그래서 천황의 권력적 중재의 역할은 상정하기 어렵다. 그러나 개헌파가 정권유지 등을 위해 헌법을 사유화하는 행동은 오늘날도 보이지 않는다. 게다가 개헌안에는 원수라고 명시된 천황이 있다. 천황이 평화조항을 수정하는 개헌에 반대 입장을 표현해도 여전히 그들은 평화조항 수정과 천황 원수화를 고집한다. 그 점에서 오늘날도 천황의 초월적 의미에 근거한 권력 간 갈등의 완충역으로서의 모습이 이념적으로는 유지되는 듯하다.

그와 비교하면 한국에서는 헌법을 통해 권력을 유지하는 헌법 사유화 현상이 여러 차례 보였다. 그에 따른 부정적 인식 때문인지 한국에서 '입헌'은 과거나 지금이나 대중적 이미지는 아니다. 헌법화가 주는 사상적 희열감은 적었다. 반면 피식민 경험과 동족끼리의 이데올로기 내전과 독재로 얼룩진 근현대사에서 당장의 행동의 제약을 풀어주는 '민주'와 '자유'가 더 큰 화두였다. 입헌은 강학상으로는 널리 사용되지만 대중적 호소력은 없었다. 그래서 정당사에 입헌이라는 명칭을 지닌 정당조차 없었다. 한국민주, 민국, 자유, 민정, 민주, 민주공화, 신민주, 민주정의, 민주한국, 민주자유, 자유민주, 통일민주, 평화민주 등등 민주주의나 자유주의를 표방한 정당명은 많지만 '입헌'을 내세우진 않았다. 입헌은 표를 끌어모을 만큼의 설득력을 지닌 말이 아니었다.

그나마 1989년 이후 헌법재판소가 정치적 헌법문제를 다루기에 헌법적 관심의 집약이 제도적으로 가능해졌다. 그러나 입헌주의적 의지로서의 헌법적 관심은 여전히 적다. 학계 등에서 2000년대 이후 헌법, 헌정사 그리고 헌정질서에 대한 관심이 등장했다. 과거 정치학의 독일 국가학적 헌정제도 연구전통의 맥을 잇는 헌정사연구 형태로 부활한 헌법에 대한 관심이었다. 대통령과 의회의 충돌이 헌법정치의 위기와 헌정체제 파행의 원인임을 지적함으로써 헌정주의와 민주주의 간의 긴장을 진단하기도 했다. 특히 헌법재판에서 2004년 '노무현 대통령 탄핵심판'과 '신행정수도건설특별법 위헌결정'으로 국회와 대통령이라는 두 민주적 대표의 정당성 충돌을 다루면서 그랬다. 입헌주의와 민주주의 간의 긴장 관계도 지적되었다. 그러나 이들은 '민주주의 가치 훼손'이 아니냐는 측면이 주목되었다. 따라서 입헌주의 자체에 대한 관심으로 확장되지는 못했다.

한국에서 헌법 혹은 헌법체제를 지킨다는 '호헌'은 부정적 사건이었다. 5공화국 말기인 1987년 전두환의 <4.13 호헌조치> 즉 대통령 간접선거제와 국회 권한의 축소 등으로 상징되던 비민주적 '5공 헌법'을 바꾸자는 국민적 열망을 거스르며 '개헌 불가'를 선언한 네거티브적 호헌이었다. 그 호헌은 구시대, 개혁되어야 할 세력의 시대 역행적 버티기였다. 그와 달리 '호헌'이 입헌주의 사에서 긍정적으로 어필한 적은 없다. 어떤 개헌론이 등장하면 곧바로 이전의 헌법은 '악'으로 판명되어 바뀌어야 하는 당위성은 당연히 인정받는 식이었고, 따라서 그때의 호헌세력이란 역시 자명한 악으로 전락할 수밖에 없는 세력이기에 호헌이라는 말이 긍정적으로 받아들여질 수 없었다. 그도 그럴 것이 구헌법은 특정 정치세력의 정권연장 도구 등에 불과했기에 구헌법을 만든 세력이 새로운 정권담당자에 대해 별다른 변명의 여지도 없었기에 호헌은 긍정적일 수 없었다.

그렇게 헌정사에서 헌법은 바꾸기 위해 존재하는 법인 양 취급되어 왔다. 정권획득을 기념하는 전리품 혹은 정권연장의 도구 혹은 정쟁의 도구로 전락해 9번의 개헌으로 누더기가 되었다. 개헌의 역사가 정권장악을 위한 권력 투쟁사이고, 그 헌법들은 권력을 차지한 세력의 투쟁과정의 전리품과 같았다. 잊을 만하면 등장한 개헌들은 입헌의 의미 강화가 아니라 오히려 비입헌적 사고를 드러내고 확인시킨 사건들이었다. 제헌에서의 이승만의 대통령제 고집의 관철 이후 정권연장을 위한 '발췌개헌', '사사오입 개헌', 군사정권 하에서의 3차례의 개헌 등은 모두 정권연장용이었고 특히 1972년의 '유신헌법'은 입헌주의를 매장한 수준이었다. 입헌주의가 대중적 호소력을 지니지 못한 것은 그런 부정적 헌법 경험과 무관치 않다. 헌법이 권력통제 장치가 아니라 특정 통치권력의 지지 기제로 인식되어 헌법존중이 약해졌기 때문이다.

반면 일본에서는 특정 정치세력의 정권장악이나 연장을 위한 개헌 즉 권력유지를 위한 수단으로 개헌을 이용하는 헌법 사유화는 없었다. 제헌을 위한 갈등과 제헌 이후의 국가형성과정에서 헌법이 특정세력의 권력유지의 수단으로 사유화되지 않았다는 것이다. 물론 헌법적 이념에 관한 다툼이나 헌법유지를 둘러싼 싸움 자체가 권력의 장악이나 유지와 결부된 측면은 없지 않다. 또 권력확대의 방편으로 개헌론을 주장하는 모습도 당연히 있다. 따라서 그것도 넓은 의미에서는 헌법 사유화 움직임의 한 형태로 보인다. 그러나 이는 개헌 자체로 권력의 지지기반을 마련하는 행위 즉 개헌론이 혹은 개헌이 정권의 장악이나 유지에 직결된다는 의미의 헌법의 사유화와는 다를 것이다.

이유는 일본의 개헌론은 주로 특정 정치이념, 지배적 경향, 당대의 지향성의 반영이 되었기 때문이다. 아베의 개헌론도 마찬가지였다. 그것은 전전 정치이념의 연장으로서 보수우익 지향이었다. 그것이 현실화되면 자민당이나 특정 개인의 장기집권이 나타날 수도 있지만 그것이 개헌론의 직접적 목적은 아니었다. 그와 달리 한국에서는 개헌 자체를 권력유지의 직접적 수단으로 삼곤 했다. 제헌부터 그러했다. 내각제로 하느냐 대통령제로 하느냐는 두 제도의 장단점을 논하는 방향이 아니라, 정부의 실권을 대통령에게 주느냐 국무총리에게 주느냐 하는 선택론에 빠진 의견대립이었다. 그 헌법기초위원회의 의견대립이 본질적 대립이 아니었음은 당시 압도적 대세이자 제2 독회까지 끝나 헌법기초로 완료된 '책임내각제' 헌법 초안이 갑자기 '대통령중심제'로 변경된 사실에서 확인된다. 그것은 단지 정권담당 예정자 이승만의 권력구조 선택이었다.[103]

물론 헌법은 정치적 승자 즉 지배권력의 전리품이다. 근대입헌주의 헌법도 새로운 지배세력이 된 시민계급의 산물 혹은 시민계급과 국왕과의 타협의 산물이었다. 그러나 그것이 헌법의 사유화와 같은 의미는 아니다. 한국에서는 지배적 정치세력이 미국이나 프랑스에

---

103) 유진오, 『헌정의 이론과 실제』, 132; 유진오, 『헌법기초회고록』, 59-63.

서 보이는 헌법혁명의 주체도 아니고, 단지 정권 수준의 지배세력인 데다가 그나마 국민의 지지와도 무관해 민주적 정당성도 확보하지 못했고 그래서 그 정당성에 대한 이의를 억누르기 위해 개헌을 함으로써 결국 헌법을 사유화했다. 그 점에서 전리품으로서의 헌법관은 한국에서는 부정적 의미였다. 그에 비하면 일본에서 그런 식의 헌법 사유화는 보이지 않았다는 것이다.

(2) 권력관계 룰로서의 헌법

한국과 일본은 헌법 사유화에 관한 인식이 다른 것처럼 헌법적 타협의 양상이나 헌법에 정치 현실의 권력적 기반이 반영되는 모습도 다르다. 우선 헌법이 두 나라에서 제 정치권력의 타협의 산물인지 비교해 본다. 헌법은 이념적으로만 본다면 정치사회적 제 세력의 타협의 산물의 법적 표현이다.104) 따라서 제헌의 헌법적 타협이 각국의 특수성을 설명해 준다. 일단 제헌의 시기적 차이는 확연하다. 메이지유신 초기부터 논의되다가 1880년대부터 본격화한 일본의 제헌작업은 한국의 1947-48년의 그것과 비교하면 최소한 약 70년 정도 앞선다. 따라서 동시대가 아니고 정치환경도 달라 단순비교는 어렵지만 제헌이 지향한 우선순위의 차이는 보인다. 1889년의 메이지 제헌이 주로 근대성의 표현이었다면 한국의 1948년 제헌은 해방 직후 좌우의 이데올로기 경쟁에서 서둘러야 했던 건국의 표현이었다.

일본의 제헌은 서구화의 수용과 병행되고 사상적으로도 민권운동과 그에 대한 정부의 반작용이 교차하면서 수십 년에 걸친 것이

---

104) 高橋淸吾, 『現代政治の科學的觀測』, 164.

었다. 1868년의 유신 시작으로부터 잡더라도 1889년의 제헌까지는 30년 이상이었다. 이토 히로부미伊藤博文의 헌법조사단이 프로이센 모델의 정치적 효용을 파악하고 귀국한 때인 1883년으로부터도 5년 이상이나 뒤였다. 반면 한국의 그것은 아주 짧았다. 1945년 해방 이후 3년간의 미군정을 거쳐 '남한만의 정부'를 서둘러 세워 정통성을 표방해야 했던 그 기간은 짧았다. 그래서 일본이 했던 것과 같은 제헌을 위한 서구 현지조사와 정부 차원의 태스크포스팀 같은 건 없었다. 군정청 산하 헌법기초위나 사법부 내 조사팀은 있었지만, 헌법 초안들은 주로 사법계나 법학계 등 사법 관련 직역의 인사들이 중심이 되어 외국 선례를 모방해 담았다.

그렇게 헌법 논의의 배경도 없고 실제적 논의도 소홀한 채 각 단체나 개인이 만든 헌법기초안들만 난무했다. 그러다 보니 내용은 외래사상 일색이었다. 서구입헌주의가 주류를 이루고 사회주의적 계급론도 일부 있었는데 공통점은 모두 외래사상이었다. 미군정청 법전편찬위원이자 남조선 과도정부 사법부 법전편찬위 헌법분과위원 유진오의 '헌법기초안', 임시정부 수립을 위해 필요한 법안과 구상을 민주적 정당 및 사회단체와 협의해 결정한다는 방침을 내세운 미·소 공동위원회의 결정에 맞춰 각 단체가 낸 헌법안들, 그리고 유진오가 1945년 말 이미 결성되어 다른 초안을 만들던 행정연구회와의 공동작업으로 제출한 '공동안' 그리고 헌법기초위원 '권승렬의 안' 등이 있었지만 한국적 현실의 헌법화는 거의 부각되지 못했다. 국회 헌법기초위는 유진오 안을 원안, 권승렬 안을 참고안으로 초안 작성에 들어갔다.

그나마 헌법은 기초자들의 의도와 달리 권력 실세 즉 집권예정자의 결단에 의해 결정된다. 즉 1948년 초 건국공간에서 제헌국회를 지배한 '한국민주당'의 당론은 줄곧 '내각책임제'였지만 남한만의 '단독정부' 노선을 내세워 유력한 집권예정자로 있던 이승만의 대통령제 제안을 거부하기 어려웠다. 한민당은 변형대통령제 하에서 국무총리를 포함한 내각을 지배하는 게 실효적이라고 판단해 양보했다. 즉 한민당은 물론이고 유진오 안을 비롯한 대세도 내각책임제였지만, 이승만의 미국식 대통령제 제안을 받아들이지 않을 수 없기에 급히 수정하되 대통령제 하에서 이례인 국무총리라는 제도를 둔 변형대통령제로 하는데 합의해, 총리를 차지해 내각을 장악하는 것으로 만족한 것이다. 권력의 현실태에 의해 그간의 미약하나마 존재했던 헌법 논의마저 포기한 것이다.

현행 1987년 헌법도 비슷하다. 1980년 이후의 민주화 과정과 겹쳐있던 그 개헌논의에서 국민을 대변할 논의공간은 없었고 핵심 개헌과제인 '대통령직선제'조차도 단지 제도권 지배정당들만이 협상대표로 나섰다. 그래서 87년 헌법은 노태우, 김영삼, 김대중으로 대표되는 3대 협약세력의 단기적인 정치적 이해의 산물이 되었다. 헌법개정 8인 정치회의의 성원 중 절반은 구 권위주의의 대표들이었다.[105] 그 헌법은 정치세력 간 임시권력협정 같은 내용이었고, 핵심은 대통령 권력을 억제하는 권력구조 재편이지만 이면은 대통령직을 차례대로 점유하기 위한 약정 같았다.[106] 이들 제헌과 개헌 즉 제헌국회 심의과정에서 이승만의 의사에 의해 전복된 결말이나 87년의 제도정치권 내의 헌법 야합은 우월한 지배세력에 의한 일방적

---

105) 박명림, "헌법개혁과 한국 민주주의", 72-74; 박명림, "헌법, 헌법주의, 그리고 한국 민주주의", 260-261.

106) 홍윤기, "국민헌법에서 시민헌법으로", 39-40.

헌법 내용의 선점이거나 정권의 순차적 점유를 위한 헌법 논의 배제 합의였다.

일본의 제헌도 이념적 관점에서 제 세력의 타협이라 말하기는 어렵다. 일단 제헌 수년 전에 각 다른 이해관계를 보였던 제도권과 재야의 실세들이 오사카에서 회합해 제헌의 기본방향에 합의한 건 헌법적 타협의 일종이었다.[107] 그것은 권력재편기에 장차 이루어져야 할 헌법정치의 근본 방향의 제시였다. 그러나 결국 제헌은 위로부터의 제안을 기술적으로 국민에게 동화시키는 것이 되었다. 국내의 권력 구도가 바뀌는 과도기에 이루어진 후발 입헌국의 제헌에는 개국의 완결을 의미하는 서구화 및 그에 수반된 조약개정 등도 담겨야 했다. 정치적 과도기의 과제인 왕정복고를 통해 봉건적 할거주의를 극복하는 중앙집권화의 완성 요청에는 많은 숙제가 있었다. 이들 과제의 해결을 담당하던 정부가 제헌도 주도했다. 따라서 민간의 다양한 근대입헌주의적 헌법 논의를 담기 어려웠다. 그래서 제헌은 권력적 타협이 아닌 헌법 논쟁을 차단한 결과물이 되었다.

따라서 지배권력에 의한 일본에서의 제헌작업 독점 그리고 한국에서의 권력구조 고집은 비슷했다. 즉 두 나라 모두 헌법이 권력적 타협을 제대로 담지는 못했다. 그러나 헌법의 제도적 내용이 현실의 권력적 기반을 반영한 것인지의 면에서는 차이를 보였다. 우선 제도적 모방을 받아들이는 이념적 입장과 모방 이후 그 이념을 내면화한 실질적 내용은 차이를 보였다. 즉 두 나라 모두 권력적 타협을 온전히 헌법에 반영하지는 못했더라도, 헌법의 제도형식의 측면에서의 수용의 면은 달랐다. 제헌에서의 권력적 타협은 모두 약

---

107) 高橋淸吾, 『現代政治の科學的觀測』, 195-197.

하지만, 받아들인 헌법적 제도나 규정이 그 타협적 현실을 반영하는 것인가의 점에서는 차이가 있다는 것이다. 즉 비록 제헌이 권력적 타협의 결과물은 아니더라도 헌법의 제도적 내용은 그런 타협의 간접적 반영일 수 있는데 그 점에서 차이가 있었다.

한국의 제헌에도 헌법의 제도적 내용이 현실의 권력적 기반을 반영한 측면이 없는 건 아니다. 의회다수파인 '한국민주당'을 중심으로 한 의원내각제 주장세력과 이승만을 주축으로 한 대통령제 주장세력의 야합 즉 강력한 집권예정세력을 거부할 수 없자 이승만의 대통령제를 내키지 않지만 수용하되 총리제를 도입한 변형대통령제를 만들어 총리를 장악하기 위해 대통령제를 받아들인 상황이 그렇다. 다만 그것은 집권의 용도이지 정치적 지향을 담거나 절충하는 의미는 아니었다. 즉 변형대통령제나 국무총리제의 채택은 권력관계의 반영이 아니라 권력 역학과 무관한 야합의 결론이었다. 헌법현실의 조건에 대한 성찰의 결과가 아니라 이승만의 밀어붙이기와 '한민당'의 전략적 후퇴의 결론이었다. 권력의 갈등 구도를 반영한 체제형식 이식작업이 아니었다. 이후의 개헌들은 그나마 그보다 더한 수준의 정권연장용이었다. 그래서 정권이 바뀔 때마다 기존 헌법은 전 정권의 의도만 담긴 것이라고 매도되었던 것이다.

그렇게 한국의 제헌이나 개헌은 권력구조 자체의 선택이나 그에 따르게 하기 위한 권력구조 규범의 운용 룰에만 집중함으로써 그 규범이 권력적 역학관계를 담는 것에까지는 이르지 못했다. 그러다 보니 대체로 입헌주의 헌법이 지니는 규범 중심의 요청 그 자체에만 형식적으로 집착하는 모습이었다고 평가된다. 이는 정치 현실 지배자의 전유물이 된 헌법을 위한 맞춤용의 이념이나 체계를 조성하는 서구제도 모방이었다는 의미다. 그 헌법이념이나 헌법 체계의 모방에는 미국이나 독일 그리고 프랑스의 헌법규정이 주로 참조되었다. 그리고 메이지 헌법도 하나의 모델로서 참조되었다. 한국이나 중국의 많은 헌법적 규범 즉 예로 임시정부의 헌법적 규정 등에서부터 메이지 헌법이 모델이 되고 적지 않은 반향의 대상이 된 게 사실이기 때문이다.108)

반면 일본의 제헌에는 당대의 권력적 역학관계가 어느 정도 반영되어 있다. 제헌 당시 왕정복고와 서구화라는 과제의 해결방식과 주도권을 두고 정부와 민권운동은 다투었다. 정부는 민권적 이념을 억제하는 정책을 취하면서 주도권을 양보하지 않았다. 그러나 민권운동의 헌법론이 완전히 재야에만 머문 것도 아니었다. 얼마 전까지 제도권에 몸담았거나 구 번벌 출신이기도 한 지도자들에 의해 주도되어 정부와 괴리된 게 아니었기 때문이다. 정부가 민권적 헌법 논의를 잠재운 방식도 실은 강제와 설득의 양면전술이었다. 흠정 형식을 이용해 이의를 차단하면서도 설득을 병행했다. 민권파들을 정부에 대거 참여시킨 것이 그 모습이다. 그래서 제헌 이후 정부와 민권파 간의 헌법 논쟁은 거의 없었다. 즉 거의 이의를 만들지 않기에, 한국과 다르게 개헌론도 나오지 않고 전후에 나온 개헌론도 전 정권의 제헌의 내용 자체를 비판하는 내용이 되지는 않았던 것이다.

---

108) 신우철, 『비교헌법사』, 14-15, 31-32; 신우철, "일본 입헌주의의 초기 형성", 56; 김효전, "한국에 있어서 일본헌법이론의 초기수용", 235-274.

10. 서구와 전통의 갈등적 병존

(1) 충돌과 타협의 줄타기

기층의 전통이 입헌주의 제도이념에 담기거나 제도의 현실운행에 반영되면서 외래의 사고방식과 전통은 필연적으로 갈등한다. 일본의 입헌주의도 전통과 외래적 사고 사이에 충돌하고 결국 그 타협의 산물이 되었다. 메이지 헌법은 국내외를 막론한 외국인들의 큰 영향 하에 서구화의 형태로 이루어졌고 현행헌법도 그야말로 '강요된' 헌법이라 부를 정도로 미점령군사령부에 의해 기초된 서구화다. 그 외래적 서구화에 대한 반발도 보였다. 메이지 헌정에서도 수입된 근대적 외래사상에 대한 의식적 반발이 헌법 내외에서 여러 형태로 드러났고, 신헌법체제에서도 개헌론으로 대변되는 전통적 요소를 앞세운 반발이 확인되고 있다.

그런데도 그 체제들이 존속하고 유지된 것은 두 요소의 타협의 결과였다. 입헌주의에서 서구화와 전통의 그런 충돌과 타협을 바라보는 시각은 후쿠자와가 1885년 3월 16일 '지지신보時事新報'에 사설로 게재한 「탈아론脫亞論」에서 선구적 형태가 확인된다. 후쿠자와는 수개월 전인 1884년 12월에 조선에서 일어난 <갑신정변甲申政變>을 보면서 후진적 아시아를 벗어나 유럽 열강의 일원이 되자고 했다. 유길준이나 박영효, 김옥균 등을 통해 조선의 사정을 잘 알던 그는 갑신정변을 지지한 일본의 입장이 좌절되자 청과 조선처럼 근대화를 거부하면 망국에 이를 거라 했다. 서양이 일본을 청과 조선처럼 취급하지 않게 일본은 동아시아의 그들을 멀리하고 독자적 근대화로 가자고 했다. 아시아 멸시와 침략의 논거로도 이용된 그 탈아시아론의 핵심은 일본 지키기였다. 서구화와 아시아적 전통 사이의 충돌에서 일본이 낸 해법이었다. 그렇게 서구화는 비서구 사회의 숙제이자 운명이었고 이를 받아들이면서 전통과의 갈등을 해결하는 문제를 안겨 주었다.

그런데 근대 초기 후쿠자와의 우려를 넘어 일본은 수입된 제도와 '전통적' 요소가 갈등하며 공존하는 상당히 이상적인 모습을 보여 준다. 동양적 가치관과 서양적 가치관의 싸움이 계속되어도 또한 동양적 명분이 서양을 끊임없이 비판하고 공격함에도 서양에 밀리기는 해도 다시 부활하며 공존했다. 수입된 제도에 의한 전통의 대체가 아닌 공존이었다. 그와 관련해 일본에는 '혁명가가 없다'라는 말을 상기할 필요가 있다. 메이지 시대의 철저한 변혁조차도 전통적 제도 자체를 비난하는 건 아니었고 오히려 변혁에 '복고Restoration'의 의미를 함축한 '유신維新'이었을 정도로 일본은 이데올로기적 대중운동으로 세상을 바꾸기도 어렵고 급진적 정책에 의해 바뀌지도 않았다. 그 말은 어떤 급진적 서구화도 전통의 붕괴에는 이르지 못했다는 의미다. 그래서 심지어는 서구식 민주정치를 말할 때도 그것이 전통적 정신의 현재적 발현형태라고 볼 정도다.[109] 서구화와 전통의 공존으로 그 둘을 동일시할 정도까지 된 것이다.

그 전통문화를 거슬러 추적하면 철저하게 외국숭배가 전제되어 있음이 발견된다. 종교든 정치든 학문예술에서든 메이지 이후이든 현대에든 외국숭배에 기반을 둔다. 그 숭배는 그다지 부정적인 의미가 아니다.[110] 그렇다고 반발하지 않는다는 의미도 아니다. 때로

---

109) ルース・ベネディクト, 『菊と刀』, 350-351.

110) 熊野純彦, 『和辻哲郎』, 152-153.

서구에 대한 열등감은 표면적 경멸의 형태로 반발했다. 에도시대에 네덜란드인으로부터 '난학蘭学'을 배울 때는 서구의 학문이나 문화에 대한 경외도 있어 반발은 거의 없었지만, '국학国学'세력이 성장하면서는 일본 중심적 사고로 서구를 바라보았다. 그러다가 바쿠후 말기에는 서구제국의 침략이라는 위기감이 존왕양이 사상을 낳고 서구인을 극단적으로 배격했다. 서구에 대한 공포와 열등감이 만든 굴절된 심리적 대응이었다.111)

그렇게 서구화에 대한 대응은 시기별로 다르고 여러 형태로 나타나듯 오늘날의 평가도 시대의 변화와 함께 단기적으로도 늘 변화한다. 즉 현대에 들어서의 평가를 보면 어떤 단계에서는 서구화와 전통의 혼재에서 긍정성을 찾으려 하기도 하고 또는 근대화는 단순한 서구모방이 아니라고 부정하기도 하고 또는 대국 일본이라는 자부심 하에서 전근대성을 서구화가 아닌 일본의 시각으로 보면서 그 국가적 특수성을 긍정적으로 평가하기도 했다.112) 이런 모습은 서구화에 대한 긍정적 이해와 그 배후의 반발의 공존을 확인해 준다. 한마디로 서구화에 대한 전통의 반발이 공존하는 것이 정상적인 모습이 되었다.

그 전통의 반발은 대부분 수용을 전제로 한다. 성리학性理學과 마찬가지로 서구화도 의식적으로 수용할 정도로 일본의 가치관은 수용적이다. 수용성을 전제로 외래적 사고나 제도에 전통을 병존시켜 왔다. 근대국가를 극히 단기간에 이룬 방식도 실은 근대와 전통의 공존을 가능케 한 배후의 수용성이었다. 그렇게 외래의 문물과 사

---

111) 南 博, 『日本的自我』, 60-61.
112) 塩原 勉, 「変容する日本文化」, 216-217.

상에 관용적이었기에 근대국가체제를 형성하기에 유리한 입장이었지만 정신구조는 천황에 대한 관점이나 무사 계급의 에토스, 관료제 그리고 외래적 사상과 제도와 생활체계의 공존 즉 전통의 공존이 되었다. 따라서 그것은 정치, 경제, 사회문화 제 부문에서의 파행성도 불가피하게 수반했다. 그것은 표층에서의 근대성과 기층에서의 전근대성의 문제로 인한 결과로도 표현된다.[113]

그 전통은 성리학적 사고와 직·간접적으로 연관된다. 대륙 특히 중국에서 도입된 성리학은 오랫동안 자리 잡아 왔다. 유학은 알고 보면 일본에 불교가 도입되기 이전부터 들어와 있었고, 성리학 혹은 주자학도 대륙을 통해 특히 한국을 거쳐 가마쿠라시대 이후에 일본 사회에 자리 잡아 사무라이侍 신분 이상의 귀족계급의 수신修身 교양 즉 오늘날의 도덕교육의 큰 부분이 되었다. 다만 한국에서처럼 생활에까지 파고들지는 않았다. 유학은 윤리강령이 된 적은 있지만 한국이나 중국에서처럼 사회체제 자체를 의미하거나 생활을 지배하는 규범이나 관습으로는 되지 않았다.[114] 이는 사상과 생활의식 즉 생활과의 괴리라는 특유의 전통과도 관련 있다. 외래사상은 생활에 침투하지 못하고 전통적 문화와 분리된 채 존재했다. 즉 사상의 외래성으로 인해 생활의식이 사상에 우선해 왔다. 이는 초월적 가치개념이나 진리개념으로서의 사상이 결여되어 있다는 의미이기도 했다.[115]

윤리규범이자 치세의 학문이기도 한 성리학은 그렇게 일본에서는 생활에 깊숙이 파고드는 속박이나 인습이 되지도 않았거니와,

---

113) 神島二郎, 『近代日本の精神構造』, 11.

114) 司馬遼太郎・ドナルド キーン, 『日本人と日本文化』, 86, 154.

115) 加藤周一, 「戦争と知職人」, 330.

정치적 행동이나 결정에서도 기껏해야 기준이 될 수는 있더라도 체제의 가장 결정적인 정책결정 인자가 된 것은 아니었다. 그렇게 성리학이 윤리적 정치적 사고나 행동의 준거규범으로까지는 나아가지 않게 된 이유에 관해 일본인은 스스로 섬나라의 고립성으로 인한 독자성을 말한다. 지리적 고립성으로 인해 대륙적 도덕·정치 규범인 성리학을 고수하지 않을 경우 받게 되는 정치적 및 도덕적 위험 부담을 크게 의식하지 않아도 되었다는 것이다. 즉 중국에 지리적으로 접한 한국 등에 비해 사상적 자율성이 보다 유지될 수 있는 지정학적 환경이었다는 것이다.

그런데도 같은 극동인 한국 등에서 보이는 전통적 국가의식인 중화에 대한 동경과 수용을 통한 자존의식은 마찬가지로 공유했다. 중화 문명권에 있기에 그 외 국가들보다는 낫다는 우월의식인 '소중화 小中華' 사상이었다. 군주를 '천황'이라 호칭한 것이나 에도 말기의 '존왕양이尊王攘夷' 운동 등은 그에서 유래했다. 그 소중화라는 자의식과 그런데도 중화권의 변경으로서의 불안은 수용하되 지키자는 식의 삶의 방식을 만들었다. 신이나 천황이 그 방식을 지탱했다. 황통皇統의 연속성을 무리해서 만들어냈다. 실존 여부도 불투명한 전설적인 어떤 천황 이래 황통이 단절되지 않고 연속되어 왔다면서 그것은 중국에도 없었던 일이라며 우월성의 근거로 삼았다.[116]

그 우월성은 유학이 아니라 '국학' 즉 에도 중기에 시작되어 메이지 초기까지 사상적 정치적 영향력을 발휘한 국학에서 정점에 달했다. 국학은 유학에서 나온 것인데도 일본 중심주의를 위해 유학을 배격했다. 유학이라는 외래사상에 대립한 국학의 지향성은 마치

---

116) 渡辺 浩, 『日本政治思想史』, 312-315.

현실정치의 축도 같았다. 정치도 외래사상에 대한 충돌의 모습이었기 때문이다. 국학의 도움으로 전설에 근세의 인위적 창작이 더해져 탄생한 천황의 이미지와 그것이 상징하는 제정일치의 방향은 유신 정부의 국가목표가 되었다. 신정부는 서구의 삼권분립까지 담은 '정체서政体書'라는 파격적 국가목표까지 제시하면서도, 그 개혁에 뒤이어 고대 율령제 시대의 고색창연한 제정일치 기관인 '신기관神祇官' 즉 하늘의 신과 땅의 신인 천신지기天神地祇의 제사를 담당하는 기관을 부활시켰다. 그렇게 국가정치에서 제사를 지내고 점을 치는 기관을 근대화의 시기에 부활시킨 배경에 국학이 있었다.[117] 국학으로 대변되던 서구화 반발이 존왕양이론을 내세우며 전통을 정치의 전면에 배치한 것이다.

그 신기관의 부활과 이어진 소멸은 서구화와 전통의 충돌이 입헌주의의 부침과 끊임없이 결부되어 있음을 보여준다. 잊힌 신기관을 근대의 시작점에서 정치무대에 재등장시킨 것은 개국의 위기상황에서 발흥하던 존왕양이론과 무관치 않았다. 조정의 공경이나 국학자 혹은 신도가들이 신기관의 부활을 반복해서 왕실에 건의하자, 1867년 '대정봉환大政奉還'으로 근대적 천황제 정권이 출발하기 시작할 무렵 신정부는 왕정복고 '대호령大号令'에 앞서 '신기관'과 '태정관太政官'의 부활 방침을 천명했다.[118] 이어 5개 조 '어서문御誓文'의 발표 전날인 1868(메이지1)년 3월에도 신기관의 설치방침을 재확인했다. 그것이 신기사무과나 신기사무국이라는 이름으로 모습을 보이다가 윤4월의 정체서에 의해 실현되면서 1869년 7월의 관제개

---

117) 清水正之, 『日本思想全史』, 264; 末木文美士, 『日本宗教史』, 180.

118) 村上重良, 『国家神道』, 82-84.

혁에서 고대의 '대보율령大宝律令'에 따른 신기관과 태정관이 설치되고 신기관을 관제의 최고위에 위치 지운 것이다.

이는 서구화의 관점에서 보면 의아하고, 얼마 뒤 폐지된 점까지 고려하면 시행착오로 보이기도 한다. 그러나 폐지의 이유는 신기관이 서구화에 부합되지 않는다는 점에서가 아니었다. 애초에 신기관을 둔 것은 고대의 율령제가 태정관과 나란히 신기관을 두고 이를 국가기반으로 삼았던 것에서 알 수 있듯이, 그 부활도 그런 제정일치 체제를 만들기 위함이었다.[119] 즉 신기관은 현인신으로서의 천황의 배경을 이루는 신들의 제사를 담당하는 기관으로 둔 것이었다. 천황의 존재를 지지해 통치권의 정통성을 보증해 주는 장치로 고려된 것이었다. 그런데도 결국은 다시 폐지한 것은 제정일치가 필요하기는 하지만, 그것은 신기관 같은 기관이 아니라 왕정복고에 의해 권위를 회복한 천황에 의해 이뤄져야 한다고 판단해서였다.

따라서 신기관의 사례는 시행착오가 아닐뿐더러, 오히려 일본형 입헌주의로서의 천황제와 제정일치라는 국가운영 방향이 유신의 과정에 면면히 흐르고 있고, 그것이 서구와의 충돌임을 확인시켜 주는 것이다. 그 충돌은 짐작되듯이 특히 도덕적 측면에서 광범하게 인식되었다. 그래서 도덕적 반서구화가 강하게 표현되었다. 메이지 말기인 20세기 초에 교육칙어에서 강조한 국체관이나 충효 사상 그리고 가족제도의 장점을 강조하는 전통적인 유교적 도덕 정신의 국민도덕론이 그것이다. 이는 밀려오는 서양사상의 영향 하에 개인의 권리나 인격의 존엄을 존중하는 새로운 도덕 정신, 즉 유신기에 나타난 자유주의 내지 개인주의 풍조에 대한 반발이었다.[120]

---

119) 末木文美士,『日本宗教史』, 24.

그런 충돌은 제헌 이후에도 마찬가지였다. 쇼와시대에 서구와 전통의 충돌은 결국 파시즘에 몰입하고 전쟁을 일으키는 원인이 되었다. 전통은 파시즘으로 이념화된 형태로서 서구에 극단적으로 대립했다. 그 파시즘은 1930년대 이후의 우익적 정치 운동만을 지칭하는 게 아니었다. 그것은 전쟁 직전인 쇼와 파시즘 시기에 불쑥 나온 게 아니라 뿌리가 메이지유신으로까지 소급되는 것이었다. 즉 유신의 산물인 메이지 헌법의 '신권神權적 국체관념'에 뿌리가 있었다. 메이지 헌법은 신권적 국체관념과 서구의 입헌주의를 결합한 것인데, 쇼와 유신에서부터 패전까지의 상황은 그런 서구적 입헌주의와의 관계의 해체를 의미했다. 파시즘은 바로 그 헌법 안의 서양적 입헌주의가 해체되고, 동아시아적 권위주의 체제의 신권적 요소가 전면에 부각된 형태였다.[121]

그렇듯 서구에 대한 전통의 충돌은 일본이 스스로 받아들인 입헌주의를 재고하게 만들었다. 군국주의와 전쟁은 지배적 서양사상과 대립하는 일본 고유의 민족주의적 요소와 전통적 사고를 기반으로 한 반서구적 갈등이 폭발한 것으로 서구화와 전통의 충돌이 만든 최대의 비극이었다. 다만 이를 달리 보면 양자의 충돌로서의 군국주의조차도 입헌주의의 운행과 실은 과정적으로 면면히 얽혀 있음을 볼 수 있다. 그 충돌이 알고 보면 서구화 초기에는 입헌주의를 만든 계기이면서 동시에 쇼와시대에는 입헌주의를 위기로 몰고 간 계기이기 때문이다. 그렇게 보면 일본의 입헌주의는 서구화와 전통 간의 충돌에서의 줄타기 같은 운명이다.

---

120) 泉谷周三郎, 「国民道德論と個人主義」, 75, 88.

121) 島薗 進・中島岳志, 『愛国と信仰の構造』, 22-23, 235-237.

(2) 긍정적 잡종으로서의 병존

극단적 충돌로부터 눈을 돌려 보면 서구화와 전통은 병존한다고 말할 수 있다. 양자의 병존은 기이한 문화도 만드는데 공존은 그 기이함조차 문제 삼지 않는다. 그래서 당당하게 잡종이라 말한다. '잡종'이라는 자평은 그 병존을 일종의 겸허와 우월로 승화시킨 것이다. 가토 슈이치加藤周一가 1955년에 쓴 「일본문화의 잡종성日本文化の雜種性」이라는 글이나 1956년에 낸 『잡종문화: 일본의 작은 희망雜種文化: 日本の小さな希望』이라는 책에서 편 '잡종문화론'은, 일본문화는 본질에서 잡종문화인데 이를 '국수적国粹的'으로 혹은 '서구적'으로 순수화시키려는 과거의 시도는 모두 실패했고, 오히려 잡종성에서 적극적 의미를 끌어내자고 했다.122) 잡종문화야말로 일본의 정체성임을 인정하고 지켜내자는 것이다.

잡종을 만든 출발점은 외국 선진문화에 대한 동경과 수용이었다. 그 동경과 수용의 대표적 전형은 근대 이후의 번역이었다. 일본은 메이지 시대 이래 세계에 유례가 없을 정도로 번역에 치중했다. 오늘날까지 일본이 사용하고 아울러 우리도 그 한자어를 식민지 경험 이후 상당 부분 한자의 한국적 독음의 차별성만으로 구분해 마치 일본식 한자가 아닌 듯 태연히 그러나 실은 일본식 번역어인 한자조어 그대로 공유하게 된 상당수의 단어들이 번역에서 탄생했다. 신문물과 수입 사상은 물론이고 특히 이념적 정신적 학문적 표현은 거의 번역어가 담당했다고 해도 과언이 아니다. 그렇게 번역에 치중한 것은 수용성과 무관치 않다. 번역이란 수용이 전제되지 않으면 안 되기에 그렇다. 수용의 이면에는 전통의 공존과 저항이 빚는 특

---

122) 加藤周一, 『雜種文化』; 加藤周一, 『加藤周一自選集 2』, 3-24.

별한 상태적 문화가 있고 그 모습을 당연시하는 생활 태도도 있다.

그런 상태의 지속은 근대성 자체에 대한 시비도 거의 만들지 않지만 때로는 저항했다. 제국주의 시기에 나타난 '근대의 초극超克'이라는 슬로건이 그것이다. 전쟁으로 내달리던 시기에 문학계와 철학계가 참여해 벌어진 '근대'의 의미 논쟁이었다. 일본의 과제가 '근대의 철저'에 있는지, 아니면 '근대의 초극'에 있는지의 물음이었다. 그 배후에는 일본은 이미 근대에 도달했는지 아닌지 라는 인식의 차이도 있었다. 근대가 자본주의화나 산업화를 의미한다면 이미 근대화된 것이지만, 근대화가 자아의 확립이나 그에 기초한 공동체에서 자유로운 자기 결정적 시민성을 의미한다면 일본은 근대에 도달하지 못한 것이었다. 거기서 '근대의 초극'을 내세우는 입장이 대다수였다. 근대가 자본주의화나 산업화를 의미한다고 봄으로써, 열강의 제국주의 배후의 자본주의를 극복하고 동아시아를 지켜야 한다고 하는 입장에 선 것이다.123) 근대화에 대한 무분별하고 불합리한 이 공격은 다행히도 일시적 현상이다가 사라졌다.

보통의 경우 근대화는 갈등과 병존의 의미를 넘어 표면적 공격대상에는 이르지 않았다. 즉 흔히는 잡종적 병존이었다. 잡종적 병존은 다양성과 다원주의의 뿌리 깊은 원형이 되었다. 현대사회의 화두이기도 한 다양성이나 다원주의가 최소한 사회적 관계를 의미하는 생활 속에서 비교적 깊이 자리한 문화로 일본을 빼놓을 수 없다. 흔한 일본드라마들에도 선과 악의 경계를 넘나드는 메시지가 있다. 즉 선과 악을 희화화시키면서까지 대치시켜 상당히 권선징악적인 것인가 라고 예상하고 보다가도 어느 순간 그 구도가 얼마나

---

123) 奧平康弘・宮台真司, 『憲法対論』, 133.

인위적이고 무의미한 설정인지에 관한 이면의 메시지를 본다. 그 메시지도 그냥 인간사에서 그럴 수도 있지 않느냐는 식일 뿐, 절대로 잘난 체하면서 강요하는 분위기도 아니다. 그런 식으로 문화의 근저에서 다양성과 다원주의에 익숙하다.

일본인의 생활양식과 가치관을 전체상으로 파악해낸 베네딕트R. Benedict는 일본인이 판단하는 세계 속에는 '악의 세계'는 포함되어 있지 않다고 했다. 악한 행동이 존재함을 인정하지 않는다는 게 아니라, 인생을 선한 힘이, 악한 힘과 투쟁하는 무대로는 보지 않는다는 것이다. 즉 생활이라는 것을 어떤 하나의 세계와 다른 세계의, 어떤 하나의 행동방침과 다른 행동방침의 요구를 주의 깊게 비교해서 생각하는 것을 필요로 하는 한편의 극이라 본다는 것이다. 거기서 각각의 세계나 행동방침은 그 자체에 있어서는 선이다. 혹시 모든 사람이 진정한 본능에 따르는 것이라고 하면 그 모든 사람은 선인이다. 결국 생활 전부를 장악하는 윤리적 계율이란 건 쓸모없다. 악의 문제를 정면에서 상대하는 일 같은 건 하지 않는다. 악한 행위는 어떤 윤리적 계율 같은 우주적 원리에 의해 설명되지 않더라도 설명되기 때문이다.124)

즉 일본인의 행동은 특별한 어떤 절대적 원리에 기반을 둔 것으로는 보이지 않는다. 서구와는 달리 신과 인간 사이를 절대적으로 단절된 것으로 보지 않는 사고방식 즉 절대적인 것을 현상계 안에서 파악하려는 태도가 고대부터 지배해 왔다. 악을 응징하는 관념도 철저하지도 지속적이지도 않아 어떤 대결적인 비판의식에도 약하다.125) 그렇게 현실과 이원적으로 대립해서 현실부정을 행한다는

---

124) ルース・ベネディクト, 『菊と刀』, 227.

의미의 초월자가 없다. 그와 달리 신의 세계는 인간의 세계와 연결되어 있다. 현실과 신성의 이원성에서 출발하는 서구의 기독교적 사고와는 다르다. 그래서 긍정 내지 부정되어야 할 현실도 명확하지 않다.126) 현실을 긍정 혹은 부정할 명확한 특별한 원리라는 것에 부정적이기 때문이다.

그런 다양성의 인정과 다원주의적 사고가 입헌주의를 지탱하는 힘이 되었다. 페리에 의한 개항과 뒤이은 불평등조약에 따라 전개된 근대화 그리고 그 이념을 대변한 민권운동의 압박에 의한 정치적 다급함으로 인해 성립되었든 혹은 패전 이후 점령군의 요청에 따라 강요된 헌법으로 성립된 것이든, 이후에 개헌론은 필연적으로 등장할 것이고 그 시도가 성공할 것처럼 예상되었지만 전전처럼 공론화되지 않았거나 전후처럼 등장했더라도 결국 지금까지 성공하지 못한 것은 헌법이념을 둘러싼 가치의 우열에 관한 싸움이 선과 악의 투쟁과 같은 상징적 형태로 크게 부각되지 않았기 때문이다. 그렇게 가치의 우열이 부각되지 않은 이유 중의 하나가 다양성과 다원주의의 문화다. 그런 문화가 극단적 가치의 투쟁을 무의미한 것으로 치부한 것이다. 그 점에서 일본 입헌주의는 다양성과 다원성의 정치적 버전이라 볼 수 있을 것이다.

(3) 상황주의와 다원주의

이질적인 것에 대한 다원주의적 이해의 사고방식은 '이기면 관군官軍 지면 적군賊軍'이라는 말에서도 보인다. 유신 전까지 2백 년 이

---

125) 中村 元, 「日本人の思惟方法」, 85, 109.
126) 田中 元, 『古代日本人の世界』, 177.

상 통치기관이다가 쿠데타군에게 쫓겨난 쇼군의 바쿠후와 그를 지지한 몇몇 번의 군대는 조정이나 정부에 반란한 적군으로 둔갑하고, 승리한 유신세력이 관군이 된 것에서 보듯이 '이기면 관군'이라는 말은 도리에 부합하는 지를 떠나 이긴 쪽이 정의가 될 수밖에 없으니, '절대 정의' 같은 건 이긴 자의 관념 속에서라면 모를까 있을 수 없다는 인식이다. 인간사회의 본질적 상대성에 대한 이해다. 그런 상대성에 기반을 둔 다원주의는 이질적인 것에 대한 관용이다. 그렇게 다양한 문화적 이질성의 공존 속에서 타인이 가진 해괴한 '오타쿠'적인 생각도 이해된다는 게 일본이다. 반대로 자신이 옳다고 생각하더라도 타인이 볼 때는 기이하고 비객관적일 수도 있기에 주관적 사고의 절대성을 내세우거나 강요하지 않는 생활방식이다.

이는 겉의 행동과 다른 속내를 두는 문화로 이어졌다. 흔히 일본인과 일본문화를 본심인 '혼네本音'와 대외적 방침인 '다테마에建前'의 공존으로 설명한다. 다테마에란 내적 인식과 달리 외부에 감추고 있는 상태다. 일본이 불교의 영향으로 1천 년 이상을 그래 왔던 것처럼 네발 달린 짐승을 먹지 못하게 하는 사회적 규범으로서의 다테마에가 있었지만 그런데도 건강 등의 목적으로 사슴이나 멧돼지고기를 먹는 일도 당연히 있었다. 즉 오래전부터 법규라든가 외부적으로 내세우는 방침상의 도덕은 반드시 그대로 지키는 것도 아니고 또 그것들을 지키지 않으면 곧바로 처벌이나 사회적 비난의 대상이 되는 것도 아니었다. 대외적으로 표방되는 방침상의 규범과는 별개로 관행상의 규범이 있고, 그것이 지켜지고 있었다. 그것은 원칙 만에 의해 지켜지는 사회가 아닌 보다 유연한 사회임을 의미한다.127)

본심과 대외적 방침의 갭이 유달리 강한 그 사회상은 헌법정치의 영역에서 치자와 피치자 모두에게 영향을 주었다. 그래서 과거에나 지금이나 피치자들이 실은 불만이더라도 그에 저항하지 않고 마치 문제가 없는 듯 아예 치자의 정치적 결정에 간섭하거나 이의를 제기 하지 않는다. 치자의 행동도 그렇다. 전후의 보수 정권들이 지속적 친미노선을 걷기는 했지만 얼마 전까지도 전쟁 주역이던 정치가들이 그 보수노선 안에 있었다. 그래서 실상 패전이 만든 무장해제나 미국 주도의 제헌이나 미군 주둔 같은 상황이 달가울 리는 없었다. 오히려 패전국 게다가 보수 이데올로기의 본심으로 본다면 반미노선이 적합했다. 그래서 본심과 표면적 친미 방침 간의 차이가 충돌을 부를 만도 한데, 너무나 오랫동안 태연히 공존하면서 결국 보수정치의 영역에서는 그런 갭의 제거를 위한 노력도 거의 없다.

그렇게 헌정을 지탱하는 사상이나 이념에 대한 이중적 태도가 지배한다. 외부에서 받아들인 것인 사상의 외피가 아무리 바뀌어도 행동 기저의 패턴은 쉽게 바뀌지 않는다. 수입된 사상은 보편적 원리의 형태를 띠지만 행동을 결정하는 데 결정적인 게 되지 못한다. 전전의 교육칙어가 보여준 헌정의 윤리적 덕목에서는 구체적 사례나 행위를 판단하는 기준은 분명히 보편원리였다. 거기서는 그런 형식적 원리를 기준으로 하지 않고 구체적 사실이나 행위에 대해 개별주체의 실존적 가치판단을 상황 적합하게 자기 책임으로 결단하는 상황 윤리는 배척받았다. 그런데 현실은 그렇지 않기에 보편적 덕목의 적용으로 인한 모순이나 갈등이 생겨날 수밖에 없음을 잘 안다. 그래서 오히려 모순이나 갈등을 피하려고 부득이 겉의 외

---

127) 中野 卓, 「內と外」, 336-337.

면적 행동과 속내를 따로 두면서 구체적 상황에 적합하게 보는 판단 방법을 몸에 익힌다.128) 정치영역에서 반미 의제가 공식화되지 않듯이 외적 방침과 다른 태도가 유지되는 것이다.

즉 일본적 다원주의나 다양성은 외적으로는 모호한 태도나 그에 따른 임기응변적 융통성의 경향과 결부된 상황 적응성을 만든다. 상황주의 원칙을 좇아 상황에 적합하게 움직인다. 일면의 강박적 경향 즉 정형적 틀 내에서 강박적인 정형성에 의해 일상의 행동이 규격화되어 있기도 하지만, 그와 상반되는 것으로 보이는 행동양식 즉 상황주의가 파생시키는 다원주의나 다양성의 사고도 공존한다.129) 그런 상황주의가 만드는 다원주의나 다양성의 수용이 본심과 대외적 방침의 차이를 없애지 않고 그대로 받아들이는 공리주의, 현실주의적 태도로 이어지는 게 일본적 삶이다. 실제로 헌정에서 그것은 현실주의적 운용을 통해 헌법정신과 헌정제도의 실질적 괴리를 묵인해 버리는 형태로 나타난다.

이 지점에서 명분이나 도덕률도 일정 역할을 한다. 다원주의적 상황주의적 태도에 근거한 헌법정치에서 제도의 외적 모습과 제도를 운용하는 정신 사이의 괴리는 내세운 명분이나 도덕률을 통해 감추어짐으로써 묵인되고 있기 때문이다. 그래서 마치 내세워진 명분이나 도덕률이 헌정을 지배하는 것처럼도 보인다. 즉 그 경우 변화를 바라는 이념이 이미 고조되고 보편적으로 받아들여져서 이제 그에 걸맞게 제도가 당연히 바뀌어야 하고 바뀔 수 있는 상태가 되었는데도 기이하게 바뀌지 않는다. 그래서 알고 보면 그저 외피

---

128) 岩波書店編集部 編, 『思想の言葉 Ⅱ』, 194.

129) 南 博, 『日本的自我』, 18, 171.

에 불과한 표면적인 명분이나 도덕률이 지배하고 있음이 확인되고, 그래서 바뀌지 않는 상태가 지속하는 것처럼 보인다. 그 점에서는 명분이나 도덕률도 헌법정치의 변화를 막는 일정한 역할을 하는 셈이다.

물론 실제로 헌법정치의 변화를 막는 힘은 명분이나 도덕률 자체는 아니고 표면에 표방된 다양성의 수용이나 다원주의적 이해에도 불구하고 지니고 있는 이면의 규칙에 대한 내적 동의일 것이다. 알고 보면 다양성이라는 것도 본심에 해당하는 이면의 규칙의 존재를 전제로 외적으로만 허용되는 다양성인 것이고 따라서 규칙을 깨는 시도는 하지 않겠다는 약속을 전제로 한 다양성만 있는 것이다. 이면에서 다른 내심을 보유하는 것을 당연시하면서 표면에 존재하는 것에 대해 개의치 않겠다는 사고는 근대 이후의 서구화에 대한 일본의 헌법정치적 태도와 무관치 않은 것이다.

헌법이 유지된 이유도 그 점과 관련 있다. 호헌이 본심과 다르지만 평화주의 명분을 버릴 이면의 동의가 확인되지 못했기에 그 호헌이 외적으로 유지되어도 좋다는 동의가 있다고 간주하고, 이는 결국 반서구적 이념을 이기기에는 아직은 시기상조라는 상황주의적 판단으로 나아가 헌법이 바뀌지 않고 유지된 결과가 호헌 상태일 수 있다. 이제 그에 이른 헌정을 보면서, 앞에서 살핀 유교적 윤리와 정치의 지배, 제도 숭배, 도덕규범적 헌법관, 명목적 주권개념, 다원주의적 상황주의적 인식 그리고 특히 서구와 전통의 충돌과 타협과 공존이 어떻게 헌법이념에 투영되어 헌법현실에 반영되고 또한 헌법적 갭을 만들어 개헌론에 이르게 되고 그런데도 헌정을 유지하게 하는지를 보고자 한다.

제 3 장

메이지 헌법
제헌과 배경이념

1. 서구충격이 만든 체제변혁론

일본의 자각에는 늘 외부세계로부터의 충격이 있었다. 고대에는 중국대륙과 한반도의 선진문물로부터 받은 충격으로 고대국가의 기틀을 세울 필요성을 자각하였고, 근대에는 미국의 통상요구인 1853년의 <페리M. Perry 내항>이 가져온 '서구 충격western impact'으로 서구문물과 제도를 적극 받아들이게 되었다. 패전 후 점령 하의 신헌법도 서양의 힘에 대한 자각과 수용의 산물이었다. 그 수용의 전형은 물론 근대입헌주의 도입기의 모습이다. 제도와 이념의 수용의 전격성과 급진성 및 규모와 영향의 방대함의 면에서 그렇다. 특히 입헌주의는 충격이었다. 개인존중, 권력제한을 경험한 바 없는 전통에서 '입헌주의 헌법' 사상은 큰 충격이었지만 국제정세 속에서의 자각과 대책의 절실함이 근대헌법을 수용하게 만들었다.

그렇게 외래의 문물과 사상의 수용은 일본에서 흔했다. 지정학적으로 외부와 접촉하기 쉬운 섬나라여서 고대부터 선진 중화나 한반도 등의 영향을 받아들여 왔다. 그래서 받아들이는 걸 부끄러워하지 않는 긍정적 잡종문화가 되었다.[1] 그것은 수입에 자기식 변용을 가했음을 의미한다. 유입된 외래문화는 상당 부분 그 이념적 가치가 변용되었다. 현세 부정적인 불교는 대륙에서 짧은 기간 동안에 일본의 구석구석에 전파되었는데, 그것은 일본의 현세 중심적 모습으로 변용되었다.2) 고대부터 끊임없이 이어져 온 수입과 변용의 경험에서 일본은 외래의 제도나 문화에 지배당하지 않는 방식으로서의 공존에 대한 자신감이 있었다. 물론 외부세계의 수용은 한편으로는 외부의 무력을 경계하고 위험성을 과장하는 방식의 내적 반작용도 만들지만, 동시에 그 반작용은 수용하더라도 자기 것은 지킬 수 있다는 의식의 공존이기도 했다.

그 점에서 외래적 근대화의 출발점이랄 수 있는 페리에 의한 '서구충격'은 실은 충격으로만 볼 것은 아니었다. 그 내항은 예견되던 것이기도 했다. 나가사키의 네덜란드 상관オランダ商館의 정보망을 통해 내항하기 1년 전인 1852년에 미국 정부가 일본에 사절을 파견하는 계획을 하고 있음을 정확히 들어 알고 있었기에3) 그 예고된 내항은 충격으로만 이해된 것은 아니었다. 오히려 충격이라면 1853-54년의 페리 내항보다 조금 앞서 중국에서 벌어진 '아편전쟁阿片戰爭'의 결과였다. 아편전쟁에서의 중국의 패배, 그로 인한 배상금의 지급, 홍콩할양 등은 결코 남의 나라 일만은 아니었다.4)

아편전쟁의 결과를 보면서 일본은 서구세계의 의중을 탐색하고 대응책을 논했다. 존왕양이론이 등장하고 아이자와 세이시사이会沢正志斎의 「신론新論」 같은 현실주의적 분석도 나타났다. 그것은 쇄국

---

1) 加藤周一, 『雑種文化』; 北岡伸一, 『日本政治史』, 43.

2) 中村 元, 『シナ人の思惟方法 Ⅱ』, 322.

3) 西川武臣, 『ペリー来航』, 50.

4) 升味準之輔, 『日本政治史1』, 45.

론이자 양이론이면서도 국제정세에 적응하기 위한 개혁론이었다.[5] 그 논의는 서양배척으로서의 쇄국적 '양이론'에도 방점이 있었다. 그러나 그 '쇄국鎖国'은 외부세계에 대한 완전 차단도 아니었기에 이념적으로도 현실적으로도 의미가 적었다. 개항까지의 정책인 '쇄국'은 흔히 생각되는 것과 차이가 있었다. 쇄국 이전의 시대인 '전국시대戰国時代'에 통일을 목전에 둔 오다 노부나가織田信長는 함선이나 항해술, 대포 등 무기에 관한 유럽의 지식을 취하기 위해 외국인의 선교 활동을 비호하기까지 했다.[6] 현실적 이해가 종교적 우려에 우선했던 것이다.

그러다가 종교적 우려가 커질 때 부득이한 조처가 내려졌다. 도요토미 히데요시豊臣秀吉의 선교사 추방령이나 도쿠가와 이에야스德川家康의 '금교령禁敎令'은 국내의 지배권 확보와 국내질서 유지를 위한 현실적 대응으로서의 종교적 금압이었지, 서양문명에 대한 차단이 목표는 아니었다. 극동 해상에서 확인된 서양의 위협, '시마바라島原의 난' 등에서 확인된 외국인에 대한 부정적 시각 등으로 인해 '쇄국령'이 강화되지만, 외국과의 교통을 금하는 이 조치는 알고 보면 국내적 지배권 획득 단계에서의 지극히 현실적인 조치들에 불과했다.[7]

쇄국의 내용도 그렇다. 쇄국은 도쿠가와 바쿠후가 17세기부터 기독교 국가인 스페인·포르투갈인들이 드나드는 걸 금하고, 무역을 바쿠후가 관리하고 통제한다는 의미였기에 국가의 완전고립은 아니었다. 일본은 시대에 따라 다르지만 중국이나 조선 그리고 중국 영

---

5) 和辻哲郎, 『日本倫理思想史(四)』, 160.

6) 平川 新, 『戦国日本と大航海時代』, 122-124,

7) 和辻哲郎, 『鎖国(下)』, 188, 289-298.

향권 안의 류큐琉球와도 통상했다. 나가사키의 '데지마出島'에서 17세기부터 200년 이상 동안 행해진 네덜란드와의 무역도 공인되었다. 그래서 제도로서의 쇄국까지는 아니었다.[8] 그것은 동시대 동북아에서 흔하던 외국과의 교역 제한 수준의 '해금 정책海禁政策'이었다. '쇄국'이란 말은 에도시대의 난학자 시즈키 다다오志筑忠雄가 1801년에 낸 『쇄국론鎖国論』에서 최초로 사용된 것으로 이전에는 쇄국이란 말도 없었다. 우리가 '쇄국령'이라 부르는 것은 그 17세기의 금령들에 대한 후대의 통칭일 뿐이다.

게다가 번역과정에서 만들어진 신조어 '쇄국'은 시즈키가 번역한 원문에서도 그 정도의 의미는 아니었는데, 번역의 번역이 누적되며 쇄국이라는 강한 개념이 된 것이다. 따라서 그런 통칭의 존재에도 불구하고 실제의 모습은 외국과의 교역의 완전봉쇄도 아니고, 목적도 기독교 유입방지와 바쿠후의 무역독점을 위한 것이고, 동북아 국가나 네덜란드 등과의 교역도 인정한 수준이었다. 따라서 서양문물의 유입이나 그에 따른 서구화를 결과시킬 개국을 받아들이기 힘든 배경은 아니었다. 그렇기에 페리의 개국요구와 만나 개국과 근대적 변혁이 나올 수 있었던 것이다.[9] 결국 쇄국론이나 양이론은 근대의 서구의 위협에 대한 대응론의 핵심이 되기는 어려웠다.

결국 개항 및 개국에 대한 대응의 방점은 서서히 체제변혁론에 주어졌다. 그 시기는 권력관계 변화의 과도기였다. 체제변혁 요청은 개국에 따른 서구와의 관계설정 문제와 바쿠후 체제 변혁요구가 결합하였다. 일단 그 변혁요청은 양이론에서 출발했다. 즉 그 배경

---

8) 荒野泰典, 『近世日本と東アジア』.
9) ロナルド・トビ, 『「鎖国」という外交』, 79-81; メーチニコフ, 『回想の明治維新』, 180-181.

으로 주목할 것이 에도 말기의 사상 특히 성리학에서 도출된 '존왕양이尊王攘夷'다. 외세의 위협에 대한 저항으로서의 체제 유지 쇄국 방안인 양이론은 조선에서는 성리학에 기반을 둔 체제온존책이었다. 그런데 일본의 존왕양이는 쇄국의 한 방안을 넘어 현실적 힘의 정치에 대한 갈망의 표출이었다. 바쿠후 체제에서 천황의 실권을 말하는 존왕론은 당연히 체제변혁론이고, 양이론도 바쿠후가 함부로 결정한 개항에 대한 저항이기에 체제변혁론이었다. 존왕양이는 바쿠후가 '조정朝廷' 즉 명목적이더라도 군주인 천황의 허락 없이 결정한 개항의 불합리함을 부각해 기득권세력의 타도를 꾀한 체제변혁론이었다.

이 명분은 크게 어필했다. 기존의 봉건 '다이묘大名'가 보유한 무력은 국내적 세력다툼을 전제로 한 것으로 외국의 공격에 맞서 일본을 지키는 장치가 아니었기에 서양과 대등하게 서는 국가적 전제조건을 충족할 수 없었다. 게다가 외국의 압박이 쇄국은 물론이고 결국 봉건제 자체를 위협하는 것이 되기에 그런 상황을 타개하자는 존왕양이론은 받아들여졌다. 유학적 '근왕론勤王論'은 과거에도 있었지만 이제 그것은 외국의 압박에 대항해 일본을 지킨다는 관점의 '존왕양이론'이 된 것이다. 거기에는 하나의 국가로서의 일본이 외국에 대항하려면 쇼군이 아닌 천황이어야 명분상 적절하다는 관념이 담겨 있었다.[10] 그것은 양이론을 넘는 체제변혁의 명분이 되었다.

그것은 물론 양이론의 기반 위에 있었다. 개항 이전의 일본은 양이론의 사회였고 유신세력도 다들 출발점은 양이론이어서 함부로

---

10) 和辻哲郎, 『日本倫理思想史(四)』, 142.

개항했다고 바쿠후에 항의하는 양이론은 설득력이 있었다. 그런데 바쿠후도 그들과 다르지 않은 생각이었기에 그런 항의는 체제 내적 항의처럼 인식되었다. 양이론은 유신세력과 바쿠후의 사고의 차이를 밝히는 분기점이 되지 못했다. 후쿠자와의 말처럼 바쿠후는 정권담당자이기에 어쩔 수 없이 개항이나 개국을 말하고 실행했던 것이지, 실은 쇄국론의 소굴이라 할 정도로 개국론과 거리가 멀었다. 그래서 양학이나 개국론자는 고개도 들 수 없었다. 아니 심지어는 유신지사들의 행태도 마찬가지로 모두 고루한 유교적 태도였다. 결국 왕정복고 유신의 싸움 과정에서 정치적 주의 주장의 차이는 거의 없었다. 근왕주의 유신지사들이 쇄국 양이를 주장하고 바쿠후 지지세력은 개국을 주장했다거나 그래서 바쿠후가 패배한 것이고 그 후 근왕파가 크게 깨달아 개국론으로 선회한 것이라 볼 수는 없었다.[11]

그런데 어느덧 유신지사들의 명분의 선명성에 지장을 주던 양이론도 자연스럽게 퇴색했다. 개항에 대한 항의가 무의미해지면서 나타난 결과였다. 바쿠후 말기 1863년에서 이듬해에 걸친 죠슈번과 서양 열강 간의 '시모노세키下關 전쟁'이나 '사쓰마와 영국薩英 간의 전쟁' 등을 거치며 양이의 비현실성이 자각되었다. 이미 시작된 개항과 변화로 인한 무력감, 일본 내 체제변혁 움직임에 대한 서양 외교관들의 지원 책동, 사쓰마나 죠슈가 바쿠후 타도 기회로의 눈돌림 등도 양이론의 비현실성에 눈뜨게 만든 계기들이었다. 게다가 양이론은 분명히 개국을 강요당하면서 근대국가로의 길로 내몰린 일본의 운명적 지향성과 공존하면서 탄생한 것이면서도 그를 배척

---

11) 福澤諭吉, 『福翁自伝』, 160, 183-184, 200, 296.

하는 입장이라 애초부터 모순적 입장이었다. 그 모순이 위기상황을 유발했다고 매도된 바쿠후의 책임론을 부각하여 바쿠후 전복으로 나아가면서 모순 자체보다도 바쿠후 타도론으로 전이되었다.

즉 양이론은 서구열강에 의한 통상조약 체결에 따른 위기감이라는 현실 인식의 발로이면서도 한편으로는 양이 감정을 통해 바쿠후를 몰아붙이는 정치적 명분이 되었다. 통상조약은 교토 조정의 칙허를 얻어야 한다는 발상은 분명히 바쿠후 압박용이었다. 과거 바쿠후의 쇄국정책에서는 칙허 같은 건 문제도 되지 않았는데 이제 개항이나 통상조약에 칙허를 요한다는 태도는 권력이 약화된 바쿠후에 대한 압박이었다.12) 그러면서 양이론은 바쿠후 공격 논리로서는 분명하면서도 근대화나 서구화에 대해서는 전향적인 입장으로 바뀌어 간 존왕론에 포섭된다. 바쿠후 공격의 명분이기도 하던 양이가 핵심가치를 존왕론에 빼앗기면서 존왕양이론에서는 천황 중심의 존왕론만 남게 되었다.

그런데 존왕론도 체제변혁론으로서는 문제가 있었다. 존왕론은 양 세력 모두의 논거로 기능했기에 선명한 개혁 지향성을 보일 수 없는 명분이었기 때문이다. 즉 존왕론은 세력이 강한 '웅번雄藩'이면서도 세키가하라関ヶ原 전투에서 도쿠가와의 반대편에서 싸웠기에 도쿠가와 집권 이래 비주류가 된 사쓰마薩摩나 죠슈長州 같은 번들의 정치적 부활 전략으로 이용되기도 했고, 반면 미토水戸번 같은 친 바쿠후 세력의 논거이기도 했다. '미토학水戸学'의 존왕론에서 보듯이 천황에 대한 존숭과 바쿠후에 대한 충성은 모순 없이 양립했기 때문이다.13) 즉 존왕의 왕이 천황이 아니라 실질적 군주인 쇼군

---

12) 和辻哲郎, 『日本倫理思想史(四)』, 231-232.

을 의미할 수도 있기에 혼란스러웠다. 그런데 유신을 둘러싼 사쓰마 등의 정치세력화 과정에서 '존왕'은 쇼군이라기보다는 '천황'을 위한 것으로 정리되면서 문제는 해결되었다.

존왕양이론과 더불어 등장한 다른 정치적 변혁 운동도 있다. 중국에서의 아편전쟁 등의 위기와 개국 특히 페리 내항 이후 1858년의 <안세이安政 5개국 조약> 조인을 전후로 구체화된 열강의 압박에 대한 제 세력의 반응의 역학을 보면서, 권력 구도의 변화 가능성을 읽은 천황의 조정과 번들 그리고 권력을 유지하려는 바쿠후를 결합하여 기존 정치체제를 재편하자는 '공무합체公武合体' 움직임이었다. 공무합체론은 조정과 바쿠후 그리고 나아가 웅번들이 국가정책결정 등에서 소통하자는 것이었다. 기존의 정책결정을 장악한 바쿠후 중심의 종적 상하관계가 아니라 3세력이 횡적으로 연합해 정책을 합의 결정하자는 취지였다. 이는 서구에 맞서는 국가적 과제 앞에서 거국일치를 위한 조정과 바쿠후와 번의 현실적 대응론이었다. 즉 정치 운용을 위한 합리적 결론이라기보다는 시대적 정치적 과제에 대한 대응방법론이었다.

존왕론에서 공무합체론으로 나아간 사쓰마·죠슈번 같은 웅번에게 공무합체는 기존 존왕 중심의 체제변혁론과 마찬가지의 목표를 가진 다른 이름의 운동이었다. 웅번은 바쿠후에 대적하기 위해 조정으로 무게중심이 이동되어야 한다고 했다. 그리고 그것이 다른 번들 모두의 공통의 변혁적 명분이 되기를 원했다. 조정과 유착한 웅번은 조정에 변화와 관련된 유력한 정보를 제공하며 상황변화를 노렸다. 그러자 바쿠후가 독단적으로 일을 처리하기가 부담스러워

13) 家永三郎, 『日本文化史』, 232.

졌고 그에 따라 조정의 '공가公家'들도 전에 없이 현실정치에 참여하게 된 것이다. 조정은 존왕양이론을 내세워 스스로의 정치적 입지를 강화하고 발언권을 높여 갔다. 그러자 바쿠후도 그 위협에 현실적으로 반응할 필요에서 공무합체의 필요성을 더욱 인식했는데 웅번은 여기서 그 역학관계를 적절히 이용하고자 했던 것이다.

공무합체론이 등장한 계기는 우선 바쿠후의 입장에서는 페리 내항을 둘러싸고 바쿠후가 그 사실 및 중요성을 이례적으로 조정에 보고했음에도 개항으로 비난받게 되자 '미·일 수호통상조약日米修好通商条約' 조인을 둘러싸고 멀어진 조정과의 관계를 회복함으로써 훼손되어 가던 바쿠후의 권위를 되찾으려 한 데에 있었다. 내항 직후부터 바쿠후는 미국 국서의 번역본을 조정에 제출하거나 다이묘들에게 보여주었고, 1854년 일본과 미국 사이에 그리고 영국, 러시아와도 화친조약이 체결된 이듬해인 1855년에는 조약 등본을 조정에 제출하고, 1857년에는 주일미국 총영사 해리스T. Harris와의 대화록 등도 다이묘들에게 보여주며 외교적 자문을 구했다.

이런 대규모적 공론화는 바쿠후에 드문 일이었는데, 이는 개국상황에서 국가의 존망에 관련된 중대 문제를 바쿠후가 독단적으로 결정하기 어려우니 조정과 다이묘들에게 알려 의견을 구하는 차원이었다. 존왕론이 조정과 바쿠후의 관계를 비판하자 조정 등과의 관계회복을 전제로 바쿠후를 정당한 명분으로 계속 유지하기 위해 공무합체에 다가선 것이다. 반면 사쓰마·죠슈번처럼 바쿠후에서 소외된 웅번들은 공무합체를 통해 상황변화를 노렸다. 그들은 조정과 바쿠후 사이를 주선하는 공무합체에 성과를 내는 것으로 정국주도권을 장악하려 했다. 조정도 이를 권력 회복의 계기로 삼았다. 그래서 개국을 둘러싼 공무합체 움직임은 제 권력 집단의 생존과 주도권을 위한 다툼의 공통명분이면서 권력 변화의 계기이기도 했다. 즉 조정과 바쿠후가 주도권을 다투고 번들도 주도권을 만드는 방향으로 가면서 공무합체는 권력 변화의 계기가 되었다.14)

존왕양이에서처럼 공무합체에서도 천황은 핵심적 명분이 되었다. 바쿠후 정권의 권력 근거로서 바쿠후보다 상위의 권위이지만 실제로는 정치적 기능을 발휘하지 못한 그 상징적 권위는 서양에 대한 거국일치적 대응방법론으로서의 공무합체에 이용된다. 바쿠후는 위임받은 권력의 정당성을 재확인하고 웅번은 자신들의 바쿠후 공격에 그 권위를 이용함으로써 그들의 정당화론은 모두 천황의 권위와 연결되었다. 반면 이와쿠라 도모미岩倉具視 등을 중심으로 한 조정의 공가公家 세력은 천황 중심의 정치화를 모색했다.15) 천황의 권위를 향후 정치에서 어떻게 설정할 것인가를 두고 바쿠후는 공무합체로 기존 지배체제를 온존하려 했고, 사쓰마와 죠슈는 각각 영국과의 전쟁을 치르고는 양이를 포기하고 개국을 받아들이면서 조정과 바쿠후의 관계를 새로 짜 정국주도권을 잡으려 했고,16) 조정은 공무합체를 궁극목표인 왕정복고로 가는 수단으로 삼아 그 주체가 되고자 했다.

---

14) 升味準之輔, 『日本政治史1』, 77-89.

15) 田中 彰, 『明治維新』, 115.

16) 升味準之輔, 『日本政治史1』, 50; 大久保利謙, 『岩倉具視』, 55-113.

2. 포스트 바쿠후 체제 구상

(1) 정치혁신으로서의 공의

<메이지유신明治維新>은 바쿠후 말기 개국문제로 혼란스러울 때 일부의 조정 중신과 웅번의 하급사무라이들이 '천황 친정親政'을 바라는 '왕정복고王政復古'를 내걸고 정권을 장악한 일련의 변혁이었다. 이는 이미 시작된 존왕양이 운동이 '바쿠후 타도'세력의 주도하에 바쿠후와의 내전을 거쳐 정치주도권을 잡는 과정이었다. 그 천황 친정 왕정복고는 바쿠후 타도의 효과적 명분이었다. 약소국 일본이 개국문제로 시끄러울 때 이미 오랫동안 실권 없는 존재였던 천황에게 실권을 부여하는 게 당대의 과제해결의 즉각적 답을 찾는 길과 직결되지 않는 이상, 천황의 실권화 자체가 목적인 정치적 변혁 운동이라 보기는 어렵기 때문이다. 반면 집권 바쿠후 세력의 배제와 정권의 대체 즉 바쿠후 배제를 주도한 신세력 스스로가 정권을 맡는 것 자체가 목적이 아니었다고 볼 근거는 없기에 왕정복고는 정권교체 쿠데타의 명분이었다고 평가되는 것이다.

1867년 10월 훗날 '유신'이라 불린 쿠데타세력의 준비된 공세가 시작된다. 바쿠후 측의 큰 양보였던 <대정봉환大政奉還>이 계기였다. '대정大政' 즉 통치권을 조정에 돌려주는 '봉환'은 바쿠후 타도를 준비하던 삿쵸薩長의 무력동원 움직임에 동요하던 도사土佐 번의 고토 쇼지로後藤象二郎가 사카모토 료마坂本龍馬와 협의해 바쿠후에 이를 건의하자, 왕정복고 대세를 거스르기 어려웠던 쇼군 도쿠가와 요시노부德川慶喜가 그 건의를 받은 것을 기회로 선제적으로 단행한 것이다. 에도시대에 도쿠가와 가문이 승계한 쇼군의 통치기구 '바

쿠후'는 형식적으로는 교토 천황의 조정에서 위임받은 대권에 의해 성립하는 정치적 수임 기관이지만 실질은 통치기구였다. 그런데 개국이나 통상조약문제 등에서 조정이 바쿠후와 의견을 달리하고 조정 내의 개혁세력과 뜻을 같이하는 웅번의 무력시위로 통치의 정통성이 위협받자, 바쿠후는 봉환으로서 집권을 이어갈 신체제 구상 겸 생존책을 모색한 것이다.

그런데 애초부터 바쿠후 타도 무력쿠데타를 염두에 둔 삿쵸薩長 세력에게 바쿠후의 선제적 양보로 이루어진 대정봉환은 바쿠후의 탈정치화의 의미가 아닌 이상 자신들의 무력적 방법론을 포기시킬 만한 계기는 되지 못했다. 삿쵸의 계획은 애초에 왕정복고를 내건 쿠데타 음모였다. 그 과정에서 존왕양이는 유신세력의 바쿠후 때리기 수단으로서의 명분이었다. 그런데 대정봉환으로 그것이 곤란해진다면 그 상황을 받아들일 수 없었다. 대정봉환은 바쿠후가 정국을 타개해 갈 수 없자 기존에 논의되던 공무합체론의 연장선에서 왕정복고를 수용하며 단행한 것이기에 그것은 바후쿠의 계획적 생존전략임이 분명하기 때문이다.17) 그렇게 바쿠후가 생존하도록 방치할 수는 없었다.

대정봉환이 전선의 방법적 분열마저 야기하자 쿠데타는 서둘러졌다. 즉 반바쿠후 세력 내에서도 바쿠후를 앞으로 어떻게 받아들이느냐에 관해 쿠데타세력과 여타 세력 간에 차이를 보였다. 유신정부 안의 제 세력은 구악을 없애자는 명분에는 이의가 없지만 쇼군의 제거방식과 그 체제를 대체할 구체적 방식에서 각자의 계획을 드러냈다. 신정부 안에서 바쿠후 타도파인 삿쵸 세력은 소수파였다.

---

17) 大久保利謙, 「維新政府」, 76.

신정부 안에는 도쿠가와 종가를 필두로 한 여러 제후들도 온존했고 그들도 체제변화는 바랐기 때문에 유신의 힘의 역학이 어떤 결과를 만들지는 미지수였다. 바쿠후 처리와 대안 모색의 단계에서 평화적 방식과 비평화적 방식의 노선 차이가 드러나자 쿠데타세력은 무력적 방법론을 여전히 유지할 수밖에 없게 되고 그에 대한 반발도 이어졌기 때문이다.

즉 범 유신세력은 애초 명확한 신정부 기획을 가진 게 아니기에 봉환 이후 어떤 조정을 만들지에 관해 각각 계획이 달랐다. 그래서 신정부는 번주들인 다이묘를 소집해 국정 방향을 잡으려 했지만 극히 일부만이 교토로 상경할 정도로 대다수는 거취를 결정하지 못했다. 그 사이 신정부 내의 삿쵸 같은 '바쿠후 타도파'와 '공의公議'에 의한 정체를 구상한 '공의파'의 견해차는 극명해졌다. 바쿠후 독재는 반대하기에 신정부에 우호적이지만 바쿠후와 여전히 인연을 가진 제후들은 합의에 따른 정책결정인 공의로 신정부를 이끌어가는 방식 외에 다른 대안을 내지 않았다. 인연을 가진 바쿠후를 매몰차게 대하고 싶지는 않았기에 가능한 평화적 정권교체를 원했다. 또한 그들은 삿쵸의 무력행동도 두려워했다.[18] 도사번의 경우는 공의파에 가깝지만 내부의견이 각각 달랐다. 고토 등은 바쿠후와의 연계를 완전히 끊지 않고 봉환 후의 체제를 만들려 함으로써 공의 정체를 주장한 반면, 이타가키 다이스케板垣退助 등은 삿쵸의 무력계획에 공감했다. 한편 사쓰마의 사이고 다카모리西鄉隆盛나 오쿠보 도시미치大久保利通도 공의회 구상은 지지했기에 도사번 등의 공의 정체 구상을 무시하지도 않았다.[19]

---

18) 大久保利謙, 『岩倉具視』, 200.

문제는 정치혁신 무기로서의 '공의'의 실효성이었다. 공의는 쿠데타세력으로부터도 동의를 얻을 정도로 혁신의 기치였다. 그러나 혁신의 방식이라 보기는 힘들었다. 공의는 시대 공감적 운동이더라도 구체적 비전과 방식을 제시하지 못한 그저 봉건적인 체제정당화론이었다. 그래서 쇼군 요시노부의 대정봉환 상주문上奏文도 '정권을 조정에 봉환하고 널리 천하의 공의에 힘쓴다'라고 할 정도였다.[20] 다수의견을 들겠으며 편협하지 않고 공정함을 지키겠다는 공의에는 이의를 달기 어려웠지만, 그것은 모두가 자신들이 행하는 것이야말로 바로 천하 다수의 공정한 의견이라는 식의 주관적 자기정당화론이었다. 공의는 천황 친정을 목표로 한 '근왕勤王' 운동의 수단이기도 했기에 이견을 달기도 어려웠기에, 반대파의 주장이 공의에 반하는 사론私論이라고 비판함으로써 자신은 공의라 정당화된다는 식의 편의적 무기도 되었다.[21]

공의는 개념적 출발부터가 혁신과 거리가 있었다. 공의는 본래 공권력 자체를 의미하던 표현이거나 기껏해야 다이묘의 정치참여를 의미하는 정도로서 혁신 비전과는 멀었다. 그런데도 공의가 신정부안에서 모두가 내걸고 공감한 기치가 됨으로써 정치적 합의점의 공론장 형성촉진의 역할이 된 것이다. 그 이유는 오히려 공의가 새로운 게 아니고 이의 없이 용인되던 사고방식이라는 점에 있었다. 바쿠후 말기부터 등장한 공의는 널리 공유되고 공감된 사고방식이었기에 유신 이전의 조정, 바쿠후, 근왕지사, 양이파, 개국파 모두가

19) 坂野潤治, 『未完の明治維新』, 52.

20) 大久保利謙, 「維新政府」, 78; 三谷太一郎, 『日本の近代とは何であったか』, 65; 宮澤俊義, 『憲法略說』, 9.

21) 渡邊幾治郎, 『日本憲法制定史講』, 20, 24.

주창할 수 있었던 것이다. 유신 정부는 물론이고 바쿠후도 공의를 통해 번의 반감을 유화시키려 했고, 번도 바쿠후의 전제를 비판하는 명분으로 삼았다.[22] 조정은 공의로 조정 권한 확립을 모색했다. 공의 기관에서 회의를 거치고 천황의 결재로 정책을 시행하는 것은 조정의 권한확대 즉 천황의 권한 강화로 이어진다고 보았다.[23]

그러다 보니 공의는 현실의 권력관계의 불합리함을 은폐하는 수단이자 변명수단이 되기도 했다. 혁신을 위한 실효성을 찾을 수 없었다. 결국 혁신은 무력을 배경으로 쿠데타를 준비한 삿쵸의 실행력에 의해 이루어질 수밖에 없었다. 신정부 내의 노선 차이로 준비한 쿠데타의 정당성마저 흔들릴 수 있게 된 삿쵸는 공의파의 우려와 저지에도 쿠데타를 실행한다. 우선 왕정복고 기획에서 뜻을 같이한 사쓰마의 오쿠보 도시미치大久保利通 등의 무력과 이를 배경으로 이용한 이와쿠라 도모미岩倉具視 등 조정세력의 합작으로 1867년 12월 9일 신정부세력이 천황 거처인 '고쇼御所'에서 대정봉환으로 천황에게 되돌려진 통치권을 확고히 하기 위한 왕정복고「대호령大号令」을 발한다. 이와쿠라와 오쿠보 등이 바쿠후를 대신하는 정부를 만들기 위해 어전에서 왕정복고 단행을 재촉해 천황이 수용한 형태였다. 그래서 전통적 관제인 섭정攝政, 관백關白, 정이대장군征夷大将軍 등의 직은 폐지되고 총재總裁, 의정議定, 참여参与의 3직이 신설된다. 그것이 바쿠후 대체정권을 의미함은 참여에 유신주도 하급 무사 출신이 대거 임명된 사실로 확인되었다.[24]

---

22) 升味準之輔, 『日本政治史1』, 52.

23) 田中 彰, 『明治維新』, 124-125.

24) 工藤武重, 『改訂明治憲政史』, 5-6; 大久保利謙, 『岩倉具視』, 205-206; 大久保利謙, 「維新政府」, 83.

대호령 발령 후에도 신체제의 방향성은 여전히 다투어졌다. 조정 세력 이와쿠라 그리고 구데타를 실행하지만 아직 소수파인 삿쵸 중심의 바쿠후 타도파는 쇼군이 쇼군직을 포함한 모든 직위를 사직해 정부에서 물러나고 영지와 영민을 반환하고 무조건 항복하라고 했다. 반면 다수파인 공의 정체파는 요시노부가 쇼군직은 사임하되 신정부에는 참여할 수 있다고 보았고 영지반환 조건도 완화하자고 했다. 그래서 삿쵸 세력은 결국 준비한 무력을 작동시킨다. 1868(메이지 1) 1월에 바쿠후와 지지 번들의 동맹에 의한 선제공격과 이를 기다리던 삿쵸 중심 신정부군의 대응으로 1869년까지 진행된 <보신전쟁戊辰戰争>이 발발한다. 무력의 우위인 쿠데타군의 에도성 총공세가 준비되자 바쿠후 측의 가츠 가이슈勝海舟와 사쓰마의 사이고 다카모리의 담판으로 에도성이 열려 최종 승리한 쿠데타군은 바쿠후와 타협해 쇼군 요시노부를 살려주는 선에서 마무리 짓고 신정부의 주도권을 잡는다.

이로써 신정부 내 공의파는 주류에서 밀려나지만 쿠데타세력도 신체제의 정책결정이 공의 방식이 되는 것은 거부하지 않았다. 공의와 공론을 내걸 수밖에 없던 이유는 기존 지배층 내의 지지도 확보하고 세상을 바로잡아 달라는 아래로부터의 요청을 흡수하는 데에 있어서도 공의와 공론이 필요했기 때문이다. 즉 공의나 공론의 채택은 쿠데타의 정당성을 인정받는 수순이기도 했다. 그래서 에도성 총공세가 임박했던 1868년 3월 황궁 고쇼에서 발포된, 신정부의 기본방침인 천황 친정을 위한 5개 조의 「어서문御誓文」에서도 국가기초로 공의 여론을 천명해 '널리 회의를 열어 공론으로 정치를 결정해야 한다広く会議を興し, 万機公論に決すべし'라고 했다.

1868년 2월 이후의 공문 등에서 공식적으로도 등장한 공의 여론이 정부의 기본방침으로 재확인된 것이다.25) 공의가 신체제의 제도이념이 된 것이다.

(2) 공의 주체의 전근대성

공의는 합의제 의사결정이기에 근대적 의회제도로 사상적으로 연결되면서 근대적 의회주의를 위한 제도구축의 이념적 기초가 된다. 이토가 후에 메이지 헌법을 만들면서 제국의회를 귀족원과 중의원의 양원으로 구성하기로 한 이유가 전국의 '공의'를 대표하고 여론을 반영하기 위해서라고 말한 것도 그런 의미였다.26) 유신세력들도 공의를 그렇게 이해했다. 현실에서도 공의 여론은 근대의회제도와 유사한 선구적 제도이념으로서 실제로 의회제도 구상의 전 단계의 역할을 하는 것으로 받아들여졌다. 1864년 가츠 가이슈勝海舟 등이 사이고 다카모리 등에게 의회제를 의미하는 공의 여론의 중요성을 말하고 있고, 사카모토 료마坂本龍馬가 '선중팔책船中八策'에서 의회를 만들어야 한다고 했을 정도로, 쿠데타 이전부터 의회제도로서의 공의 여론이 주창되었다.27)

즉 1867년 6월에 사카모토가 대정봉환을 쇼군에게 요구하도록 고토에게 제시한 선중팔책에는 '상·하 의정국上下議政局' 즉 양원에 의한 의회정치가 있었다. 그가 얼마 뒤인 11월에 유신 후의 신정부 설립을 위한 정치강령으로 만든 '신정부강령팔책新政府綱領八策'에서도

---

25) 田中 彰 編,『日本の近世』, 332; 田中 彰,『明治維新』, 163; 工藤武重,『改訂明治憲政史』, 7; 井上勝生,『幕末·維新』, 152-163, 169; 大久保利謙,『岩倉具視』, 207.

26) 伊藤博文,『帝國憲法皇室典範義解』, 61.

27) 坂野潤治·田原総一朗,『大日本帝国の民主主義』, 224, 231-232.

마찬가지로 상·하 의정소에 의한 의회정치가 있었다. 중세 이래 공권력 자체를 의미하던 공의 즉 바쿠후의 공의의 정당성이 자명한 것으로 이해하던 시대가 저물면서 이제 공의는 의회제를 의미하는 관념이 되었다. 공의가 광범하게 받아들여진 사상이듯이 의회제 구상도 폭넓게 받아들여지고 있었다. 심지어 공의를 연결고리 이념으로 한 의회제 발상은 바쿠후 측에서도 가졌을 정도다.

즉 요시노부의 브레인 니시 아마네西周가 대정봉환 무렵에 요시노부의 의뢰로 기초한 건의서 '의제초안議題草案'이 그것이다. 이는 대정봉환 후에 유신세력이 반격하는 와중에 건의된 것으로, 입법·사법·행정이라는 서구의 삼권분립을 제안해 위기의 바쿠후 체제를 재편성하려 했다. 니시는 도쿠가와 종가를 '공부公府' 즉 행정권의 주체로 상정해 입법권과 구별시킴으로써 신세력을 입법권의 영역에 가두려 했다. 입법부로는 쇼군과 다이묘들로 구성되는 '상원'과 각 번의 대표 1명씩으로 구성되는 '하원'을 두되 상원의장은 쇼군이 맡고 상원과 하원 모두에서 가부동수일 때는 쇼군이 3표 분의 투표권을 가지고 하원해산권도 가지도록 했다.

대정봉환 후 바쿠후의 생존전략의 일환으로 바쿠후 중심적이기는 했지만 그 구상이 권력분립제나 의회제를 말한 점에서는 획기적이었다.[28] 그러나 쿠데타 세력에게 정권이 넘어가면서 구상은 현실화되지 못했다. 공의의 의회제도화는 유신세력의 몫이 되었다. 유신 세력에게 의회제는 바쿠후 대체제도를 말하는 것이기에 공의는 반바쿠후적 제도화를 의미했다. 이토의 말처럼 유신 세력에게 의회

---

28) 田中 彰 編, 『日本の近世』, 355-356; 三谷太一郎, 『日本の近代とは何であったか』, 59-62; 坂野 潤治, 『日本近代史』, 88.

는 '패부霸府' 즉 바쿠후가 되어서는 안 되는 것이었다. 오히려 바쿠후적 세력의 출현을 막는 제도적 장치가 되어야 했다. 왕정복고는 바쿠후의 재등장을 막는 방어장치의 구축으로 가능하기에 공의가 의미하는 권력분립이나 의회는 반바쿠후 왕정체제 구상이어야 했다.

그런데 바쿠후 지배의 대안으로 신정부가 채택한 공의나 의회정치로 연결되는 제도화도 주체의 면에서는 전근대적이었다. 공의는 종래에 정책결정의 아웃사이더에 불과했던 제후나 다이묘의 의견을 듣겠다는 것에 불과했다.[29] 어서문이 선언한 공의는 바쿠후가 그간 했던 식의 독단적 정치운영이 아니라 회의를 열어 의견을 듣자는 것이었다. 그 회의는 공경 혹은 제후나 각 번에서 지명된 사무라이들의 회의로서 전자는 '상'의 회의, 후자는 '하'의 회의였다. 이는 서양의 상·하 양원 의회를 연상시키지만 공적으로 선출된 의원을 말하는 게 아니었다.[30] 더욱이 중앙정부가 제대로 집권하지 못한 불안정한 정국에서 제 번의 의견을 충분히 듣겠다는 방침의 수준이었다. 공의에서 발언이 허용되는 것은 번의 대표자 정도여서 백성의 의사가 반영되는 의사결정 구조를 만든다는 것이 아니었다.[31]

1868년 신정부가 발령한 「정체서政体書」에 따라 입법권 담당기관의 하나로 둔 기존 '하국下局'의 후신으로 신설한 '공의소公議所'가 그러했다. 일단 공의소라는 명칭은 바쿠후 안에서도 사용된 것이기에 크게 새로운 게 아니었다. 공의소는 공경·제후 및 각 번의 공의인公議人을 의원議員으로 해 천하의 중의공론衆議公論을 취하겠다고

---

29) 三谷太一郎, 『日本の近代とは何であったか』, 62-68.

30) 宮澤俊義, 『憲法講話』, 149-150.

31) 鈴木安藏, 『比較憲法史』, 288.

했지만, 내용상으로 공의소는 3백 곳에 달한 각 번의 상이한 이해 관계를 중앙정치에 반영해 결국 번의 목소리를 대변하는 기관이었다.[32] 의회제로 연결되기 시작한 공의나 공론의 제도화 기관이 중앙집권화의 과도기에 번의 이익을 위해 의사결정 구조의 절차적 정당성을 확보하겠다는 정도의 수준에 그침으로써 공의의 제도화는 전근대적 한계를 벗어나지 못한 것으로 판명 났다.

바쿠후 말기부터 본격화한 공의적 의회론은 그렇게 유지되었다. 대체로 오늘날의 상원에 해당하는 '번주藩主 의회'와 하원에 해당하는 '번사藩士 의회'의 필요성에 관한 주장이 되지만, 그것은 사무라이 그룹을 넘어 민중의 의사를 대변하는 수준에는 이르지 못했다. 민권운동 그룹의 리더로 「민선의원설립건백民撰議院設立建白」을 주도한 이타가키 다이스케板垣退助의 입장도 마찬가지였다. 민선의원은 현실적으로는 유신 이후 설 자리를 잃은 사무라이 층의 총의를 동원할 목적이었다. 불안정한 정국 속에서 천황, 정부, 의회라는 정연한 국가 질서를 만들려 한 기도 다카요시木戸孝允의 헌법제정론도 '중의衆議'를 모을 필요성을 언급했지만, 알고 보면 '화족'이 된 구 다이묘와 구 무사 계급을 모은 상원을 염두에 둔 것에 불과했다.[33]

과도기를 풍미한 통치이념인 공의가 주체의 전환까지 담지는 못한 것이다. 피지배계급이나 지배계급이나 신제도에서의 주체의 한계는 지적하지 않았다. 신지배체제의 의사결정주체와 참여의 문제에서 신정부의 혁신 비전이든 민권운동의 주축세력이든 여전히 전근대적 사고의 한계 내에 있었다. 그것은 사고의 문제라기보다는

---

32) 工藤武重,『改訂明治憲政史』, 11-12; 宮澤俊義,『憲法略說』, 10-11; 伊達源一郎 編,『日本憲政史』, 2-3; 渡邊幾治郎,『日本憲法制定史講』, 28-30; 鈴木 淳,『維新の構想と展開』, 34-42.
33) 坂野潤治,『未完の明治維新』, 232.

이행기의 한계이기도 했다. 그 혁신이란 기껏해야 제도의 변화이지 제도의 주체가 근대적 국민이나 시민이어야 한다는 인식까지는 아니었다. 이는 시대변혁의 필연성을 이념적으로 담보하는 투쟁의 역사와 그 결과를 보지 못한 모방과 학습으로서의 근대화가 지닌 한계였다. 봉건적 '분한分限' 사상에 의해 지배되는 나라가 신분에 기반을 둔 숙명론적 사회의식을 탈피하는 데는 더 많은 시간이 필요했던 것이다.[34)]

3. 근대적 제도화의 시행착오

(1) 삼권분립에서 왕정복고로

공의가 의미하는 합의 정체의 핵심기관과 오늘날의 행정 각부에 해당하는 각 부서와의 관계설정 논의가 진행되었다. 그것은 통치기구 담당관제와 담당업무의 규정 그리고 겸임문제까지 포함했다. 논의에 따른 직제의 신설과 변경이 이어지면서 근대체제로의 이행을 위한 제도혁신의 가시적 성과가 보였다. 그에는 상당한 시일이 걸렸고 시행착오의 여정이었다. 유신 정부 안팎의 제 세력의 현실정치적 이해관계와 얽힌 작업이기 때문이다. 이 제도화 과정에서 조정 내 왕정복고론자 이와쿠라 도모미岩倉具視의 역할과 비중은 컸다. 얽힌 이해관계를 풀거나 쳐낸 이가 이와쿠라였다. 그는 사쓰마의 오쿠보와 함께 왕정복고를 내세우며 신체제 구상의 장애물을 제거해 나갔다. 천황의 실권을 찾고 바쿠후를 타도하고 번들에 대한 중

---

34) 櫻井庄太郎, 『日本封建社會意識論』, 99-136.

앙집권적 통제를 추진한 철저한 왕정복고론자이면서도 조정의 공가 公家라는 신분적 한계에 머물지 않고 신정부의 '참의參議'들과 함께 근대적 제도화를 주도했다.35)

제도개혁의 주역은 이와쿠라와 뜻을 같이한 참의들이었다. 신정 부 출범 이후 '태정관太政官'에 신설한 참의는 중앙정부의 의사결정 기관과 행정 각부 장의 업무를 담당했다. 즉 오늘날의 국무위원인 대신과 각 장관의 업무가 어떻게 공존해야 할지를 정함에 있어 중 앙정부의 의사결정권을 장악했다. 이와쿠라와 유신세력이 주축인 참의들의 국가구상은 서구의 모방이었다. 제도개혁의 목표가 서구 로부터의 인정이기 때문이다. 그 모방은 바쿠후 말기부터 시작된 것으로 새로운 것도 아니고 신정부 측의 독자적인 것도 아니었다. 쇼군 요시노부도 바쿠후를 지지한 프랑스공사 로슈L. Roches의 조 언에 따라 근대국가의 전문 부국部局제를 채용하는 개혁을 단행함 으로써 바쿠후 하에 국내사무·회계·외국사무·해군·육군 같은 행정분과를 설치한 것이 그러했다.36)

유신세력도 마찬가지로 서구제도 모방에 치중하는데 통치권을 갓 담당한 세력에 의한 그 개혁은 시행착오의 길이 되었다. 특히 1868년 윤4월 하순 신정부가 발령한 「정체서」가 그러했다. 태정 관이라는 유일 권력 아래 오늘날의 삼권에 해당하는 직제를 두고, 행정권 아래 여러 부서를 두는 내용이었다. 입법에 해당하는 '의 정관議政官'은 '상국上局'과 '하국'으로 나누어진 의원제 의회였고, 상국에는 '의정議定'과 '참여參与'를 두었고, 자문기관 성격의 하국

---

35) 大久保利謙, 『岩倉具視』, 191.

36) 井上勝生, 『幕末・維新』, 141.

은 부·번·현府藩県에서 나온 의원인 '공사貢士'로 구성시켰다. 행정에 해당하는 '행정관'의 아래에는 신기神祇·회계·군무·외국의 4관을 두었다. 사법에 해당하는 '형법관'도 두었다.37) 그것은 너무나 파격적이어서 실제 권력분립이 행해지는 국가의 사람들이 볼 때도 놀라운 것이었다.

일본에 체류하던 영국 외교관 사토우E. M. Satow는 정체서를 이렇게 표현했다. 1868년 초두부터 관제개정을 위한 몇몇 법령이 제정되어 차례차례 공포되었다. 그중에는 미국 정치학설의 영향이 뚜렷한 것도 있다. 아마도 네덜란드 출신 미국 선교사이자 법학자인 페어벡G. H. F. Verbeck의 나가사키長崎 영어 전습소의 제자 오쿠마 시게노부大隈重信 등이 정부에서 법령제정 당시 상당한 역할을 했기 때문으로 추측된다. 심지어 어떤 조항에서는 정부 자체를 의미하는 태정관의 권력을 입법·행정·사법 삼권으로 나누어 분장시킨다는 의미의 문구도 있다. 모든 관리가 4년 임기를 마치면 교체된다든가, 관리는 투표에 의해 표의 다수결로 임명된다는 조항도 있다. 오쿠마는 태정관에 속한 권력 중 행정은 '대통령과 그의 고문관에 의해 이루어지는' 미국 헌법의 행정부를 모방한 것인데, 조정의 제사 등을 관장하는 신기와 회계, 군무, 외무 등 여러 성省의 수위首位에 있는 것이라 설명한다고 했다.38)

태정관 권력을 삼권에 분장시킨다는 정체서의 내용이 사토우의 말대로 오쿠마에 의해 주도되었는지는 명확하지 않다. 일설에 의하면 오쿠보 도시미치, 기도 다카요시木戸孝允, 고마츠 다테와키小松帯

---

37) 工藤武重, 『改訂明治憲政史』, 8-9; 稲田正次, 『明治憲法成立史(上卷)』, 33-34; 升味準之輔, 『日本政治史1』, 120; 新井勉·蕪山嚴·小柳春一郎, 『近代日本司法制度史』, 17.

38) アーネスト·サトウ, 『一外交官の見た明治維新(下)』, 207.

刀, 유리 기미마사由利公正 등 사쓰마·죠슈·도사번 출신의 정치가들이 미합중국 헌법을 피상적으로 모방해 2개월에 걸쳐 만든 것이라 한다.39) 혹은 신정부 내의 진보적 입장을 대변한 도사 출신의 후쿠오카 다카치카福岡孝弟와 사가佐賀 출신의 소에지마 다네오미副島種臣가 기초하고 윤색한 것이라고도 한다.40) 누가 주도했든 간에 신정부가 서구의 근대적 정부조직을 등장시켰다는 사토우의 평가는 맞다. 페어벡이 바쿠후의 개혁적 인사들에 상당한 영향력을 발휘한 것도 사실이다. 오쿠마 주도 여부는 불분명하지만 이념적으로 서구제도를 소개한 서적 등의 영향을 받은 것도 분명하다. 그런 서적 등의 영향 그리고 이미 그런 사상이 알려져 있었던 점에서는 충격이 아니다. 사카모토가 '선중팔책船中八策'에서 주장한 것도 근본에서는 그런 것이었다.41) 문제는 그것이 정부의 공식적 의사라는 게 충격적이었다.

그 서구 서적들의 내용은 바쿠후 체제의 권력의 집중·혼합과는 다른 권력의 분리·분립이었다. 정체서의 내용형성에는 중국에서 한역漢訳된 브리지먼E. C. Bridgman의 『연방지략聯邦志略A History of the United States』이라는 미국 역사서나 서구제국의 제도를 소개한 후쿠자와 유키치福沢諭吉의 1866년의 저서 『서양사정西洋事情』이 텍스트로 사용되었다. 중국에서 한역된 미국 국제법학자 휘튼H. Wheaton의 『만국공법万国公法Elements of International Law』도 근대국제법 텍스트로 참고되었다. 동양에 최초로 소개된 서양 국제법 서적이라 할 만국공법 제1권의 각국 근대국가 제도 중에는 미국 헌

39) 鈴木安藏, 『憲法制定とロエスレル』, 89.
40) 稲田正次, 『明治憲法成立史(上卷)』, 23-26.
41) 尾佐竹猛, 『日本憲政史大綱(上卷)』, 36-42.

법을 통한 국가 제도도 있었다. 정체서의 여러 곳에서 그 한역된 미국 헌법이 인용되고 그 법리도 도입된 것이다.

정체서는 태정관과 번의 관계에 관해 만국공법에 한역된 미국 헌법 제1조 제10절의 연방의회와 권한 등을 참조해 번이 태정관에 전면적 복종 관계라고 했다. 참조한 만국공법의 제24절에는 서구 국가통치의 두 형태도 설명되어 있는데, 하나는 미국처럼 강력히 중앙집권화된 연방제이고, 다른 하나는 프로이센에 의해 독일이 통일되기 전의 북독일연방처럼 각 연합국들로 이루어진 체제라 했다. 북독일연방은 독자적 외교권을 가진 소국들이 분립하여 결국 쇠퇴해버린 옛 제국으로 평가되는데 유신세력은 그에 관심을 가졌다. 그래서 1868년 1월 이토는 사토우에게 자신과 기도는 현 제도와는 다른 정부를 만들려고 한다면서 각 번의 다이묘가 북독일연방처럼 각각 군대를 훈련하는 걸 방임하면 강국이 될 수 없다고 했다. 정체서가 부·번·현의 자립을 인정하지 않고 미합중국 같은 강력한 중앙집권적 통합의 법리를 받아들인 건 그 취지였다.[42]

봉건시대를 막 나서는 일본에 그것은 너무 앞서간 이념이었다. 정체서의 한계는 급진적 이념뿐만이 아니라 형식모방이 지닌 비현실성에서 더 분명했다. 전근대적 태정관 체제의 유지를 전제로 하는 삼권분립은 서구제도의 형식모방에 불과해 현실성이 없었다. 유신 이래 태정관은 중앙관청을 총괄하는 정치 중심이지만 좌·우대신 각 1명씩이 있을 뿐 태정대신이란 건 메이지 초기까지도 없었다. 중앙관직을 규정한 고대법령인 '대보령'에도 태정대신은 상설 관직이 아니었다. 그래서 태정관 제도 하에서 천황을 보필해 실제

---

42) 新井勉·蕪山嚴·小柳春一郎, 『近代日本司法制度史』, 18; 井上勝生, 『幕末·維新』, 170-176.

정치를 총괄하는 건 좌·우대신이었다.[43] 그런 태정관 체제를 전제로 한 삼권분립이 제대로 될 리 없었다.

정체서의 관리 공적선출 체제도 획기적인 서구모방이지만 이 역시도 내용상으로 전근대성을 벗어나지 못한 것이었다. 그 공선 체제는 봉건적 신분에 의한 관등의 상·하 차별 즉 신분에 의해 관등 위계가 결정되는 것에 불과했다. 그래서 입법권에 해당하는 '의정관議政官' 즉 상국과 하국으로 나누어진 의원제 의회에서조차 백성의 참여가 인정되지 않았다. 순수한 행정관청이 아니라 일부에서라도 백성이 참여해 그 의사를 반영하겠다는 의미의 기관인 서구 의회의 취지를 제대로 모르고 만든 것이었다. 결국 항간의 의회제 설립요구 등을 의식한 과도기 정권의 정권안정용 자기방어 심리가 외관뿐인 삼권분립을 말한 것이었다.[44]

정체서는 제도변혁을 위한 실질적 뒷받침도 없었다. 천하 권력을 태정관에 집중시킨다는 그 비현실적 구상은 유신세력의 무질서한 사고의 혼란만 확인시켰을 뿐 제대로 실현되지 못했다. 정착되기는 커녕 되레 복고 재등장의 빌미까지 만들어 주었다. 번의 영토와 인민 즉 '판적'을 천황의 정부에 되돌림으로써 지방분권적 봉건제에서 근대적 중앙집권체제로의 전환의 기초를 마련하려 한 기도와 오쿠보에 의한 1869년 <판적봉환版籍奉還> 포고의 결과로 전국 대부분이 중앙 직할이 됨에 따른 국가 제도의 정비와 중앙집권화 확보를 위한 개혁으로 '직원령職員令'이 발포되어 정체서에 의한 중앙행정기구는 근본적으로 바뀌었다. 그로써 태정관제를 개정해 신기관

---

43) 山崎丹照, 『內閣論』, 29.

44) 鈴木安藏, 『比較憲法史』, 288; 鈴木安藏, 『日本憲法史槪說』, 8-21; 鈴木安藏, 『日本憲法史硏究』, 14-17; 尾佐竹猛, 『日本憲政史大綱(上卷)』, 102, 136; 尾佐竹猛, 『日本憲政史』, 34-37.

과 태정관의 2관, 민부民部・오쿠라大藏・병부・형부・궁내・외무의
6성으로 이루어지게 된 중앙정부는 급진적 정체서와는 반대로 옛
대보령에 따른 관위직제를 모방한 복고형이 되었다.

1871년의 「폐번치현령」 발령 직후 중앙행정기구는 또 개혁된다.
태정관에 정무를 총괄하는 '태정대신'을 두기로 해 1885년의 내각
제 수립 때까지 계속되는 '태정관 시대'가 된다. 태정관 안에는 정
원正院・좌원・우원의 3원을 두는데, 입법・행정・사법을 통할하는
'정원'은 종래의 태정관이 담당하던 역할로, 태정대신 및 후에 좌・
우대신으로 바뀌는 '납언納言' 그리고 '참의參議' 등으로 구성되어 최
고 정무기관이 된다. '좌원'은 입법적 기구로 이후의 원로원元老院이
담당하게 되는 입법사항 심의를 맡았다. 따라서 의회제도의 맹아이
기도 하고 제헌 전까지 형식적인 헌법편찬 책임기관이기도 했지만
그 권한은 형식적이고 힘이 없었다. '우원'은 외무・오쿠라・공부・
병부・사법・문부・신기・궁내 8성의 각 장관과 차관으로 구성되어
행정실무의 이해관계를 심의하는 성 간의 연락기관이었다. 신체제의
태정대신에 산죠 사네토미三条実美, 우대신에 이와쿠라, 참의에 기도,
사이고, 이타가키, 오쿠마 등 유신 주역들이 대거 발탁되었다.[45]

전통적 태정관제의 유지도 그렇고 대보령 때부터의 제사관청 '신
기神祇'의 온존에서도 보이듯이 개혁 색채는 모호했다. 정체서의 구
상은 현실에 정착하지 못하고 복고퇴행적 제도가 복원된 것인데도
어떤 이의가 나오지 않을 정도로 신정부의 개혁은 뚜렷한 방향성이
읽히지 못했다. 그 개혁은 왕정복고에는 부합되지만 서구화에는 크

---

45) 山崎丹照, 『內閣論』, 27, 32-33; 工藤武重, 『改訂明治憲政史』, 13; 新井勉・蕪山嚴・小柳春一
郎, 『近代日本司法制度史』, 20, 34.

게 미치지 못했다. 그 한계가 인식되면서 1873년 태정관 직제가 재개정된다. 정원의 권한이 크게 확대되고 태정대신 및 좌·우대신만이 천황 보필역을 맡고, 참의는 '내각內閣'의 의관議官으로 국가정책 결정 역할을 맡게 된다. 아직 내각제는 도입되지 않았지만 이때부터 내각이라는 말이 사용된 것이다. 그렇게 보면 오늘날의 국무위원인 대신과 국무회의의 맹아이지만 전체적으로는 전통적 근본이 거의 온존했다.

(2) 입법과 행정의 모호한 구분

신정부의 '참의參議'는 행정부에서 독립한 입법기관처럼 보이면서도 주 역할은 국무대신 같았다. 그런데도 '참의'와 행정 각부에 해당하는 각 성의 '경卿'은 서로 분리되어 있었다. 형식적으로 보면 태정관에서 국무를 담당하는 참의는 대신의 역할, 경은 행정을 담당하는 장관의 역할이었다. 그런데 참의가 경을 겸임하지 않아 기획관청인 태정관과 실시관청인 성의 관계가 멀자 실무를 모르는 태정관은 공론에 치우칠 수밖에 없었다.[46] 참의나 경이 된 구 번주나 공가들이 행정실무를 몰라 참의와 성 사이의 불협화음이 잦자 1870년 10월 오쿠보는 대신인 '참의'를 장관인 '경'이 겸임하자는 중앙정부 직제개편을 건의한다. 정부 정책의 통일성을 확보하려면 입법이나 정무와 행정의 긴밀한 관계 그리고 결정과 책임의 공존이 필요했기 때문이다.[47]

그 점에서 입법기관적 참의와 행정기관인 경의 겸임 제안은 입법

---

46) 山崎丹照, 『內閣論』, 37-38, 46.

47) 淸水唯一朗, 『近代日本の官僚』, 97-98.

과 행정을 아우른 의원 내각제적 조화의 발상으로도 보인다. 일본에서 내각이나 의회와 행정기관의 관계 정립 즉 입법과 행정의 조화 모색은 이때부터라 볼 수 있다. 즉 메이지 헌법 이후 의원내각제를 수용하고, 패전 이후 미국이 강요한 신헌법에서도 미국식 대통령제까지는 강요받지는 않을 정도로 의원내각제 즉 행정과 입법의 융화 정체로 정착된 체제가 일본인데, 그렇게 별다른 이의 없이 의원내각제가 받아들여지기 시작한 계기가 그때인 듯도 하다. 일본은 관료와 의회를 연결하는 여러 제도적 장치들이 만들어져 서구식 의원내각제와는 다른 독특한 형태가 되었는데, 그런 의회와 내각과 관료의 문제 같은 의원내각제의 숙제가 오쿠보의 제안에서 확인되었기 때문이다. 즉 참의와 경의 겸임이 입법과 행정의 기계적 분리가 의미하는 정책적 비효율성과 마찰의 해소책으로 의도된 것이라면 의원 내각제적 제안으로 읽힐 수 있다.

그러나 제안의 실제 동기는 그와 달리 완전히 정치적이었다. 신정부가 1871년 번을 폐지하고 지방을 부와 현으로 일원화해 중앙통치 하에 두는 '폐번치현'을 단행하고, 1873년에는 국민의 병역의무를 규정한 '징병령徵兵令'도 시행하자 직업적 특권을 상실한 사무라이 층의 불만이 팽배해졌다. 그 과정에서 태정관 직제를 개정해 태정대신, 좌·우대신 그리고 참의들로 구성된 '정원'에 입법과 행정에 관한 결정권을 집중시키고 그 참의를 '내각의 의관議官'으로 한 것이다. 그런데 신정부 발족 이래 일본의 국교 요구를 계속 거절하는 것을 명분으로 조선을 토벌하자는 '정한론征韓論'이 문제가 되었다. 이는 사족의 불만을 무마할 해결책의 하나인데 그로 인한 권력투쟁이 사이고 등 정한론자들의 패배로 귀결되자 정한론을 주장한 참의들이 사직하는 <메이지 6(1873)년의 정변>이 있었다. 그 공석을 메우기 위해 참의들이 성경을 겸임할 수밖에 없는 사정도 있었던 것이다.[48]

그 점까지 고려하면 오쿠보의 제안을 의원 내각제적 요청이라고 확대해석할 여지는 적다. 즉 현실정치적 동기는 강한 반면에 의원 내각제적 제도화이념은 쉽게 확인되지 않기에 겸임이 입법과 행정의 결합 즉 의원 내각제적 시도라고 평가되기는 쉽지 않다. 1880년의 태정관 기구개정에서 참의와 경의 겸임이 폐지되어 다시 분리된 것을 봐도 그렇다. 겸임 제도화 이후 비판이 계속 제기되자 정계 은퇴한 기도와 그를 복귀시키려는 오쿠보의 회합인 1875년 '오사카회의'에서 다시 분리하기로 결정되고 정부 내에서조차 분리의견이 강해지면서 1880년에 분리된 것이다.[49] 이를 봐도 신정부의 시각에 의원 내각제적 구상은 아직 자리 잡지 못했다고 보인다.

4. 모델은 프로이센

제도개혁의 복고적 퇴행에서도 보듯이 유신세력은 뚜렷한 신체제 청사진이 없었다. 전통적 태정관 제도의 유지나 고대 이래의 제사 기관으로 점을 치고 진혼하는 '신기'라는 옛 대보령에 따른 전근대적 제정일치祭政一致적 관청의 유지는 근대적 비전의 부재를 대변한다. 유신은 바쿠후 타도 쿠데타의 파괴적 변혁이 보여주는 상징성을 넘는 혁명적 지향성을 보이지는 못했다고 할 수 있다.[50] 그

---

48) 清水唯一朗, 『近代日本の官僚』, 124-129.
49) 山崎丹照, 『內閣論』, 57-60.

러나 그것은 오늘날의 관점일 수 있다. 유신 초기 제도개혁의 한계는 내적 필연성에도 기인한다. 유신은 봉건제를 타도하고 중앙집권화를 시도한 서구지향이지만 근대국가체제로 가는 과도기의 절대군주제 같은 모습은 없었다. 신흥 시민계급 부르주아bourgeois가 참가하는 등족회의等族會義로 대변되는 서구의 제한군주제 같은 것도 없었다. 시민계급과 같은 시대 규정적 보편적 요소가 결여된 봉건사회였다.51) 이 점에서 유신을 서구적 부르주아 혁명으로 이해하거나 입헌주의로 가는 단계적 흐름에 합치되는 계획적 목적적 행위로 보기는 어렵다. 그렇기에 제도개혁에서 보인 전근대성도 퇴행으로만 보아서는 안 된다. 그것이 비록 복고이더라도 일련의 모색의 한 과정이기 때문이다.

신정부가 제도화의 청사진을 찾기 위해 1871년 12월 「이와쿠라 사절단岩倉使節団」을 파견한 것도 그런 모색이다. 서구와 체결한 조약의 개정기한을 몇 달 앞두고 외무경 이와쿠라를 특명전권대사로, 기도, 오쿠보, 이토 등을 부사로 하고 46명의 유학생도 포함한 107명으로 구성된 사절단은 조약개정 교섭 타진과 문물시찰을 목적으로 했다. 정확히는 조약개정 교섭이 주목적이지만 개화의 필요성을 통감했기에 법률, 재정, 외교 등 서양 문물제도도 배우려 했다. 그런데 최초방문국인 미국에서부터 개정 교섭이 여의치 않자 서양 배우기가 주목적이 되면서 1873년 9월까지의 긴 여정 동안 서양을 정밀히 관찰한다. 돌아와서 1878년에 낸 보고서 『특명전권대사 미구회람실기特命全権大使米欧回覧実記』 전 100권에서 보듯 그 학습은 진

---

50) 司馬遼太郎, 『「明治」という国家[上]』, 120-121; 山崎丹照, 『内閣論』, 29; 村上重良, 『国家神道』, 29.
51) 鈴木安藏, 『比較憲法史』, 289.

지했다.[52] 서양을 적대시하며 서양문명을 자국에 소개하기를 꺼린 중국사절에 비해 일본은 적극적으로 배웠다.

특히 신정부는 중앙집권의 군주주권국 프로이센에 주목한다. 근대 국민국가의 모범 프로이센은 국민동원과 규율화를 통해 강국과의 전쟁에서 승리했다.[53] 유럽최강 프랑스와의 1870-71년의 '보불전쟁普仏戦争'에서 승리한 소국 프로이센의 정치체제를 만든 기본이 주목되었다.[54] 프로이센 국왕이 황제가 된 독일제국의 1871년 '비스마르크 헌법'으로도 계승된 1848년의 '프로이센 헌법Preußische Verfassung'의 핵심은 타협적 군주주권제였다. 1789년의 프랑스혁명이 독일에도 전파되어 각지에서 인민의 혁명적 요구가 분출되자 보수적 절대군주제가 한발 물러선 것이었다. 독일연방에서의 프로이센의 지도적 지위를 확립하면서도 인민세력과 타협해 빌헬름 4세의 흠정 형식으로 1848년 발포된 헌법이었다.

그래서 프로이센 헌법에는 형식상 삼권분립이 있지만 실질은 군주의 권한이 삼권에 두루 걸쳤다. 행정권은 당연히 국왕이 가지고, 입법권은 국왕과 의회 양원이 공동행사하고, 사법권도 법원이 군주의 이름으로 행사했다. 국왕의 독립명령권도 크게 인정되었다. 반면 의회의 권한이나 국민기본권은 약했다. 기본권은 보장되지만 '법률에 정한 경우를 제외하고' 보장하는 법률유보로 크게 제약되었다. 의회가 강한 군주주권과 충돌하기도 하지만 영국이나 프랑스처럼 의회 우위는 아니었다. 1862년부터 4년간의 '헌법 분쟁Verfassungskonflikt'도 강한 군주주권이 만든 사태였다. 비스마르크O.

---

52) 升味準之輔, 『日本政治史1』, 135-136.

53) 長谷部恭男·杉田敦, 『헌법논쟁』, 99.

54) 瀧井一博, 『文明史のなかの明治憲法』, 159-162.

von Bismarck가 군비 확장에 반대한 연방회의의 의결을 거치지 않고 예산 집행함으로 인한 의회와의 이 분쟁은 근대입헌주의에서는 드물게 의회 권한이 취약한 국가임을 보여준 사례였다. 일본은 그렇게 삼권분립이면서도 군권 우위인 체제를 본 것이다.[55]

헌법 제도 이상으로 프로이센에 주목한 보다 현실적인 계기는 프로이센 성공신화가 보여준 질서적 안정감이었다. 이와쿠라 등은 미국과 영국 그리고 프랑스도 방문하고 난 뒤 독일을 찾았는데 그 점이 프로이센에 대한 긍정적 이미지를 강조시켰다. 즉 미국에서는 의원의 공선 방식이나 법률 등에 대한 의회 결정방식 등에 감탄하지만 다수결이 최선인가에 의문을 표했다. 이견이 있을 때 다수결로 결정하면 하책이 될 수 있다고 보았기 때문이다. 왕정복고를 추구한 유신 주역들은 아직 행정부의 권한이 미약하고 의회 중심적으로 인민주의 정책에 끌려가는 제헌 초기의 미국체제에 대한 거부감도 있었다. 1860년대의 '남북전쟁Civil War' 같은 국가적 혼란상도 부정적으로 비쳤다. 프랑스에서도 1년 전에 발생한 인민정권 '파리코뮌Paris Commune' 봉기의 생생한 상흔을 보았다. 그것은 인민주의적 폭주가 가져올 극도의 정치적 무질서로 보였다. 그에 비해 독일 비스마르크정권의 운영과 성과는 안도감을 주었다.

특히 독일이 소국이었던 점이 어필했다. 1873년 3월 비스마르크는 사절단에게 소국은 국제법을 지키려 노력하지만 대국은 국제법이 자국에 유리하면 지키고, 지키는 게 불리하면 군사력으로 무시하므로, 국제법으로 소국의 자주적 권리를 유지하지는 못한다는 게 자신이 약소국에서 태어나 절실하게 배운 것이라 했다. 사절단이『

---

55) 樋口陽一,『個人と国家』, 88-89.

미구회람실기』에서 약소국이었으면서 국권 자주를 중시하는 독일 이야말로 일본이 가장 친할 수 있는 나라라고 표현한 것도 닮은꼴 소국의 그런 현실정치적 성공에 대한 동경과 안도감에 기반을 둔 것이다. 그런 이해가 사절단의 일원 이토가 나중에 제헌을 주도하기 위한 헌법조사 목적의 출국을 하기 전에 이미 프로이센 방식의 채택으로 굳어지게 된 이유의 하나였다.

제도모델은 정확히는 프로이센이었다. 사절단조차도 '프로이센'과 '독일제국'의 차이를 알았다. 통일 독일이 된 상태지만 모델은 그 안의 프로이센이었다. 의회만 보더라도 통일 독일제국은 각 연방 대표로 구성되는 연방 참의원Bundesrat과 국민이 의원을 선출한 제국 의회Reichstag로 구성된 오늘날의 독일의회와 유사하고 메이지 헌법의 의회와는 다르다. 반면 프로이센의회는 귀족원과 중의원의 양원으로서 귀족원은 왕족, 귀족, 고액납세자, 대학대표, 성직자 대표 등으로, 중의원은 민선의원으로 구성되어 메이지 헌법의 의회와 유사하다. 국왕이 행정 전권을 가지면서 재상宰相 및 국무대신에게 사무를 관장시키는 점, 1849년 이후 헌법에 의한 입헌체제를 유지하는 점 등도 그렇다.56) 그렇게 닮은 이유는 이토가 프로이센을 모범으로 제헌했기 때문이다. 헌법조사단의 이토가 독일의 그나이스트에게 들은 헌법 강의 내용에서도 그 점은 명백하다. 그나이스트는 여러 나라가 모인 독일제국의 헌법이 아니라 프로이센 헌법이 일본에 더 참고가 될 것이라며 프로이센 헌법을 강의했다.57) 그에서 보듯 프로이센 모방은 의도된 행동이었다.

---

56) 久米邦武 編,『特命全權大使米欧回覧実記 第3巻』, 355-357, 368-370; 田中 彰,『메이지유신과 서양문명』, 73-74.

57) 小林 節・渡部昇一,『そろそろ憲法を変えてみようか』, 50-51.

5. 정부의 관심은 제헌

바쿠후 말기부터 네덜란드나 중국에서 수입된 서양 지식의 영향으로 서구 정치제도가 주목된다. 아편전쟁의 결과로 인한 위기의식이 만든 서구에 대한 두려움과 동경이 제도의 서구화로 눈을 돌리게 한 것이다. 그 서양 정치제도에 대한 관심은 대체로 '의회개설'론에 치우쳤고 '헌법제정'론은 거의 보이지 않았다. 물론 근대입헌주의 헌법은 권력분립을 필수로 하기에 제헌과 의회개설은 동전의 양면이다. 그 권력분립은 이권이든 삼권이든 간에 최소한 의회 즉입법과 행정의 분리를 불가결의 요소로 하기에 의회설립은 필수다. 그런데도 일본 헌정 이념의 출발점에서 제헌과 의회개설은 서로 다른 관점에서 필요성이 이해되고 때로는 상반된 이해관계의 대상으로도 간주하였기에 둘은 구분되기도 했다. 그래서 구분해보면 의회개설 주장만이 뚜렷했다는 것이다

1860년부터 의회개설론을 중심으로 한 신정치체제 구상이 표면화된다. 난학과 독일어 지식으로 서구 입헌정체를 소개한 가토 히로유키加藤弘之의 『도나리구사隣艸』는 비록 발간은 나중에 이루어지지만 초고가 이 무렵 나타났다. 가토는 거기서 서양의 압박에 처한 이웃 청국의 문제를 들며 대안적 신정치체제를 말한다. 그는 청국의 쇠망 위기 원인을 무사안일한 태도로 군사적 준비를 하지 않은 점에서 보고, 서양식 함선제조, 포대건설, 군사훈련의 필요성을 역설한다. 그리고 그것만으로 부족하고 정체 개혁이 필요하다고 했다. 서양 각국의 정치제도 특히 상·하 분권의 정치체제를 말하며 '공회公會'를 제안했다. 만국의 정체는 군주정과 공화정으로 대별되는

데, 군주정 안에는 군주가 전권을 잡는 정치도 있지만 상·하 분권 정치가 있다면서 유럽제국 대부분이 국가 중대사를 논의하는 '공회' 즉 대개 귀족원인 상원과 서민원인 하원으로 구성된 공회를 두어 왕권을 견제한다고 했다.[58]

가토의 의회개설 제안은 입헌정체 자체의 근대성에 대한 적극적 인식에서 출발하면서 현실적 요소도 담은 것이었다. 즉 『도나리구사』에서부터 서구열강의 동양 진출이라는 시대 상황에 대한 대책을 찾았던 것이기에, 그것은 국제정치의 현실주의적 입장에서 제도 개혁을 요청한 것이기도 했다. 이는 이후 그의 『진정대의真政大意』와 『국체신론国体新論』에서 보인 유학이나 국학에 대한 비판 등 반문명 개화적인 것들에 대한 비판에서도 확인된다. 그의 문명개화로서의 의회개설론은 한편으로는 근대적 의미의 '공명정대'한 정체이면서, 다른 한편으로는 국민적 에너지를 결집해 국가가 근대화로 나아가기 위한 정치적 장치구상이었던 것이다.[59]

그렇게 현실정치적 요청에 기반을 둔 의회개설론은 가토 외에도 다양하게 나타났고 심지어 바쿠후 안에서도 보였다. 1860년대 초에 바쿠후 측의 오쿠보 다다히로大久保忠寛는 다이묘들을 의원으로 한 국사 논의기관인 '대공의회'와 지방의회를 의미하는 '소공의회'로 구성되는 '공의소公議所' 설치를 계속 주장했다. 바쿠후가 네덜란드에 파견한 즈다 마미치津田真道도 귀국한 후 1867년에 낸 『일본국총제도日本国総制度』에서 신체제 구상을 제안했는데, 바쿠후 체제를 중심으로 국내, 외국, 해군, 사법, 재정 등을 총괄하는 '총정부総政府'

---

58) 加藤弘之,「隣艸」, 6-7; 田中 彰 編, 『日本の近世』, 351; 中村雄二郎, 『近代日本における制度と思想』, 185-187.

59) 中村雄二郎, 『近代日本における制度と思想』, 195-196.

를 에도에 두고, 행정감시와 법제를 위한 '상·하 양원'을 두면서 총정부와 양원이 법제를 위한 대권을 분장하자고 했다.[60] 그렇게 공의회 구상은 바쿠후 체제의 안팎에서 나타날 정도로 거부감이 없었다. 그래서 서구열강에 대등한 입장의 개국을 이루기 위해 필요하니 상원의 일종인 '번주 의회藩主議会'나 하원인 '번사 의회藩士議会'를 말하는 '공의회公議会'를 두자는 제안은 1867년 쇼군 요시노부가 천황에 올린 상서上書에도 보일 정도였다.

유신세력의 오쿠보도 공의회를 제안했고 사이고 등도 그에 공감했다. 이미 1864년에 가츠 가이슈와 사이고의 회담 이래 공의회는 바쿠후 폐지 이후의 대안으로 거론되어 왔다. 그래서 1867년 사쓰마의 사이고와 오쿠보 그리고 도사의 고토와 사카모토가 맺은 '사쓰마와 도사번 간의 맹약薩土盟約'의 내용에도 '의사원議事院'을 상하로 나누어 위로는 공경에서부터 아래로는 가신 층에 이르는 '의사관議事官'을 선출하고 제후들도 '상원'에 두자고 했다. 즉 '삿도 맹약'의 핵심 중 하나는 '상원'과 '하원'의 이원제 규정이었다. 고토가 만든 맹약의 원안은 사카모토의 선중팔책을 참고한 것인데, 사이고 등도 이미 공의회 개념을 숙지한 상태였기에 고토의 제안을 쉽게 받아들인 것이다.

그렇게 공의회는 공감되지만 바쿠후와 유신세력의 지향은 달랐다. 바쿠후의 제안은 체제 유지를 전제로 하고 유신세력은 폐지를 전제로 한 점에서 그렇다. 바쿠후는 바쿠후 결정의 통과의례 혹은 거수기로서의 의회를 원했고, 유신세력은 바쿠후의 대안으로서의 의회를 말했다. 그런데도 번주를 소집하는 상원과 번사 대표를 모

---

60) 田中 彰 編, 『日本の近世』, 351-354.

은 하원의 '이원제' 구상이라는 점에서 내용상의 차이는 없었다. 대체로 봉건제의 존속을 전제로 한 점에서도 거의 차이가 없었다. 그래서 이들 의회론이 제헌론으로까지 진전하지 못했던 것일 수 있다. 재정과 병권을 장악한 번주들을 소집하는 봉건제 안에서의 의회구상 수준이라 군이 행정부와 의회의 권한을 명확히 해야만 하는 헌법의 필요성을 보지는 못했기 때문이다.

그렇게 보면 공의회론 안에 헌법구상이 없었던 것은 공의회 구상이 전근대적 체제 내에서의 제도변혁을 추구한 필연적 결과였다. 의회제 도입론이 바쿠후와 번을 중심으로 한 체제의 변혁문제에 집중하면서, 의회가 국가체계 안에서 천황이나 정부 등과 어떤 관계 안에 있는지를 규정하는 규범 체계에 관한 구상에까지는 나아가려 하지 않아 헌법제도화의 요청으로까지 이어지지는 못한 것이다. 다만 즈다가 1867년에 낸 『일본국총제도』에서는 일종의 헌법구상도 읽힌다. 행정권, 통수권, 그리고 상원과 하원으로 구성되고 각각의 권한을 조문화한 것이 그렇다. 또한 그가 1868년에는 라이덴대학에서 배운 헌법 강의를 거의 전문 번역한 『태서국법론泰西国法論』이라는 헌법론을 간행한 것을 보더라도 그렇다.[61]

그런데도 헌정주의적 관심이 국회개설 즉 대의정치 요구로 시작된 점은 부인할 수 없다. 그것은 메이지 초기의 민중적 화두가 '대의代議정치'인 점에서도 분명하다. 1874년 발표한 후쿠자와의 글에서 보이듯 인민이 주인으로서 정부를 만들어 그에 국정을 맡기고, 정부는 인민의 대리인으로서 국정을 하기로 하는 약속을 하는 체제는 잘 알려져 있었다.[62] 그 대의정치를 위해 '의회개설'이 시급하

---

61) 坂野潤治, 『日本近代史』, 75-76; 坂野潤治, 『未完の明治維新』, 18, 40-44, 123-124.

다는 이해는 상식이 되었다. 민권운동의 공통적 사고도 공화제가 되든 군주제가 되든 의회는 필수라는 것이었다. '조약개정', '식산흥업殖産興業', '부국강병' 등의 과제를 해결해 근대국가로 나아가려면 우선 국회개설로 국민 의사를 모으는 게 필요하다고 했다.[63] 그 상식의 집약이 1874년 이타가키 등에 의한 「민선의원설립건백民撰議院設立建白」의 제출이었다. 민권운동의 중심도 의회개설론이었던 것이다.

반면 '제헌'론에 정책적 무게중심을 두기 시작한 것은 신정부 인사들이었다. 제헌은 서구와의 조약개정 교섭이나 서구로부터의 인정을 위한 근대화된 모습 보여주기로서 필요성이 공감되었다. 즉 제헌의 주요동기의 하나는 페리 개항 이래 열강과의 불평등조약을 개선하기 위해 서구로부터 대등함을 인정받기 위한 '근대화 보여주기'였다. 제헌 속도가 빨라진 것과 입헌군주 주권의 흠정 형식을 택한 것은 국내적으로 민중 혹은 제도권 내 민중적 세력이 제헌을 구실로 정치주도권을 잡으려는 움직임에 대한 경계이지만, 대외적으로 보면 정부주도 제헌으로 강력하고 안정적인 국가를 만들어 유신 이후의 새로운 정치적 세력 구도를 제도화해 이를 서구에 보여주려는 동기가 컸다. 그렇듯 제헌구상은 서구와의 대등한 관계유지로 정치안정을 도모한다는 의미였다.

이렇듯 제헌론이 근대이념의 요청에 대한 응답이라기보다 주로는 현실정치적 동기에 기인한 것은 일본만의 일은 아니다. 미국의 제헌에서도 이념보다는 현실정치적 요청이 보다 근저에 있었다. 근

---

62) 福澤諭吉, 『學問のすすめ』, 52; 丸山眞男, 『丸山眞男座談, 第9冊』, 78.

63) 牧原憲夫, 『民權と憲法』, 19.

대입헌주의 헌법의 시작을 알린 미국 연방헌법도 오늘날 근대입헌 주의를 바라보는 시각처럼 삼권분립이나 기본권의 보호 자체가 제헌의 주요동기였다고 보는 것은 적절치 못한 것일 수 있다. 헌법에 명시된 삼권분립은 인민주권주의가 팽배한 당시에 주의 권한과 연방의 권한의 분배의 한 방식이자 주의 권한에 대한 정밀한 견제장치였다. 게다가 기본권보장의 권리장전Bill of Rights은 논란 끝에 제헌에서는 명시되지 않았다가 나중에 수정헌법에서 들어갔을 뿐이다. 그 점에서 제헌의 주목적은 오히려 강력한 헌법의 필요 즉 영국에서 독립한 아메리카의 생존을 위한 연방의 보존 자체 즉 국방이나 외교의 면에서 강력한 정부의 형성이라는 국가존립의 요청이었다.64)

마찬가지로 일본 제헌의 가장 큰 계기도 서구와의 대등성 확보라는 국가 차원의 현실정치적 요청이었다. 정부로서는 민권운동의 국회개설 요구를 그대로 받아들여 의회설립을 먼저 추진할 경우 정부의 통치주도권이 상실되고 국가 정체성의 방향설정에 혼선이 올 거라 예상했기에 의회개설은 쉽게 결정할 수 없는 사안이었다. 그래서 의회가 급선무라고 주장하는 진영이 보다 급진적이라 이해되고, 정부는 오히려 현실정치적 입장에서 제헌 쪽에 더 관심을 두게 된 것이다. 신정부의 기도도 제헌의 필요성만 주로 강조하고, 선구적으로 서구의 헌법 정체를 소개한 가토도 나중에 의회개설보다는 제헌을 주장하면서 의회개설은 시기상조라 했다.65) 국내 및 국제정치적 요청과 결합한 신정부의 시각이 '제헌'에 주목한 것이다.

---

64) Hamilton, Alexander, James Madison and John Jay, *The Federalist Papers*, 36-39, 148.
65) 鈴木安藏, 『日本憲法史槪説』, 62-65; 신우철, 『비교헌법사』, 25.

6. 입헌정체의 로드맵

유신 주역의 일부는 의회개설을 포함한 정체 개혁을 근대적 통치 구조의 정당화를 의미하는 제헌에 집약해야 한다고 보았다. 이와쿠라 사절단의 부사 오쿠보도 그런 입장에서 서구정치체제에 큰 관심을 보였다. 1873년 파리에서 러시아유학 중인 니시 도쿠지로西德二郞에게 프로이센과 러시아의 제도를 잘 조사해 알려달라고 편지로 부탁한 것도 그 때문이었다. 베를린에서 의회 개원식을 보고 사이고 등에게 보낸 편지에는 황제가 의회에 친히 와서 의안을 읽어보고, 세금 문제, 포대축조문제, 병사들의 급료인상문제들을 논하는 모습을 소개했다. 그렇게 서구의 정치체제와 운용을 세밀히 살핀 오쿠보는 귀국 후 11월에 오늘날의 헌법을 의미하는 '근원율법根源律法'의 제정을 구하는 의견서를 이토에게 보여준다. 이 의견서는 세계 각국의 정체와 헌법을 논한 정체 개혁론이었다. 오쿠보는 아시아나 영국이나 러시아의 정체를 일본에 적용해서는 안 되고, 프랑스는 혁명적이라서 안 되며, 미국도 안 된다면서, 결국 독일의 정체를 적용하기를 바란다는 희망을 드러냈다.[66]

오쿠보가 군권 강화를 원하기 때문에 독일모델에 우호적 입장이 된 것이 아니었다. 그는 '정율국법定律国法'은 '군민공치君民共治'의 제도로서 위로는 군권을 정하고 아래로는 민권을 정하는 것이라 했다. 따라서 거기에 천황의 전제적 권한은 보이지 않았다.[67] 또한 그가 바란 것이 프로이센식 입헌군주제인지도 불분명했다. 대안이 독일이라고 명확히 말하지 않았던 것에서 알 수 있듯이 아직 그의

---

66) 尾佐竹猛, 『日本憲政史の研究』, 5-7.

67) 瀧井一博, 『伊藤博文』, 49.

정체구상은 초기 수준이었다. 즉 서구 정체에 대한 동경과 모방의 필요성을 말하고 특히 정체 개혁에서 헌법 정체의 필요성을 말하면서도 현실의 구체적 대안을 제시하는 단계에는 아직 이를 수 없었던 것이다. 그에 비하면 같은 사절단의 부사 기도는 독일 입헌주의의 영향을 통해 의회보다는 헌법이 급선무라고 보고 제헌을 제안한 점에서 보다 획기적이었다.

기도는 천황의 전제적 권한을 고려한 효율적인 헌법 모델을 오쿠보보다 앞서 제안했다. 기도는 폐번치현 이후 일본에서 제헌이 없으면 신정부의 정통성을 장기적으로 유지하기 어렵다고 판단했다. 그래서 사절단으로 가기 전인 1872년 초부터 '헌법조사'를 스스로의 최우선의 과제로 삼을 정도로 제헌에 관심을 두었다. 기도는 1년 반에 걸친 사절단의 미국과 유럽 체재 중에 일본에 도입할 헌법 모델을 탐색했다. 미국에서는 헌법번역을 지시하고, 런던에서는 프로이센에 유학 중인 아오키 슈조青木周蔵를 불러 각국 헌법에 관해 질문했다. 영국과 프랑스에서도 그 정치체제를 배우지만 기도는 특히 프로이센에 주목했다. 그래서 후에 이토가 헌법조사 체류 중 사사하게 되는 그나이스트를 먼저 만나 그 조언을 들었다.

아오키의 도움을 받은 기도는 1873년 7월에 귀국하여 그 직후인 9월에 정부에 '정규전칙政規典則'을 정하자는 제헌 요구 의견서를 낸다. 그것은 아오키가 기도의 요구에 응해 프로이센 헌법을 참작한 '대일본정규大日本政規'라는 헌법 초안과 함께 헌법제정 이유서를 1873년 6월 보낸 것을 다듬어 제출한 건의서였다. 그것은 통치구조 부분에 집중했다. 기도는 행정부와 의회가 확연히 구별된 기초 위에서의 양자의 협력이야말로 구미 문명국가 정치체제의 공통점이라 했다. 행정부와 의회의 구별과 협조는 양자의 권한을 명확히 규정한 '정규'가 없이는 존속할 수 없으므로 '상세히 그 조목을 기재하고 맹약하여 그 규정에 위반하는 것을 금지하고 서로 따르는' 것이 필요하다 했다. 정규야 말로 '규칙 중의 근본으로 일체의 지엽적인 것은 모조리 그것으로부터 나오지 않으면 안 된다'라고 했다.[68]

행정부와 의회의 권한 구분을 전제로 한 '정규'는 오늘날의 헌법이다. 기도의 헌법론은 서양제국처럼 일본도 그러한 헌법을 만들어 헌법에 의한 정치를 하지 않으면 국정 운영이 불가능하다는 취지였다. 그 점은 특히 기도가 유럽 각국의 상황 특히 망국 폴란드의 비참함과 프로이센의 융성함을 들면서 강국구상을 논한 점에서도 분명했다. 방법적으로 강국화를 위한 '건국의 대법大法'은 '전제적인' 것이어야 한다고 했던 것도 그 취지였다. 전제적 권한의 천황을 국정통합기관으로 하는 방안은 어떻게든 천황의 신성한 지위를 지키려는 목적 자체에 치중하던 이와쿠라의 헌법론과는 다른 차원의 강국화 구상이었다.[69] 즉 이와쿠라가 천황의 지위 강화 자체에 몰두한 구상이었다면 기도는 일본이라는 국가를 위한 제헌을 말한 것이다.

그 점에서 오쿠보의 구상과도 차이가 있다. 구미 근대국가를 직접 목도한 체험이 반영된 구상인 점이나 '군민 공치'의 헌법을 지향한 점 그리고 천황 중심의 정체를 구상한 점에서는 오쿠보와 같지만, 천황의 전제적 권한을 방안으로 한 점에서는 오쿠보와 다르고, 이와쿠라와 유사한 듯하지만 그 방안이 천황 자체의 절대화가 목적이 아니라는 점에서는 이와쿠라와도 달랐다. 따라서 천황에 의

---

68) 坂野潤治, 『未完の明治維新』, 8-9, 125-128; 坂野潤治, 『日本近代史』, 117-118; 稲田正次, 『明治憲法成立史 上巻』, 196.

69) 尾佐竹猛, 『日本憲政史の研究』, 7; 大久保利謙, 『岩倉具視』, 217; 瀧井一博, 『伊藤博文』, 49.

한 '전제적' 헌법이 되어야 한다고 본 것은 헌법 내용의 전제성을 말한 측면이 없는 건 아니더라도 주로는 제헌이 인민과의 협의를 거칠 필요가 없다는 절차적 측면을 말한 것이기에 반드시 전근대적 의미로 볼 것은 아니었다. 그것은 천황의 전제라는 절차에 의해 조속히 헌법을 제정하자는 뜻이었다고 평가된다.[70] 따라서 이는 후에 이토의 흠정 제헌 방식에도 실질적 영향을 준 것이라 해석된다.

입헌정체 도입을 점진적으로 한다는 합의에서 기도의 역할은 두드러졌다. 돌이켜보건대 타이완에서의 류큐琉球인 살해사건 등을 계기로 1874년 5월 오쿠보 등이 주도한 '타이완台湾 출병'에 국력이나 분쟁 감당의 어려움 등을 이유로 반대하던 기도가 하야하자 국정 운영이 곤란해졌다. 정한론을 둘러싼 1873년의 정변으로 사이고, 이타가키 등이 하야한 상태에서 기도마저 떠난 정국에서 정부에 대한 불만이 팽배해져 '사가佐賀의 난' 등 사족 반란이 이어졌다. '애국공당愛国公党'을 만든 이타가키 등의 정부비판도 거세지고, 우대신 시마즈 히사미츠島津久光가 개혁반대 건백서까지 내면서 국정은 갈피를 잡지 못했다. 그래서 거국일치나 내치개혁을 위해 기도, 사이고 등의 상경을 요청하자는 의견이 나왔다. 청국과의 갈등을 해결하고 돌아와 기도의 복귀책을 모색하던 오쿠보는 1875년 기도, 이타가키 등과 회합한다.[71]

그「오사카 회의大阪会議」에서 기도와 이타가키가 소극적이던 오쿠보를 설득해 향후 입헌정치 수립이 협의된 것이다. 참의에 복귀한 기도의 요청을 오쿠보가 받아들여 오사카 3자 합의를 다듬은 정

---

70) 田中 彰, 『小国主義』, 55.

71) 山崎丹照, 『內閣論』, 52; 勝田政治, 『明治国家と万国対峙』, 160; 工藤武重, 『改訂明治憲政史』, 59-60.

체 개혁안을 토대로 천황이 1875년 4월 발하는 형식으로 낸 것이 「입헌정체수립조서詔書」였다. '점차 국가 입헌정체를 세우는漸次に国家立憲の政体を立て'데 '점진적으로 급하지 않게' 하겠다는 것으로, 어디까지나 점진적이며 주도는 정부가 한다는 뜻이었다. 제도적으로는 좌·우 양원을 폐지하고 '원로원元老院'을 신설하며 '대심원大審院'과 '지방관회의'를 둔다고 했다. 입헌 정체수립은 하되 서두르지 않고 입법사업을 통한 국회개설 준비로 원로원을 두고, 입헌기초 형성 차원에서 지방관회의를 둔다는 뜻이다.[72] 방점이 입헌정체의 수립 자체보다는 정부주도와 정부에 의한 시기 조절에 있는 입헌정체 구상이었다.

7. 민권 사족의 제헌론 선점

서구적 근대이념에 기반을 둔 제도화의 요청이 확산하고 상식화되면서 자유민권운동이라는 거대한 흐름이 된다. 그런데 전국적으로 번지기 시작한 초기 자유민권운동은 운동의 지향성 면에서 '사족士族' 즉 사무라이 층의 이해관계를 대변하고 사족의 참여를 전제로 하는 제도를 목표로 했다. 무엇보다 주체의 면에서 철저하게 사족 중심이었다. 그것은 사족 출신 지식인들에 의한 계몽운동으로 시작해 반정부적 정치운동화되고, 나중에야 점차로 상층농민이나 상층상인계급으로 확산하다가 점차 이들이 운동에서 탈락하고 하층 농민이 중심이 되는 식으로 운동 주체가 변하게 된다.[73] 1874년 이

---

72) 山崎丹照, 『內閣論』, 53.

73) 家永三郎 編, 『植木枝盛選集』, 304; 長谷川正安, 『憲法運動論』, 12-13; 利谷信義, 『日本の法を

타가키 등이 「민선의원설립건백民撰議院設立建白」을 제출할 때는 물론이고, 1875년에 '애국사愛国社'를 결성할 때도 그렇고, 1878년 9월 오사카 애국사 대회까지도 마찬가지였다. 기껏해야 1879년 11월의 애국사 제3회 대회에 이르러서야 상층농민 결사의 대표가 출석해 구성원의 성격이 변하기 시작한다.[74]

그렇게 되기 이전까지 각지에서 만들어진 민권운동 결사들과 그들이 주최하는 여러 대회의 주도세력은 판에 박은 듯 사족과 지역유력자였다. 이유는 현실의 이해관계의 관점에서 쉽게 파악된다. 1876년의 '페도령廃刀令'이나 관등에 따라 지급하던 봉록을 없앤 '질록처분秩禄処分'에 의해 사족은 몰락했다. 그 사족이 각지에서 일으킨 반란 특히 사이고의 곁으로 모인 사족들에 의한 1877년의 <세이난西南전쟁>에서 드러낸 무력항쟁은 자유민권운동의 초기 주체가 왜 사족이었는지의 이유를 설명해 준다. 사족이 해체되며 일부는 신정부의 관료층이 되지만, 그렇지 못한 일부는 무력항쟁에 나서고 다른 일부는 민권파가 되었기 때문이다.[75] 결국 사족 중심이 된 것은 민권운동이 대변하는 신시대의 요청을 몰락 사족 층이 이해관계 표출수단으로 적극 이용하고 동시에 그 요청이 사족의 불만을 반영하는 장이 되었기 때문이다.

이미 1874년 4월에 창설된 '입지사立志社'의 주요 설립목적은 사족 구제였다. 상사의 설립이나 관유물불하 청원 등을 통해 사족의 개간이나 벌목사업 지원 등을 계획하는 등 입지사 내에서 사족의

考える』, 12.

74) 遠山茂樹·佐藤誠朗, 『自由党史(上)』, 160; 田中 彰, 『小国主義』, 56; 坂野潤治, 『日本近代史』, 169-170.

75) 神島二郎, 『近代日本の精神構造』, 256.

사회경제적 문제를 논했다. 이 무렵부터 분명히 사족 중심 단체인 것이 드러났고, 그들의 계속되는 정치적 경제적 좌절이 1875년 2월에 이타가키가 중심이 되어 만든 애국사에도 그대로 이어졌다. 결국 폐번과 질록처분으로 생활이 어려워진 사족이 그나마 '정한론'이 현실화될 경우의 사족의 역할에 기대를 걸다가 그마저 좌절하자 봉기한 것과 사족이 입지사 같은 민권운동의 지방 결사를 주도한 것은 모두 새로운 환경변화에 따른 사족의 적응방식이었다.[76]

사족으로서는 의회설립 주장 같은 민권운동은 과거에 잃어버린 대의명분을 현시점의 정당한 명분으로 다시 세우는 것이면서 동시에 힘을 펼쳐 과거에 잃어버린 지위도 현시점의 새로운 형태로 회복하는 것이었다.[77] 그 점에서 쿠데타군과의 싸움인 '보신전쟁'에서 패하거나 유신세력의 정책에 의해 몰락한 사족에 민권운동은 새로운 권력적 의지처였다. 과거의 정치·경제·사회적 지위의 회복 운동이었다. 기본권보장 등에서 가장 진보적인 1881년의 '이츠카이치 五日市 헌법 초안'을 만든 지바 다쿠사부로千葉卓三郎도 몰락한 사족이었듯이 신정부에 적대적인 사족은 민권운동에서 급진적 권력적 요구를 표출했다. 사족에 민권운동은 반번벌 권력투쟁이라는 이름의 권력 만회 수단이었다. 실제로 그들 중 상당수가 이후 제도권 권력에 진입한 것을 보더라도 그 권력 추구적 성격은 쉽게 확인된다.

민권운동을 사족이 주도한 데는 다른 배경도 있다. 그들의 학문적 성숙성이다. 민권운동의 주장 내용이 이념적으로 성장한 것은 사족의 학문적 성숙성이 민권운동을 이끌었기 때문이다. 그것은 서

---

76) 宇野俊一, 「天皇制支配体制の確立過程」, 151-152; 鈴木 淳, 『維新の構想と展開』, 153.
77) 福澤諭吉, 『福澤諭吉 幕末・維新論集』, 118.

양 정치사상의 영향에 의한 것만은 아니고 19세기 바쿠후 말기 사무라이 사회 내의 변화의 결과였다. 사족이 민권운동의 중심이 된 동기가 권력 만회라면, 사족이 운동의 이념적 중심이 될 수 있었던 힘은 학문적 성숙성 즉 지적 환경이었다. 바쿠후 말기 사무라이 사회에는 유학교육기관 등의 학적 네트워크에 기반을 둔 당파가 생겨나기 시작했는데, 이것이 사무라이의 정치화의 기반이 되었다. 그런 정치의식의 형성을 통해 성장한 상당수의 정치적 행위자가 신정부에 도전하는 자유민권운동의 주축세력이 된 것이다.[78] 사족 사회에 축적된 학적 기초가 사족의 몰락 이후 민권운동에서 권력 지향적 저항의 중심이 될 수 있게 한 것이다.

그렇게 성장하면서 1874년의 정한론 사건을 계기로 참의에서 물러난 이타가키, 고토 등이 민선의원 설립건백서를 좌원에 제출했다. 건백은 천하의 공의 공론을 신장하기 위해 '민선의원'을 설립하고 인민의 기본적 인권을 세우는 등 입헌정체의 기초를 확립하라고 했다. 언론탄압을 성토하고, 토지조세인 지조地租의 납부를 개인의 책임으로 만들어 백성을 곤궁케 하는 '지조 개정'에 반대하면서 과세에 국민의 동의를 요하는 근대적 입헌정체를 요구했다. 국민에게 참정권도 없는데도 1873년부터 시작된 '징병제' 등도 성토하면서 병역의무가 있다면 참정권도 보장하라고 했고, 내정과 외교의 실패와 부당함도 지적했다. 민권운동의 근대입헌주의 이념이 현실정치에 대해 던진 첫 도전장인 이 건백은 각하되지만 대량인쇄되어 전국에 유포되며 큰 반향을 일으켰다.

건백은 이타가키가 바쿠후 말기부터 의회론의 중심인물로 주변

---

78) 박훈, 『메이지유신은 어떻게 가능했는가』, 182-192.

에 구미유학 출신 지식인이 몰려드는 고토 쇼지로後藤象二郎에게 부탁해, 고토가 영국유학에서 막 돌아온 도사의 후루사와 시게루古沢滋와 도쿠시마의 고무로 시노부小室信夫를 소개해 이들이 기초한 것이었다. 그래서 이타가키, 고토, 후루사오, 고무로 등의 연명으로 제출되는데, 흔히는 이타가키가 주도한 것으로 알려졌다.79) 그래서 민권운동에서 이타가키라는 신화도 강화되고 도사파의 상징성도 자리 잡았으며 건백의 영향을 받고 설립된 도사의 '입지사立志社'는 자유민권운동의 초석이 된다. 여러 정치결사 중 회원 수도 가장 많고 영향력도 가장 컸던 입지사의 호소에 자극받아 각지에 자유민권운동이 확장되었기 때문이다.

특히 세이난전쟁이 만든 상황은 민권운동 성장에 일조했다. 1877년 전쟁 막바지 무렵 내란으로 인한 막대한 비용지출을 인민에 부담시키려면 국회를 열어 그 동의를 얻을 수밖에 없다는 기대로 의회설립에 좋은 기회라는 여론이 조성되었기 때문이다. 전후 재정난을 겪는 정부에게 그것은 중대한 압박이었다. 그래서 정부도 의회설립이나 제헌을 현실적으로 고려하지만 정부 내 의견은 분분했고 방법과 시기도 논란이 되었다. 조직을 다진 민권운동의 압박으로 수세에 몰린 정부지만 민권운동에 굴복하는 형식이 되는 것은 원치 않았다.80) 정부는 1878년 그 요구를 일부 반영해 지조를 인하하고 부·현 이하 단위에 의회를 만드는 '정·촌편제町村編制법', '부·현회府県会 규칙', '지방세 규칙' 등의 법령제정으로 난국을 돌파하려 했다.

---

79) 坂野潤治, 『未完の明治維新』, 117-118; 工藤武重, 『改訂明治憲政史』, 112-113.

80) 工藤武重, 『改訂明治憲政史』, 122; 司馬遼太郎, 『「明治」という国家[下]』, 150; 鈴木安藏, 『比較憲法史』, 300-303; 鈴木安藏, 『憲法制定とロエスレル』, 90; 伊達源一郎 編, 『日本憲政史』, 5-6.

그러나 도시 지식인들과 창간된 여러 신문과 잡지가 운동을 선
도하면서 각지에 민권운동 단체가 우후죽순 생겨나며 대세는 운동
쪽으로 기울어갔다. 1879년 후반부터는 운동의 여러 흐름이 합쳐
지며 각지에서 국회개설요구대회가 열리고 회원사 20여 사의 연합
체 '애국사'가 1880년 3월 제4회 대회를 통해 「국회기성동맹国会期
成同盟」을 결성하고 운동을 국회개설 방향으로 집중시켰다. 그러자
정부는 국회개설요구 청원이나 건백을 받아들이지 않고 '집회조례'
를 공포했다. 정치적 집회에 인가를 요한 그 조례는 프로이센의 탄
압법규를 모방한 강력한 정치 활동 규제장치였다. 그로 인해 청원
이나 건백은 크게 줄고 대신 운동은 헌법 초안 작성으로 노선을
전환한다.[81]

민권운동의 헌법 초안 기초는 1880년 말 국회기성동맹 제2회 대
회에서 영국식 의회를 만들려던 이타가키가 정당의 필요성을 설파
한 우에키 에모리植木枝盛의 의견에 따라 '자유당自由党'을 결성하는
준비와 함께 제헌 초안 기초를 주창하면서 촉발된다. 그 결의를 받
아들인 민권파 결사들은 초안을 냈다. 1879년부터 1881년 말까지
입헌정체 수립을 촉구하며 개인이나 사적 단체가 기초한 '사의헌법
私擬憲法'은 확인된 것만 40종 이상이다. 개진당改進党계의 '오메이샤
嚶鳴社'의 안, '교존도슈共存同衆'가 낸 '사의헌법의견', '고준샤交詢社'
의 '사의헌법안' 등은 모두 영국식 입헌군주 의원내각제를 담았다.
오메이샤안을 계승하면서 지바 다쿠사부로 등 이츠카이치五日市의
농촌 청년들이 기초한 '일본제국헌법'은 인권보장을 상세히 담은
급진적 초안이었다. 자유당自由党계인 입지사의 '일본헌법견입안見込

81) 工藤武重, 『改訂明治憲政史』, 129-144; 北岡伸一, 『日本政治史』, 60.

案'과 우에키의 '일본국국헌안' 등은 군주의 존재를 인정하면서도 인민주권적 입장을 보이고 의회에 강한 권한을 부여한 일원제 의회를 담았다.

이 안들은 정부의 흠정헌법 구상에 대항해 '국약国約' 내지 '민약民約' 헌법의 입장이었고 대부분은 입헌군주제와 의회제를 담은 의원내각제를 채용했다. 그리고 영국류가 큰 흐름을 이루었다. 즉 입법권은 천황과 국회가 나누어 가지고 재정에 관해서는 하원이 큰 권한을 가지고 대신의 책임이 강조되었다. 특히 후쿠자와는 번벌藩閥 중심의 봉건적 정치행태를 혐오하면서 정당 내각제를 의미하는 영국류 의회를 염두에 두고 있었다. 그의 곁에는 게이오기주쿠慶応義塾 출신의 관리, 학자들이 만든 '고준샤'라는 모임이 헌법을 준비하면서 큰 힘이 되었다.

그러자 애초 영국류 의회를 고려하던 이타가키의 '자유당'은 영국식 제헌론을 선점하던 후쿠자와 그룹을 의식해 루소적 사상에 기반을 둔 제헌론으로 돌아선다. 영국모델은 후쿠자와가 주도권을 쥐고 있다고 판단해 도사 출신으로 프랑스유학에서 돌아온 나카에 죠민中江兆民에 의존하며 프랑스모델에 집중한 것이다. 죠민이 루소의 『사회계약론Du Contrat social』을 1882년 번역 출간한 『민약역해民約訳解』의 사상이 민권파에 확산한다.[82] 죠민 이전에도 1877년 『민약론民約論』이라는 번역서가 이미 출판했지만 조민의 것이 널리 읽히며 큰 반향을 만든 것에서 보듯 죠민의 명망 덕에 미국과 프랑스에 큰 영향을 끼친 루소의 자유와 평등, 인권, 주권재민 그리고 의

---

82) 坂野潤治·田原総一朗,『大日本帝国の民主主義』, 24-25; 工藤武重,『改訂明治憲政史』, 111; 高橋清吾,『現代政治の科學的觀測』, 178-179.

회론 등이 널리 알려졌다.[83] 그 대중적 관심은 이타가키의 자유당
에 큰 힘이 되었다.

8. 정부의 물밑 준비

(1) 정당내각론의 충격

민권운동이 성장할수록 정부는 제헌 방향에서 고뇌한다. 제헌과
의회개설이 현안으로 부상하자 이토 히로부미, 이노우에 가오루井上
馨, 오쿠마 시게노부大隈重信도 구체적 대응방식을 모색했다. 이노우
에 등은 급진적인 민권파의 주장을 신정치체제에 어떻게 순치시켜
통제된 수준의 헌법을 만드느냐는 내용선택과 방법론으로 고민했
다. 그들은 1881년 1월에 민권운동의 사상적 지주이면서도 정부와
도 소통하던 후쿠자와에게 국회개설 예정 및 그 준비로 신문을 발
행할 의사임을 전하며 협력을 구하기도 했다. 후쿠자와는 답을 유
보했다가 이노우에 등이 근대적 의회의 제도와 이념을 도입할 의사
를 밝히자 이를 믿고 신문발행을 승낙했다.[84]

신정부는 민권파의 급진적 서구이론의 모사를 넘어 정부 차원의
대항이데올로기와의 절충을 찾았다. 정부가 민권운동을 강하게 탄
압한 것으로만 보였기에 그런 절충의 측면은 잘 알려지지는 않았
다. 그런데도 정부가 민권파 규제와 더불어 물밑의 제헌과 의회개
설 준비를 병행하면서 이념적 절충을 시도해 온 것은 사실이다. 그

---

83) 司馬遼太郎, 『「明治」という国家[下]』, 143.

84) 福澤諭吉, 『福翁自伝』, 299; 丸山眞男, 『丸山眞男座談, 第9冊』, 80; 升味準之輔, 『日本政治史1』,
232-233.

러나 제헌 방향에 관한 의견은 여전히 통일되지 않았다. 앞선 정부 내 기관에 의한 제헌 시도들과 어떻게 선을 긋느냐도 숙제였다. 1872년 자문기관적 입법기관인 '좌원'이 '국헌国憲' 편찬에 이미 착수했었다. 상·하 양원제와 관선의원官選議院제를 담은 국헌 초안은 공적 제헌작업의 첫 결실이었다. 그 관선의원 제도도 민권운동의 대의정치 촉구를 진정시키려는 정부 차원의 절충안이었다. 그런데도 정부는 이를 채용하지 않았다.[85]

1875년 2월의 오사카회의 직후 4월에 발표된 '점진적 입헌 정체 수립 추진'을 담은 천황의 조서에 따른 개혁으로 설치된 기관인 '원로원'도 제헌작업을 했다. 원로원의 제헌 초안 작업이 정부 내의 의견통일을 전제로 한 것은 아니었다. 유력한 대신과 참의들은 어떤 입헌정체인지에서 의견이 갈렸지만 신설 원로원이 정부의 명을 받고 초안 작업을 맡은 것이다. 신법제정이나 구법개정에 관한 자문기관적 입법기관으로 상원과 유사하지만 바쿠후 말기 구상된 번주회의 같은 상원적 기관과는 다른 개혁적 면모를 지닌 원로원은 입헌 정체수립을 위한 정부의 초기구상 안에서 형식적으로나마 헌법제정 담당기관으로 인정되었다. 게다가 구미의 사정에 밝거나 양학을 공부한 가츠 가이슈, 고토 쇼지로, 유리 기미마사, 가토 히로유키 등 개혁적 인물들이 구성원이었다.[86]

원로원은 1876년부터 의욕적으로 제헌 초안 작업을 해 '국헌안'이라는 초안을 3번에 걸쳐 낸다.[87] 1876년 정부로부터 헌법 초안 기초를 명받은 즉시 서구제국의 헌법을 조사 연구해 86개 조에 달

---

85) 鈴木安藏, 『憲法制定とロエスレル』, 89-90.

86) 坂野潤治, 『未完の明治維新』, 140-143.

87) 大久保利謙, 『岩倉具視』, 217-218; 坂野潤治·田原総一朗, 『大日本帝国の民主主義』, 14.

하는 「일본국헌안日本国憲按」을 단 1개월 만에 만든다. 천황의 황위 계승 순서를 정하고, 즉위 시 원로원에서 국헌 준수를 선서해야 한다고 규정한 그 초안은 정부의 승인을 얻지 못한다. 1878년 개정판이 만들어지지만 관선 원로원 외에 민선 '대의사원代議士院'을 설치하자는 것 외에는 크게 달라지지 않았다. 이것도 각하되자 원로원은 1880년에 '국헌国憲' 제3차 초안을 만든다. 원로원, 대의원代議院의 2원제로 하고, 법률은 양원 의결을 요하고, 양원에는 대신 및 참의 등에 대한 탄핵권을 주고, 대의원에는 예산심의 우선권을 인정했다. 이 초안도 승인받지 못했다.[88]

원로원은 제3차 초안의 심의를 서두르고자 했지만 초안을 본 이와쿠라나 이토는 그것이 서구 각국의 헌법을 절충한 것일 뿐 일본이 나아가야 할 방향성을 담아내지 못했다고 불만을 표했다. 의회 권한을 너무 강하게 인정하는 경향이 있고, 천황 관련 규정 등도 많은 이의를 받으면서 심의에 나아가지 못했다. 국헌안이 받아들여지지 않았지만 원로원은 스스로를 헌법제정의회로 만들고자 지속해서 움직였다. 특히 뢰슬러K. F. H. Roesler의 헌법 초안을 접하고는 크게 자극받아 원로원 개혁안도 건의했다. 입법기관이라면서도 입법권이 없고, 법률심의권도 없고, 정부에서 회부된 법률안을 검토할 권한밖에 없고, 그나마도 검토 결과의 채부를 결정하는 건 정부이지 원로원이 아니라며 권한 확장을 요구했다. 그러나 이 개혁안은 제헌주도권을 최종적으로 잡는 이토의 압력에 의해 폐안된다.[89] 원로원 초안은 무시되지만 정부방침이 나온 것도 아니었다.

---

88) 尾佐竹猛, 『日本憲政史の研究』, 8; 鈴木安藏, 『憲法制定とロエスレル』, 90.

89) 川口暁弘, 『明治憲法欽定史』, 252-254, 319.

세이난전쟁의 여파로 국회개설 및 제헌 요청이 고조되는데도 1881년 3월까지 정부방침은 구체화되지 못했다.

그런데 원로원의 실패한 제헌 움직임이 결과적으로 제헌 정국에 중대한 변화의 계기를 제공하게 된다. 황위 계승이나 즉위 시의 선서를 헌법에 규정하자는 원로원의 초안을 본 이와쿠라가 그리되면 헌법이 천황의 상위에 있는 게 되어 곤란하다고 판단해 내각 차원의 헌법문제 조사를 지시하게 되기 때문이다. 이와쿠라는 제헌의 준비로 1879년 12월 각 참의에게 헌법의견서를 내게 했다.[90] 제출된 의견들은 제헌과 의회정치의 필요성에는 거의 공감하는 내용이었다. 야마가타 아리토모山県有朋는 인민에게 토지소유권을 인정하는 이상 헌법과 의회는 불가피하다고 하고, 이노우에 가오루井上馨도 평화적 정권교체를 위해 의회정치가 필요하다고 했다. 이토도 입헌제가 '전 세계의 대세'라고 했다.

그러나 이들은 방법론에서는 대부분 시기 조절과 점진성을 고려한 의견을 비쳤다. 구로다 기요타카黒田淸隆는 국회개설은 시기상조이고 우선 민·형법을 정비하고 식산흥업에 전념하자고 했고, 야마가타도 부·현회의원 중 선발된 자로 특선特選 의회를 만들어 국헌의 조건이나 입법사항을 부의해 수년간 경험을 쌓은 뒤 국회를 개설하자고 했다. 이노우에 가오루는 원로원을 폐지하고 화족과 사족 중 공선 혹은 칙선된 의원을 중심으로 상의원上議院 정도만 만들어 예산과 법률 및 정부가 기초한 헌법안을 심의케 하자고 했다. 또 당분간은 헌법보다는 먼저 민·상법 등을 편찬해 법적 생활을 인민의 머리에 담아 습관풍속을 법제화하여 헌법의 기초를 이루어가자

---

90) 大久保利謙, 『岩倉具視』, 221.

고 했다. 이토도 민권운동의 원인이 사족의 불만이므로 원로원을 화족과 사족 중 공선한 의원으로 구성된 상원으로 개조하고, 국회 개설이나 헌법편성은 점진적으로 천황이 친히 해야 한다고 했다.

반면 의외로 천황의 측근들이나 원로원 등에서 오히려 의회를 서둘러 개설하자는 주장이 나왔다. 천황의 친정을 바라던 천황 측근 모토다 나가자네元田永孚가 1879년 6월 민권운동보다 선수를 친 천황의 국회개설 선언을 이미 요구했던 것이 그 시발인데, 원로원 부의장 사사키 다카유키佐佐木高行도 1880년 7월 원로원 국헌안에 대한 심의를 서둘러서 국회개설 포고를 발하자고 주장한 것이다.[91] 다만 그런 조기개설론은 천황 친정론에 의한 정국 장악 의도에서 나온 의견이거나 실질적 제헌기관이 되지 못하는 원로원의 기관 이기주의에서 나온 것이라 별 주목을 받지는 못했다.

그런데 오쿠보 사후의 정계에서 이토와 더불어 최고 실력자의 하나가 된 오쿠마 시게노부大隈重信의 의견은 충격적이었다. 대부분의 참의가 보수적 의견인데 오쿠마만이 민권운동의 주장을 담은 듯 급진적이었기 때문이다. 그는 연내에 제헌하고 이듬해 말에는 국회의원 선거를 실시해, 2년 후 국회를 열고, 내각은 정책적으로 뜻이 맞는 자들이 모이는 정당을 모체로 한 정당 내각제로 하자고 했다. 참의와 각 성경부터 궁내경과 시종장까지 '정당관政党官' 즉 정권을 잡은 당의 의원을 임명하자고 했다. 즉 태정대신, 좌·우대신, 일반 관료 등은 행정의 계속성을 중시해 원칙적으로 종신의 중립적 관리인 '영구관永久官'으로 하되, 참의와 각 성의 경이나 국장 등은 정당관으로 하자는 것이다. 비공개 제안의 형식이긴 했지만 너무나 급

---

91) 牧原憲夫, 『民權と憲法』, 39-40.

진적인 의원내각제 개혁론이라 정부는 술렁였다.

내용의 급진성도 문제지만 그것이 정부 내에서 나온 의견이라는 게 충격이었다. 급진성을 따지자면 인민의 불복종이나 저항권을 규정한 재야 자유당의 우에키 에모리의 헌법 초안 같은 게 더 급진적이겠지만 정부 안의 오쿠마의 제안은 더 현실적 위협으로 인식되기에 문제였다.[92] 2년 후의 국회개설과 정당 내각제의 도입이라는 것은 기존세력 부정으로 비쳐 신구세력 조정에 부심하던 이와쿠라도 받아들이기 어려웠다. 번벌 정치가들은 오쿠마 주변에 후쿠자와로 이어진 신진 관료와 지식인이 한패가 되어 의원내각제 도입으로 정권을 독점하려 한다고 의심했다.[93] 후쿠자와는 오쿠마 배후에 자신이 있다는 소문은 근거 없다고 했지만 간접적 영향은 부인하지 않았다. 1879년 7월부터 신문 사설란에 연재한 '국회론'에서 자신이 의회의 중요성을 소상히 밝히자 2-3개월 뒤에 전국에서 국회개설 청원이 등장할 정도로 여론이 움직였다는 것이다. 자신이 오쿠마에 관련되어 있다면 그런 간접적 연관만 있다고 했다.[94]

후쿠자와의 말대로라면 오쿠마의 영국식 의원내각제는 특정세력의 영향이 아니라 그와 절친한 사이로 구미에서 유학한 법제 관료 오노 아즈사小野 梓 같은 법학자의 조언이나 의원내각제 지지자들이 참고하던 알퓨스 토드A. Todd의 『영국의원정치론英国議院政治論On Parliamentary Government in England』의 영향쯤으로 치부될 것이다. 그러나 후쿠자와는 실은 오쿠마에 직접적 영향을 주었다. 오쿠마 의견서는 후쿠자와 그룹인 '고준샤'의 헌법 이해에 기반을 둔

---

92) 利谷信義, 『日本の法を考える』, 18.

93) 坂野潤治, 『日本近代史』, 182-185; 出原政雄, 『自由民権期の政治思想』, 37.

94) 福澤諭吉, 『福翁自伝』, 300-305; 永井秀夫, 『自由民権』, 124.

것이고, 후쿠자와 문하인 태정관 대서기관 야노 류케이矢野龍渓가 집필한 것으로 알려졌기 때문이다. 실제로 후쿠자와 등은 정당을 기초로 내각이 조직되는 정당내각과 의회제 민주주의를 주장했고, 고준샤 헌법안의 내용도 중의원 과반수 정당의 당수가 내각을 구성한다는 것이었다. 따라서 오쿠마의 정당 내각제나 즉각적 의회개설은 후쿠자와 그룹의 의견이었다.

결국 그 의견서를 기초한 건 후쿠자와 그룹과 고준샤였고, 고준샤가 다음 달인 4월에 정당 내각제를 담은 '사의헌법'을 낸 것만 보더라도 이는 분명했다.[95] 후쿠자와는 '영국류' 헌법을 구상했고, 반면 기도 등의 죠슈파는 '독일류' 헌법을 구상했고, 이노우에 고와시도 마찬가지로 독일류의 헌법을 제창하면서 후쿠자와나 민권파와 서로 대립하던 시기였기에 그런 이해는 부정되기 어려웠다. 오쿠마의 영국류 의회 제안의 배후가 그렇다는 것이 분명히 인식되는 상황에서 제헌과 의회설립의 방향성과 관련된 주도권을 민권운동에 뺏기지 않고자 애쓰던 정부가 크게 놀란 것은 당연했다.

오쿠마 의견서는 국헌편찬의 형식적 책임자인 좌대신 아리스가와노미야에게 제출되는데, 3월에 의견서를 받아 본 우대신 이와쿠라는 충격을 감당하기 힘들어 대책 마련을 위해 이토에게 보여주고, 6월 상순에 태정관 대서기관 이노우에 고와시에게도 보여준다. 불안해진 이와쿠라는 이노우에에게 헌법 관련 조사를 의뢰하고, 이노우에는 7월부터 여러 자료를 작성해 제출하기 시작한다.[96] 이제 오쿠마 제안의 충격은 곧이어 <메이지 14년의 정변>을 결과시키고

---

95) 福沢諭吉, 『福沢諭吉全集 <第5卷>』, 42; 坂野潤治, 『明治デモクラシー』, 67-70; 升味準之輔, 『日本政治史1』, 234.

96) 稲田正次, 『明治憲法成立史 上巻』, 466-467.

동시에 그 연장 선상에서 신정부가 헌법체제의 방향성을 결정짓고 시기를 서두르게 만드는 계기로 작용한다.

(2) 프로이센 방식으로의 결집

이 과정은 오쿠마 축출 그리고 프로이센 헌법론의 승리로 귀결된다. 그것은 이노우에 고와시에 의해 주도된다. 1871년의 이와쿠라 사절단의 일원으로 프로이센 헌법을 보고 1875년에 번역해 이후 1882년에「프로이센 헌법론」을 출판할 정도로 이노우에는 프로이센 헌법을 잘 알았다. 그래서 이와쿠라가 요청할 무렵에는 점진적 입헌주의 의견서도 작성해 둔 상태였다.[97] 그런데 오쿠마가 1881년 3월에 의견서를 내고, 4월에는 후쿠자와 그룹의 헌법 초안도 나오면서, 이와쿠라의 상의를 받게 된 이노우에는 이와쿠라와 이토에게 자신이 염두에 둔 독일식 입헌정치를 강조하며 오쿠마 비판을 부추겼다.[98]

당시 이와쿠라의 지시에 따라 제출한 자료 중의 하나가 이노우에의「흠정헌법고欽定憲法考」였다. 이노우에는 의회 다수당 당수가 수상이 되는 의원내각제는 군주와 국민이 통치권을 나누어 가지는 것이나 마찬가지라 했다. 천황에 의한 통치를 원한 이노우에는 1874년 결성된 '애국공당愛国公党' 이후의 여러 움직임에 의한 '국회개설 청원' 그리고 1880년의 '국회기성동맹대회' 등이 모두 정당 중심의 입헌정체와 정당 내각제를 말하고 있는 사실에 놀라고 경계하는 입장이었다.[99] 그에 대한 대응적 사고의 산물이 바로 흠정헌법고였

97) 尾佐竹猛,『日本憲政史の研究』, 10.
98) 坂野潤治・田原総一朗,『大日本帝国の民主主義』, 46; 出原政雄,『自由民権期の政治思想』, 65.

다. 다만 이노우에의 프로이센식 헌법론이 그만의 전유물은 아니었다. 강한 군권의 면에서 기도의 주장과 다르지 않아 고유의 발상이라 볼 수는 없었다.

사절단 부사로 구미를 순시하던 기도가 독일에서 그나이스트의 조언을 참고해 독일식의 강한 군권을 기초로 한 입헌정치를 정부에 제안했기 때문이다. 즉 강한 군권의 입헌군주제는 이노우에가 처음 소개한 건 아니다.[100] 더욱이 이와쿠라도 천황이 실권을 쥔 중앙집권적 군주제를 구상했기에 이노우에가 오쿠마에 대한 반발심을 부추겼다기보다는 이와쿠라의 의중에 이노우에가 부합한 것이라 볼 수도 있다. 그렇더라도 이노우에의 자료 제출로 프로이센식 제헌의 기본방향이 구체화하고 오쿠마를 공통의 적으로 이와쿠라, 이토와 연대한 것이거나 혹은 기존의 연대가 강화된 건 사실이다. 그렇게 이노우에가 오쿠마의 정당 내각론을 공격하는 연대를 통해 연출한 사건이 <메이지 14년의 정변>이다.

정변의 발단은 오쿠마의 제안이지만 비판은 이노우에 쪽에서 시작된다. 프로이센식 입헌군주제를 지향한 이노우에가 기초해 준 이와쿠라의 1881년 7월 의견서는 오쿠마의 의견서대로 한다면 정당과 의회가 실권을 장악하게 되어 천황은 에도시대 같은 '실권 없는 지위虛器'가 된다고 했다. 이토도 오쿠마가 말하는 '정당관' 임명은 '군주의 권한을 인민에게 옮겨놓는 것과 마찬가지다'라면서 오쿠보 사망 이후 협력하던 오쿠마가 민권파와 제휴해 배신한 것이라 했다. 공교롭게도 오쿠마 의견서 제출 얼마 뒤인 7월 하순 '홋카이도

---

99) 川口曉弘, 『明治憲法欽定史』, 47.

100) 坂野潤治, 『未完の明治維新』, 140-141; 稻田正次, 『明治憲法成立史 上巻』, 196.

개척사 관유물불하北海道開拓使官有物拂下'건이 신문에 폭로되어 정부 내외에서 반대 운동이 비등해지는데 그 정보를 누설하고 소동을 선동한 것도 오쿠마와 후쿠자와 일파라고 지목된다.

즉 그 폭로신문들이 민권파의 대표적 인물이 운영하거나 후쿠자와 문하의 논진이거나 오쿠마의 참모가 부주필로 관여한 매체라는 소문이 돈다. 관민유착의 관유물불하를 비판한 오쿠마의 문제 제기 자체가 기획이라고 비난받고, 오쿠마와 후쿠자와 등의 정부전복 음모설까지 등장한다. 결국 10월에 이노우에가 기초하고 이토가 가필 수정해 탄생한 「국회개설칙유国会開設の勅諭」의 공포와 함께 오쿠마는 파면된다.[101] 오쿠마는 물론이고 주변 즉 오쿠마가 제출한 헌법 의견서를 집필하기도 하고 후쿠자와 문하의 고준샤의 사의헌법안의 작성에도 관여한 야노 후미오矢野文雄 등 오쿠마나 후쿠자와와 친한 관료들까지 쫓겨난다.

정부의 오쿠마 축출은 반대파 숙청으로 보이기도 했지만 제헌이 임박한 정국이라 여러 잠재적 제헌세력의 지지를 받는다. 우선 뢰슬러가 있다. 사실 정변 당시 군주주권의 흠정헌법론 즉 프로이센 헌법을 모범으로 하자는 내용의 이와쿠라 명의로 제출된 '헌법의견서'는 이노우에가 집필한 것이지만, 뢰슬러가 이노우에에게 자문한 내용이었다. 따라서 영국식 의회에 반대하던 뢰슬러의 가르침이다.[102] 그 뢰슬러가 오쿠마 축출을 반긴 건 당연하다. 또한 오쿠마의 안을 이토로부터 전해 들은 사사키 다카유키 같은 국회 조기개설론자들조차도 평소 삿쵸 번벌 정부에 대해 경계적 입장임에도 오

---

101) 川口暁弘, 『明治憲法欽定史』, 62; 大久保利謙, 『岩倉具視』, 221-222; 工藤武重, 『改訂明治憲政史』, 102-105.

102) 鈴木安藏, 『憲法制定とロエスレル』, 57.

쿠마 추방에는 동조했다. 게다가 영국모델을 신봉하던 이노우에 가오루나 국회개설을 시기상조라고 말하던 사쓰마파까지도 점진적 프로이센모델 지지로 돌아서며 오쿠마 축출을 환영한다. 프로이센모델을 구심점으로 모이기 시작한 것이다.

오쿠마 공격을 계기로 정부 안에서 이토 중심의 제헌주도권이 결정되고 기본방향도 잡힌다. 정부의 제헌 방향은 오쿠마 공격에서 합의되어「국회개설 칙유」에 이르게 된 입장 정리에서 이미 확인되었다. 애초 이와쿠라의 헌법관은 서양식 헌법은 일본의 국체에 맞지 않는다는 입장인데, 이노우에가 영국 헌법은 이렇고 프로이센 헌법은 이러해서 프로이센이 국체에 적합하다면서 흠정헌법 강령을 이와쿠라에게 내자, 그것이 천황대권을 대폭 인정한 것임을 확인하고 이와쿠라도 만족해 그 안을 채용한 제헌구상을 잡고 이토에게 흠정헌법기초준비를 명한다.[103] 그 입장 정리가 오쿠마 축출 다음 날인 10월 12일에 나온 국회개설 칙유다. 9년 뒤인 1890년의 국회개설을 공약하고 독자적 흠정헌법 제정 방침을 말한 그 칙유는 국회개설 시기의 명시이자 정당 및 민간에서 지배적인 헌법 민약民約론의 배제를 뜻했다.[104]

오쿠마 파면과 함께 공포된 칙유는 입헌정체 수립의 방침 결정이자 이토 중심 제헌작업의 출발점이었다. 칙유는 헌법문제에 대한 이토의 자문에 답한 이노우에의 의견서에서 보인 비교적 철저한 근대입헌주의적 주장과는 달리 내용상으로 무난하고 절충적이었다. 그러나 칙유가 이노우에와 이토에 의해 기초된 사실 자체가 이후의

---

103) 大久保利謙, 『岩倉具視』, 221.

104) 山崎丹照, 『內閣論』, 64.

제헌 준비에서 이토와 이노우에의 주도권의 근거가 되었다.[105] 반면 민권운동의 입장에서도 그것은 재야의 반정부진영의 구심점 자유당 결성의 직·간접적 원인이 된 점에서 입헌정체 촉진의 계기가 되었다. 관유물불하 사건에 대한 민권파 및 여론의 공격 자체는 물론이고 오쿠마 축출이 의미하는 정부주도의 제헌론과 의회개설 방향에 대한 반대 입장이 운동을 전국적 규모로 고양하여 공격적 국회개설 운동 분위기가 만들어지기 때문이다.[106]

오쿠마 의견서에 대한 반작용으로 제헌 기본방향에 대한 정부 내 공감 내지 암묵적 동의도 확인된다. 이미 서구의 입헌정치 특히 영국이나 미국의 의회정치에 관한 이론과 실제는 중국이나 네덜란드 등의 문헌과 비록 적지만 직접 견문 그리고 일본에 체류 중인 서구 외교관이나 초빙학자들에 의해 잘 알려져 있었다. 일본의 국제적·국내적 발전 방향을 고려할 때 서구정치체제를 채용해야 할 객관적 필요성에도 의문은 없었다. 그런데도 유신세력 역시 봉건적 존재이기에 근대국가체제로 가는 데에 대한 저항도 있었다. 그런데도 가야 하는 데는 공감해도 방법론의 의사 합치도 확인되지 못했는데 이제 중앙집권적 통일국가로서의 신체제를 만드는 서구적 방법론에 관한 공감이 정변을 계기로 확인된 것이다.[107]

정부 내의 불안감을 없애고 공감을 촉진한 그 방법론은 프로이센식 흠정헌법 구상이다. 오쿠마 비판에서도 보이듯 의회다수파의 권력 장악은 경계 되었다. 그것은 일종의 인민주의 경계였다. 미국에

---

105) 中村雄二郎, 『近代日本における制度と思想』, 70.

106) 伊達源一郎 編, 『日本憲政史』, 12-16; 鈴木安藏, 『比較憲法史』, 307-308; 工藤武重, 『改訂明治憲政史』, 102-105; 川口曉弘, 『明治憲法欽定史』, 42, 62, 64-65.

107) 鈴木安藏, 『憲法制定とロエスレル』, 87-88.

서는 그것이 공론장을 통한 헌법 논의로 배제되지만 일본에서는 정부 내의 암묵적 협약으로 배척된 것이다. 즉 미국에서 건국 초기에 다양하게 표출된 인민주의적 직접 행동에 대한 두려움으로 연방헌법은 그런 직접 행동에 대한 제어 특히 그 대변기관인 주의회가 가진 권한에 대한 제어를 보였다. 의회 결정에 대한 사법심사제라든지 제헌 이후 자리 잡은 정당정치의 형성이라든가 의회와 대립적인 대통령 권한의 강화 등은 의회견제였다. 마찬가지로 일본의 제헌도 인민주의적 의회를 경계하는 입장에 섰다. 일본형 인민주의 제어로서의 민권파 경계가 정부주도라는 방식과 흠정이라는 형식에 공감한 것이다. 그 점에서 제헌이 의회다수파에 의한 국가지배에 대한 방지책이던 미국의 제헌 기초자들과 유사한 의도였다.[108]

당시 팽배한 제헌 및 국회개선에 관한 민권적 요구로 볼 때, 천황에게 대권을 부여하고 의회제를 분명히 내걸지는 않은 외견적 입헌주의를 그것도 흠정 형식으로 더욱이 정부주도 방식으로 해야 한다는 공감은 이때 거의 확인된다. 정부 내 의견정리는 민권파에 대한 경계 차원에서 요구된 것이다. 민권파의 주장들로 인해 정부 내에서도 의견이 분분했거니와 그들 중 적지 않은 수는 민권파의 민약헌법론에 공감했기 때문이다. 민권파의 주장에 밀리지 않으려면 하루빨리 국가의 기본방향을 잡아야 했다.[109] 따라서 프로이센식 흠정헌법 방침은 민권파를 겨냥한 정부의 제헌주도권 선언이었다. 그렇기에 영국파 민권운동가 호시 도루星亨가 후에 '정부 당국자가 반동적인 헌법 강의를 듣고 민권 억압적인 프로이센을 베껴 반동적

---

108) 三谷太一郎, 『日本の近代とは何であったか』, 75-76.

109) 尾佐竹猛, 『日本憲政史の研究』, 52.

헌법 초안을 준비했다'라며 반발한 것이다.[110] 국회개설 칙유로 의회를 경계하는 흠정헌법론을 천명해 정부 내 동의를 창출하는데 프로이센모델이 적절히 이용된 것이다.

프로이센모델은 기존의 대세 영국식 제헌론을 배척하고 그 자리를 차지했다. 앞서 1874년 이타가키, 고토 등 하야한 참의들이 좌원에 제출하고 신문을 통해 여론의 큰 반향을 만든 민선의원설립건백에서부터 도사번 출신의 영국 유학파들이 중심이 된 영국류 '의회'가 주장되어 왔다.[111] 그래서 국회개설을 요구하는 민권파 중심의 정치 결사들이 경쟁적으로 작성한 헌법 초안의 주류도 영국식 입헌군주제 즉 정당내각과 양원제의 입헌정체였다. 반면 독일식 군주 중심 입헌 정체론은 거의 없었다. 자유당이나 개진당 계열의 재야세력은 물론이고 관가에서도 영국식 의원내각제론이 대세였고, 프로이센이나 독일식의 입헌군주제론은 거의 부각되지 않았다. 그런 대세로 인해 위협을 느낀 신정부가 정변을 통해 영국식 의원내각제 요구의 위험성을 말하며 그를 배척한 것이다.[112] 이제 의회 권한을 축소하는 프로이센식 방법론에 몰두했다.

제헌을 위한 헌법조사단으로 구미에 파견된 이토는 1882년 9월 파리에서 재정담당자 마츠카타 마사요시松方正義에게 편지로 독일 황제가 자신을 일부러 불러 조언한 것이라는 내용을 소개한다. 황제는 독일의 의회로 인해 자신이 통절하게 겪은 감상을 토대로 일본이 헌법을 만든다면 의회 권한은 가능한 축소하고 특히 예산에

---

110) 鈴木安藏, 『日本憲法史研究』, 219; 신우철, 『비교헌법사』, 30.

111) 坂野潤治・田原総一朗, 『大日本帝国の民主主義』, 13.

112) 鈴木安藏, 『憲法制定とロエスレル』, 92; 鈴木安藏, 『日本憲法史研究』, 46-47; 신우철, 『비교헌법사』, 21.

관한 의회의 참여권은 결코 부여하지 말라고 충고했다. 당시 유럽의 많은 학자들의 설도 대체로 그와 비슷한데, 그런 입장이 후에 이토의 제헌론에 반영된다.[113] 그 점에서 이토를 통해 정부가 주도한 프로이센식 제헌론은 의회견제를 담은 헌법을 만드는데 대해 나올지도 모를 이의에 대한 봉쇄책이었다. 1881년의 칙유로 서둘러 국회개설 시기를 명시함으로써 정당 및 민간에서 이루어지던 제헌 논의와 대의정치 논의에 주도권을 뺏기지 않겠다는 의도인 흠정헌법 방침 천명은 민권파 경계 즉 국약이나 민약헌법을 택할 경우 정부가 정국주도권을 상실할지도 모른다는 위기감 속에서 천황의 권위로 그 위기를 돌파한 것이다.

9. 내각제 창설과 국권론 공세

정부는 1881년 오쿠마 사임 이후 통제력 강화를 위해 태정관 기구를 개혁하고 광범한 인사 조처를 단행하는데, 이 흐름 속에서 이토는 서구식 '내각제' 도입을 시도한다. 내각제는 1881년의 칙유 이듬해 헌법조사를 명받아 유럽에 체재하던 중에 정부 행정기구 개혁 필요성을 절감한 이토의 결론이다. 이토가 체류 연장을 청하면서 야마가타 등에게 보낸 서한 등에서도 헌법과 행정기구개혁에 대한 의지가 보인다.[114] 그러나 내각제 도입은 사사키 등 궁중파 즉 민권파도 경계하지만 삿쵸 번벌정부도 경계하던 궁중파의 반대로 좌절된다. 다만 그 과정에서 이와쿠라의 조정으로 앞서 1880년에

113) 尾佐竹猛, 『日本憲政史の研究』, 17-18.
114) 梁谷博治, 『初期議會條約改正』, 13-16.

이루어진 참의와 성경의 분리가 겨우 1년 반 뒤인 이 시기에 다시 폐지되어 겸임제로 복구되고, 태정관 안에 '참사원參事院'이 설치됨으로써 내각제의 핵심제도는 마련된다. 광범한 권한의 참사원은 후에 설립되는 내각의 핵심기관이 된다. 내각의 법률 규칙안을 기초하고 각 성이 제안한 법률 규칙안을 심의해 정책을 통합하는 강력한 기획통제기관이 된다. 이토가 의장을 맡아 인재를 모으면서 명실공히 국책통합기관이 된 참사원은 제헌 준비 조사기관이 된다.

참의와 성경의 겸임제 부활과 참사원의 설치는 내각제 도입에 실패한 이토에게 힘을 실어주지만 그것만으로는 한계가 있었다. 유신 이후에도 마치 명예직 같던 '태정대신太政大臣'을 중심으로 한 태정관 정부는 좌·우대신, 참의, 경으로 구성되는데 군주를 보좌하는 대신은 정부의 의사결정권을 거의 독점하면서도 실제 정무에는 어둡고 실행권도 없었다. 실권은 정무를 담당하는 참의가 가지는데 참의도 직접 군주에 조언할 수도 없는 구조이고 정부의 의사결정을 실행하더라도 실제적 수행 권한은 없었다. 행정을 하는 각 성경은 국가정책의 정합성보다는 성의 이익을 염두에 두었다. 이런 구조는 효율적이지도 않거니와 입헌군주제에도 적합하지 않았다. 그나마 태정관 체제에서 조정자 역할을 하던 우대신 이와쿠라가 1883년 사망하자 개혁 필요성은 더 절박해졌다. 이토에게 이와쿠라의 사망은 하늘이 돕는 기회였다. 그의 후계자로서 헌법편찬사업의 최고책임자가 될 수 있기 때문이다.

통제력 있는 '총리대신總理大臣'에 의한 정무통일이 필요하다고 판단한 이토는 내각제를 계속 밀어붙인다. 이토에게 힘이 실리며 본격적 제헌 준비 주도권 장악의 국면에서 마침내 내각제가 받아들여진다. 정부는 1885년 12월 기능부전이던 태정관제를 폐지하고 「내각內閣」을 창설한다. 내각제는 총리대신과 외무·내무·오쿠라 大藏·육군, 해군·사법·문부·농상무·체신의 각 성 대신들인 국무대신이 천황 임석 하에 국정을 운영하는 책임정치 체제였다. 내각 수반인 총리가 국정 방향을 정하고 종합적 조정으로 행정 전체를 감독하게 한 「내각직권內閣職權」은 프로이센의 1810년 하르덴베르크Hardenberg 관제를 모방한 것이었다.[115] 내각직권은 총리가 '대정大政의 방향을 지시하고 행정 각부를 통할 감독統督' 즉 '총리' 한다고 했고, 모든 법령 발령에 총리의 부서副署를 요하게 했다. 이는 입헌정체에 상응할 새 권능이었다.[116]

내각제가 출범하면서 고대 율령제 시대부터 존재하던 전통적 제도인 태정관과 그 안의 태정대신, 좌·우대신, 참의, 성경 등 지제는 전폐된다. 전통적 '공경公卿' 정치의 종식이자 근대적 제도화의 시작이었다. 1881년의 칙유에 따른 응답으로 입헌정치로 가는 사전 정비 작업이었다.[117] 내각제가 정부 내 의사결정과 집행의 효율성을 담보하기 위한 입헌정체의 기반으로 고려된 것인 만큼 입헌정치 기획의 시작이었다. 내각제는 제헌작업에서의 불편한 걸림돌 제거의 의미이기도 했다. 1876년에 원로원 의장으로 국헌편찬 칙어를 받아 국헌기초 최고책임자가 된 것은 황족인 좌대신 아리스가와노미야有栖川宮였다. 그래서 1880년 시작된 국회개설 청원운동도 그 아래서 진행 중이던 국헌편찬에 영향을 주려 했던 것이고, 오쿠마

---

115) 山崎丹照, 『內閣論』, 64-68; 工藤武重, 『改訂明治憲政史』, 37; 稻田正次, 『明治憲法成立史(上卷)』, 754; 升味準之輔, 『日本政治史1』, 248-249.

116) 川口曉弘, 『明治憲法欽定史』, 89, 113-114; 清水唯一朗, 『近代日本の官僚』, 150-151.

117) 梁谷博治, 『初期議會條約改正』, 9-13.

의견서도 그에게 제출된 것이다. 이토의 내각제는 손대기 어려운 그 황족을 넘어 제헌에 대한 천황의 재가와 공포권을 확보하기 위한 조건 정비 작업이었다.118)

이토는 내각제를 제헌주도를 위한 실질적 조건의 정비체제로 사용한다. 초대 총리대신이 된 이토는 공경출신자는 한 사람도 쓰지 않고 주로 삿쵸 출신자를 각료로 기용하며 입헌정치에 대응할 관료기구를 다져 나간다. 각 성의 조직, 인사 및 재무에 관한 근본원칙을 명확히 한 「관기官紀 5장」을 제정하고, '임시관제심사위원회'에서 관료제의 기본 틀을 만들었다. 국가 행정조직 통일의 표준이 되는 각 성 관제를 만들고 행정수행의 기준과 방법, 자세를 규정했다. 차관次官·국장局長·과장課長·참사관參事官·서기관書記官 등의 직제 그리고 대신관방大臣官房, 총무국總務局, 각 국의 형태로 부국의 기본 구성을 정한 각 성의 관제도 공포된다. 오늘날까지도 이어지는 직제의 출발이었다.119)

민권운동은 1881년의 칙유를 전후해 정당결성을 실현한다. 이타가키, 고토 등은 국회기성동맹의 '국회개설원망서'가 정부에 의해 거부된 이후 곧바로 정당결성에 착수해 11월 '자유당自由黨'을 만든다. 자유당 총리가 된 이타가키가 입헌정체의 확립을 선언하자 각지에서 입헌주의 정당이 나타났다. 1882년에는 오쿠마를 중심으로 전직 관리들이 대거 참여해 '내치개량' 등을 강령으로 내걸며 정치의 '개량전진改良前進'을 목표로 한 '입헌개진당立憲改進黨'을 결성한다. 오쿠마가 법학자 오노 아즈사小野梓 등과 함께 정치·법·경제를 가

---

118) 川口曉弘, 『明治憲法欽定史』, 113-142.

119) 山崎丹照, 『內閣論』, 69, 76, 80; 淸水唯一朗, 『近代日本の官僚』, 156.

르치기 위해 도쿄에 만든 현 와세다早稻田대학의 전신 도쿄전문학교 출신들 그리고 재직 중인 부하와 동지 등 관리들이 주축이었다.

메이지 14년의 정변 당시 급진적 입장의 오노는 오쿠마 의견서에 결정적 영향을 주다가 정변으로 오쿠마가 하야할 때 같이 재야로 물러났지만 그 뒤에는 오히려 점진주의적 개량론자가 된다. 그 오노의 영향력은 여전히 컸기에 개진당의 당수 오쿠마는 급진적 자유당과는 상당히 적대적 입장이 되는 온건 노선을 내건다. 그러면서도 재정과 지방자치 정책의 면에서는 정부와 대립한다. 자유당과 개진당의 출범에 위협을 느낀 정부 지지파는 그 해 '주권재군主權在君'의 흠정헌법주의를 강령으로 내건 보수점진주의의 '입헌제정당立憲帝政黨'이나 반민권파적 지방 정당을 만들어 대립한다.[120)

정부가 집회조례를 만든 1880년 전후 몇 년 새 '신문지조례', '출판조례' 등을 만들어 민권파를 억압하자 1883년 들어 정당운동은 급격히 쇠퇴해 지방 정당은 해산하고 신문도 줄 폐간한다. 의회 개설에 대비해야 할 자유당도 해산하고 개진당도 거의 휴지상태가 된다. 구 자유당 급진파가 조선의 '갑신정변甲申政變'으로 망명 와 있는 김옥균金玉均 등 개화파를 지원해 조선 정부를 타도해 청국과의 긴장 관계를 조성하고, 그 기회에 일본 국내에 혁명을 일으키려 한 '오사카大阪사건'까지 터지며 민권운동은 갈피를 잡기 힘들게 된다. 1885년 오이 겐타로大井憲太郎 등 자유당계 급진파 수뇌부 대부분이 투옥되어 민권운동은 침체기에 들어간다.[121)

이후 고토 등 자유당계 온건파와 개진당계가 1886년부터 재기를

---

120) 工藤武重, 『改訂明治憲政史』, 146-157; 伊達源一郎 編, 『日本憲政史』, 23-30; 北岡伸一, 『日本政治史』, 64; 遠山茂樹・佐藤誠朗, 『自由党史(中)』, 227-228; 永井秀夫, 『自由民権』, 168-170.

121) 工藤武重, 『改訂明治憲政史』, 168-175, 191-192; 升味準之輔, 『日本政治史1』, 225-226.

모색해 1887년에 의회다수파를 목표로 민권운동 각파를 통일시키려는「대동단결운동大同団結運動」을 일으킨다. 10월에는 가타오카 겐키치片岡健吉가 원로원에 낸 건백서를 계기로「3대 사건 건백운동三大事件建白運動」도 일어난다. 이토 내각의 외무대신 이노우에 가오루가 외국 사절단과의 조약개정 회의에서 관세인상이나 외국인 판사 임용 등에 양보를 표하자 고치현의 민권파가 치욕적 서구화정책과 언론탄압을 비판한 건백을 낸 것이다. 언론과 집회의 자유, 지조 경감, 외교 만회를 건의해 제헌에 대한 자유로운 발언을 보장받아 국약헌법을 요구하고, 내각의 내정을 비판함으로써 민권운동을 결집하려는 것이었다.[122]

건백을 전후해 민권파와 정부 간의 대립은 격화되는데 1887년 9월 지방관회의에서의 이토 총리의 훈시가 사태를 악화시킨다. 이타가키가 정부의 실정을 비판하고 요구의견을 천황에게 올리려 하며, 도사파 등 민권파가 곧 '건백운동'을 시작할 거라는 정보를 들은 이토는 훈시에서 이타가키 등의 국약헌법론 등 제헌 방식에 관한 민간의 헌법 논의를 금한다면서, 그럴 경우 폭동으로 간주하여 진압될 수 있다고 압박한다. 또 조약개정 등 외교권은 천황대권에 속한다면서 천황의 권위를 내세워 비판을 봉쇄한다. 예상되는 건백에 대한 선제공격이었다.[123]

이토의 선공은 민권론과 국권론의 싸움에서 국권론 중시 쪽으로 기우는 당시의 분위기에 힘입은 것이다. 그 분위기는 죠민이 1887

---

122) 川口曉弘, 『明治憲法欽定史』, 262-263, 326-331; 東京日日新聞社・大阪毎日新聞社 編, 『明治・大正・昭和 議会政治裏面史』, 3-5; 梁谷博治, 『初期議會條約改正』, 80-84; 遠山茂樹・佐藤誠朗, 『自由党史(下)』, 278-279, 349.

123) 川口曉弘, 『明治憲法欽定史』, 293-302; 林田亀太郎, 『明治大正政界側面史 上巻』, 138.

년 4월부터 『국민지우国民之友』라는 잡지에 기고해 나중에 출간된 『삼취인경륜문답三醉人経綸問答』에서도 읽힌다. 긴박한 대외정세 속에서 후진국 일본의 거취에 대해 민권주의자를 상징하는 '양학신사군洋学紳士君'의 세계시민주의적 민주공화국론에 대해 부정적 견해를 취한 죠민 자신의 '난카이선생南海先生'의 주장은 그간의 민권운동에서 보인 이상주의나 투쟁 일변도 노선의 비현실성에 대한 고백이었다. 이는 서구화에 매달린 이상주의적 사고에서 일본 중심적 사고로의 변화이기도 했다.124) 실현 불가능한 이상이 만들 정치적 혼란보다는 차라리 정부가 추진하는 현실의 입헌주의와 의회제도에 동조하기 시작한 그런 인식변화의 분위기 속에서 이토의 강경 대응이 가능할 수 있었던 것이다.

그러나 강경 태도가 오히려 민권운동을 단합시키면서 3대 건백은 이루어지고 구 자유당의 영수 고토는 민권파의 재결집을 호소한다. 제1회 중의원衆議院 총선거를 통해 의회정치를 이뤄 조약개정, 지조, 재정문제를 해결하자고 구 자유당계와 개진당의 중심인물들에게 호소했다. 그러자 정부는 강경 대응과 분열책을 병행했다. 건백을 계기로 보안조례를 제정해 다수의 민권파를 추방하고 체포하면서도 이듬해인 1888년 2월에는 이토가 오쿠마를 제1차 이토 내각의 외무대신에 입각시켜 개진당을 운동에서 이탈시킨다. 분열시도가 성과를 거두자 4월 이토는 구로다 기요타카에게 총리직을 넘기고 자신은 황실전범과 헌법 초안의 심의에 매진하기 위해 추밀원 의장에 취임한다.

---

124) 中江兆民, 『三醉人経綸問答』, 11-118; 永井秀夫, 『自由民権』, 323-324.

10. 이토 독점의 헌법 만들기

정부가 이토에게 제헌기초를 맡기기 전에도 헌법편찬은 있었다. 1872년에 자문기관적 입법기관으로 출범한 좌원이 기초한 국헌이나 입헌정체수립조서의 공약이행으로 1875년 4월 설치된 원로원이 만든 3차례의 초안 등이 그것이다. 이는 헌법기초를 뒷받침할 지식기반이 이미 이용 가능한 수준이었음을 알려준다. 당시 서양 법학 지식의 도입과 이해는 적지 않았다. 가토 히로유키가 1861년에 지은 『도나리구사隣艸』의 초고는 서구 입헌 사상과 정치체제를 소개하며 그를 배우자고 했다. 1868년에 나온 가토의 『입헌정체략立憲政體略』은 『헌법적 군주, 헌법적 통치형태Konstitutionelle Monarchie, Konstitutionelle Regierungsform』의 번역본이지만 '입헌정체立憲政體'라는 말을 처음 사용했다.

가토의 영향은 민권파는 물론이고 궁중에까지 미쳤다. 1870년부터 5년간 천황에게 블룬칠리J. C. Bluntschli의 『일반국법 Allgemeines Staatsrecht』을 강의한 그의 원고는 『국법범론國法汎論』이란 제목으로 1876년부터 1879년까지 출판되었다. 히라타 도스케 平田東助가 이어받아 1887년에 번역을 끝낸 『국법범론』은 일본에 정치 사상론을 도입한 최초의 책으로 정계와 사상계에 큰 영향을 미쳤다.[125] 1870년 무렵부터 많아진 미국, 프랑스, 독일 등지로의 유학생 중 상당수는 법학 등을 배웠다. 그들은 구미의 법학과 사회과학 등의 지식을 번역을 통해 일본에 도입하는 주요한 지식원이 되었다.

---

125) 加藤弘之, 『立憲政体略』; 尾佐竹猛, 『日本憲政史の研究』, 3-4; 田中 彰, 『明治維新』, 168.

삼권분립 사상을 염두에 둔 기도의 지시로 몽테스키외의 『법의 정신De l'esprit des lois』의 영역본을 측근인 가 노리유키何礼之가 일어로 중역한 『만국정리萬法精理』도 나왔고, 루소의 『사회계약론Du Contrat Social』을 프랑스에서 가지고 와 번역한 죠민의 『민약론民約論』도 있었다. 원로원이 헌법기초를 위해 영국, 프랑스, 프로이센, 벨기에 등의 헌법을 정략적으로 번역 연구한 건 그런 지적 배경에 서였다. 물론 정부는 원로원의 기초안이 3번이나 나왔음에도 채택하지 않았다. 내용에 대한 저항도 있고 정부 내 의견도 정리되지 않았기 때문이다.

정부의 관심은 내용이나 이념보다 제헌주도권이었다. 정부 내 실권파의 주도권이 유동적이어서 아직 무엇이든 받아들이기 어려웠다. 국권적 헌법을 만든다는 것에 거의 의견이 모이면서 누가 주도할 것이냐가 최우선의 과제로 부각하였다. 즉 바쿠후 타도 과정에서 결집한 제 세력의 집합체인 유신세력이 하나둘 역사 속으로 사라지면서 주도권은 유동적이었다. 사이고가 세이난전쟁에서 죽고, 기도가 병사하고 오쿠보마저 암살당해 '유신 삼걸'이 모두 퇴장한 이후의 정권은 오쿠마와 이토 중심으로 운영되지만, 오쿠마도 1881년의 정변으로 하야했다. 민권운동의 압박 속에서 정부 내에도 '천황 친정', '재정', '헌법' 문제 등으로 노선이 대립했다.126) 그래서 제헌주도권을 누가 쥐느냐에 민감했다. 헌법의 내용은 그다음의 문제였다.

그런 정부 내 혼란과 주도권 다툼 속에서 이토의 지위는 강화되어 갔다. 이토는 마침내 정부의 틀로 제헌에 담는 작업을 주도하게

---

126) 牧原憲夫, 『民權と憲法』, 32.

된다. 제헌기초의 실무는 주로 이노우에 고와시가 하고 뢰슬러 같은 서구학자들이 그 배후에서 이념적·내용적 주입을 하게 되지만 전체과정을 리드한 것은 이토였다. 그렇게 인적 자원이 확보되면서 근대입헌주의를 이념으로 한 천황주권의 국권주의적 흠정헌법이 작성되어 간다. 그 과정은 철저히 정부주도의 밀실 작업이 되지만 일방적으로 밀어붙이는 강권적 방식은 아니었다. 그것은 이토가 제헌국면의 실권자이자 갈등의 조정자이기에 가능한 것이었다.

애초 이토는 참의 중 리더격이고 신설 참사원의 의장도 겸했지만 제헌을 위한 인적 자원은 없었다. 이노우에는 오쿠마 축출에 분주하면서도 '독일학 협회'를 발족시켜 황족 아리스가와노미야를 비롯해 이노우에 가오루, 야마가타 아리토모山県有朋, 마츠카타 마사요시松方正義 등 유력정치가나 관료, 학자를 결집했다. 하야한 오쿠마도 후쿠자와 그룹과 와세다 출신의 브레인을 가졌다. 반면 그렇지 못한 이토는 이노우에 고와시의 헌법의견에 견줄 만한 독자적 구상을 낼 수 없었다. 그래서 데라시마 무네노리寺島宗則와 이노우에 가오루가 이토에게 헌법 제도조사를 위한 외국행을 제안했다. 정부로서도 국내의 제헌 기반이 부족했기에 제헌 태스크포스의 외국파견에 반대하지 않았다.127)

헌법조사는 백지상태에서 선택지를 만들기 위한 것은 아니었다. 출발 전에 이미 이노우에가 독일류 헌법 원안을 만들고 있다고 생각될 정도로 프로이센모델의 수용은 기정사실화되어 이토의 조사방침도 프로이센 중심으로 기획되었다. 수행팀에는 1873, 74년에 빈의 공사관에 가서 1880년까지 슈타인L. Stein 문하의 독일 헌법

---

127) 瀧井一博, 『伊藤博文』, 77-78.

과 국법학 연구생이 된 가와시마 아츠시河島醇, 1873년에 베를린에서 그나이스트에게 정치학을 배우고 하이델베르크로 옮겨 블룬칠리에게도 배운 히라타 도스케도 있었다.128) 1882년 3월 유럽으로 떠난 헌법조사단은 독일을 축으로 오스트리아·영국·러시아·벨기에·프랑스 등을 거치며 입헌군주국의 헌법적 연원, 현황과 장단점 및 통치구조 전반을 조사했다. 특히 독일과 오스트리아에서는 내각의 조직, 직권, 책임, 내각과 의회의 관계 등 포괄적인 것부터 의원선거법, 법률과 규칙의 관계, 각 부처의 조직 및 권한 등 구체적 사항까지 살폈다.129)

이토는 구 프로이센, 바이에른 등의 실정을 보고 프로이센 입법에 관여한 저명한 그나이스트와 그 제자로 후에 일본에 법률고문으로 오는 모제A. Mosse 그리고 슈타인 등 법학자들에게서 독일 공법학 이론을 배우고 강의를 들었다.130) 이토는 헌법 조문이나 제도를 통해 입헌제라는 것이 군주·의회·행정부가 상호 견제하되 조화하는 제도임을 배웠다. 모제로부터는 수개월 간에 걸친 방대한 강의를 거의 매일 듣는데, 이는 서적의 조문별로 살피는 힘든 일이었다. 그나이스트로부터는 강의를 들은 건 아니고 담화를 하거나 혹은 대담하는 형태이지만 각국 헌법 운용의 여러 가지 잘못된 점들, 불비한 점들에 관해 들었다.131) 그래서 그나이스트의 지적은 크게 피부와 와 닿는 배움이 되었다.

---

128) 坂野潤治・田原総一朗, 『大日本帝国の民主主義』, 46; 尾佐竹猛, 『日本憲政史の研究』, 9-10.

129) 清水唯一朗, 『近代日本の官僚』, 146-149; 牧原憲夫, 『民權と憲法』, 160.

130) 鈴木安藏, 『憲法制定とロエスレル』, 97; 鈴木安藏, 『比較憲法史』, 309; 尾佐竹猛, 『日本憲政史の研究』, 14-16; 瀧井一博, 『伊藤博文』, 60-62.

131) 清水 伸, 『獨墺に於ける伊藤博文の憲法取調と日本憲法』, 36-37.

독일이 이토를 매료시킨 점은 헌법 제도와 행정의 운용문제에 대한 지적과 이를 현실에서 확인시켜 준 실제였다. 독일 법학자들은 행정의 자율성 확보가 국가건설에서 얼마나 중요한지를 강조했다. 의회에 휘둘리지 않는 행정의 자율성이 일본 같은 국가에서 필요하다는 것이었다. 민권파에 대항해 제헌을 주도하고 서두르게 된 신정부의 고민 즉 제헌의 내용과 이후의 헌정 운용 문제에 대한 적절한 조언이기에 이토는 공감했다. 약 1년 반의 조사를 마치고 1883년 8월 귀국한 이듬해 이토가 제헌에 수반되는 제도조사와 개혁을 위한 기구로 궁중에 '제도취조국制度取調局'을 신설한 취지도 바로 헌법 제도와 행정 운용이 맞물려 고려되어야 한다는 이해에 따른 것이다. 제헌 이전에 행정의 자율성 확보의 길을 미리 마련해 두고 이를 제헌 이후 원활하게 유지하려는 것이었다. 이토가 참의직과 겸임으로 그 장관직도 맡아 제도개혁에 천착한 이유는 바로 행정의 자율성 확보였다.

이토 귀국의 파장은 컸다. 귀국 후 슈타인이나 그나이스트의 헌법 이론은 크게 유행한다. 유력자들은 거의 그들 이름을 알게 되어 유럽에 갈 경우 그들을 만나지 않으면 부끄럽다 할 정도였다. 천황도 측근을 통해 그들의 헌법 이론 강의를 매일 밤 들었다. 황족도 마찬가지였다. 제도개혁 주도권을 쥐기 위해 천황에 더 접근한 이토는 궁내경도 겸하면서 입헌제의 기반을 만들기 위한 황실과 정부의 제도적 분리에 착수한다. 상층사무라이였다가 판적봉환으로 몰락해 '화족'이 된 자들에게 선별적으로 '공公·후侯·백伯·자子·남男'의 작위를 부여하는 1884년 7월의 「화족령華族令」을 공포해 후에 출범할 귀족원의 토대를 만든다.[132]

본격적 제헌이 추진된다. 제헌 논의에서 프로이센 방식을 제시한 장본인 이노우에 고와시가 헌법기초 실무를 맡는다. 이노우에는 이와쿠라 사절단의 일원으로 귀국 후 통치기구에 관한 「왕국건국법王国建国法」을 정리해 일본 내 프로이센 헌법의 제1인자가 되면서 1881년부터 이토와 가까워진 상태였다. 그의 제헌에서의 기여는 거의 절대적이었다. 이토 자신도 이노우에가 없었다면 제헌 임무 수행이 곤란했을 거라고 인정하다시피 초안기초는 거의 그의 작품이었다. 그의 조사, 연구, 착상이 헌법기초를 결정했다.133) 그 뒤에는 뢰슬러의 자문이 있었다. 이토의 유럽행 헌법조사를 수행하고 후에 총리가 된 이토의 비서관이 된 이토 미요지伊東巳代治나 미국 하버드 대학에서 법학사 학위를 받은 가네코 겐타로金子堅太郎 등의 조력도 있지만 이노우에나 그에게 자문한 뢰슬러의 역할에 비할 바는 아니었다.

독일인 법학자 뢰슬러K. F. H. Roesler는 1878년 외무성 고문으로 일본에 들어와 내각 고문이 되어 이노우에로부터의 헌법, 정치학의 근본문제에 대한 자문에 응함으로써 제헌의 근본방침 설정에 큰 영향을 주었는데, 본격적 제헌기초에도 직접 관여한 것이다. 이토 명의의 초안은 철두철미하게 뢰슬러의 조언을 거친 것이다. 이노우에의 헌법의견에 조언하던 뢰슬러는 이미 1887년 독일식 군주주권을 담은 「일본제국헌법초안」을 제출하고, 이어지는 헌법기초에서 계속적 자문을 통해 제헌의 중요기초를 거의 제공했다. 이런 평가는 비록 이토나 이노우에가 스스로 독일 등의 지식을 통해 제헌

---

132) 尾佐竹猛, 『日本憲政史の研究』, 20-22; 瀧井一博, 『伊藤博文』, 64; 川口曉弘, 『明治憲法欽定史』, 90.

133) 鈴木安藏, 『比較憲法史』, 311.

의 법리적 기초를 체득한 측면이 있다고 인정되더라도 달라지지 않는다. 헌법기초 착수 이래 이론적 의문에 대해 현실적 답을 준 사람은 뢰슬러이기 때문이다. 이 점에서 제헌은 이토의 주도하에 이노우에가 뢰슬러의 자문을 얻어 이루어진 것이었다.

뢰슬러 외에도 강의, 조언, 저작 등의 형태로 제헌에 직·간접으로 공헌한 외국인은 적지 않다. 일본에 체류한 보아소나드G. Boissonade, 모제, 루돌프C. Rudolph는 물론이고, 독일이나 오스트리아에서 제헌 전후로 간접적으로 영향을 준 그나이스트, 슈타인도 있다. 그 외 마이어G. Mayr, 라반트P. Laband, 브룬칠리J. Bluntschli, 블랙스톤W. Blackstone 등은 저작을 통해 도움을 주었다. 그런데도 형식과 규정의 면에서 서구제국 헌법을 참조하고 그들 국가의 헌법 학설에서 이론적 기초를 구하고 채용한 메이지 헌법의 제정 기간의 장기성과 자문 내지 참조된 범위의 광범함 그리고 깊이에 있어 뢰슬러에 비견할 수는 없다.[134] 특히 입헌정치의 운용, 정당, 의회, 선거 등에 관한 자문은 거의 뢰슬러의 두뇌에서 나왔다.

그런데도 뢰슬러의 역할이 오랫동안 알려지거나 주목되지 못한 이유는 제헌이 철저하게 밀실 작업으로 작업장소도 이토의 개인 별장을 이용하는 등으로 비밀을 유지했기 때문이다. 너무 비밀주의를 고수하다 보니 공포 당시에도 국민은 헌법의 내용조차 알지 못했다. 궁중에서는 헌법 발포식이 있고, 거리에서도 축하행사가 있었지만 헌법의 내용은 몰랐다.[135] 일체 민간의 참여를 허용하지 않은 채 이토 등 소수 관료가 비밀리에 준비해, 헌법기초의 경과, 원안의

---

134) 鈴木安藏, 『憲法制定とロエスレル』, 13-16, 56.

135) 司馬遼太郎, 『「明治」という国家[下]』, 168-169; 永井秀夫, 『自由民権』, 334-335.

내용, 유래 등에 관해서도 발포 이후에도 일체 공개하지 않기로 방침을 세운 탓이었다. 헌법이 누구의 손으로 기초했는지가 세간에 알려지면 민권파의 공격 빌미가 되어 커다란 논란이 초래되고 헌법이 존중받지 못할 수도 있다고 판단했기 때문이다. 그런 기밀 취급으로 인해 조력자 뢰슬러도 알려지지 않은 것이다. 즉 배후 조력자의 익명화는 헌법에 대한 공격을 막기 위한 비밀주의의 결과였다.

11. 대립적 헌법이념의 방치

(1) 군주주권과 신민의 권리

이노우에는 1887년 2월 최초의 초안 「헌법의해憲法義解」를 내고, 4, 5월에는 시안인 「갑안 시초甲案試草」와 「을안 시초」를 이토에게 제출한다. 이토는 이노우에의 갑안과 뢰슬러가 4월에 참고안으로 낸 「일본제국헌법초안」을 참조해 수정을 가한다. 이것이 이토가 기초한 「일본헌법수정안」이다. 수정안에 대한 의견을 모아 다시 수정을 거듭해 확정 원안으로 올린 헌법 초안이 1888년 4월 천황 임석 하에 국정 중요사항을 심의하는 최고 자문기관인 '추밀원枢密院'에 부의된다. 추밀원 의장을 겸하던 이토는 주도면밀하게 준비했다. 헌법과 황실 사무에 관한 최고법규인 황실전범 등의 기본법령 심의에 착수하며 황실 측근, 원로원, 보수세력의 비판을 받은 이토는 헌법심의에는 큰 혼란을 겪지 않기 위해 이들을 추밀원 고문관에 앉혀 비판 여지를 차단했다. 그렇게 추밀원의 삼심회의를 거치면서 이토의 사저에서는 계속 수정이 이루어졌다.[136)]

천황이 의회의 '승인'을 거쳐 입법권을 시행한다는 제5조에 예상대로 반발이 나타났다. 그래서 군주 주권제 하의 의회의 승인이 아니라 '협찬協贊'으로 바뀐다. 제49조의 천황에 대한 '상주권上奏權'도 추가된다. 문제는 '천황은 국가원수로서 통치권을 총람總攬하되 헌법 조규에 의해 이를 행한다'라는 제4조였다. 천황보다 헌법이 상위라는 인상을 주기에 삭제하자는 의견이 보수파에서 나온다. 이토는 '헌법 조규에 의한다는 문자가 없으면 헌법정치가 아니다'라며 초안대로 밀어붙인다. 천황의 '대권'에 일정한 제한을 가하지 않는 한 서구제국으로부터 근대헌법으로 인정받을 수 없고, 그리되면 국내의 정치안정도 확보할 수 없다는 논리를 댔다. 그 논리를 보수파도 이길 수 없어 천황도 헌법 조규에 의해 직을 행한다는 조문이 유지된다.[137]

헌법의 창설 정신에 관해서는 모리 아리노리森有礼와의 논전도 있었다. 모리 역시 근대적 서구지식을 습득한 자이기에 그의 반발은 보수파의 반발과는 맥이 달랐다. 제2장 '신민臣民의 권리 의무'를 심의할 때 모리는 신민은 천황에 대해 신분에 따른 책임을 질 뿐이어서 권리라는 건 당치않다고 했다. 이에 이토는 헌법정신은 군주의 권한을 제한하고 신민의 권리를 보호하는 것이므로 신민의 권리 없이 책임만 기재하는 것이라면 헌법을 만들 필요도 없다고 했다. 그리되면 신민은 무한책임만 있고 군주는 무한권력이 있는 군주전제국이 된다고 했다. 그러자 모리는 신민의 재산권 및 언론자유 등은 인민이 당연히 가지는 권리 및 자유이므로 굳이 헌법에 규정할

---

136) 鈴木安藏,『憲法制定とロエスレル』, 17-18, 155, 161; 鈴木安藏,『比較憲法史』, 314.

137) 伊藤博文,『帝國憲法皇室典範義解』, 5-7; 牧原憲夫,『民權と憲法』, 188-189.

필요가 없다고 했다.

모리의 견해는 말하자면 공적 권력관계와 개인의 불가침의 자연권을 이원적으로 구분해 공적 권력관계 규율인 헌법에는 국체의 특수성을 담자는 의미였다. 반면 이토는 자유권도 담고자 한 것이다. 구미유학 경험이 있는 모리가 볼 때도 흠정이라는 형식과 국민이 아닌 신민을 규정한 이유로 볼 때 신민은 헌법의 수규자에 불과하다고 봐야 하는 것이 실질적 헌법정신이었다. 반면 이토는 형식은 그렇더라도 근대적 메이지 헌법의 정신이 실질은 다르다고 고백한 것이다.138) 그 점에서 이토가 지닌 제헌 정신은 근대입헌주의에 가까운 것이라고 볼 수 있다. 그렇게 이토는 헌법상의 신민에 근대적 정신이 담겨 있음을 전제로 원안대로 관철한다.

한편으로 이 논란이 나오게 된 이유를 보면 심의과정에서 헌법정신이 명확히 판명되지 못했음도 보인다. 자세히 보건대 그 논의는 신민을 어떻게 설정해야 하는가의 문제와 신민은 어떻게 설정될 수밖에 없지 않느냐의 문제의 다툼이다. 이토는 군주주권주의를 택하더라도 국민을 단지 헌법의 수규자인 신민으로만 보아서는 안 된다고 하고, 모리는 제헌 방식이나 규정 태도로 볼 때는 그럴 수밖에 없지 않겠느냐고 다툰 것이다. 따라서 그것은 헌법정신의 내용이 명확히 해명되지 않자 '헌법이 실은 이런 정신이다' 혹은 '규정 태도로 볼 때는 그런 정신으로 볼 수 없지 않느냐'라고 다툰 것이다. 즉 헌법정신이 명확히 설정되지 못한 상태에서의 다툼인 것이다.

거기에서 이토의 의도는 추측된다. 하나는 입헌주의 정신을 이해하지 못하는 세력을 설득하기 위해 그렇게 말을 하기는 했지만 실

---

138) 丸山眞男, 『日本の思想』, 39-41.

은 이토도 헌법정신을 그런 취지로 이해하지는 않았다는 측면이다. 다른 하나는 제헌의 목적 중 하나인 서구로부터의 인정을 위해서는 최소한 근대입헌주의 정신의 표방은 필수적이기에 부득이 그렇게 주장했다는 측면이다. 그 추측이 맞는다면 이토를 포함한 제헌 주체들의 헌법이념은 근대적 정신과 전근대적 정신 간의 표류상태에 있었던 것이다. 그렇다면 이토가 내세운 신민의 권리라는 것도 반드시 근대성을 의미하는지 의문이다. 그러나 최소한 형식적으로는 그 논의에서 이토의 입장이 관철됨으로써 신민의 권리와 병존하는 군주주권이 무난히 성립한 듯 보였다.

(2) 천황대권과 의원내각제

1889년 1월 마침내 확정된 '메이지 헌법' 즉 '대일본제국헌법大日本帝国憲法'에서 천황은 국가원수로 통치권을 총람하고, 군대통수·편제권, 선전강화·조약체결권 등 대권을 행사하게 된다. 형식적으로 입법, 사법, 행정이 구별되는 삼권의 분립이 있되, 제5조로 의회는 천황의 입법권 행사에 '협찬協贊'하는 게 되고, 제57조에 의해 재판소는 '천황의 이름으로' 사법권을 행하는 게 된다. 행정권은 천황이 직접 행하는 것이 원칙이지만 제55조에 의해 각 국무대신에 의한 '보필輔弼'이 예정된다. 그런데도 국무대신이 내각이라는 합의체를 형성한다고는 되어 있지 않다. 내각은 헌법상 기관이 아니고 심지어 법률상의 기관조차도 아니고 단지 천황의 관제 대권에 의한 칙령인 「내각관제内閣官制」에 의해 정해져 있는 것일 뿐이었다.[139]

대권은 여러 방식으로 제약된다. 헌법 조규에 의해 행사한다는

---

139) 野中俊彦 他, 『憲法II』, 155.

헌법적 한계 그리고 국민주권주의적 요소의 제약이다. 대권의 무제한성에 대한 경계는 이토의 고집에 따라 규정된 신민의 권리·의무 장에서도 보인다. 그 권리조항에 의해 거주·이전의 자유, 법률에 의하지 않고는 체포·감금·심문·처벌을 받지 않을 권리, 법률이 정한 재판관의 재판을 받을 권리, 신서의 비밀의 자유, 소유권의 불가침, 언론·출판·집회·결사의 자유, 청원권 등이 보장된다. 그 국민주권적 요소는 이념적 의미의 천황대권 제약이다. 천황대권에 대한 가장 큰 제도적 제약은 물론 권력분립에 의한 의회주의다. 의회주의는 입헌주의의 정체성을 규정하는 큰 방향이었다. 호즈미는 메이지 입헌정체의 중심이 권력분립이라 했지만, 미노베 다츠키치 美濃部達吉는 그것이 의회주의라 했다.[140]

의회의 구성과 권한 그리고 대권과의 관계를 규정한 명문을 보건 대, '제국의회帝國議會'는 '귀족원貴族院'과 '중의원衆議院'의 양원으로, 중의원은 선거직, 귀족원은 황족과 화족 그리고 고액납세자, 공로자 등을 내각의 조언에 기초해 천황이 임명한 칙임의원으로 구성했다. 귀족원이라지만 권한은 중의원과 거의 같고 칙임의원의 대부분은 풍부한 행정 경험을 가진 관료 출신일 것이기에 무시될 수 없었다. 법률과 예산은 '의회의 협찬' 없이는 성립되지 않게 되어, 입법은 의회의 협찬이나 제안에 의해 양원 동의를 거쳐야 했다. 사전심의와 동의를 뜻하는 '협찬'은 애매한 문구지만 근대적 요소였다. 협찬으로 인해 의회가 형식적 '승인'기관 이상의 관문이 될 가능성을 가지기 때문이다.[141]

---

140) 長谷川正安, 『日本の憲法』, 133-134.
141) 山本佐門, 『現代国家と民主政治』, 92.

이는 천황이 대권을 직접행사하는 '친정親政'체제를 부인한 점에서는 근대의회주의였다. 다만 의회의 협찬이나 제안에 의해 만들어지는 입법 역시 천황대권에 속하고 천황이 성립시키는 형식 안에 있었다. 천황통치권의 발동은 입법과 예산에서는 의회에 의해 제약되지만 그것이 대권을 근본적으로 무력화시킬 수는 없었다. 이는 국무대신이 의회와 국민이 아니라 천황에 대해서만 책임진다는 규정에서도 확인된다. 따라서 진정한 의원내각제와는 거리가 있다.[142] 게다가 협찬은 천황에게 어떠한 책임을 지우지 않는 결정절차였다. 그 점에서 근대체제로의 이행의 실질적 담보인지 의문이었다. 다행히 협찬 외에도 의회주의 조항은 있다. 제8조는 긴급칙령도 사후 의회에서 승낙되지 않으면 실효된다 하고, 제73조는 의회의 3분의 2 이상의 의결로 개헌도 할 수 있게 했다. 그러나 이들의 의미가 협찬이 지닌 근대의회주의적 성격에 비할 바는 아니다. 가장 의회주의적인 조항의 실효성이 의문이라서 마치 부진정 의원내각제 같았다.

천황 보좌기관인 「추밀원樞密院」도 규정했다. 1888년 헌법심의를 위해 설립되고 헌법에서 천황에 대한 자문 및 중요국무 심의기관으로 규정된 추밀원은 헌법, 헌법 부속법령, 황실전범, 긴급칙령 등을 심의하는 기관으로 헌법, 조약, 법률 등에 의문이 생기거나, 정부와 의회가 대립할 때 천황이 재정하는 경우의 자문역이었다. 그러나 실질은 천황에 대한 자문으로서보다는 내각의 독주를 제어하는 역할이었다. 내각이 천황에 보필 책임을 지는 국무대신의 조직체로서 천황을 대신해 국정을 담당하지만, 천황의 자문에 응해 중요국무를

---

142) 伊藤博文, 『帝國憲法皇室典範義解』, 8-30.

심의하는 추밀원이 사실상 내각의 역할을 통제할 수 있게 한 것이
다.[143]

추밀원같이 의회주의와 무관한 기관에 의한 행정통제 가능성을
만든 것은 불완전한 의원 내각제적 모습이다. 다만 추밀원은 이토
가 헌법을 큰 논란 없이 통과시키기 위해 이용한 기관이기도 하고,
근대로의 급격한 이행이 의회주의로 치달을 경우의 일종의 완충역
으로 고려한 기관이라는 차원에서 이해될 수도 있다. 사법에도 전
근대적 요소는 남았다. 사법권이 재판소裁判所에서 행해지며 재판관
은 법이 정한 자격자로 한다고 규정함으로써 근대적 삼권분립을 추
구하지만, 아직 사법의 독립과는 한참 거리가 멀었다. 대심원大審院
의 사법성 관할 등 사법의 행정에 대한 예속이 적지 않게 확인된
점에서 행정과 사법의 봉건적 결합을 부인하는 근대적 요소는 사법
에서도 아직 부족했다.

12. 전전의 일본형 입헌주의

(1) 무책임 시스템과 초연 내각

의회주의를 표방하면서 천황대권을 담은 입헌군주제는 서구입헌
주의와 닮았지만 다른 현실정치적 선택이었다. 국가 주권을 국왕과
의회가 나누어 가지는 서구의 입헌제는 절대적 주권의 존재를 전제
로 하지만, 그런 관념이 없던 일본은 입헌제로 이행하기 위해 우선
절대적 천황주권의 존재를 상정할 수밖에 없었기 때문이다. 다만

---

143) 川人貞史, 『議院內閣制』, 34.

절대주권을 제한적으로 행사한다는 식으로 구성한 것인데 이는 타국 헌법에서 보기 힘든 예였다.[144] 주권을 대권이 아니라 시민권을 중심으로 상정하는 선택도 동시대에는 불가능한 게 아니었던 점에서 그런 천황주권은 시대 필연적 결론도 아니었다. 그저 일본적 특수성을 반영한 고육책 같은 선택이었다.

그래서 미노베도 메이지 헌법은 '다른 여러 나라의 헌법에서는 유례를 찾아볼 수 없는' 대권중심주의, 황실자율주의 헌법이라 했다. 천황대권을 뒷받침하는 것은 대신의 '보필'인데, 보필에 기초해 대권을 행사하는 경우 천황은 보필의견을 거부하지 않는 게 원칙이었다. 그 점에서 대권은 명목적이지만 그렇다고 천황이 내각의 의사대로만 행동한 것도 아니었다. 천황은 질문 등의 형태로 의사를 간혹 표명하면 내각은 그 의사를 수용했다. 천황이 인사라든가 정책에서 재가하지 않는 경우는 없었지만 자신의 의사에 따르지 않는 보필을 내각이 행하면 재가를 미루는데, 그러면 내각은 보필 사항을 취하했다. 따라서 천황이 정치적 역할을 전혀 하지 않았다고 볼 수는 없지만,[145] 그런 면이 정치적 결정력까지 의미하는 건 아니었다. 즉 결정력은 천황의 의사를 추측하고 조언해 그 의사에 구체적 내용을 부여하는 보필이었다.

그 점은 반의회주의적 모습으로 나타났다. 대권에도 불구하고 실질적 권력행사 기관은 의회, 내각, 관료, 추밀원, 군부 등 다원적 분립기관이 되고, 이들의 주장과 이익을 통합해 의견일치로 이끄는 것은 극히 곤란했기 때문이다. 결단 주체도 알기 힘들어 누구에게

---

144) 北岡伸一, 『日本政治史』, 75.

145) 横田耕一, 『憲法と天皇制』, 10.

책임이 귀속되는지도 알기 힘든 시스템이었다. '무한책임'이자 동시에 거대한 '무책임'의 체계였다.[146] 원로·중신 등 초헌법적 존재를 매개로 하지 않고서는 국가의사가 일원화될 수 없는 체제였는데, 원로나 중신의 존재가 의견 합치에서 큰 역할을 할 수밖에 없는 구조 자체가 무책임의 요소였다. 그 점에서 무책임의 원형은 제도로서의 천황이 실권자가 아님을 너무나 잘 아는 원훈들이었다. 그리 보면 천황의 주권이란 것도 명목뿐이었다.[147]

원훈들은 천황을 이용한 정치 운용방법을 구상해 적절히 행사했다. 그 시스템 안에서 신성불가침의 천황은 대중을 설득시키고 동원하기 위한 선전용 명분이자 장치가 되었다. 그런 천황의 외관은 결국 체제에 심각한 부작용을 노정시켰다. 다이쇼·쇼와시대를 거쳐 대중의 정치참여가 늘어 그런 대외적 표방과 실제 정치 운용 간의 구분이 붕괴해 갔기 때문이다. 즉 천황에 관한 대외적 표방의 요소가 또 다른 천황 이용세력에 의해 마치 실제인 양 선전되면서 실제 정치 운용에까지 침범해 들어갔기 때문이다. 거기서는 정당정치보다는 천황의 통수권統帥權에 직결된 군부가 천황 친정 체제를 구현할 수 있는 세력인 것으로 국민의 기대를 받았다. 그래서 천황 친정론과 거리가 먼 미노베 다츠키치美濃部達吉의 천황기관설 같은 것은 불경한 학설로 취급받게 된다.[148]

즉 단지 명분으로서의 대외적 표방에 불과한 천황 친정의 요청이 마치 실체인양 이용된 것이다. 문제는 그런 천황 친정론에도 불구하고 천황의 대권 혹은 통수권의 실질적 결과는 그 형식이 예상하

---

146) 村松岐夫, 「日本政治のアウトライン」, 82; 丸山真男, 『日本の思想』, 38-39.
147) 赤坂真理, 「どんな兵器よりも破壊的なもの」, 139-140.
148) 白井 聡, 『永続敗戦論』, 163-165.

는 결과와는 여전히 달랐다는 것이다. 군부 등이 내세운 천황의 통수권은 거국일치적 움직임을 만든 게 아니라 오히려 무대 뒤에서의 지배권력 간의 분열만 격화시켰다. 통일적 국가의사는 확인되지 않고, 그런 지배권력의 분열은 전쟁이라는 파국적 사태에서조차도 정치력의 분열을 보여준다. 이는 천황의 결단으로 제어될 수도 없었다. 한마디로 '정치력의 다원적 병존'이 '근대일본의 원죄'가 된 그런 모습이었다.149)

물론 천황대권의 형식성이 모든 문제의 근원은 아니다. 대권이 천황에게 있음에도 천황이 책임지지는 않는 체제라서 보필의 무한책임 내지 무책임이 결과된 것이 천황대권으로 인한 필연적 귀결인지도 의문이다. 실제로 서구의 근대 입헌군주제 헌법에는 반드시 군주의 신성불가침 조항이 있고, 메이지 헌법도 그런 입헌군주제를 채용한 것이다.150) 따라서 보필 책임이 지닌 무책임성의 원인이 천황대권 자체 때문이라 단정하긴 어렵다. 천황의 권한은 신성불가침이어도 통치는 보필로 이루어진다면 근대입헌주의로서 손색이 없기에 헌법에 의한 천황대권의 명목상의 절대화가 문제의 핵심은 아니다. 문제는 천황의 의사를 추측하고 조언해 대권에 구체적 내용을 부여하는 시스템의 다원화다. 헌법이 의도하지 않은 그 다원화가 무책임성을 만들고 무책임성이 국가를 파탄으로 이끈 것이다. 천황이 직접통치하는 양 선동해 실질통치를 장악한 것이야말로 무책임의 결과이자 또 다른 원인이었다.

시스템의 무책임성은 제도의 비정상적 권력 행사를 방치시켰다.

---

149) 姜尚中, 『愛国の作法』, 97.

150) 一色 清・姜尚中 外, 『明治維新150年を考える』, 173.

헌법기관이라지만 주변적 기관인 추밀원이 국정을 좌우한 것이 그렇다. 제헌 전 설립되어 헌법에 의해 천황 자문 및 중요국무 심의 기관이 된 추밀원은 이토가 초대의장을 거치면서 그 고문관이 국무대신급 대우를 받았다. 천황에 대한 자문 기능으로 제3원의 역할을 한 추밀원은 불완전한 의회주의의 무책임 체계에서 정계 실력자 야마가타가 1905년부터 17년 동안 의장으로 있으면서 정치의 진로를 움직이는 기관이 된다. 야마가타 사후 정당내각 시대를 맞이해 추밀원에 대한 비정치화로 학자를 기용하지만, 역시 실력자인 이토 미요지伊東巳代治에 의해 정권 퇴진까지 끌어내는 힘을 보여준다. 그렇게 추밀원의 지지를 얻지 못하면 내각이 총사직에 내몰리기도 했다.151) 내각의 진퇴가 국민의 지지나 의회의 불신임과 무관한 요소에 의해 이뤄진 예였다. 이는 내각이 의회에 책임을 지는 의원내각제 시스템과는 다른 무책임의 체제였다.

메이지 헌법체제의 의회주의적 무책임성은 내각에 대한 태도에서도 보인다. 국무대신으로 내각 구성원이자 동시에 행정관청인 총리대신은 천황으로부터 위임받은 범위 내에서 내각 수반으로 국가 의사를 결정했다. 그런데 헌법에는 '내각'은 물론이고 '내각총리대신'도 없다. 메이지 헌법은 기껏해야 내각의 존재를 전제로 제55조에서 '각 국무대신은 천황을 보필하고 그 책임을 진다'라고 할 뿐, 총리의 지위는 물론이고 총리에 의해 내각이 조직된다는 원칙도 담지 않았다. 내각은 법제상으로만 본다면 제헌에 맞춰 1889년 12월 만들어진 칙령인 '내각관제'에 의한 각 국무대신의 합의체에 불과했다. 그러나 내각관제 이전부터 있던 1885년의 '내각직권'에서부

---

151) 北岡伸一, 『日本政治史』, 93.

터 내각과 내각 수반인 총리대신이 규정되고 총리에게 행정 각부 '통독'의 권한까지 인정되면서 내각제는 이미 출발했다. 그런데도 헌법은 이를 언급조차 하지 않은 것이다.[152]

내각이나 총리의 실제적 기능과 그 근거 규범 사이의 이런 갭은 내각이 전제적 기관이 되는 것에 대한 경계 때문에 생긴 일이다. 제헌 과정에서 이토는 내각에 의한 행정권의 통일과 내각의 독립성을 요구한 반면, 이노우에 고와시는 내각에 강력한 권한을 주면 바쿠후처럼 될지 모른다며 반발했다. 그래서 정부견제를 위해 의회의 법안제출권, 천황에 대한 상주권, 청원수리권 등을 적극 인정했다. 이와쿠라도 내각직권에 따른 총리대신의 권한이 '대재상大宰相주의'로 불릴 정도로 크다고 우려했다. 총리가 바쿠후적 존재처럼 되면서 천황 중심의 정치체제가 공동화된다고 반대했다. 그래서 제헌에 맞춰 기존의 내각직권을 대신하는 칙령인 내각관제가 결정된 것이다. 거기서 총리의 행정 각부 통독 권한이 없어지는 등 총리의 각 대신에 대한 권한이 약화한다. 헌법에 내각을 규정하지 않은 취지도 바로 그런 우려와 관련된다.

즉 헌법에 '내각'이 없는 것은 내각과 총리의 권한이 바쿠후처럼 되지 않을까 하는 경계의 결론인데 그런 경계는 제헌 이후에도 여전했다. 내각보다 군부를 우선시한 야마가타의 태도도 한 예다. 야마카타는 육·해군 대신이 총리를 거치지 않고 직접 천황에 상주할 수 있게 함으로써 총리의 권한을 축소한다. '민선' 중의원에 의해 국정이 통합적으로 구성되고 그들에 의해 구성되는 내각이 국정의 핵심이 되는 걸 원치 않기 때문이다. 초연 내각超然內閣이 메이지 헌

---

152) 山崎丹照, 『內閣論』, 90-94.

법 규정상 오히려 더 정통적인 모습이라고 평가되는 이유도 그것이다.[153] 제헌세력이 헌법에 내각을 규정하지 않은 이유가 의회주의의 지배에 대한 두려움이듯이 '초연주의' 즉 정당정치의 동향에 좌우되지 않고 초연히 정책을 행한다는 정부 운영 노선도 그와 동일한 이유에서 출현하기 때문이다. 헌법에 규정되지 않은 내각 그리고 내각의 초기 운용형태인 초연주의는 모두 불완전한 의회주의를 의도적으로 조장한 현상인 것이다.

메이지 헌법의 불완전한 근대성을 보여주는 내각의 초연주의의 관점에서 정당 세력은 국가정책결정을 맡길 만한 존재로 보이지 않았다. 헌법발포 다음날인 1889년 2월 12일 구로다 기요타카 총리가 외국과의 사교장인 '로쿠메이칸鹿鳴館'에서 지방관에게 '정부는 늘 일정한 방향을 지니고 초연히 정당의 밖에 서서 지극히 공정한 길에 있지 않으면 안 된다'라고 훈시한 것이 그런 맥락이다. 추밀원 의장 이토가 부·현회 의장에게 '정부는 당파에 의해 좌우되어서는 안 된다. 정당으로 내각을 조직하려 하는 건 가장 위험한 일이다'라고 연설한 것도 마찬가지 이유에서였다.[154] 번벌藩閥정부에 이는 소명으로 받아들여진다. 근대화 과제수행에 필요한 강력한 리더십은 그때까지 국가를 지탱해 온 삿쵸 세력만이 감당할 수 있다는 태도였다.

그래서 초창기 번벌 내각 혹은 관료내각의 초연주의에서 대신은 의회나 여론에 굴하거나 의지하지 않고 자신이 '국시国是'라고 믿는 바에 따라 정치를 했다. 자신의 의견에 동의하지 않는 의회나 여론

---

153) 飯尾 潤, 『日本の統治構造』, 9-11.

154) 山崎丹照, 『內閣制度の硏究』, 278-279.

은 동의하게 만들면 되고, 이를 위해 몇 번이든 의회 해산을 천황에게 주청하면 된다는 식이었다. 대신이 의회가 아니라 군주에 대해서만 책임진다는 초연주의는 헌법위반까지는 아니더라도 책임내각 같은 입헌정치 상도와는 거리가 멀다. 정당내각을 '헌정의 상도憲政の常道' 즉 헌법정치적 관례라고 보는 관점에서 볼 때는 초연 내각은 일종의 '변태 내각變態內閣'인 것이다.[155] 그러나 당시에는 정당내각에 대한 반발도 적지 않았기에 그렇게 평가되지만도 않았다. 내각이 관료내각이나 군벌 내각이어서는 안되고 입헌정치의 상도로 가려면 정당내각이 아니면 안 된다고 하는 사고에 대해서는 반대론도 만만치 않은 수준이었다.

정당내각 반대론은 주로는 의회주의나 정당정치가 일본의 국체와 서로 맞지 않기 때문에 받아들일 수 없다는 입장이었다.[156] 그래서 프로이센적 초연 내각을 모방한 초연주의가 헌정의 실현 후 상당 기간 지배한 것이다. 제헌을 주도한 집권 번벌 세력이 '민당民党'세력의 의회주의에 대해 드러낸 적대적 태도가 현실정치에 등장한 것이었다. 내각이 민선 중의원에 의해 형성되고 그것이 국정의 중심이 되는 것을 경계한 것이 제헌 의도라고 볼 때는 초연주의는 오히려 헌법의 의도에 부합하는 헌법 운용이다. 즉 헌법 조항에 따른 보필 경유에 의해 군주의 지배를 통치 엘리트의 지배로 실질화하고, 동시에 통치 엘리트의 지배를 전능한 권력을 지닌 군주의 위탁을 받은 지배로 권위 부여하는 형태에 부합하는 운용이다.[157]

---

155) 坂野潤治, 『日本近代史』, 211-212; 岡 義武 編, 『吉野作造評論集』, 115; 關 和知, 『近代政治の理想と現實』, 519.

156) 床次竹二郎・岩切重雄, 『日本憲法の精神』, 26.

157) 村松岐夫, 「日本政治のアウトライン」, 83; 小関素明, 『日本近代主権と立憲政体構想』, 80.

내각의 초연성은 내각이 의회와는 무관하게 성립된다는 의미다. 그래서 1885년에 내각제도가 만들어지고 1895년에 이토 내각이 자유당과 제휴하기 전까지 내각은 초연 내각 여부는 차치하고라도 의회와는 전혀 관계없이 유신 공훈세력 만에 의해 조직되었다. 총리대신도 정치권력을 장악한 삿쵸 양번 출신자만이 차지했다. 이런 현상은 오랫동안 유지된다. 1920년대 이후 정당내각이 형성되기 전까지는 대신이 천황에 대한 보필 책임만 질 뿐인 내각은 의회에 대해서는 책임을 지지 않는 초연 내각이었다. 그 점에서는 메이지 헌법체제는 의회의 신뢰와 지지 위에서 존립하고 의회에 책임을 지는 서구의 일반적 의원내각제와는 분명히 거리가 있다.158)

(2) 권력갈등의 이념적 미봉

제헌이 천황의 '흠정欽定' 방식이 된 것은 규범적 신성성의 고려가 아니라 예상되는 민권파나 여론의 헌법 흠집 내기에 대한 방어였다. 입헌정체 수립 일정이 정해진 이후 제정방식을 어떻게 할 것인가는 핵심 쟁점이었다. 신문들은 흠정 혹은 '국약國約'으로 할지, 주권은 군주 혹은 국가에 있는지의 논쟁을 앞다투어 게재했다. 언론이나 자유당계의 입장은 '국약헌법론'이었다. 자유당계는 국약의 관철할 '헌법제정의회'를 열자고도 했다.159) 이타가키나 '3대 건백' 운동 진영 등 민권파 전체가 국약헌법론이었다. 나카에 죠민 같은 민권운동의 정신적 지주도 1887년의 『평민의 각성平民の目さまし』에서 천황과 인민을 대신하는 대의사代議士의 집회인 국회를 통해 이

---

158) 川人貞史, 『議院內閣制』, 35.
159) 牧原憲夫, 『民權と憲法』, 51.

루어지는 국약헌법론을 역설했다. 심지어 3대 건백을 제출받은 원로원도 이토 견제 차원에서 흠정헌법이 되더라도 초안은 반드시 심의되어야 한다며 국약헌법론적 태도를 보였다. 그렇게 정부 안팎에서 국약헌법론이 대세였다.[160]

메이지 14년의 정변 당시의 이노우에 고와시조차도 국약헌법론에 가까운 흠정헌법론이었다. 오쿠마 의견서에 대한 반론인 1881년 6월의 「흠정헌법고欽定憲法考」에서 이노우에는 신문의 사설에는 흠정헌법은 민의를 거치지 않은 것이고 국약헌법만이 민의를 모으는 것이라 하는데, 이는 오해로서 흠정헌법도 '민의'를 거치는 게 통례라 했다. 흠정헌법도 공포 전에 소집된 대의사의 의결에 따라 정한다고 했다. 비록 이노우에가 그해 10월의 정변 후에는 흠정에서 민의 부분을 배제하지만 흠정헌법고의 헌법론은 헌법제정회의의 검토와 승인이라는 민의가 필요하다는 국약헌법적인 것이었다. 즉 오쿠마와 후쿠자와 일파를 적대시하게 된 상황에서는 흠정헌법고의 입장을 이어가면 적대세력의 입장과 비슷한 게 되기에 국약헌법론을 배제한 것일 뿐, 또 헌법제정의회 같은 민간참여적 논의가 이어지면 정부주도 제헌을 보장할 수 없다고 판단해 입장을 변경한 것일 뿐, 실은 철저한 흠정헌법론은 아니었다.[161]

그 점에서 '흠정'은 국민 의사와는 관계없다는 즉 제헌작업에서의 '민의의 배제'의 의미임은 분명하다. 그렇다고 흠정이 천황의 뜻의 실제적 개입을 뜻하는 것은 아니다. 흠정은 처음부터 끝까지 정부 안에서 만든 헌법을 천황의 작품이라 포장한 것이다. 1889년 메

---

160) 中江兆民,『平民の目さまし』, 40; 川口曉弘,『明治憲法欽定史』, 257, 300, 345, 356.

161) 川口曉弘,『明治憲法欽定史』, 41-43, 69-70.

이지 천황은 일반 국민에게는 너무나 먼 천황궁皇居 안에서 황실 조상신 등에게 알리면서 헌법수여식을 가졌다. 흠정헌법에 대한 논평도 허용하지 않기 위해 이토 총리는 헌법에 대한 이의를 엄단하라는 훈령을 내렸다. 극비리에 기초한 헌법이 누구에 의해 어떠한 경위를 거쳐 기초했는지가 알려지는 건 헌법의 권위손상과 연결되기 때문이다.162) 다만 그 평계의 진정성은 의문이다. 헌법의 권위 훼손이 우려된다면 오히려 천황의 진정한 흠정성을 무기로 즉 천황의 권위로 이의를 쉽게 돌파할 수도 있기 때문이다.

따라서 그것은 일부 집권세력의 의사에 의해 제정된 헌법이라는 이의제기에 대한 두려움이었다. 결국 진정한 의미의 흠정은 없었음을 자인하는 행동이었다. 즉 진정한 천황의 흠정이 아님에도 이토가 흠정이라면서 이의의 여지를 봉쇄한 이유는 제헌을 둘러싼 제 세력 간의 갈등 표출의 차단이었다. 비판의 화살이 제헌주도 세력에게 집중될 게 두렵기도 했을 것이다. 더 큰 이유는 그로 인해 제헌의 노력이 수포가 될지도 모른다는 두려움이었다. 그래서 흠정은 제헌 이후에도 불거져 나올지 모를 민간헌법안들의 의견을 제압하기 위해 필요한 형식이었다.163) 흠정은 국민의 제헌 참여나 군주와 국민 간의 협약은 보여주지 못하지만 최소한 제헌을 둘러싼 제 세력 간의 갈등을 미봉하는 수단은 될 수 있다고 본 것이다.

그 갈등의 미봉은 헌법에 정치구조 내부의 주체적 결단이 등장하는 것을 극력 회피하고, 그런데도 헌법 외부에서 헌법을 시동시킨 주체는 절대적으로 명확히 함으로서 헌법제정 권력에 관해 있을지

---

162) 鈴木安藏, 『比較憲法史』, 310-311.

163) 樋口陽一, 『個人と国家』, 74.

도 모를 논란의 여지를 없앤 것이다. 그것은 단순히 제헌까지의 절차의 문제가 아니라 군권을 기축으로 하는 전 국가기구의 활동을 향후 규정하고자 한 중대한 방침이었다.[164] 그렇더라도 당시의 대세가 제헌에 민의를 반영하자는 국약헌법론이었던 점에서 보면 그것은 헌법의 전근대성을 여실히 드러낸 대목이다. 내용의 전근대성을 차치하고라도 성립방식 자체에서의 전근대성 즉 갈등하는 제 세력의 의사를 헌법에 반영하지 못하고 단순히 미봉함에 그침으로써 불가피하게 안고 가야 하는 근원적 취약성을 의미했다.

갈등하는 제 세력의 의사를 헌법에 반영하지 못하고 단순히 미봉한 헌법은 정치변혁을 이끌지 못한다. 그래서 제헌 이후 헌법이 정치변혁을 이끌지 못하고 동시에 정치변혁이 헌법을 근거로 이루어지지는 못했다고 평가된다. 유신 이래 반세기 동안 일본은 변하지만 적어도 정치 분야의 변화는 표면적이었다. 제헌 이후에도 여전히 정치 활동은 귀족, 군부, 재벌, 관료 등에 의해 닫힌 문의 뒤에서 운영된다.[165] 그 점에서 근대입헌주의가 제헌과 병진하리라는 낙관은 무너졌다. 그래서 입헌주의의 이론이나 실제의 측면에서 프로이센 헌법 모방이 지니는 부정적 측면도 지적되었다. 물론 메이지 헌법에 프로이센 외적인 헌법 요소도 있다. 이념적으로 영국의 의회제도와 정치제도를 일정 부분 반영한 점도 인정된다.[166] 그러나 프로이센 모방이 지배한 것은 부정되기 힘들기에, 모방으로 인한 부정적 측면에 대한 지적은 프로이센 모방의 일본적 현실에의 부적합성을 말하는 것이 될 수밖에 없었다.

---

164) 丸山眞男, 『日本の思想』, 39.

165) 左藤 功, 「日本における國家權力と法」, 269-270.

166) 浅井 清, 『明治立憲思想史におけるイギリス国会制度の影響』, 184.

그 지적은 천황의 통치권 총람総攬 체제를 중심으로 한 형식적 권력분립으로 행정에 대한 의회의 견제라는 근대입헌주의적 요소를 지니지 못하고 단지 외관상의 권력분립에 그친 '외견적外見的 입헌주의'라는 점에 집중된다. 다른 입헌국가들과 비교할 때 보이는 그 이례적 '외견성'이 프로이센 헌법의 외견적 입헌주의와 장식적 권력분립의 반영 탓이라는 것이다. 일단 외견성은 군주주권 국가에서 제국의회의 '협찬'이 지닌 한계의 문제로 보였다. 천황주권에서의 의회의 협찬이란 사전에 심의하고 동의만 부여함으로써 천황의 활동을 보좌함에 불과해 천황을 견제하는 권력분립 구도는 아니기 때문이다. 그 결과 실질권력은 의회가 아닌 다른 곳에서 나오게 된다는 것이다. 그렇게 보면 일본에서 입헌주의에 부합하지 않는 헌정이 이루어진 것이 외부적 요인은 아니더라도 외부의 것을 모방한 탓인 것처럼 보인다.

그러나 외견성에는 일본 고유의 배경도 주목된다. 그에 따르면 프로이센 모방은 메이지 헌법체제의 변혁에서의 미흡함을 부른 단초는 될지언정 그 인과적 연관까지 설명하는 것은 되지 못하고, 오히려 일본적 특수성이 변혁 없는 근대입헌주의를 설명해 준다. 그 특수성이란 메이지 헌법은 민권파와 번벌 정치가나 관료들의 다양한 헌법구상 경쟁 속에서 이토 중심의 번벌 정부가 반대파를 봉쇄하고 흠정 형식을 내세워 현실의 권력 역학보다는 명분적 측면을 강조한 산물에 불과하다는 것이다. 그래서 그 헌법 틀은 메이지 국가건설을 대변하지 못한다. 반대로 그저 유신에 의한 신국가 건설의 최종적 완성으로서의 헌법일 뿐이다. 결국 당시 존재하던 국가적 제 세력 관계에 대한 헌법규범적 장식이라는 것이다.167) 그런 해석 하에서는 헌법의 외견성 즉 권력분립과 거리가 있는 전근대적 구조는 필연적이다.

다만 메이지 헌법의 형성을 그렇게 이해하는 해석이 큰 의미가 있는지는 의문이다. 모든 헌법은 본질에서는 기존의 구축되고 확립된 정치 질서를 규범적 형태로 담아낸 것이기 때문이다. 혹은 그것은 아직 확립단계에 있지만 아직은 확립되지 않은 정치 질서를 담은 규범이기 때문이다. 즉 헌법은 애초에 현실의 정치 질서를 변혁하는 게 목적이 아니라 현실의 정치 질서를 규범적으로 담아낸 것이다. 헌법이 현실을 찍어내는 그릇이라기보다는 이미 형성된 그릇의 형태를 규범적 차원에서 헌법이라는 추상적 형태로 그려낸 것일 뿐이다. 따라서 프로이센 모방이 지닌 외견성의 한계가 현실정치의 변혁에 지장을 준 것이라기보다는, 변혁에 대한 현실정치의 저항이 프로이센적 외견적 입헌주의를 채택하게 만든 것이라 볼 수도 있다.

헌법의 천황주권으로 인한 외견성의 체제 내재적 성격은 천황을 대하는 민권운동의 태도에서도 확인된다. 흠정헌법은 민권운동에 대한 반작용이지만 실은 민권운동에서도 천황에 대해서는 부정적이지 않았기 때문이다. 자유민권운동의 이념과 행동 안에 담긴 사고 즉 신분제와 전제적 정부 운영에 대한 당시의 비판은 서구입헌주의적 주의 주장과는 차이가 있었다. 특히 천황에 대한 관점이 그러했다. 민권운동 안에는 천황주의자들이 많았다.[168] 이들은 서구의 국민주권원칙을 '일군만민—君万民' 사상이라는 일본적 형태로 이해했다. 에도 말기부터 등장한 그 혁신적이면서도 봉건적인 뉘앙스의

---

167) 大藪龍介, 『明治国家論』, 179.

168) 島薗 進・中島岳志, 『愛国と信仰の構造』, 41.

사상은 천황 아래 모든 국민은 평등하다는 것이다.169) 그래서 일군만민 사상은 평등과 민권과 통한다고 보였다. '군민동치君民同治'론도 마찬가지다. 거기에도 천황 친정 논의와 공화정에 가까운 논의까지 폭넓게 포함되어 있는데 그것도 메이지 초기 입헌사상사에서 주류를 점할 정도였다.170)

그들 사상은 '천황 친정론'에 가까운 것에서부터 '공화정론'에 가까운 것까지 큰 폭이었는데, 주장들의 공통점은 천황의 지배일 정도로 자유민권운동은 천황주의와 공존했다. 그것은 사상이나 이념이 바뀌어도 늘 천황제와 합일해서 천황 이외의 정부나 정치지도자나 집단에 대해서만 비판하지 천황에 대해서는 비판하지 않는 근대 이후의 일본적 사고의 시작점의 모습이었다. 그렇듯 자유민권파는 천황제를 부정하지 않았다.171) 여기서 왕정복고와 시기를 같이한 일본의 근대적 민권운동은 부르주아지가 절대왕정을 타도하거나 그와 타협함으로써 형성된 근대 서구사회와 같은 이념을 지니지 않은 것임을 볼 수 있다. 그렇게 제헌주도 세력은 물론이고 민권파에게조차 제헌은 현실정치의 반영이기보다는 이념적 산물로 상정된 것이다.

물론 정부에게는 민권운동의 그런 천황에 대한 숭경조차 달갑지 않았다. 오히려 위험요소로 인식되었다. 인민 사이의 자발적 연대의식이 변혁주도권을 가져갈 수 있었기 때문이다. 그래서 정부는 그 숭경을 일정방향으로 유도해 민권운동의 영향을 차단하고자 제헌과 더불어 국민교육을 통한 국가의식을 주입하게 된다. 친족집단

---

169) 司馬遼太郎, 『「明治」という国家[下]』, 149, 174.

170) 鳥海 靖, 『日本近代史講義』; 出原政雄, 『自由民権期の政治思想』, 60-66.

171) 大藪龍介, 『明治国家論』, 178.

의 일체적 결합과 가족 구성원을 종속시킨 가에 관한 인식에서 출발해 황실을 국민의 총본가로 하는 가족 국가관을 만든 것이다.[172] 그 점에서 보면 제헌주도 세력의 기획도 민권운동 못지않게 이념 중심적인 것이다. 이렇게 정부나 민권운동 양측 모두에서 천황주의적 입헌이라는 것은 그것이 흠정이든 아니든 간에 실질적 변혁이 아닌 이념의 산물로서 이해되었음을 확인할 수 있다.

13. 근대와 전통의 입헌적 충돌

(1) 오츠 사건의 규범 대 권력

외견적 입헌주의의 장식적 권력분립으로 인한 갈등을 보여준 사건이 있다. 헌법 시행 뒤 반년 정도 지난 시점인 1891년 5월 방일 중인 러시아 황태자가 시가현에서 현직 경찰관 즈다 산조津田三藏에게 피습당한 <오츠大津 사건>이다. '러시아 공포증恐露病'에 사로잡혀 있던 정부는 충격에 빠진다. 러시아가 속한 서구제국은 의심의 여지 없이 대국이자 강국인데다, 특히 러시아는 세계 제1의 육군을 보유한 국가이고 영토도 전 세계의 6분의 1에 해당하는 대국이며 시베리아횡단철도를 부설하고 있고 바쿠후 말기부터 일본 북쪽 해안에 위협적으로 출몰했다. 그래서 당일 심야에 이토가 천황에게 불려가 지시를 받고, 다음 날 아침 일찍 천황이 직접 기차를 타고 황태자 병문안을 간다. 러시아의 분노를 가라앉히기 위해 즈다를 납치 사살하자는 의견도 나왔지만 결국 형사재판에 올려 극형에 처

---

172) 丸山眞男, 『現代政治の思想と行動』, 42, 162.

하자는 정부방침이 정해진다.

그런데 형법 제116조 '황실에 대한 죄'는 황태자에 위해를 가한 자를 사형에 처하게 하는데 이는 외국 황족을 대상으로 하는 게 아님은 분명했다. 따라서 고지마 고레카타児島惟謙 대심원장 등은 일반인 모살 미수죄를 적용할 수밖에 없다고 본다. 그 경우 최고형은 무기형이다. 정부는 억지해석으로라도 사형시키려 했다. 제116조에는 일본이라는 문자가 없다거나 러시아 황태자가 천황의 큰 손님이라는 등의 무리한 근거를 댔다. 이에 대심원은 정부가 그렇게 억지로 극형에 처하려 한다면 차라리 긴급명령을 발동시키라고 요구했다. 정부는 계속 극형이 불가피하다고만 주장했다. 러시아와의 관계를 고려할 때 극형이냐 무기형이냐에 따라 중대한 차이가 있다고 했다.173) 그에 대심원장이 반대해 결국 무기형이 선고되자 사법의 독립을 지킨 레전드급 판례가 된다.

반면 사실관계는 거의 비슷한데 뉘앙스는 자못 다른 해석도 있다. 천황이 비밀리에 대심원장 및 판사들에게 사형판결을 명하는 칙어를 내리자, 당황한 고지마가 그러려면 외국 황족을 일본 황족에 포함한다는 긴급칙령이 발령되어야 한다고 요청한 건 맞다. 그런데도 추밀원, 법제국 등이 반대해 정부가 이를 받아들이지 않았기에, 부득이 무기형밖에 할 수 없었다는 것이다. 여기서 대심원장의 긴급칙령 발령요청은 정부의 압력에 굴복해 법률을 부당하게 적용하려고 한 행동이기에, 사법권 독립 의지와는 거리가 멀고 오히려 정부에 종속적인 사법을 보여준 사건이라는 것이다. 그런데도 결과적으로 정부가 바라던 사형은 되지 않아 '오츠 사건'이란 '신

---

173) 尾佐竹猛, 『大津事件』, 19, 156-164.

화'가 탄생한 것에 불과하다는 것이다.[174)

또한 현실적으로도 그 신화는 대심원의 의지의 결론이라기보다는 실은 대심원이 정부의 의지에 따르기 쉽지 않은 상황에 처해 있었기 때문이라고도 해석된다. 즉 우선 범인에 대한 여론이 바뀌었다. 사건 직후에는 대역죄인 취급하는 정서였지만 얼마 뒤에는 우국지사 취급하는 분위기나 동정론도 조성되었다. 더욱이 변론에서도 외국 황태자에게 제116조를 적용하는 것이 부당하며, 법률의 불비의 경우에 부당하게 법률을 적용해 그 불비를 메꾸려고 해서는 안 된다고 재판에서 치열하게 다투었기 때문에 정부의 의지대로 가는 게 현실적으로 어려웠다.[175) 그렇다면 대심원도 함부로 정부의 뜻에 따를 수만도 없던 상황에서 결과만을 들어 신화 취급한 것이라는 해석이다.

그런데 이 사건에서 보인 제헌주도 세력 이노우에 고와시 등의 태도는 제헌 초기의 헌정 운용에서 외견적 입헌주의의 장식적 권력분립으로 인한 갈등을 확인시키고 있다. 이노우에는 사형을 시키지 않으면 안 된다는 주장이 지배한 정부 안에서 반대의견을 낸다. 그래서 이토에게 편지를 보낸다. 비상사태이지만 '일시적 사정'으로 인해 법 해석의 착오를 만들면 웃음거리밖에 되지 않고, 후세 역사에도 오점을 남기는 것이니 즈다를 모살 미수죄로 재판할 수밖에 없다고 했다. 제헌의 직접적 배후인 뢰슬러도 같은 의견을 낸다. 결국 신문 등에도 같은 의견이 게재된다. 그런데도 사태의 진전이 심상치 않자 이를 우려한 이노우에는 열흘 뒤 다시 이토에게 편지를

---

174) 新井勉・蕪山嚴・小柳春一郞, 『近代日本司法制度史』, 169-171.

175) 尾佐竹猛, 『大津事件』, 198-199, 214-215.

쓴다. 만약 모살 미수죄로 재판하지 않으면 각국 정부의 손가락질을 받게 되고 일본법전 및 사법관의 명예도 땅에 떨어진다고 했다.[176]

무기형 선고는 재판관이 내린 결론이기에 그것이 이노우에가 이토를 이해시킨 결과라고는 보기 어렵다. 그저 정부가 사법에 적극적으로 강요하지는 않았던 결과라고는 추측된다. 다만 이노우에나 일부 언론의 태도는 분명히 입헌주의적이다. 헌법기초자 이노우에는 오츠 사건 3일 전까지도 '법제국 장관'의 지위에 있었다. 마침 개각에 의한 총사직으로 물러난 것에 불과해 사실상 3일 뒤인 사건 시점에도 법제국 장관의 지위나 마찬가지였기에 법제국 장관으로서 말한 것이나 마찬가지였다. 그는 외견적 권력분립이 헌정에서 행정의 일방적 독주를 만드는 상황을 본 것이다. 그래서 '막 탄생한 메이지 입헌제도에서 이른바 강한 국가성 요구에 대항해서라도 관철해야만 하는 규범성과 법치성의 요청'을 말한 것이다.[177] 그 점에서 이노우에 등의 태도는 외견적 입헌주의 헌법하에서의 장식적 권력분립의 한계를 법규범 존중이라는 형식적 측면에서나마 돌파하려고 한 시도였다.

(2) 법전논쟁의 서구 대 전통

열강과의 불평등조약에 대한 개정 필요성을 계기로 헌법 외의 법제 정비도 서둘러진다. 열강과 대등한 국권수립을 목표로 한 신정부에 치외법권 철폐와 관세자주권 회복 등을 위한 조약상의 불평등 시정에 서구형 법제화가 필요했기 때문이다.[178] 조약개정 교섭에서

---

176) 奧平康弘·山口二郎 編, 『集団的自衛権の何が問題か』, 91.

177) 大石 眞, 『日本憲法史』, 306.

는 불평등을 시정하기 위해 2가지 조건이 필요했는데 하나는 일본이 조속히 서양식 민법, 형법, 상법, 소송법 등 법제를 만들고 사법조직을 갖추는 것이고, 다른 하나는 외교통상적 교섭에 관한 재판을 담당하기 위한 외국인 판사 등을 임용하는 것이었다. 그렇게 법전편찬 등과 불평등 관계 시정을 위한 조약개정 교섭은 인과적으로 맞물렸다.

즉 조약에 의해 프랑스와 영국은 일본에 군대를 주둔시킬 권리를 갖고, 일본의 재판소는 외국인에 대한 재판권을 가지지 못했다. 국내산업을 좌지우지하는 수입관세율도 일본이 결정할 수 없었다. 일본을 열등 국가로 취급한 이 불평등 관계는 국민적 분노를 샀다. 그래서 치외법권 철폐는 바쿠후 말기부터 줄곧 정치현안이 되었다. 재판자주권을 회복하려면 재판제도 및 재판규범이 될 법률을 만들어 열강에 승인시켜야 하는데, 열강도 그것이 수정의 전제조건이라고 요구했다. 그래서 정부는 단기간에 법전의 골격을 만들고자 했다. 그것은 개국에 이르게 된 '안세이安政 조약'에서 일본이 열강에 승인할 수밖에 없었던 굴욕적 제도의 철폐를 받아내는 수단이었다.

그러나 종래의 고유법을 버리고 일거에 서구법을 모방한 근대 법제를 가지는 것은 간단치 않았다. 바쿠후와 밀접한 외교 관계이던 프랑스의 법제를 모범으로 한 정비가 시작되다가 이와쿠라가 제헌의 기본방침을 프로이센적 입헌주의로 하는 '헌법건의憲法建義'를 올린 1881년 무렵부터는 정부의 관심이 급격히 독일법으로 옮겨가 이후의 법은 모두 독일법을 모범으로 했다. 그렇게 주로 독일과 프랑스의 법전을 모방해 기본적인 육법전이 편찬된다. 헌법이 발포된

---

178) 新井勉・蕪山嚴・小柳春一郎, 『近代日本司法制度史』, 14.

1889년의 이듬해부터 1898년 사이에 차례로 민법, 상법, 형법, 민사소송법, 형사소송법이 만들어졌다.[179] 현재도 시행되는 '메이지 민법전'은 1896년에 총칙과 재산법이, 2년 뒤 가족법이 공포된다. 가족법은 1947년에 크게 개정되지만 재산법은 일부 개정을 제외하면 기본적으로 시행 당시와 크게 다르지 않은데, 바로 그 민법이 큰 논쟁을 불렀다.

민법편찬은 1870년부터 간헐적으로 진행되어 첫 민법전인 '구민법전'이 1890년에 공포된다. 유신 직후부터 정부에서 시작된 그 작업은 처음에는 프랑스민법 베끼기 수준이라 좀처럼 궤도에 오르지 못했다. 그러다가 1873년에 사법성 법률고문으로 초빙되어 '사법성司法省법학교'에서 강의하던 파리 법과 대학교수 출신 보아소나드G. Boissonade에게 1879년 구민법 초안의 재산법 기초를 부탁했다. 그가 기초한 재산 편 원안이 원로원 심의에 부쳐져 각의에서 결정되어 1890년 공포되고 뒤이어 같은 해에 일본인 위원들에게 맡긴 가족법도 공포된다. 1890년의 제1회 제국의회 개회도 기다리지 않고 빨리 공포한 것은 불평등조약 개정을 서두르기 위해서였다. 시행은 1893년으로 정해진다.

그런데 「민법전논쟁民法典論争」 때문에 시행이 연기된다. 공포를 서두른 원로원의 심의절차를 비판하면서 연기를 주장한 건 '영국법학파'였고, 그대로 단행하자는 쪽은 '프랑스법학파'였다. 논쟁은 학리 다툼이자 각 법학교의 존망을 건 싸움이었다. 단행파는 프랑스법학파에 속하는 '사법성법학교', '메이지明治법률학교' 등의 졸업생이나 재학생으로 중심에는 보아소나드 등이 있었다. 연기파는 영

179) 川島武宜, 『日本人の法意識』, 1-3.

국법학파가 중심으로 '제국대학법과대학', '도쿄법학원' 졸업생이나 재학생이었다.180) 이미 민·상법전의 발포에 앞선 1889년 5월에 '법학사회'가 '법률편찬에 관한 의견서'를 발표해 상법과 소송법은 독일인, 민법은 프랑스인의 원안에 의해 된다면 법전 전부가 일관성을 결하게 되고, 법전 전부의 완성은 '민정풍속民情風俗'이 정해질 때까지 기다려야 한다고 주장하면서 연기논쟁의 단초를 제공했다.

이런 주장이 나온 당시의 전통주의적 풍조를 배경으로 '실시 연기파'는 공포된 민법전의 내용과 정신이 일본 고유의 미풍과 인정과 서로 용납되지 않는다고 주장했다. 나아가 신법전이 공화주의인 프랑스 민법전을 이식 계수한 점도 비난했다. 여기에 호즈미가 '민법이 나와 충효가 멸한다'라고 주장하여 개인주의적 이념에 기반을 둔 민법전이 전통적 가족제도나 그 기반이 된 유교적 이념에 반하는 것을 지적하면서 연기파의 리더로 활약한다. '실시 단행파'는 그에 반격하며 여러 결사를 조직해 조직적 '법전옹호 운동'을 개시하는데, 이들은 전근대적 지방 중심적인 봉건적 구 관습이나 누습을 타파해 인권을 신장시키려면 그 수단으로 자유주의 시민법전의 실시가 단행되어야 한다고 했다.181)

그 다툼은 보수주의와 진보주의 혹은 국권주의와 자유민권주의 간의 이데올로기 투쟁이었다. 양파는 각 법학교의 기관지 등에 논문을 발표하면서 주로 가족법 공방을 했다. 핵심은 구민법의 가부장제가 불충분하다는 것이었다. 호주제를 인정하면서도 재산은 가산이 아니라 개인이 소유하는 것인지, 혼인의 자유, 처의 이혼청구

---

180) 岩村 等,『入門日本近代法制史』, 63.

181) 星野 通,『民法典論争史』, 149-150; 中村雄二郎,『近代日本における制度と思想』, 348, 355.

권·양육권 등이 다뤄졌다. 전국의 재판소와 지방관 등에게 보내져 상당한 수정이 가해지지만 그런데도 영미법학자들은 계속 비판했다. 미풍양속에 반한다거나 조상 전래의 '가家' 제도를 파괴하는 것이라 했다. 전통에 반하는 자유주의적 조문이라는 주장과 그렇지 않다는 반박이 이어졌다. 여기에 주로 뢰슬러에 의해 기초되어 1890년에 편찬되어 공포된 '구 상법'에 대해서도 상관습을 무시했다는 비판이 이어지면서 '상법연기론'까지 가세한다.[182]

그렇게 구 상법마저 법전논쟁에 휘말리면서 1892년에 「민법·상법 시행연기법률안」이 의회에 제출된다. 법학계의 학문적 내지 이데올로기적 논쟁이 정치적 싸움으로까지 이어진 것이어서 격론이 벌어지지만 결국 큰 차로 가결된다. 이토 내각 안에서도 찬부 양론은 있었지만 결국 수정을 위한 시행연기가 결정되었다. 정부가 그 후 제국대학 법대 교수 3인에게 수정을 명해 새로 기초시킨 것이 바로 「메이지 민법전明治民法典」이다. 그것은 영국법학파와 프랑스법학파의 싸움의 결과인데도 방향은 독일민법의 우세가 되어버렸다. 메이지 민법전은 편별이나 내용에서 당시 최신 입법으로 평가되던 독일민법 초안을 참조했다. 다만 보아소나드가 만든 구 민법전의 규정도 상당 부분 그대로 남겨 프랑스민법의 영향도 남게 된다.

형법의 편찬도 쉽지 않았다. 1871년의 태정관제 개정에 의해 태정관의 우원에 속한 8성의 하나인 '사법성'에 의해 시작된 형법도 민법과 마찬가지로 1876년에 보아소나드의 원안을 토대로 한 초안이 이듬해 태정관에 제출된다. 그 초안이 여러 면에서 수정되

---

182) 中村雄二郎, 『近代日本における制度と思想』, 85-91; 川島武宜, 『イデオロギーとしての家族制度』, 5; 牧原憲夫, 『民権と憲法』, 153-154.

어 1879년에 형법심사국의 '정안正案'이 완성되어 이를 원로원이 심사해 1880년에 공포되어 1882년부터 시행된 게 '구 형법'이었다. 그러나 형법도 시행 이후 곧바로 개정이 추진되었다. 사법성이 개정에 착수해 보아소나드의 개정안을 의회에 제출했으나, 심의를 마치지 못하고, 1892년에 사법성이 다시 '형법 초안'을 만들고 그 후 몇 번을 고친 개정안이 의회에 상정되면서 1907년에야 현행「형법」이 되었다.[183]

그렇게 정치적 필요성에 의해 급조에 가깝게 편찬된 법전의 대부분은 기본용어, 관념, 논리, 사상에서 심하게 서양적일 수밖에 없었다. 그래서 민법이든 형법이든 상당한 이의에 봉착한 것이다. 그것은 근대적 법률제도의 정비 혹은 법률제도의 근대성이 다분히 형식적 외면적인 탓이었다.[184] 그렇기에 '민법전논쟁'이나 형법개정 과정은 입헌주의적 규범정비 과정에서 드러난 근대성과 전근대성의 충돌이었다. 실제로 구민법이 실시되지 못하고 폐지되고 1898년에 완성된 민법은 민법전논쟁에서 드러난 가부장제적 요소의 취약성을 보강해 강력한 가부장권을 세운 가족제도를 규정한다. 그 가족법은 현실의 가족질서의 유지가 목적이 아니라 그것을 보다 권위주의적으로 변용해 절대주의적 신민으로서의 인성을 형성하기 위한 훈련기관을 만드는 게 목적이었다.[185] 근대입헌주의의 역주행인 셈이다.

여기서 민법전논쟁이 일본적 전통과 입헌주의가 대변하는 근대적 이념 간의 갈등의 다툼임이 확인된다. 아울러 전통의 공격이 일정 부분 성공했음도 보여준다. 이는 필연적이다. 서구의 근대법전

---

183) 岩村 等,『入門日本近代法制史』, 67-69, 77, 87.

184) 中村雄二郎,『近代日本における制度と思想』, 78-79.

185) 川島武宜,『イデオロギーとしての家族制度』, 5-10.

에는 없는 일본 특유의 봉건적 가족제도 규정들이 있는 민법의 가족편 외에는 거의 모방법전이었는데, 이를 받아들이기 어려운 전통의 반격이기 때문이다. 그런 반격으로 서구화와 전통의 갈등이 종식된 것도 아니다. 실제로 그 법들은 대개는 여전히 서양적이라서 현실에 부합하지 않았기 때문에 적용 면에서도 이후 상당히 장식적 의미를 보여주면서 갈등은 상존했기 때문이다. 그로 인해 법규범과 현실의 생활에는 큰 간극이 만들어진다. 그러나 그 장식성은 후진국 일본이 문명개화로 나아가기 위해 필요한 것이기도 했다.186) 서구화를 수긍하기 어려운 전통의 시각에서는 장식이지만 서구화를 위해 부득이한 것이기 때문이다.

---

186) 川島武宜, 『日本人の法意識』, 3-5.

제4장

헌정 운용에서의 서구화

1. 정당내각의 실현

제헌 이듬해인 1890년 제국의회도 개설된다. 내각제의 창설과 각 성 관제제정 그리고 제헌에 이은 의회의 개설로 '입헌立憲' 설계는 일단락된다. 정부는 1890년 7월 제1회 중의원 총선거를 실시하고 11월에 헌법을 시행하고 의회를 개회해 근대적 헌정을 시작한다. 그런데 정부와의 대척점에서 선거를 준비해야 할 민권파는 분열해 있었다. 정부의 의회정치론 선점과 방해 공작으로 약화하였기 때문만도 아니었다. 그 상태에서 의회개설과 총선을 앞두고 구 자유당계 내부도 분열까지 생겼기 때문이다. 신당을 결성하자는 쪽과 자유당을 부활시키자는 측이 대립했다.

구 자유당계 재결집론이 고조되어 연말에 이타가키를 옹립해 '입헌자유당立憲自由党'이 결성되지만 분열과 재편을 겪은 민권파가 총선에서 불리해 보였다. 게다가 총선은 일정액 이상의 국세를 납부하는 25세 이상의 남자만이 유권자로 되어 선거권자는 인구의 1.14%인 총 45만 명에 불과한 극단적 제한선거였다.[1] 유권자가 극

---

[1] 猪木正道, 『軍国日本の興亡』, 5, 140.

소수 유산계급이라 정부도 온건세력의 승리를 예상했다. 그런데 결과는 의석 총수 300석 중 자유당이 130석, 개진당이 41석으로 민당 계열이 절반을 훨씬 넘는다. 정부주도로 만든 헌법 하의 첫 총선은 제헌주도권을 빼앗긴 민권파의 승리였다.

민권파가 의회를 주도할 판이다. 내각제의 변화도 민권파의 의회 내 주도권에 유리한 배경을 만들었다. 내각제는 의회개설 직전에 큰 방향전환을 했다. 창설 당시에는 '내각직권'과 '공문식公文式' 등에 의해 큰 권한이 부여된 총리대신은 각 대신의 수반으로, 각 대신은 총리를 통하지 않고는 법률·칙령안 등을 천황에게 상주할 수 없거니와 총리의 단독 상주권도 인정되어 총리만이 천황과 대면 의사소통이 가능한 지위였다.[2] 그런데 내각직권의 대재상주의가 각료 평등주의를 취하는 「내각관제」로 바뀌면서 사라진다. 이토의 후임 구로다 내각이 조약개정을 둘러싼 심각한 내각 대립으로 와해하여 유신 이래 공동체로 존재하던 번벌 정권과 총리의 강한 지도력이 어긋나면서 총리 권한이 재검토된 것이다. 내각직권이 국무대신을 총리의 통제하에 두어 헌법의 국무대신 '단독' 보필 규정과 저촉되는 것도 변경의 계기가 된다. 총리의 통제권이 없어지고 내각이 행정장관의 합의체로 바뀌어 모든 대신이 동격이 된다. 내각이 총리를 수반으로 하면서도 통일에 필요한 권한은 없는 조직이 된 것이다.

그렇게 되자 '각내일치閣內一致' 원칙으로 인한 정국 불안정이 우려된다. 내각이 행정 각부로서는 독립되고 내각 안에서는 일치되어야 하는 양립하기 곤란한 측면으로 인한 우려였다. 각내에서 조정

---

2) 内閣官房 編, 『内閣制度七十年史』, 376; 川口暁弘, 『明治憲法欽定史』, 151-152.

이 안 되면 곧바로 총사직할 수밖에 없다. 총리는 권한은 없고 책임만 추궁당하는 역할이 되자 내각이 붕괴할 때마다 누가 총리역을 할 수 있냐는 식이 된다. 그 결과 제3차 이토 내각까지 7대에 걸친 총리는 번벌 안에서 삿쵸가 번갈아 총리를 내는 관행이 되었다. 번벌이 정권을 독점하되 결정적 책임은 피해 가는 구조였다. 민권파가 첫 총선에서 승리하고 1894년 <청·일 전쟁>을 계기로 번벌과 정당이 제휴하자 상황은 일변한다. 정당 출신 인사가 입각하면서 정권의 명운이 민당의 의사에 좌우된다.3) 민당의 정권장악 기회가 만들어진 것이다. 그 가능성을 실현한 것이 정당을 기초로 한 오쿠마 내각이다.

정당내각의 주창자 오쿠마가 현실의 정당내각도 시작한다. 이토 내각 하에서 민당은 대동단결해 오쿠마와 이타가키를 총재로 하는 '헌정당憲政党'을 결성한다. 정부와 정당의 협력 없이 헌정을 운영할 수 없다고 판단한 이토는 번벌이 총리를 번갈아 하던 관례를 깨고 헌정당 총재 오쿠마와 이타가키 두 사람에게 조각을 명하도록 천황에게 청해 1898년 6월 오쿠마가 총리 겸 외상, 이타가키가 내상이 되는 첫 정당내각인 제1차 오쿠마 내각이 성립한다. 이전에는 관직 취임자는 당적을 버렸지만 오쿠마 내각은 정당내각임을 강조하고 당적보유 상태로 대신 등 관직에 취임케 함으로써 '당원'이 내각을 조직함을 보여준다. 관료들과의 관계에서도 '정무관政務官'과 '사무관事務官'을 구별하며 사무관은 내각의 방침에 반대하지 않는 한 신분이 보장된다고 했다.

정무관은 '메이지 14년의 정변' 당시 오쿠마가 제안한 정치적 임

---

3) 川口暁弘, 『明治憲法欽定史』, 169.

용의 그 '정당관政党官'이고, 사무관은 행정의 계속성을 중시한 그 '영구관永久官'이었다. 정치적 주도의 정책결정과 행정사무관의 협조체제가 구현된 것이다. 영국식 의원내각제로 행정의 일관성을 위해 사무관의 신분을 영구관으로 보장하면서도 정권교체에 수반되는 상급관료의 당파적 임용을 고려해 내각의 교체와 진퇴를 함께 하는 정당관을 둔 것이다. 정권이 교체되더라도 정책을 입안하는 상급관료에 대한 인사권을 내각이 확보함으로써 관료기구를 내각이 정치적으로 장악한다는 의미다. 정당관을 통해 내각의 의향을 관료기구 속에 주입하겠다는 구상이 정변으로 정치무대에서 사라졌다가 현실화된 것으로 이는 오늘날까지 살아남은 것이다.[4]

오쿠마 내각 하에서 내각의 기능도 강화되면서 '총리관저'가 종합조정의 장이 된다. 그때까지는 유력 대신의 관사나 사저에서 중요 정책결정이 이루어졌지만 내각의 구심력을 높이기 위해 총리관저에서 주로 결정했기 때문이다. 법령심사를 통한 종합조정 기능을 담당한 내각의 두뇌 법제국의 참사관도 증원한다. 각의에서 다루기 전의 사전협의기관으로 '내각참사관회의'도 둔다. 각 성의 차관과 칙임 사무관들이 각의 전날 내각에 모여 조정한 것을 각의에 올리는 것이다. 여론은 정당내각에 호의적이었다. 중립적 신문들도 정당내각을 헌정의 진보라 했다. 반면 번벌 정치가나 번벌 하에서 지낸 관료들은 충격을 받았다. 각지에서 민당과 대치하던 그들에게 그 개혁은 패배이자 굴욕이었다. 그래서 각 성의 차관들과 부·현 지사들이 사직했다. 야마가타를 비롯한 번벌 정치가들은 정당 내각제는 정부가 의회에 지배되는 것이라면서, 그리되면 인민주의人民主

---

4) 小関素明, 「「護憲」の超克と民主主義の制度設計」, 113-114.

義가 만연해 인기 얻기에 급급하는 정책으로 회복할 수 없는 사태가 발생할 거라고 비판했다.5) 개혁에 이타가키마저 반발하면서 오쿠마 내각은 총사직해 5개월 만인 1898년 11월 막을 내린다.

이런 상황과 맞물려 정부의 태도도 변화한다. 돌이켜보건대 제헌 무렵의 이토는 정당정치에 부정적이었다. 이토는 그것을 극단적 자유주의나 몽테스키외나 루소 등의 학설의 통쾌함에 심취되어 현실 정치적 책임의 문제를 보지 못하는 주장이라 했다. 당시는 천황 신권을 주장하는 국학파, 영국에서 유래한 자유주의자, 관료 중심의 독일학파, 프랑스 계몽주의 등 여러 주장이 다양하게 발호한 과도 기인데, 이토는 그들과 거리를 두었다. 정당내각을 하자는 오쿠마 류의 급진론에 대해서도 정당이 국가근본을 정하고 중요 정책결정을 담당하는 주체가 되기에는 시기상조라 했다. 영국의 역사에 비춰봐도 정당내각은 일본이 취할 바가 아니며 정당의 유치한 주장을 부추기는 언론의 태도는 무책임하다면서 정치가들이 구미의 정당내각에 심취해 있는 모습을 개탄했다.6)

그러나 번벌 정치가 한계에 부딪히자 이토는 정당정치의 필요성과 불가피성을 말하기 시작했다. 다만 기존의 정당과 달리 관료 출신을 대거 등용한 국익 우선의 '공당公党'을 만든다고 했다. 의회 다수 혹은 수권정당이 정당으로서의 정체성과 이념을 표방하면서 내각을 장악하는 정당정치는 오쿠마가 시작했다면, 제도권 내에서의 그런 움직임은 이토가 공당이라는 이름으로 시작한 것이다. 국민 의사를 정치에 반영하는 매개체라는 오늘날의 정당관으로 보면

---

5) 清水唯一朗, 『近代日本の官僚』, 220-231.
6) 瀧井一博, 『伊藤博文』, 77-80, 91-112.

사익추구를 억제한다는 공당이 진정한 정당인지 의심스럽다. 다만 이토의 말이 이념전환을 위한 변명의 수사인 점을 고려하고, 만들어진 공당의 실질을 보건대 그것은 정당이었다.

1900년 이토는 정당, 관료, 재계를 포괄한 정당을 만들자고 무소속 국회의원, 부·현회의원, 시장·시회의원, 상공회의소 간부, 회사 사장, 다액납세자, 은행장, 변호사 등에 폭넓게 호소한다. 그러나 창당 과정에서 실업가층의 동원이 원활치 않아 기성정당인 '헌정당'의 기반을 이용한다. 헌정당은 적극 호응해 자신의 기반을 이토에게 제공해 9월에 '입헌정우회立憲政友会'가 창립된다. 옛 자유당계인 헌정당의 호시 토루星亨와 이토 미요지伊東巳代治가 창당의 실제 주역이었다. 헌정당이 이토와 주변 관료들을 맞이한 것이나 마찬가지였다.[7] 그런 기반을 보면 정우회는 기존 정당과 다를 게 없었다. 창당의 현실적 어려움으로 인해 기존 정당의 구성원들을 차용한 듯한 그 구성은 결국 내부의 불화를 부른다. 1900년 10월 제4차 이토 내각에서 정우회 출신들이 정권을 담당하지만 정우회 내각은 내부의 구 헌정당원들과의 대립으로 9개월 만에 총사직한다.

후계 가쓰라 다로桂太郎 내각은 1904년 2월부터 1년 반에 걸쳐 <러·일 전쟁>을 치른다. 원로들과 정우회의 협조로 운영된 '거국일치' 내각에서 가쓰라는 전쟁 수행에 협력한 정우회의 사이온지 긴모치西園寺公望에게 정권 이양을 약속했다. 전후 처리가 마무리되자 가쓰라가 약속대로 정권을 넘겨 1906년 1월 발족한 제1차 사이온지 내각은 2년 반 동안 집권하고 1908년 7월 다시 가쓰라에게 정권을 반환한다. 제2차 가쓰라 내각과 정우회도 극히 협조적이고

---

7) 清水唯一朗, 『近代日本の官僚』, 233; 瀧井一博, 『伊藤博文』, 152, 174.

다시 제2차 사이온지 내각에 정권이 이양된다. 그런 평화적 교체는 '책임내각제'의 가능성을 보여주었다. 추밀원 의장에 추대되어 정당정치의 일선에서 물러나 있던 이토도 정당을 기초로 한 책임내각을 더 이상 외면할 수 없었다. 프로이센 헌법을 모델로 한 애초의 구상에는 없던 책임내각제가 헌정의 기초자 이토에게도 수긍된 것이다. 원만한 헌정을 위해 책임내각제는 불가피한 듯 보였다.[8]

대세가 된 책임내각에 걸맞은 제도의 정비를 위해 이토는 앞장서 1907년에 '내각관제'를 개정하고 '공식령公式令'을 만든다. 앞선 내각관제에서는 총리의 부서를 필요로 하는 칙령이 일정 범위로 제한되고 각 성 고유의 행정사무는 각 대신의 부서로 가능했다. 그래서 총리가 '행정 각부의 통일을 보유'한다고 해도 각 성의 대신에 대한 조정 권한을 가지지는 못했다. 그래서 내각의 통일은 총리 개인의 능력이나 원로의 도움에 의존해야 했다. 이에 1906년 10월 제1차 사이온지 내각 하에서 이토는 천황에 주청해 법령의 바람직한 형태를 규정한 '공문식'을 개정한 '공식령'을 만들어 법률·칙령 공포시에 총리의 부서를 요하게 한다. 부서를 통해 총리에게 종합적 조정 권한을 부여해 총리 하의 통일적 내각 운영을 가능케 한 것이다.[9] 총리에 의한 책임내각의 정착을 제도적으로 지원한 것이다.

2. 호헌운동과 초연 내각의 종언

본격적 '정당내각'인 제2차 사이온지 내각은 여론의 지지를 업고

---

8) 岡 義武 編, 『吉野作造評論集』, 122.

9) 清水唯一朗, 『近代日本の官僚』, 247-249.

대규모 행정개혁에 매진한다. 메이지 천황이 죽고 '다이쇼大正' 시대가 막 시작된 1912년에 '2개 사단증설' 문제로 내각은 육군과 대립한다. 내각이 영국과 독일 간의 건함경쟁에 뒤처지지 않도록 해군의 전함과 순양함 건조를 지원하자 우에하라 유사쿠上原勇作 육군상이 조선에 상주시킬 육군 2개 사단의 증설을 요구한 것이다. 내각은 육군의 요구가 중국에서 발생한 '신해辛亥혁명'이나 '만주 문제'에 소극적인 정부에 맞서 대륙의 중요성을 재확인시키려는 의도를 담은 것이라 판단해 주저한다. 육군도 내각도 물러서지 않는 상태에서 우에하라가 돌연 천황에게 상주하고는 멋대로 사직한다. 사이온지는 후임 육군대신을 추천받으려 했지만 원로 야마가타도 가쓰라도 추천하지 않는다.

결국 사이온지 내각은 중의원 절대다수당 내각임에도 표면상으로는 '내각 불통일'을 이유로, 실제로는 '육군대신을 구하는 것이 불가능해서' 총사직한다. 국민의 지지를 얻던 정당내각이 육군의 횡포로 후임 육군대신을 얻지 못해 총사퇴하자 여론은 일제히 육군을 비난한다. 원로회의의 추천으로 제3차 가쓰라 다로桂太郎 내각이 들어서지만 국민의 비난은 멈추지 않았다. 가쓰라가 정우회를 압도하기 위해 새로 결성한 '입헌동지회立憲同志会'의 출현을 위협으로 인식한 정당들의 공세도 그 틈에 강화된다. 정당의 위기감에 따른 공세가 가쓰라 등장까지의 군부비판 여론을 이용하며 거대한 '호헌護憲 운동'으로 전개된다. '다이쇼 정변大正政変'이라고도 불린 <제1차 호헌운동>이다.

그 운동에는 광범한 세력이 동참했다. 도쿄 등 전국의 상업회의소들이 비판대열에 나서고, 신문·잡지의 기자, 변호사들이 '헌정작

진회憲政作振会'를 조직했다. '정우회'와 '국민당国民党' 양당의 국회의원들은 '헌정옹호'를 결의했다. 도쿄의 '제1회 헌정옹호 연합대회' 개최를 계기로 집회는 전국으로 확산한다. 대회의 슬로건은 '족벌정치 타파', '정당주의' 그리고 '헌정옹호'였다. 정우회와 국민당은 의회에 '내각 탄핵 결의안'을 냈다. 성난 군중은 국회를 포위하고 정부 지지 어용신문사들을 습격하고 경찰서와 파출소를 불태우고 여당 의원들의 집까지 공격한다. 군대 출동으로 소요는 수습되지만 동지회 결성 3일 만에 가쓰라 내각은 총사직하고, 며칠 새 오사카, 고베, 히로시마, 교토에도 소요가 발생한다.[10]

제1차 호헌운동은 정당이 촉발한 정당정치 내의 투쟁으로서의 측면도 있다. 즉 정우회와 국민당의 입헌동지회에 대한 정치적 공세에 대중이 이용당한 측면도 없지는 않다. 그러나 정치적 대중운동이라는 새로운 국민상을 만든 점에서 다이쇼 정변은 그렇게만 평가될 수는 없다. '대중'이 주도적으로 나선 일본 최초의 대중 정치운동이기 때문이다. 앞서 '포츠머스 조약'에 대한 항의로 1905년에도 히비야 공원의 국민대회와 폭동 등이 있기는 했지만 대중이 국내정치문제에 반응해서 그렇게까지 대규모로 또한 전국적으로 움직인 것은 다이쇼 정변이 시발이다. 그야말로 아래로부터의 운동이었다. 그 '헌정옹호' 구호는 번벌 등 위로부터 주도되는 정치에 대한 변화요구로 대중의 행동에 정치가 반응하게 만든 출발점의 사건이었다.[11]

이는 위로부터의 정치에 의존하고 이를 당연한 것으로 받아들이

---

10) 長谷川正安,『憲法運動論』, 15; 山崎丹照,『內閣制度の硏究』, 341-343; 坂野潤治,『日本近代史』, 288-289.
11) 丸山眞男,『丸山眞男座談, 第9冊』, 224-225.

던 국민상을 바꾼 획기적 모습이다. 정당이 개입되어 있어 국민이 온전히 주체적 행위자인 아래로부터의 운동이라고 보기 어려운 점도 없지 않더라도 정치적 주체이자 행위자로서의 국민상을 정치에 각인시킨 사건이다. 호헌운동을 원로 야마가타 등도 통제할 수 없었던 점에서도 그렇다. 그것은 정당정치의 대척점에 있는 초연주의가 시대 역행적이라고 인식되고 있음을 알려준 시대 분기적 사건이다. 집단적 대중을 정치의 주체적 행위자로 확인시키고 정치가 그를 의식하게 만든 최초의 사건이었다.

그렇듯 초연 내각은 설 자리를 잃었다. 돌이켜 보건대 중의원 다수파의 동향에 개의치 않는다는 '초연주의'는 정부의 입장이기도 했지만 선거에서 그런 정부를 비판하는 '자유당自由党'을 많은 국민이 지지하자 초연주의는 철저하게 관철하기 어렵게 되었다. 근대화로 번벌 정부와 관료 그리고 민당 세력 간의 정보격차가 좁혀진 점도 정부가 정보독점을 전제로 한 초연주의만 고수할 수 없게 만들었다. 정부도 정당정치에 손을 내밀 수밖에 없게 되어 초연주의 연설을 한 구로다의 내각조차도 '대동단결' 운동의 주역 고토와 '입헌개진당立憲改進党'의 오쿠마를 입각시켰다. 농·상무 대신 이노우에 가오루도 지방명망가들에게 호소해 신당 결성을 계획할 정도였다. 그렇게 내각의 국정 운영도 겉으로 표방하는 초연주의와 달리 실은 정당과의 교섭을 통한 정당 인맥에 의해 이루어졌다.12)

번벌 정부의 국가경영이 원활치 않자 초연 내각의 자신감은 더욱 상실된다. 안정적 정부를 만드는 데 어려움을 겪을수록 초연 내각은 더욱더 정당내각의 요청에 귀 기울일 수밖에 없었다. 그 과정은

---

12) 北岡伸一, 『日本政治史』, 86.

정당정치로의 필연적 이행의 모습이었다. 돌이켜보면 '청·일 전쟁' 후인 1895년 이토 내각이 전후 국가경영의 어려움으로 인해 처음으로 자유당과 제휴한 결과 의회에서 '정부당政府党'이 출현했다. 다만 그때는 정당의 당수가 총리가 되는 건 아니고, 총리는 여전히 구세력에 기초한 관료 출신자였다.[13] 따라서 서구식 의원내각제와는 거리가 있었지만 자유당과 손을 잡음으로써 '정당정치'는 공식화된 것이다. 이후 1898년 6월 헌정당을 기반으로 성립한 제1차 오쿠마 내각에서는 외무·육군·해군상 외의 전 각료가 '헌정당憲政党'에서 발탁될 정도로 존립이 정당에 기초한 본격적 정당내각이 되었다. 그러자 이토도 대세를 거역하지 못하고 1900년 9월 '입헌 정우회'를 만들었던 것이다.[14]

이로써 메이지 헌법체제의 내적 본질인 초연주의 이념은 퇴색하기 시작한다. 초연주의는 명맥은 유지하지만 호헌운동 등으로 결정적 타격을 받는다. 호헌운동의 결과 등장한 야마모토 내각은 사쓰마파, 해군, 정우회의 연합세력으로 군부대신 '현역무관제現役武官制'를 폐지하고 '문관임용령'을 개정해 자유롭게 임용할 수 있는 범위를 늘리며 안정화되는 듯했으나, 1914년에 독일 지멘스사가 전함 발주와 관련해 해군 고관에게 뇌물을 준 게 폭로된 '지멘스 사건'이 터지면서 내각은 총사퇴해 원로 이노우에 가오루의 추천으로 오쿠마가 1914년 4월 두 번째로 총리가 된다. 제2차 오쿠마 내각은 비정우회 세력을 결집한 동지회, 죠슈벌, 육군계 내각이다.[15] 그 뒤 초연주의는 다른 모습으로 재등장한다. 정부가 일방적으로 주도한

---

13) 山崎丹照, 『內閣制度の研究』, 279.

14) 猪木正道, 『軍国日本の興亡』, 96; 瀧井一博, 『伊藤博文』, 118.

15) 小島英俊, 『帝国議会と日本人』, 78; 關 和知, 『近代政治の理想と現實』, 39-41.

다는 의미로서는 모르되, 정당에 대한 지지와 무관한 정권운영의 의미로 다시 떠오른다.

국민적 인기를 받는 오쿠마는 '정무政務'와 '사무事務'의 정점에 위치한 차관次官을 정치적으로 임용한다. 각 성을 정권의 의도 하에 두려 한 정우회와는 달리 지론이던 정무와 사무 간의 구별을 제도화한 것이다. 관제개혁을 진행해 10월에는 개정 문관임용령이 공포되어, 차관직은 자격 임용제로 되돌리고 정당인은 정무담당직인 참정관, 부참정관이 된다. 정무담당 '참정관參政官'은 제1차 오쿠마 내각이 규정한 '내각참사관'이나 제4차 이토 내각의 '관방장官房長'과는 달랐다. 직무가 대신의 보좌와 의회와의 연락·교섭이었다. 각 성의 참정관에 의한 합동 회의는 있지만 각의와의 연속성은 없었다. '대신관방'을 이끌던 관방장과는 달리 참정관, 부참정관은 스태프가 없다. 각 성내의 의사결정 라인 밖에 있다. 참정관 등은 전문 관료가 기피하는 정당 혹은 의회에 대한 교섭만 맡았다. 관료 출신자를 당의 중추에 두고 정권획득에 매진한 점에서는 정우회와 마찬가지지만, 입법과 행정, 정당과 각 성, 정치가와 관료의 형태에 관해서는 다른 입장이었다.[16]

그런데 오쿠마가 1916년 10월 건강문제로 사직하고 후임으로 데라우치 마사타케寺內正毅가 총리가 되면서 독단적 정권운영의 의미로서의 초연주의가 다시 활개를 친다. 데라우치 군벌 내각은 제국의회의 의사 따위에는 개의치 않고 그야말로 '초연'했다. 결국 이 내각은 정당내각을 지지하는 국민에게 인기도 없는 데다가 번벌 정치가 과거처럼 믿고 맡길 만한 내각이라는 관념도 상실되었기에 시

16) 清水唯一朗, 『近代日本の官僚』, 269-272.

대착오적인 모습으로만 비쳤다. '입헌'이 시대의 상식이 되어가는 시기에 시대를 거스른 데라우치는 오사카의 상징 즈우텐카쿠通天閣에 있는 행운의 '비리켄ビリケン像'과 두상이 닮아서 '비입헌非立憲'의 일본식 발음과 거의 같은 발음에 착안해 '비리켄 데라우치'라 불렸다.

헌법의 체제원리가 입헌주의이자 정당 내각제임을 이해한 국민이 더 이상 초연주의를 용납하지 않은 것이다. 그것은 초연주의가 통하지 않는 시대가 되었음은 물론이고 동시에 초연주의가 입헌주의와 상통하지 않음을 국민이 이해한다는 의미와 다름 아니었다. 언론이나 국민이 '비입헌'이라는 말을 공격의 논거로 사용하면서 데라우치정권을 평가하는 모습은 '입헌'이 시대의 키워드가 되었음을 여실히 확인시켜 주는 것이다.17) '비입헌'이라고 정권을 성토하고 있다는 것은 국민이 입헌주의를 메이지 헌법의 체제원리로 보고 있다는 것이기 때문이다.18)

그런데 데라우치의 초연주의는 일면 오쿠마 정권과 닮은꼴이었다. 정당내각의 원형이라는 오쿠마 내각에 이은 내각이 어째서 반정당 내각의 대표 격으로 불릴 정도의 초연성을 유지하는 게 가능했는가의 의문도 그와 관련 있다. 즉 데라우치의 방식은 오쿠마의 선례와 무관치 않다는 것이다. 오쿠마 내각은 다수파 내각이 아니어서 정당의 힘으로 정우회를 압도한 게 아니라 국민적 인기로 유지된 것이었다. 그렇게 다수당이 아니더라도 집권하면 정권운영이 얼마든지 가능하다고 메시지를 남긴 게 이후에도 정당지지와 무관

---

17) 樋口陽一, 『いま, 「憲法改正」をどう考えるか』, 15-18.
18) 三谷太一郎, 『日本の近代とは何であったか』, 38.

한 초연 내각을 가능케 만든 것이다.[19)

즉 제2차 오쿠마 내각이 정당내각을 표방하지만 그 단계에서도 아직 서구식 정당 내각제나 의원내각제가 제대로 구조화한 것은 아닌데도 오쿠마라는 인물을 통해 그가 상징하는 정당내각의 구조화가 구현된 시기라고 착각한 것이다. 그런 면에서 오쿠마 내각은 정당에 대한 지지와 무관한 정권운영이라는 의미로서는 일종의 초연 내각적인 것이었다. 데라우치정권은 오쿠마 내각의 그런 소수파 내각 생존방식을 현실정치적으로 꿰뚫은 현상이다. 그렇다면 데라우치의 초연 내각은 시대 초월적 생명력에 기반을 둔 것이 아니고 그저 정치적 생존법으로서의 초연 내각인 것이다. 따라서 데라우치 내각이 초연 내각을 근본적으로 되살린 반동적 현상이라 보기는 어려울 것이다.

3. 의원내각제적 제도화

내각이 의회의 신임을 얻는 것을 전제로 하는 의원내각제는 내각 지지 정당이나 정당 연합이 의회 다수파를 안정적으로 유지하는 정당정치가 없이는 생각하기 어렵다. 그렇더라도 정당내각의 존재가 반드시 의원내각제를 의미하는 것도 아니다. 내각의 성립이 의회 다수파를 전제로 하지 않은 정당내각 초기의 일본이 그러했다. 정당내각은 있지만 중의원총선 결과에 의해 내각이 성립한 게 아니어서 내각성립이 의회 신임을 전제로 하는지 의문이었다. 의회의 신

---

19) 岡 義武 編, 『吉野作造評論集』, 297-298.

임이란 그에 의해 총리의 진퇴가 결정 난다는 뜻이지만 선거를 통해 의회 다수파가 집권한다는 의미이기도 한데 일본은 그렇지 않았다. 전전의 정당 내각제는 1924년 이래 최후의 원로 사이온지가 내각 수반 지명에 관해 천황에게 조언하고 이에 따른 천황의 '대명大命'에 의해 현실적으로 이뤄진 점에서 의회 다수파의 집권으로서의 의원내각제인지 의문이었다.[20]

천황이 대명을 내리는 형태는 메이지 헌법 시대를 특징짓는 조각組閣 방식이었다. 헌법상 국무대신 임면도 천황대권에 속하지만, 실제는 메이지 말엽 이후 후계내각의 조직을 위한 천황의 대명이 내려지도록 원로가 인물을 추천하고 이에 따라 조각의 대명이 내려지는 게 내각제의 관례가 되었다. 원로는 내각이 퇴진할 때 후계내각을 조직할 대명을 내려야 할 자 즉 총리가 될 자나 그 외 국무대신이 될 자를 추천시켜 천황이 '조각의 대명 강하'를 하는 형태였다. 다이쇼 시대부터는 야마가타, 이노우에 가오루 등의 원훈들이 그 역할을 하고, 이들의 사후에는 최후의 원로 사이온지 긴모치西園寺公望가 그 역할을 했다. 초기에는 원로가 완전히 자신의 책임으로 그렇게 추천했고 이후에는 여러 중신과 협의하거나 각 중신을 개별적으로 만나 의견을 구해 대명을 내려야 할 자를 추천했다.

이는 국회의 의사와는 무관한 총리대신 선임이다. 국회나 정당의 의사는 원로의 판단의 한 근거에 불과했다. 원로는 정당내각 시대에조차도 어떤 인물이 정당의 당수라서 추천하기보다는 그저 적절해서 추천했다. 그런데도 이 방식이 때로는 국민의 신뢰를 받는 다수당 당수를 총리로 추천하기도 했기에 정당내각 시대가 되면서는

---

20) 飯尾 潤, 『日本の統治構造』, 13-19.

정당이 총리 선정에 상당한 힘을 가지게 된 계기가 되기도 했다. 원로의 추천하에서도 의회나 정당의 뜻이 총리선임에 영향은 주었다는 의미다. 즉 원로가 추천함에 있어 누가 국민의 신뢰를 얻는가를 판정하는 재료로 다수당 당수인 점도 고려했기에 그 방식이 정당내각 출현과 무관치는 않았다. 물론 다수당 당수 추천이라도 그것이 헌법 제도적 산물은 아니고 단지 '대명' 안에 있지만 추천과 대명이 정당 내각제로 연결되기도 했다는 것이다.[21] 그래서 대명을 구하는 추천이 정당내각의 실질과 연결되더라도 그것을 정당내각의 제도화라 보기는 어려웠다.

반면 1918년 등장한 하라 다카시原敬 정권은 정당내각의 제도적 기틀을 분명히 만든다. 가쓰라와 사이온지 간에 이루어진 합의에 따른 정권 주고받기로서의 정당내각이 아니라 정치구조 차원에서의 정당내각이 된다. 즉 국가 주도적이고 관료주의적이던 메이지 시대 이래의 전통적인 권위주의 정치시스템 자체를 정당정치로 흡수한다. 비록 이후에 일시적으로 비정당 내각이 다시 등장하기도 하지만 그때마다 여론은 그들이 정당 기반을 가지지 않았다는 이유로 비판할 정도로 정당정치는 자리 잡아 간다. 제1차 호헌운동을 거쳐 제2차 오쿠마 내각이 성립한 이후 정우회와 동지회의 양대 정당 체제에서 상당히 긍정적으로 비친 정당정치가 하라 내각에서 분명히 구조화한 것이다.

1924년의 <제2차 헌정옹호운동>도 일시적인 비정당 내각의 흐름에 맞서 정당정치를 옹호한 것이다. 원로 사이온지에 의해 특정 정당과 무관한 추밀원 의장 기요우라 게이고清浦奎吾가 총리로 추천

---

21) 山崎丹照, 『內閣制度の研究』, 298-302; 山崎丹照, 『內閣論』, 124-128, 145-146.

되어 결국 '변태 내각'이라 불리게 된 기요우라 내각을 타도하고자 한 헌정회, 정우회, 혁신 구락부의 '호헌 3파 연립'은 정략적 공세 이기도 하지만 국민과 언론의 지지로 큰 흐름이 된다. 호헌 3파 연립은 중의원총선을 통해 다수파가 되고 그 결과 가토 다카아키加藤 高明가 총리가 된다. 가토는 1916년부터 '헌정의 상도'라는 정당정치를 주장해 온 인물이었다. 그렇듯 그 운동은 정당정치 확립 운동이었다. 그로부터 1932년의 '5.15 사건'에 의한 이누카이 즈요시犬 養毅의 정우회 내각의 붕괴까지 8년에 걸친 정당내각으로 정당정치는 다시 자리 잡는다.[22]

양대 정당 체제의 성립도 정당내각 안정화에 일조한다. 양대 정당의 연원은 러·일 전쟁 시기까지 거슬러 올라간다. 전쟁 중과 그 직후에 정계의 양대 세력인 죠슈벌의 가쓰라와 정우회의 사이온지가 그것이었다. 그들이 보인 전쟁 수행을 위한 거국일치는 의원내각제의 외형이었다. 가쓰라 내각은 중의원에서 정우회의 지지를 받고, 사이온지가 정우회 내각을 조직하면 가쓰라는 이를 지지한 점 그리고 특히 정당의 교체라는 형태에서 그렇다. 그래서 종전 후 1911년 가을까지 6년간 중의원해산에 의한 총선은 없었다. 내각이 두 번 교체되지만 모두 합의로 이루어진다. 그 정권교체는 선거결과에 의해 다수당 정권이 성립하는 것과는 다르지만 정권의 순차적 이양인 점에서는 의원내각제 같았다. 정당내각을 기반으로 한 점에서도 그러했다. 특히 제2차 사이온지 내각은 정우회 정당내각의 색채를 분명히 했다. 의원내각제라 말할 수 있는지는 몰라도 정당 중

---

22) 飯尾 潤, 『日本の統治構造』, 13; 三谷太一郎, 『日本の近代とは何であったか』, 36; 北岡伸一, 『日本政治史』, 155.

심의 정권교체이기는 했다.

그러나 본격적 양대 정당 체제는 '입헌민정당立憲民政党'의 등장으로 시작된다, 그것은 '입헌정우회'의 힘이 세지면서 생긴 결과다. 정우회가 집권하지 않을 때조차도 제2당인 '헌정본당憲政本党'과 그 후신인 '국민당'이 번벌에 적대적이기에 번벌 내각은 정책수행에서 정우회의 협력을 얻어야 했다. 번벌이나 관료벌 중 소수파인 사쓰마파나 해군도 정우회에 접근했다. 반작용으로 정우회의 세력화에 맞서는 정당 간 합종연횡의 대항 정당이 나타난다. 정우회와 함께 전전 양대 정당의 한 축을 이루는 '입헌민정당'이 1927년 정당 합동을 통해 탄생한 것이다. 민정당 창당의 직접적 계기는 정우회에 대한 상대적 의석분포였다. 1927년 중의원은 정우회가 158석으로 제1당, '헌정회憲政会'가 156석으로 제2당, '정우본당政友本党'이 88석으로 제3당이었다. 제2당과의 의석 차가 근소한 정우회는 정권 기반 강화를 위해 스스로 중의원을 해산해 총선거로 갈게 뻔했다. 제2당 헌정회는 그러면 여당 정우회가 유리하므로 그에 대항하기 위해 정우회 탈회자들이 결성한 정우본당과 합쳐 입헌민정당을 만든다.

선거의 승리를 위해 이념적 적대세력까지 끌어안은 비이념적 합종연횡이 전전 양대 정당 체제 계보의 한 축을 만든 것이다. 민정당은 그 탄생에서부터 2대 정당 체제 형성을 목표로 의도적으로 진보적 노선을 표방한다. '보통선거' 실시에 저항하는 정우회를 비판하고 관료조직과 연계해 의회 중심주의와 점진적 민주화를 추진하며, 사회정책에서는 사회민주주의적 경향도 보인다. 정우회를 만든 이토로 상징되는 번벌에 반대하고, 이전 민권파인 이타가키의 자유당 노선도 비판하면서, 오쿠마가 1882년 결성한 '입헌개진당'의 후신이라고 스스로의 정체성을 규정한다. 번벌 비판의 입장에서 개진당을 전신이라 하면서도, 마찬가지의 반번벌 입장인 자유당과도 거리를 둔 이유는 급진적 민권운동과는 차별되는 '점진주의' 노선을 밝힌 것이었다.

민정당은 1928년 2월의 일본 첫 보통선거에서 그해 8월 파리에서 열강이 합의할 '부전不戰조약' 문제를 쟁점으로 삼아 정우회에 1석 적은 제2당으로 도약하고, 특히 대도시에서는 압승한다. 그러자 이후에도 부전조약 문제를 빌미로 지속적 정쟁에 나섬으로써 존재기반을 유지하려 한다. 조약이 조인되자 민정당은 조약 취지는 받아들이면서도 제1조가 '인민 각자의 이름으로In the names of their respective peoples' 조약체결을 선언한 것은 천황대권인 조약체결권을 무시한 헌법위반이고 '국체'에도 반한다고 공격한다.[23] 국체론으로 국민감정을 자극한 정략적 공세다. 실제로 서구열강이 일본의 부전조약 참가를 요구해 왔을 때 그 의의는 높게 평가된 것인데도 야당이 된 민정당이 천황대권을 빌미로 위헌이라며 공격한 것이다.[24] 국민감정에 호소한 그 정략적 정치공세는 1930년 총선에서도 민정당이 정우회에 경이적인 압승을 거두게 만든다.

---

23) 井上寿一, 『政友会と民政党』, 33-41, 64-66; 松沢弘陽・植手通有 編, 『丸山眞男回顧談(上)』, 39.
24) 井上寿一, 『吉田茂と昭和史』, 55-59.

제5장

군국과 혁신의 반서구화

1. 군국주의와 파시즘

일본의 군국주의軍国主義에는 프로이센의 영향이 적지 않다. 이와쿠라 사절단은 비스마르크의 정치력뿐만 아니라 군사정책에도 주목했다. 그래서 귀국 후 참모총장 몰트케H. v. Moltke가 상비군 대폭 증원을 독일의회에 제안할 당시 행한 연설을 소개할 정도였다.[1] 약소국 일본에 그 군사정책은 당장 필요한 모범이었다. 메이지 초기 강권으로 실시한 '징병제'도 프로이센 국민군의 모방이었다. 프로이센의 군국정책에는 동질성조차 느낄 정도였다. 전국시대의 할거체제나 바쿠후 체제는 물론이고 유신 쿠데타가 군국주의적 모습과 다르지 않았기 때문이다. 그렇듯 프로이센 모방은 유신 이후의 사고와 정책 방향에 깊게 반영된다. 그래서 군국주의 자체가 근대적 주권국가로서의 유지와 위로부터의 근대화의 추진력이었다고도 인정될 정도다.[2]

물론 군국주의는 일본 입헌주의의 가장 부정적인 측면이다. 입헌

---

1) 久米邦武 編, 『特命全権大使米欧回覧実記 第3巻』, 382-384.
2) 猪木正道, 『軍国日本の興亡』, iii.

적 통제를 멋대로 일탈하고 공론의 통로를 차단해 국제적 고립을 자초해 전쟁으로 치닫게 해 국가의 존망을 좌우한 것이기 때문이다. 그렇게 볼 때 군사적 권력체계의 우위를 지향하는 군국주의와 공존한 프로이센식 헌법 체계를 이어받은 독일이 군국주의로 인해 두 번의 세계대전을 초래한 사실이야말로 프로이센모델을 기본으로 한 일본의 입헌주의에 시사하는 바가 적지 않다. 약소국 프로이센이 지향한 군국주의와 마찬가지로 서양 열강에 대항하던 약소국 일본도 스스로 대외적 위기의식을 부각하면서 국방의 명목으로 아시아·태평양에서 대일본제국의 이름으로 전쟁을 감행한 것은 프로이센에서 독일제국으로 이어진 과정과 유사하기 때문이다.[3]

군국주의는 몇몇 대외전쟁의 승리가 부른 팽창주의를 구가하던 국민 속에 확산한다. 청·일 전쟁 후부터 보인 군국주의적 경향의 기반에는 국수주의가 있다. 국수주의는 국학자 등이 국체를 표방하면서 일본신화의 정신을 내세우며 등장했다.[4] 국수주의는 개국과 메이지유신을 거치면서 서구화에 대한 반발로 성장해왔는데, 청·일 전쟁과 러·일 전쟁을 거치면서 군국주의적 성격이 강화되고, 전쟁 수행을 위한 국가신도의 군사적 성격화와 함께 제국주의적 방향으로 진행한다.[5] 군국주의는 군부 혹은 정부의 조장 내지 묵인 속에 성장한다. 재향군인회 같은 것이 그런 모습이다. 청·일 전쟁 무렵부터 조직화가 추진되어 러·일 전쟁에 승리하고 몇 년 지난 1910년에 육군성에 의해 창설된 '제국재향군인회在鄉軍人会'는 1930년대에는 300만 명 회원의 초대형 압력단체가 된다. 재향군인회는

---

3) 石川健治, 「軍隊と憲法」, 115-118.

4) 和辻哲郎, 『日本倫理思想史(四)』, 318.

5) 村上重良, 『国家神道』, 134, 144.

방대한 회원을 통해 군국주의 사상을 곳곳에 침투시킨다.

그 풍조는 제어 불능의 국민적 분위기를 만든다. 팽창주의적 정서의 폭발성과 통제불능성은 러·일 전쟁 직후부터 확인된다. 전쟁에서 승리하고 미국의 중재로 <포츠머스 강화조약>이 체결된 결과 일본은 한국에 대한 지도·보호·감리권을 인정받고, 뤼순과 다롄 조차권과 남만주南滿洲 철도와 부속권리를 양도받고, 사할린과 부속 도서를 할양받고, 연해주와 캄차카의 어업권도 승인받는다. 그런데 전쟁배상금은 받지 못하자 여론은 악화한다. 국민은 일본이 처한 군사적, 경제적 어려움을 모른 채 연전연승이라는 일방적 보도만 듣고 믿어 보상금에도 큰 기대를 했다. 전쟁으로 경제력이 바닥까지 와 있다거나 병력보충도 한계까지 와 있어 전쟁을 계속할 여력이 없다는 사실은 몰랐다. 미국의 중재에 서둘러 응하고 배상금 없는 강화를 받아들일 수밖에 없는 정부의 속사정을 몰랐다. 국수주의자들은 국민감정을 선동해 정치에 이용했다. 조약 조인일인 1905년 9월 5일 히비야日比谷 공원 국민대회의 폭동으로 공무원 등 수백명이 사상해 도쿄 등에 계엄령이 내려진다.[6]

러·일 전쟁이 끝나고 본격적 제국주의의 길이 열렸을 때 포츠머스 강화반대의 기억을 지닌 국민은 군국주의적 의미의 하나가 되었다. 히비야 공원과 고베, 오사카 등의 국민대회에서 드러난 군중이 근대의 왜곡된 역사에 등장한 그 국민이다.[7] 군국주의가 정부나 군부의 의도적 국민동원을 넘어 국민 스스로의 능동적 자기 고취와 국가에 대한 적극적 요구양상이 된 것이다. 러·일 전쟁의 승리가

---

6) 幣原喜重郎, 『外交五十年』, 22; 猪木正道, 『軍国日本の興亡』, 64-65, 139; 北岡伸一, 『日本政治史』, 116-117.
7) 司馬遼太郎, 『「昭和」という国家』, 46-50; 酒井直樹, 『日本思想という問題』, 173.

국민에게 제국주의적 환상을 만들어 이후 군부에 의한 정치주도를 국민이 받아들이기도 했지만, 국민 스스로도 그 제국주의적 행동을 자신의 의사와 동일시할 정도로 적극화한 것이다.

여기서 제헌과 함께 만든 사상교육 지침인 교육칙어의 '가족 국가관'이 주목된다. 천황을 정점으로 충효를 강조하는 가족 국가관이 전체주의적 의미의 군국주의적 풍조로 이어진 점과 교육칙어가 만든 정부주도의 군국주의적 국가의식에 물든 국민을 이제는 정부도 통제할 수 없게 된 면에서 그렇다. 가족 국가관은 군국주의적 이해의 이념적 토양이다. 이어지는 대외전쟁을 통해 입헌주의가 전제로 하는 자유로운 개인은 거의 잊히고, 개인의 감정적 투사물이자 진정한 확대로 이해된 제국의 팽창만이 열광적으로 지지받는다. 시민적 자유의 축소나 경제적 궁핍에서 오는 어려움 같은 것은 국가의 대외적 발전을 통해 심리적으로 보상받는다고 생각하게 된다.[8]

국제정세 변화도 군국주의 발흥에 유리한 조건이 된다. 1911년경부터 정계는 대륙정책을 적극적 혹은 점진적으로 추진할지를 둘러싸고 싸워 왔는데 1914년 유럽의 '제1차 세계대전' 발발로 그 싸움이 자연스럽게 정리된다. 유럽 열강이 자신들의 전쟁으로 극동에 관여할 여유가 없어지면서 일본이 간섭받지 않게 되어 만주나 내몽고 등에 대한 '대륙정책'의 절호의 조건이 만들어졌기 때문이다. 대륙정책의 제약요소가 줄어 적극적 정책이 가능해졌다는 의미에서 이노우에 가오루는 제1차 세계대전을 '다이쇼 신시대의 하늘의 도움'이라 했다. 이노우에는 영국, 프랑스, 러시아의 3국과 일치단결해 '동양에 대한 일본의 이권'을 확립하자는 의견을 원로 야마가타

---

8) 丸山眞男, 『現代政治の思想と行動』, 42, 163.

그리고 오쿠마 총리에게 낸다.

오쿠마 내각도 그에 공감해 중국에서 독일의 힘을 축출하려는 동맹국 영국을 지원하는 '대독 참전'을 결정한다. 독일의 근거지 칭타오를 공격해 항복을 받아내고 산둥반도를 점령한다. 그 결과 산둥은 물론이고 남만주와 내몽고에 대한 권리 특히 철도에 관한 권리 등을 크게 확장하고 기존 중국 내 조차지에 대한 권리도 연장한다.[9] 다른 국제정세도 군국주의에 유리한 조건이었다. 미국은 국제연맹의 바깥에 있으면서 '먼로주의 노선'으로 독자적 행보를 했고, 유럽제국도 '베르사유 체제'를 유지하려는 나라와 깨려는 나라 간의 대립이 심각했고, 제1차 5개년계획 도중인 소련은 공산주의 혁명완수에 몰두해 있었다. 그 강대국들이 '중·일'의 전면적 충돌을 막기 위해 일본과 중국에 압력을 가하기는 쉽지 않았다.[10]

군국주의는 유럽에서 밀려온 파시즘에 의해 더욱 지지받는다. 파시즘은 쇼와 초기가 되자 과잉된 형태가 되면서 마루야마의 표현처럼 '초국가주의超国家主義'가 된다. '쇼와 유신'이라는 국가적 흐름으로 내달리던 파시즘의 과잉 조짐은 1918년의 쌀값 급등으로 인한 '쌀 소동米騷動'에서 대표적으로 보인다. 그 폭동은 자본주의의 급속한 발전에 따른 도시인구 및 노동자의 증가로 인한 생활고와 사회적 불안의 결과였다. 1921년의 야스다 재벌 야스다 젠지로安田善次郎 암살도 초국가주의적 테러의 신호탄이었다. 그것은 다른 정치인 암살과는 의미가 달랐다. 국가 사회적 지향에 어긋나는 탐욕 집단으로 치부되던 재벌에 대한 민중적 반감의 표출이기 때문이다. 그것은 제

---

9) 伊藤之雄, 『政党政治と天皇』, 66-71.

10) 小倉和夫, 『吉田茂の自問』, 60.

1차 대전 이후의 세계사적 변화국면을 반영한 사건이었다.[11]

파시즘으로 대변되는 세계사적 변화가 일본에서도 분명히 확인되었다. 마루야마에 의하면 그 파시즘은 대략 1919년 즉 제1차 대전이 끝난 무렵부터 만주사변에 이르는 시기인 '민간에 있어서의 우익운동의 시대'로 시작되어, 1931년의 만주사변 전기부터 1936년의 2.26 사건에 이르는 시기에는 민간의 우익운동이 군부세력의 일부와 결합하여 군부가 파시즘운동의 추진력이 되면서 점차로 국정중핵을 점거하는 시기로 혈맹단·5.15·2.26 사건 등 테러가 빈발하는 급진적 파시즘의 전성기인 성숙기를 거쳐, 이후 종전까지에 이르는 시기에는 군부가 주도하고 관료, 중신 등의 반봉건세력 그리고 독점자본 및 부르주아 정당과의 사이에 불안한 형태이기는 하지만 연합지배체제가 형성되는 완성기를 거친다.[12]

파시즘의 군부 주도성이 시작된 1930년은 입헌주의 위기의 시작이었다. 1930년의 군부 파시즘 발호는 <런던해군군축조약>에 대한 반발에서 가시화된다. 해군은 보조함 총톤수나 대형순양함 수의 삭감압박을 받던 정부가 불리한 조약에 멋대로 타협적으로 조인했다고 비난한다. 런던 군축조약은 1935년에 다음 회의를 열어 개정하기로 예정했기에 그때가 되면 일본이 미·영과 압도적으로 차이가 벌어질 거라는 '1935년 위기설'까지 나온다. 그때까지 새 내각을 만들어 세상을 변혁하지 않으면 안 된다는 혁명에의 절박감이 군부와 우익에 번진다. 군축조약 당시의 하마구치 오사치浜口雄幸 총리는 우익청년에 저격당해 이듬해 사망하고, 1931년에 군부에 의해 <만

---

11) 大澤真幸, 『戰後の思想空間』, 116-121.

12) 丸山眞男, 『現代政治の思想と行動』, 32.

주사변>도 발발한다. 관동군関東軍이 만주사변을 일으켜도 내각은 저지할 수 없었다. 1932년에는 <혈맹단血盟団 사건>에 이어 해군 장교들의 <5.15 사건>까지 이어지자 군부가 정치를 점령한 듯했다.[13]

관동군이 마치 국외에서의 쿠데타인 듯 벌인 만주사변의 결과를 군부도 정부도 추인할 수밖에 없었다. 오히려 그를 계기로 국내정 치에서의 '군부 파쇼화'는 확대된다. 만주사변 직후인 10월에는 국 내에서 국가혁신세력에 의한 쿠데타계획인 <10월 사건>도 드러난 다. 사전에 알려져 무산된 이 계획은 주모자들이 처벌조차 받지 않 는다. '존왕애국尊王愛国'이 동기라면 쿠데타계획이라도 벌해서는 안 된다는 식의 사고가 팽배했다. 군법회의에 보내기는커녕 그저 달래 고 설득했다. 육군대신은 각의에서 단지 나라를 걱정하는 열정에서 나온 것으로 다른 뜻은 없었다고 보고한다. 마치 무법 국가 같았다. 이대로 가면 쿠데타에 의한 군부정권이 들어설지 모른다는 불안감 이 정계에 만연했다.[14]

외교적으로는 정당이 주도하는 서방에 대한 '협조외교 노선'과 군부가 주도하는 '자립노선'의 다툼이 있었지만 이마저도 1930년대 이후 군부 쪽으로 크게 기운다. 만주사변 직후만 해도 평화적 수습 방안이 정부 차원에서 모색되는 듯했다. 이누카이 총리는 만주에 대한 중국의 주권을 인정하고 중·일 합작의 만주 신정권을 만들어 경제개발을 진행한다는 독자적 수습구상을 가지고 있었다. 그러나 국내의 파쇼화에 의해 1932년의 총선거 직전인 2월 9일 국가주의

---

13) 島薗 進·中島岳志, 『愛国と信仰の構造』, 243-244.

14) 井上寿一, 『政友会と民政党』, 125; 猪木正道, 『軍国日本の興亡』, 185, 177-181, 189.

자 그룹인 혈맹단 소속의 괴한에 의해 전 오쿠라 대신 이노우에 준노스케井上準之助가 암살된다. 머지않아 이누카이도 겨냥되고 이누카이 내각의 붕괴로 만주사태 수습구상은 불발된다. 서방의 압력이 있더라도 일본은 갈 길을 간다는 사고가 팽배했다.

군부 파시즘은 그런 국민적 분위기를 이용해 정당정치나 의회정치에 대한 배타적 태도로 나아간다. 이누카이가 암살당하기 직전 '이야기해보면 알 것이다'라고 대화를 유도했는데도 무시하고 살해한 것은 반의회주의적 배타성을 보여준 일화다. 군부는 대화와 토론의 근대 의회정치를 부정했다.15) 파시즘의 그런 의회정치 부정을 정우회와 민정당은 강하게 비판한다. 그런데 정당의 행보는 모순적이었다. 민정당은 1932년 당 기관지에 나치스 청년부조직인 '히틀러유겐트'를 긍정적으로 소개하고 그를 모방한 '민정당 청년부'를 설립하기도 했다.16) 정계에까지 파시즘의 움직임이 만연되어 정당도 갈피를 잡기 어려운 듯했다.

파시즘의 공격으로 좌파마저 파쇼화했다. 만주사변 후 군국주의에 물든 국민이 공산당의 천황제 타도 주장이나 제국주의 전쟁반대 슬로건에 반감을 드러내자 공산주의자들은 전향했다. 1933년에 수감 중인 일본 공산당 중앙위원장 사노 마나부佐野学 등을 포함해 공산당 관련 미결수의 상당수가 전향한다. 그들은 전향을 정당화하는 논리로 국제공산주의운동을 이끈 '코민테른'에 대한 맹종을 비판하고 일국사회주의 건설을 내걸며 아시아 피억압 민족의 선두에 선다고 했다. 그것이 군국 일본의 팽창정책에 협력하는 길임을 잘 알면

---

15) 松沢弘陽・植手通有 編, 『丸山眞男回顧談(上)』, 232.

16) 井上寿一, 『政友会と民政党』, 150-151.

서도 동조한 파쇼적 태도였다.[17]

거칠 것 없는 파시즘은 사상탄압의 광풍을 일으켰다. 1933년 교토제국대학에서 발생한 <다키가와瀧川 사건>이 대표적이다. 법학부 다키가와 유키토키瀧川幸辰 교수의 강연에 드러난 사상이 무정부주의적이라며 문제시되다가, 1933년 3월 공산당원 및 동조자라고 간주된 재판관, 재판소 직원이 검거된 '사법관 적화赤化 사건'을 계기로 미노다 무네키蓑田胸喜 등 '원리일본사原理日本社'의 우익인사와 기쿠치 다케오菊池武夫 귀족원 의원 등이 사법관 적화의 원흉이라며 다키가와를 지목한 것이다.[18] 다키가와는 공산당 동조자도 아니고 기껏해야 자유주의자지만, 자유주의 사상에까지 전선을 확대한 파시즘의 광풍은 그런 부류도 적화 교수로 간단히 매도했다.

정부는 다키가와의 『형법강의』 및 『형법독본』를 발매금지 처분하고, 문부상은 교토 제대 총장에게 다키가와의 파면을 요구한다. 대학 측의 거절에 문부성이 문관임용칙령에 따라 처분하자 교수들이 반발한다. 그 사건은 1931년의 만주사변을 시작으로 한 군부 파시즘의 분위기 속에서 교토대나 도쿄대 등 제국대학에서 리버럴리스트나 좌경 교수들이 치안유지법의 위협 하에서 사직을 강요당하거나 사직당하는 사태가 시작되었음을 의미했다. 또한 그런 분위기가 1935년의 <천황기관설 사건>으로 이어진다는 점에서도 상징적 의미를 지닌 것이다.[19]

---

17) 猪木正道,『軍国日本の興亡』, 224-225; 柄谷行人,『日本精神分析』, 58.

18) 宮本英雄,「京大問題の眞相」, 314-319.

19) 影山日出彌,『憲法の原理と国家の論理』, 249; 宮澤俊義,『憲法講話』, 47-51.

2. 통수권독립과 현역무관제

메이지 헌법 제11조는 천황이 육·해군을 통수한다고 하고, 제12조는 천황이 육·해군의 편제권을 가진다고 했다. 군대와 정치를 분리해 중세 이래 바쿠후 같은 세력이 통수권을 독점하던 사태를 막자는 취지였다. 군부의 특권을 옹호하고 신장하기 위한 것이 아니었다.[20] 그런데 군부는 천황의 군 통수권을 국무대신의 보필에서 제외한 그 규정을 군대의 독자적 기능화의 근거라고 해석한다.[21] 천황이 스스로 통수권을 행사한다는 「통수권統帥權 독립」 원칙 하에서 실제로는 천황의 직접행사가 가능하지도 않고 적당하지도 않기에 결국 그것은 통수권행사에 관한 조언자인 '육군참모총장'이나 '해군군령부장'의 실질적 결정을 의미했다. 통수권이 정부로부터도 독립해 있고 의회의 통제도 전혀 미치지 못하는 영역이 되었음을 의미한다.[22]

천황의 군대 직접 통솔은 헌법밖에는 근거도 없다. 굳이 보자면 1882년 메이지 정부가 육·해군에 대한 칙유를 태정 대신의 보필 없이 직접 천황이 군인에게 내리게 한 게 계기다. 그것은 천황과 군인 사이의 친근성의 강조나 명령에 대한 절대복종의 확립 그리고 군인의 비정치화를 위한 것이었다. 그런데 군부는 헌법 제11조 및 제12조에 의해 '군령軍令 대권'과 '군정軍政 대권'을 모두 천황이 가지는 통수권독립이 규정되었다면서 결국 그것이 군부의 독자적 권리의 근거라고 일방적으로 해석했다. 그래서 육군참모총장과 해군

---

20) 石橋湛山, 『大日本主義との闘争』, 287.

21) 島薗 進·中島岳志, 『愛国と信仰の構造』, 243.

22) 宮澤俊義, 『憲法講話』, 192.

군령부장은 직접 천황에게 의견을 구하거나 사정을 알리는 '상주'권이 있다고 했다.

이는 학계의 해석과 달랐다. 즉 미노베는 물론이고 호즈미 등도 제55조에는 각 국무대신이 천황을 보필하도록 되어 있어 국무대신의 보필권이 군령 사항에도 미친다고 보았다. 반면 육·해군은 이를 무시하고 국무대신의 보필권은 군령 대권은 물론이고 군정 대권에도 미치지 못한다면서 통수권독립의 명분을 앞세워 독주했다. 그나마 유신 원로들이 건재할 때는 그 횡포가 상당 부분 제어될 수 있었지만 원로들이 사라지면서는 통제 불능이 되었다. 군부의 독주는 입헌주의의 정상적 작동실패 상황을 의미했다. 통수권독립에 관한 헌법해석의 본래 취지가 왜곡됨에도 전혀 이를 제동할 수 없었기 때문이다.

헌법 조항이 빌미가 되긴 했지만 결국 그 규정의 애매함을 이용해 국무와 통수가 분리되어 정부는 통수사항에 대해 권한을 가지지 못한다고 보는 군부의 일방적 해석이 문제였다. 아니 그 이상으로 군부가 통수사항 자체를 멋대로 해석해서 결정하는 게 문제였다. 군부는 '유악상주帷幄上奏권' 논리로 자신들이 천황에게 직접 군사적 계획을 말할 수 있는 특별한 존재라 했다. 군사작전이나 지휘명령 등 군령은 '유악' 즉 군대 막사에서 군 상층부와 참모들이 결정해 내각이나 의회를 거치지 않고 직접 천황에게 상주할 권리가 있다는 식이었다.23) 백번 양보해도 이는 전시 등에 관한 것인데, 군부는 평시의 군대편제나 조직운영에까지 이를 확대 적용했다.

군부는 1889년의 내각관제 등도 멋대로 해석해서 군기·군령軍機

---

23) 司馬遼太郎, 『「昭和」という国家』, 97.

軍令 사항은 원칙적으로 내각을 통하지 않고 천황에게 상주하고 사후에 총리에게 보고하면 된다고 했다. 어떤 일이 군정이 아니라 군기·군령에 해당하느냐의 판단 자체도 군부가 임의로 해석했다.[24] 군부의 그런 자의적 해석은 결과적으로 정부는 물론이고 천황조차도 궁지에 몰아넣었다. 헌법상의 통수권독립 규정상 유악상주권의 형태로 군부가 멋대로 결정해도 천황이 반대할 수도 없는 것이기에 천황도 군부가 결정한 상황에 말려들 수밖에 없기 때문이다. 패전후 실제로 전쟁지휘권의 문제와 관련해 천황 책임론이 거론된 이유도 그것이다.

또한 그것은 정부의 정책결정에도 치명적 불신을 초래했다. 특히 대외관계에서 정부의 외교정책에 대해 군부가 통수권이라는 이름으로 행하는 국제적 배신행위 즉 정부 입장과 배치되는 '이중외교'의 폐해를 결과시켜 정부로서도 외국으로부터 오랫동안 신뢰받지 못하게 되었기 때문이다. 그래서 그 폐해를 없애기 위해 군사와 정치의 실권을 한 기관에 장악시켜야 한다는 논의가 종종 등장하기는 하지만 성공하지 못했다. 헌법이 '국무'와 '통수'를 준별시킨 것 자체를 바꾸지 못해 실효성이 없어 실행에 옮겨질 수가 없었기 때문이다. 결국 군부의 자의적 해석과 그에 따른 군사행동의 실행은 패전까지 이어진다.[25]

통수권독립과 함께 군부통제를 불가능하게 만든 또 다른 요소는 현역군인만이 군부대신이 된다는 「현역무관제」였다. 내각의 존립을 군부의 손에 맡기는 그 제도는 권력통제의 장치로서 불완전한 상태

24) 瀧井一博, 『伊藤博文』, 229.

25) 山崎丹照, 『內閣論』, 121.

로 있던 메이지 입헌주의를 헌법 내재적으로 더욱 무력화시키는 데 실제적 역할을 한다.26) 무엇보다 현역무관제가 정당정치에 대한 군부의 투쟁의 성과라는 점에서 그러했다. 이는 현역무관제의 연혁을 보면 알 수 있다. 그것은 메이지 초기인 1871년 '병부성 직원령兵部省職員令'에 원형이 보이는데, 육·해군 대신에 문관이 취임하는 걸 막고자 1888년 '육군성 직원정원표'도 개정되었다. 그 결과 1900년의 제2차 야마가타 내각 등에서 육·해군 대신에 현역 무관만 취임하도록 명시한 것이다.

이후 몇 차례 개정되어 '현역 무관'만이 취임한다는 규정이 삭제되기도 하지만, '육·해군성 관제'의 개정으로 부활하곤 했다. 그렇듯 그 제도를 둘러싸고 때로는 정당내각이 군부의 힘에 따라 타격을 받고 때로는 정당의 힘에 따라 다시 흔들렸던 것에서 보듯이 현역무관제의 존폐 자체가 군부와 정당 간의 투쟁의 귀결이었던 것이다. 바꾸어 말하면 그만큼 군부는 현역무관제라는 무기를 쥐고 싶어 했던 것이다.27) 즉 현역무관제의 성립과 폐지와 부활은 전전의 정치와 군사의 관계에서의 이해관계의 차이와 힘의 역학을 모두 보여주는 바로미터였다.

군부가 집착한 이유는 통수권독립을 자의적으로 해석한 이유와 거의 같다. 즉 전전의 군대에 관한 실제적 지휘·감독권은 천황을 보필하는 무관인 군사 관료에게 전적으로 맡겨져 의회나 내각의 통제도 받지 않고, 육·해군의 통수부 수장인 육군참모총장과 해군군령부총장은 의회와 내각에 책임을 지는 게 아니라 천황에게 의견만

---

26) 靑井未帆, 「文民統制論のアクチュアリティ」, 143.

27) 山﨑丹照, 『內閣制度の硏究』, 253-254.

보고하면 되기에 현역무관제로 하는 게 현실에 부합한다고 보았기 때문이다. 그러다가 내각의 반격으로 군부대신에 문관임용을 가능케 하기 위해 내각이 1913년 육·해군성 관제를 개정해 육·해군 대신 임용자격에 예비역도 포함하지만 문관 출신의 취임은 실제는 없었다. 1918년 성립한 하라 다카시 내각도 본격적 정당내각이라는 평가에 걸맞게 참모본부와 조선 총독을 무관에 한정하는 제도를 폐지하지만 군의 반발로 현역무관제의 맥은 사라지지 않았다.

통수권독립은 군인이 더 많은 정치적 활동을 할 수 있는 근거라는 점에서도 현역무관제를 떠받치는 실질적 배경이었다. 또한 통수권독립은 군부 정치 활동의 근거가 되면서 군부대신 현역무관제에 대한 반발도 불식시켜 주었다. 그 결과 1885년에 내각제가 확립되고부터 1945년 패전까지의 60년간 43차례 내각의 총리 30인 중 15인이 군인이었다. 43번의 내각의 총 490개의 각료 자리는 현역무관제로 인한 86개의 육·해군 대신의 군인 취임은 물론이고 그 외 404개 중 115개도 군인이 차지할 정도였다.[28] 그렇게 현역무관제는 통수권독립 하에서 혹은 그와 함께 군부의 전횡을 구조적으로 가능케 하는 시스템의 큰 축이 된다.

현역무관제는 '문민통제文民統制'가 관철되지 않은 것이다. 메이지 헌법이 근대입헌주의적인 모든 규정을 담은 건 아니더라도 무력을 민간부문이 통제한다는 문민통제가 근대입헌주의 원칙의 하나인 이상 현역무관제의 관철은 반입헌적 요소다.[29] 문민통제가 메이지 헌법체제에 구현되지 않았기에 군부통제에 치명적 한계를 만드는 현

---

28) 猪木正道, 『軍国日本の興亡』, 84-88.

29) 小針 司, 『文民統制の憲法学的研究』, 73-74.

역무관제를 막지 못한 것이다. 문민통제가 규정되지 않아 군부가 군부대신 문관임용이나 군의 편제 대권에 관한 논란 속에서도 충분히 전횡할 수 있게 된다. 그래서 내각이나 의회와 천황통수권의 범위논쟁도 군대를 민간부문이 실효적으로 통제하는 결과를 만들지 못했다. 그 인과관계 속에 현역무관제가 있는 것이다.

그런데 달리 보면 헌법의 밖에서 형식적으로 문민 규정을 둔 경우에조차도 실제는 상당수가 군 출신이어서 문민통제의 내용적 의미가 적기는 했다. 따라서 그 점에서는 근대일본의 정치와 군사 간의 관계에서 입헌주의 이후에도 문민통제 내지 문민우위는 없었던 것이라 볼 수 있다. 다만 문민통제 시도 자체가 없었던 건 아니다. 그런 통제는 한때 시도되기도 했고 그에 관한 국민적 수준의 비판적 인식도 등장했었다. 1919년의 제1차 대전 후의 국제적 조류에 의해 정치와 군사 간의 관계 재검토 시도도 있었다. 문민 정치가와 시민이 정치무대에 등장하는 것을 촉진하려는 사회적 분위기도 나타나 그런 시도를 뒷받침했다.

그 분위기 속에서는 군대에 대한 비판이 활발했고 군비축소 요구도 비등했다. 심지어 어떤 시기에는 군대에 대한 부정적 시선으로 인해 군인들이 제복을 입고 다니기 어려울 정도였다고도 한다. 그러나 결국 행정권 확대나 관료제 강화에 의해 극히 제한적인 수준의 군대통제만이 실행되곤 했다.[30] 그나마 실효성이 없어 군부는 만주사변을 시작으로 패전에 이를 때까지 문민에 의해 제어되지 않는 통제 불능의 군국주의의 길을 내달릴 수 있었다. 따라서 현역무관제로 상징되는 문민통제의 부재는 일본 입헌주의의 근대적 보편

---

30) 纐纈 厚, 『暴走する自衛隊』, 75-76.

성의 측면에서의 내용적 부실을 보여주는 것으로 평가된다.

'통수권독립'과 '현역무관제'를 기반으로 한 군부의 독주는 1930년 「통수권간범干犯」이라는 헌법 논쟁을 야기한다. 그 배경에는 1922년의 '워싱턴해군군축조약'이 있다. 제1차 대전 후의 불황에서 미국이 영국과 일본을 가상적국으로 상정해 대해군을 건설하자 영국도 군비를 강화해 3국은 재정이 어려워졌다. 그래서 상생을 위해 주력함보유를 제한한 워싱턴해군군축조약의 체결은 불가피한 선택이었다. 그런데 군부는 '워싱턴체제'는 기득권 포기이고 조약대로 군축이 실행되면 육군 군축 압력도 강화될 것이라며 반발했었다. 이제 1930년에 보조함 보유를 제한하자는 「런던해군군축조약」이 다시 열렸는데, 대중국외교에서 열강의 협조를 얻어야 했던 정부는 새 군축조약이 영·미와의 협조 회복의 의미도 있어 긍정적으로 임했다. 반면 해군은 '대미 7할'의 소폭 양보만 주장했다. 협상 끝에 '대미 6할 9푼 7리' 비율의 감축안에 전권단이 서명했다. 해군의 면목도 살린 것이었다.

그러나 비준을 둘러싸고 군부를 넘는 정계 차원의 격심한 '헌법논쟁'이 야기된다. 정우회는 해군군령부장이 천황에게 부동의를 구한 상주를 한 상태에서 기다리지 않고 내각이 런던 전권단에 조인을 지령한 것은 헌법상 '편제 대권'에 관한 천황통수권을 '간범'한 것이라 했다. 군부가 통수권에는 병력에 대한 기술적 운용권뿐만 아니라 병력량의 결정권 즉 편제 대권까지 포함된 것이라 해석했기 때문이다. 이는 편제 대권이 국무대신의 보필에 의하여야 한다는 즉 무기조달과 부대증설에 관한 편제 대권은 순수한 국무사항이라 각료인 육·해군 대신의 책임으로, 최종적으로는 내각의 책임 아래

결정되어야 한다는 대부분의 학자들의 견해와 다른 것이었다. 편제 대권은 국민에게 부담을 주는 재정문제라 법률이나 명령 및 예산에 기초해야 한다는 법제국 내지 정부의 입장과도 다른 것이었다.[31]

그런데도 무리하게 그 논리를 편 배경에는 정략적 입장이 있다. 앞선 '부전조약'에서는 조인한 집권당으로서 공격을 받았던 정우회 가 소수 야당으로 전락해 공수가 뒤바뀌자 군의 논리를 업고 천황 의 권위를 이용해 민정당 정부에 정치공세를 편 것이다. 정우회는 통수권에 관한 중요국무인 국방계획에서 보필기관인 해군군령부장 과 내각의 의견이 다르면 결정할 수 없는 것이므로 두 의견을 천황 에게 올려야 한다고 했다. 그러나 하마구치 총리는 조약조인 후 논 쟁을 거부했다. 해군 당국이 의견을 밝히지 않은 만큼 가정적 주장 에 근거한 헌법 논쟁에는 답할 필요가 없다고 했다. 그러자 정우회 는 총리의 태도가 의회를 부인하는 전제라며 입헌주의 옹호 투쟁을 하겠다고 했지만 여론을 들끓게 하지 못해 조약은 비준된다. 그런 데 오히려 그에 대한 해군과 정우회의 반발이 결국 암울한 미래의 서막이 된다.[32]

통수권 간범론에 대한 정부의 태도에 대한 반발로 군부의 폭주가 심화한다. 통수 대권과 편제 대권은 밀접 불가분하므로 재정적 이 유로 내각이 일방 결정하는 것은 넓은 의미의 통수권침범이라고 한 군의 주장이 국민을 설득하는 데도 실패하자 군은 한층 더 반정당, 반의회 행동을 강화한다. 군은 이듬해 1931년에는 만주사변, 1932 년에는 제1차 상하이사변을 일으킨다. 군이 군령권은 물론이고 군

---

31) 山崎丹照, 『內閣制度の硏究』, 214.

32) 井上壽一, 『吉田茂と昭和史』, 77-89; 坂野潤治, 『日本近代史』, 352.

정권까지 장악하려 한 '통수권 간범론'이 헌법 논쟁이나 정치적 해법으로서는 실패하지만 그를 계기로 군의 폭주가 시작된 것이다. 정우회에 간범론은 정치적 공세지만, 군부에 그것은 의회정치 부정이었다. 의회정치에서 국민부담이 될 병력량의 결정권을 의회와 내각이 아니라 군부가 천황의 이름으로 결정한다는 의회정치 부정이었다.[33]

3. 국민과 정당의 군부 추종

1920년대 후반부터 일본은 식량, 공업원료자원 그리고 상품판매의 시장으로서 만주가 경제적 생존과 직결된다고 본다.[34] 그렇게 만주를 손댈 수 있는 땅으로 본 근원은 20세기 초로 거슬러 올라간다. 러·일 전쟁 중에 일본은 만주에서의 러시아의 독점적 지위에 반대하며 기회 균등과 문호개방을 전 세계에 호소했다. 다만 적극적 진출에는 소극적이었다. 그래서 1906년 만주 문호개방을 다룬 내각의 '만주문제협의회'에서 이토는 '만주에서의 군정軍政' 주장을 비판했다. '만주경영'을 위해 척식무성拓植務省 같은 관청을 만들자는 제안에 대해 이토는 만주는 청국 땅이라며 일축할 정도였다.[35] 그러나 러·일 전쟁에서 이긴 일본이 포츠머스 조약에 기초해 청국과 체결한 「청·일 조약」은 만주라는 거대 이권에 주목하게 만든다. 일본이 포츠머스 조약으로 얻은 이권에는 사할린 할양, 랴오둥

33) 石橋湛山, 『大日本主義との闘争』, 178-180; 伊藤之雄, 『政党政治と天皇』, 319-320.
34) 阿比留乾二, 『滿洲問題とは何ぞや』, 14-30.
35) 猪木正道, 『軍国日本の興亡』, 79-83.

반도 조차권 등도 있지만 무엇보다 동청東淸 철도 남만주 지선 운영권이 있었다. 그것이 청·일 조약을 통해 만주의 이권을 체감시켰다.

1907년 만들어진 「남만주철도주식회사滿鉄」는 철도운영뿐만 아니라 광범한 철도 부속지를 관할하며 군대 주둔, 경찰, 사법, 징세, 교육, 사업인가 등 권익을 확보하고, 광업, 제철, 상사, 영화, 방송, 통신 등 사업에도 다각적으로 관여한 일본 최대의 반관반민 회사였다. 단순 철도회사를 넘어 관동군과 함께 하는 만주 식민화의 주요 기구였다.[36] 군부는 '만철'을 통해 만주지배를 노렸다. 1911년 '신해辛亥혁명' 이후의 혼란으로 중국의 지배력이 모호해져 버린 만주에서 거류민과 이해관계를 같이 하는 육군의 일부 세력은 베이징을 탈출한 청의 황족 '수킨왕肅親王'을 황제로 하는 독립 국가를 세워 '만주'와 '내몽고'를 중국에서 분리하려 했다. 그 음모는 정부 특히 외무성 등에 의해 좌절되지만 이로 인해 육군은 대중국 정책에서 외무성과 대립한다. 육군의 지원 아래 1931년 9월의 '류탸오후柳條湖 사건'에 이르기까지 '만몽滿蒙(만주와 내몽고) 독립운동'은 집요하게 추진된다.

그렇기에 1931년의 <만주사변滿州事変>은 우발적 사건이 아니라 군부와 우익의 집요한 음모의 결실이었다. 사변의 전조는 확실히 보였다. 만주지배의 빌미를 찾던 관동군은 1928년 6월의 '장쭤린 폭살 사건'을 만들었다. 주모자인 관동군 참모는 이를 통해 만주의 치안 교란을 빌미로 관동군을 출동시켜 중국본토에서 분리하려 했다. 이 군부의 돌발행동은 친일적 장쭤린을 이용해 만철의 공사 구

---

36) 小島英俊, 『帝国議会と日本人』, 140-141; 北岡伸一, 『日本政治史』, 122.

간을 확대하고 꼭두각시 정권을 만들려던 정부의 계획에 차질을 만든다. 그래서 다나카 내각은 천황에게 군의 관여가 밝혀지면 엄단하겠다고 알렸다. 그런데 육군은 사건내막이나 진상의 공개에 반대한다. 그러자 내각도 주모자 처벌을 회피한다. 결국 모순된 언행이된 내각은 천황의 질책에 총사퇴한다. 주모자는 군부의 비호로 정직에 그쳤다.[37]

1928년 11월에는 만주 내 일본의 권익 옹호를 위한 '만주청년연맹'이 결성된다. '만몽 자치'를 주장한 이들의 배후에는 군부가 있다. 일본의 살길은 '만몽 개발'이라는 육군의 이시와라 간지石原莞爾의 주장이 군부와 재만 일본인을 고무시킨다. 만주 인구의 90% 이상이 산둥성 등에서 유입된 한족漢族임을 모를 리 없을 텐데도 이시와라는 만주족, 몽고족이 한족보다는 오히려 일본민족에 가깝다는 궤변을 늘어놓는다. 그러면서 일본은 만몽을 영유할 '권리'뿐만아니라 '의무'가 있다고 했다.[38] 이는 군부의 독자적 행동화를 위한 포석이었다. 폭살 기획세력의 의도와는 다른 결과가 나타난 것도 위기감을 부추겼다. 장쮜린의 아들 장쉐량張學良이 전 만주의 관청에 국민당의 '청천백일기靑天白日旗'를 걸게 하며 국민당 정부에의충성을 표하고 항일에 나섰기 때문이다. 배일이 심해지면서 만주에서의 권익이 위태로워졌다. 거류민과 군부도 위기의식을 느끼지만국민도 국민당의 만주지배로 만몽에서의 일본권익이 위협받는다는보도로 자극받는다.

결국 1931년 9월 관동군의 일부가 만주 펑톈의 류탸오후 부근의

---

37) 松沢弘陽・植手通有 編, 『丸山眞男回顧談(上)』, 40; 幣原喜重郎, 『外交五十年』, 113.
38) 猪木正道, 『軍国日本の興亡』, 170-172.

만철 노선을 폭파한다. 서구제국과의 관계악화를 우려한 외무성의 추궁에 육군대신은 '불확대'를 약속하지만 만철을 따라 각지로 나아간 관동군은 복귀하지 않는다. 정부의 불확대방침에 따라 참모본부의 조선 주둔군 국외 출병 저지 명령이 발해지지만, 며칠 뒤 조선 주둔 일본군마저 압록강을 넘어 관동군사령관의 지휘하에 들어간다. 만주청년연맹은 '만몽 자치국' 건설을 주장하는 건백서를 사령관에게 제출하면서 국내의 군부, 정부 및 여론을 움직인다. 정부가 육군대신에게 왜 명령이 지켜지지 않느냐고 따지면, 육군대신은 군을 멈추게 하면 거류민이 위해를 당할 우려가 있다고 변명한다. 각의에서도 육군대신과 총리가 천황에게 사과하는 정도로 끝나며 결국 군사행동은 추인된다.

관동군은 만주를 넘어 인접 화베이華北 5성을 자치지역으로 떼어내 친일정권을 만들기 위한 군사행동을 진행하고 어느 정도 성공한다. 1935년 5월 상해의 주간지 '신생新生'에 실린 '한화황제閑話皇帝'라는 제목의 투고기사가 톈진의 한 신문에 전재되면서 발생한 사태는 중국 북부에서의 그런 세력확장의 실태를 보여준다. 기사는 일본의 실질통치자는 군부 등이고 천황은 골동품 같은 존재라고 비꼬는 내용이다. 이를 본 일본 총영사들과 군부는 격분하고, 그들의 요구에 압박을 받은 외교당국도 중국 측에 엄벌을 요구해 신생의 사장이 징역형 판결을 받게 된다. 군부가 만주를 넘어 중국 북부에 개입하고 지배하고 있다는 명백한 증거였다.39)

관동군의 행동을 국제연맹과 미국이 맹비난하자 정부는 미국과의 관계악화를 막기 위해 현지군 통제에 나선다. 대미 경제의존이

---

39) 小倉和夫, 『吉田茂の自問』, 33, 44-45, 104-106.

큰데 장기불황 속에서 경제제재까지 받으면 곤란하고 국내의 쿠데타마저 우려되기 때문이다. 만주사변은 정당정치에 대한 군부의 도전이기에 쿠데타 유발의 자극제가 될 수 있기 때문이다. 쿠데타의 불안감이 정우회와 민정당의 '협력 내각' 구상을 진전시킨다. 그 구상은 보수당과 자유당 그리고 노동당 일부 세력에 의한 맥도날드 거국일치내각으로 국가위기를 극복한 영국식 해결책이다. 민정당은 야당인 정우회에 총리 자리를 넘겨주더라도 협력 내각을 이뤄 쿠데타 우려는 물론이고 대외관계의 위기도 극복하려 했다. 국제연맹이 사회가 일본군에 대한 기한부 '철병권고안'을 채택하면서 구상은 서둘러진다. 협력 내각 서약서가 교환되고 어느 당에서 총리가 나오든 각료는 양당 협의로 정하자고 했다. 그러나 당내 일부의 반대로 좌절된다.

만주사변 후의 국내여론이 사태를 악화시킨다. 신문과 라디오는 만철 폭파가 중국 병사의 짓이라는 군부의 거짓 발표에 반신반의하거나 실제는 누구의 소행인지 알면서도 거짓말을 그대로 전한다. 국민은 정보통제 상황에서 이를 믿었기에 중국에 대한 증오가 높아진다.[40] 협조외교를 추진하던 외상 시데하라 기쥬로幣原喜重郎도 폭파 얼마 뒤 국제연맹 일본국 사무처장이나 주미대사 등에게 군부, 우익은 물론이고 비교적 자유로운 의견을 가진 자들도 중국에 대한 반감이 현저히 높아지는 때여서 일본 내 모든 계층의 국론은 대중국 강경론으로 일치하고, 특히 종래 만주 문제에 비교적 냉담하다고 인정되던 일반 민중의 태도도 이제는 과거의 2대 전쟁 당시 상황을 방불케 한다고 전할 정도였다.

---

40) 中村政則, 『戰後史』, 29.

정당은 그런 여론과 군부에 떠밀린다. 국민의 강경론을 억누르면 불만이 폭발할 우려가 있고, 현지군의 행동을 강하게 억제하면 국내의 반동 위험성이 있자 정우회는 군부에 동조하는 길을 택한다. 1931년 정우회는 '만몽은 일본의 생명선'이라고 결의한다. 재만주 동포 보호와 기득권익 옹호를 기조로 하는 자위권 발동을 할 수밖에 없어 철병을 허용할 수 없고, 국제연맹에 이를 인식시켜 간섭이나 압박이 없어지지 않으면 연맹을 탈퇴할 수밖에 없다고 했다. 1931년의 민정당 내각 하에서 두 당은 협력 내각에 부심하지만 정우회의 그런 강경 태도로 어려워진다. 민정당 내의 반발까지 나와 협력은 불발되고 결국 내각이 붕괴하자 정우회의 이누카이 츠요시犬養毅가 총리가 되지만 만주 문제는 악화일로였다.

1932년 3월에는 관동군 등 군부와 강경파에 의해 만들어진 꼭두각시 정권 '만주국満州国'이 건국해 일본과 국제연맹의 관계는 회복 불가능해 보였다. 국제적 입장을 고려한 정부는 만주국 '승인'을 주저하지만 정우회는 만주국 조기승인론으로 완전히 돌아선다. 국제협조노선의 민정당은 단독승인을 피하지만 정우회의 강경론에 이끌려 9월 만주국 '단독승인'이 내각에서 결정된다. 단독승인 결정 뒤 국제연맹조사단이 중·일 양국에 제출한 만철 폭파에 관한 '리튼 보고서Lytton Report'가 류탸오후사건 이래 일본의 행동은 부당하다고 하자 일본은 보고내용을 비난하며 1933년 2월 '국제연맹 탈퇴'를 결정하고 중의원은 만주국승인 의결을 전원일치로 가결하고 국제연맹에 탈퇴를 통고한다.

4. 쇼와 유신의 반의회주의

(1) 헌정의 상도의 붕괴

'쇼와 유신昭和維新'의 구호 '혁신革新'은 대내적 개혁론과 대외적 팽창주의를 모두 담았다. 우선 혁신은 국내적 반발과 결부된다. 정치를 개혁하고 경제시스템을 바꾸자면서 기존질서에 반발하는 국내적 움직임의 표현이다.[41] 또한 세계신질서 건설이라는 대외적 팽창주의도 담는다. 일본이 대륙의 이권을 차지하기 위한 제국주의 전쟁을 중국에서 수행하는 것을 정당화한다. 혁신세력은 제1차 대전 이후 세계의 현상유지를 도모하는 미·영 등에 의해 일본이 위협당한다고 했다. 미·영은 세계무역에서 일본을 위협적인 것으로 인식해 일본상품의 수출을 저지하고, 그래서 부득이 활로를 대륙에서 찾자 이번에는 중국을 꼭두각시로 만들어 일본을 압박한다고 보았다. 따라서 만주사변은 부당한 '배일排日'을 심화시키는 세계 구체제질서에 대한 반격이라 했다. 그렇기에 신체제질서가 국내에도 구축되어야 하는데 종래 미·영 등이 구축한 구질서에 따르는 현상유지세력이 국내 특히 의회에도 있으니 이들과 싸워야 한다고 했다.[42]

혁신파는 과격한 주장과 테러 등 급진적 방식으로 진정성을 과시하며 국민에게 파고든다. 5.15·2.26 사건이 그런 과시적 급진성이다. 그 급진성은 특히 2.26 사건의 이론적 지도자로 인정되어 처형된 기타 잇키北一輝의 사상에서 확인된다. 기타가 1919년 집필한 『국가개조안원리대강国家改造案原理大綱』은 위로부터의 국가개조 혁

---

41) 石橋湛山, 『大日本主義との闘争』, 216-219.

42) 山崎丹照, 『內閣制度の研究』, 286-288; 山內昌之, 『帝国と国民』, 150.

명지침서로 1923년에 『일본개조법안대강日本改造法案大綱』으로 개제된 혁신세력의 필독서였다.[43] 기타의 혁신은 이념적으로는 모호하지만 체제변혁의 과격성은 분명했다. 특히 재벌이나 관료제에 의해 국가의 일체성이 훼손되니 이를 제거하자고 했다. 천황에 의해 지도되는 국민에 의한 쿠데타로 3년간 헌법을 정지하고 양원을 해산해 전국에 계엄령을 내려 남녀 보통선거로 국가개조를 위한 의회와 내각을 설치하자고 했다.

기타는 국가개조세력을 결집해 화족과 귀족원을 폐지하고, 일정한도액 이상을 가지는 사유재산을 제한하고, 재산 규모가 일정 이상이 되면 국유화하고, 노동자에 의한 쟁의나 파업을 금지하고, 노사교섭은 신설 노동성에서 조정하고, 노동자도 회사경영에 대한 발언을 인정해야 한다고도 했다. 여러 이념이 잡다하게 혼재된 그 국가개조론은 논리보다는 의지가 앞서고 현실성도 뒷받침되어 있지 않고, 심지어는 반천황적이기도 했다. 천황의 재산을 몰수해 국민에 돌려주자거나 역사적으로 일본인은 천황제 같은 건 인정해 오지 않았다거나 천황에 계속 반란해 왔다고 함으로써 반천황제적 사회민주주의적 경향도 보였다. 천황을 신앙적 대상으로 생각하는 초국가주의자들과는 달랐다.[44]

그런데도 혁신 세력에게는 기타의 혁명적 방식이 공감을 얻으며 큰 반향을 부른다. 당대가 혁명에 적합한 환경이라고 스스로를 고무시키던 혁신 세력에게 그 혁명적 방법론이 어필한다. 그렇게 기타의 이미지를 등에 업고 혁명적 세력으로 성장한 혁신 운동은 부

---

43) 島薗 進・中島岳志, 『愛国と信仰の構造』, 97-98.

44) 坂野潤治・田原総一朗, 『大日本帝国の民主主義』, 191.

패한 정당정치의 개혁을 위한 현실적이고 유력한 대안의 하나로 받아들여진다. 오늘날의 관점으로 보면 군국주의와 파시즘이 날뛰던 암흑시대인 1930년대부터 패전까지의 그 시기는 알고 보면 1925년 이후 보통선거가 실시되고 정당 내각제가 막 확립된 상당히 자유주의적인 시대이기도 했다.45) 따라서 혁신파의 국가개조 주장은 결국 의회주의나 자유주의에 대한 변혁요구와 다름 아니었다. 즉 그런 현상타파 주장이 어필했다는 것은 반자유주의, 반의회주의 주장이 득세하기 시작했다는 것이었다.

실제로 혁신파가 성장하자 얼마 전까지는 '자유주의자'이던 관료나 군인들이 앞을 다투어 혁신파가 되어 '의회주의타도', '재벌해체', '신질서건설'을 외친다. 그래서 혁신은 동시에 많은 국민에게 우려의 대상이 된다. 혁신의 현란한 수사가 실은 혁신파의 자기 확장을 위한 것임이 간파되면서는 더욱 그랬다. 메이지 시대 이래 외교정책은 영·미와의 친선이 기본인데 혁신파가 배외감정을 자극한 것은 국민을 위한 게 아니라 그를 통한 이익의 수혜자가 혁신파 자신이기 때문이다.46) 혁신세력이 자기 확장을 과격한 방식으로 추구하는 것도 우려했다. 쿠데타와 계엄령선포, 헌법 일시정지 등은 자칫 구시대로의 복귀일 수도 있었다. 실제로 혁신은 '대동아공영권大東亞共榮圈'이나 '대정익찬회大政翼贊会' 운동으로 이어졌기에 그 우려는 근거 없는 게 아니었다.47)

그러나 혁신의 현상타파 운동이 구시대적 상황을 만들지도 모른다는 우려의 목소리는 혁신의 수사에 묻힌다. 어떤 정치사회도 그

---

45) 渡辺 治, 『政治改革と憲法改正』, 50.

46) 吉田 茂, 『回想十年』, 31.

47) 井上ひさし・樋口陽一, 『『日本国憲法』を読み直す』, 114.

렇듯 자극적 수사로 포장한 현상타파론이 개혁에의 맹목적 열망을 띄우면 그 맹목성에 대한 합리적이고 정교한 반론도 분위기를 반전시키기는 쉽지 않다. 비현실성과 무모함과 불합리함에 대한 지적은 반대편의 큰 목소리에 묻혀 거의 들리지도 않기에 소용이 없다. 게다가 혁신은 '인사쇄신', '국방 충실화', '서정庶政 개혁' 등 긍정적 개혁론으로 비치기까지 했다.[48] 천황과 국민을 직접 결부시키는 신화적 비장함도 갖춘다. 그래서 정착되어가던 입헌군주제마저 천황과 국민을 직접 잇는 전체주의적 운동으로 변질시켜 갔다.[49] 이제 '보통의 일본과는 다른 모습異樣'의 시대, 기존과는 다른 별개의 국가가 되어갔다.[50]

그것은 입헌정치의 정상운행을 의미하는 '헌정의 상도憲政の常道'의 붕괴를 의미했다. 그 말은 데라우치 총리가 1917년 당시 중의원 과반수를 점하고 있던 헌정회를 무시하고 중의원해산을 함으로써 다수당에서 제2당으로 전락해 버리게 된 헌정회의 총재 가토 다카아키加藤高明가 그에 앞서 1916년 11월에 행한 연설에서 처음 사용한 것이다. 가토는 헌법상 내각 조직자가 정당의 당수여야 한다는 규정은 없지만, 헌정의 본의에 비춰 정당의 당수가 내각을 조직함은 당연하다면서, 법이 허용하는 범위에서 조속히 '헌정'의 운용을 그 '상도'에 돌려야 한다고 했다.

그 상도는 한 정당이 집권에서 물러나면 다른 정당이 잇는다는 의미를 주로 하면서 중의원 다수당 당수가 총리가 된다는 의미도 포함된 것이다. 즉 총리나 국무대신을 임명하는 천황의 대명 강하大

---

48) 堀 茂, 『昭和初期政治史の諸相』, 52-53.

49) 島薗 進・中島岳志, 『愛国と信仰の構造』, 132.

50) 司馬遼太郎, 『「昭和」という国家』, 78.

命降下는 중의원 제1당의 당수를 총리로 하는 조각에 내려지고, 그 내각이 붕괴하면 야당 중의 제1당의 당수에 내려져야 하기에, 이렇게 교체 전후의 중의원 총선거에서의 국민의 선택이 반영되는 것이 헌정에서 상도라는 것이다. 이를 상도라고 표현한 것에서 알 수 있듯이 그것은 선출 받은 세력들 간의 정권교체가 입헌주의의 바람직한 모습이라는 뜻이었다.[51]

즉 헌정회가 1916년 결성 당시 중의원 과반수를 점했는데, 그 과반수 정당에 내각을 조직하게 하는 것이 헌정에서의 상도라는 것이다. 이는 헌정회와 반대당이던 정우회를 여당에 준하는 정당으로 인정한 테라우치의 초연 내각이 성립한 다음날의 연설이기에 그 뜻은 명확했다.[52] 그런데도 가토가 말한 그 헌정의 상도가 곧바로 실현되지는 못했다. 상당 기간이 경과한 1920년대 중반에야 뿌리를 내리기 시작해 30년대에 들어서야 정착하게 된다. 그렇게 헌정의 상도가 정치에서 실현되기 시작한 것은 바로 1924년에 성립한 가토를 총리로 하는 '호헌 3파' 내각이었다.

그런데 용어의 존재에도 불구하고 실제의 모습과 이념은 다소 모호했다. 내각이 정책적으로 막다른 길에 봉착하면 제1야당에 정권을 넘겨야 한다는 상도가 과연 자발적 정권 이양의 제도화 내지 관습화였는지 애매했다. 정권획득을 갈구하는 야당이 그런 상도를 주장했지만, 그런 정권 이양은 이루어지기는 했지만 실제로는 자발적으로 이루어지지 않았다. 게다가 야당을 벗어난 여당은 여전히 정권에 집착했다. 그런데도 여당과 야당 간의 정권교체가 결과적으로

51) 小関素明, 「「護憲」の超克と民主主義の制度設計」, 116; 岡 義武 編, 『吉野作造評論集』, 192.
52) 伊藤正徳 編, 『加藤高明(下卷)』, 241-242; 坂野潤治, 『日本近代史』, 311-312.

이루어진 것은 순전히 원로의 덕이었다. 총리추천을 실제로 맡아온 원로가 헌정의 상도를 염두에 두고 비교적 공평한 정권 이양을 선택해 천황에게 추천해 이루어진 결과였다.[53]

결론적으로 헌정의 상도는 정당정치를 기반으로 한 영국형 의원내각제를 의미한다고는 즉 총선에서 다수를 얻은 정당이 내각을 조직하고 내각은 항상 중의원의 신임을 지녀야 유지될 수 있다는 의미를 담은 것이라 말하기 어려웠다. 게다가 그 시기는 내각을 제약하는 것으로서 원로, 중신, 추밀원 등이 있었기에 내각이 최고행정기관도 아니라고 말할 수 있어 충분한 의원내각제가 될 수 있는 조건인지도 의문이었다.[54] 헌정의 상도에 대한 거부반응도 있었다. 입헌주의에 대한 전근대적 거부감은 물론이고 시대 상황에 근거한 반작용도 있었다. 입헌주의 위기의식 속에서 정당내각에 의한 헌정의 쇄신을 요구하는 '입헌적 독재'론 등이 그 거부감을 대변했다.

정치학자 로야마 마사미치蠟山政道는 '5.15 사건' 발생 얼마 전에 국내정치체제 쇄신을 위해 입헌주의를 전제로 하면서도 의회를 대신해 '권위를 가지고 결정할 수 있는 조직'인 전문가 지배조직을 요청하는 '입헌적 독재론'을 폈다. 그는 독일 바이마르 헌법상의 대통령의 '긴급명령' 통치나 영국의 1931년 '거국일치내각'의 출현, 미국의 '뉴딜정책'을 들면서 입헌적 독재가 서구 선진제국의 공통현상이라 했다.[55] 고노에 후미마로近衛文麿의 브레인으로 신체제운동을 이론적으로 떠받친 정치학자 야베 사다하루矢部貞治가 말한 진정한 국민적 기초에 선 하나의 강력한 신당론도 그렇다. 그것은

53) 北岡伸一, 『日本政治史』, 168.

54) 宮澤俊義, 『憲法講話』, 159-160.

55) 蠟山政道, 『日本政治動向論』; 三谷太一郎, 『学問は現実にいかに関わるか』, 119-120.

정치 전체의 추진력을 강화하기 위해 전국민조직인 '공동체적 중민정衆民政'에 기초한 일국 일당 체제로 권력이 집중되고 통합되어야 한다는 것이었다.56)

(2) 혁신론의 의회정치 부정

정당정치 쇄신요구의 바탕에 있는 비관적 전망은 얼마 뒤 5.15 사건을 계기로 이누카이의 정우회 내각을 끝으로 정당정치가 소멸하며 현실에서 입증된다. 물론 그 상황을 막기 위한 노력이 제도권 내에서 있었다. '2대 정당 제휴론'도 나오고 '거국일치' 내각론도 등장하지만 헌정의 안정화에는 실패했다. 정우회는 거국일치내각으로 주도권을 상실하기보다는 마침 불어닥친 「천황기관설」 공격을 이용해 정치적 헤게모니를 회복하려 했다. 1935년 2월 시작된 그 공격이 중의원에까지 영향을 미치자 정우회는 '국체명징国体明徵 결의안'을 긴급상정한다. 내각에 국체 즉 천황 중심의 국가형태를 분명히 증명하라고 압박한다. 그래도 총선에서는 '헌정 상도론'과 '파쇼 배격'을 내건 민정당이 정우회를 압도하지만 선거 전에 이미 거국일치내각을 내세운 민정당이기에 단독정권으로 돌아가지는 않는다.57)

그렇게 불안하던 헌정의 상도가 얼마 뒤 종언을 고한다. 즉 '헌정옹호' 운동의 지도자 이누카이를 암살한 1935년의 '5.15 쿠데타'는 헌정의 상도를 근본에서 뒤흔든 사건이 된다. 경제위기로 불안한 국민감정을 업고 일단의 국가주의자들이 정치테러로 정당정치를

---

56) 林 尚之,「世界大戰のなかの立憲主義と世界連邦的国連中心主義」, 168; 佐藤太久磨,「敗戰・アメリカ・日本国憲法」, 124.

57) 川崎卓吉,「憲政常道の復活」, 111-118.

부정하자 국민도 문제의 원인이 정당정치라고 보게 된다. 정당정치의 위기를 양대 정당 스스로 초래한 것이라 봄으로써 헌정의 상도는 국민적 지지기반을 잃는다. 주모자들에 대한 감형탄원 운동은 정당정치에 대한 그런 부정적 시각을 여실히 확인해 준다.[58] 그렇게 헌정의 상도가 뿌리째 흔들리자 정당내각 관행에 따른 후계총리 선정이 곤란해진다.

사이온지는 정당내각을 단념하고 군을 진정시키려 사이토 마코토斎藤実를 추천하게 된다. 그 결과 사이토가 민정당과 정우회에 요청해 '거국일치내각'을 만들자 8년간의 정당내각은 마침내 사라진다. 사이온지는 거국일치내각은 일시적 방편으로서 파쇼화 저지를 위해 부득이하다고 했다. 따라서 사태가 수습되면 1924년 이래의 관행인 '헌정의 상도'로 다시 돌아가는 걸 생각하고 있다고 했다. 그러나 사이온지의 말과는 달리 그 상도는 전전에 다시는 부활하지 못한다. 즉 이후의 군인 내각이나 그 승계방식은 헌정의 상도와 전혀 다른 형태가 된다.

사이온지의 말은 어떤 보장도 되지 못했고 정당내각으로 되돌리기 위한 제어 논리로도 기능하지 못했다. 그러고 보면 사이토 내각의 등장 자체가 이미 정당내각의 종언이었다. 극우나 극좌를 경계하던 천황과 중신들은 기존 정당 체제가 부패했다는 현상타파론을 받아들여 거국일치를 받아들인 게 아니라 군부나 우익 그리고 인텔리 그룹 등이 신체제를 요구하자 극좌나 극우의 위험사상을 무마하기 위해 거국일치내각을 용인했을 뿐이다. 그런데 일단 정당정치와 단절되자 돌이키기 어려웠다.[59] 협력 내각 모색과 그 결과로서의

---

58) 井上寿一, 『政友会と民政党』, 139-142.

비정당 내각 그리고 궁극적으로는 거국일치내각으로 가면서 헌정의 상도는 붕괴했다. 헌정의 상도가 정당정치이듯 그것은 정당정치의 붕괴였다.

로야마의 제안은 그런 상황에서 나온 것이다. '권위를 가지고 결정할 수 있는 전문가 지배조직'에 의한 '입헌적 독재'를 세계적 추세라 주장하며 정치쇄신을 요구한 로야마는 5.15 사건을 거쳐 성립한 정당과 관료의 협력 내각이 된 사이토 내각에 '유일한 길'이라면서 '의회를 대신할 권위 있는 소수의 칙령위원회'를 제안한다. 그는 천황에 의해 정당성을 부여받은 행정권을 지니는 전문가조직에 의한 입헌적 독재가 되지 않으면 겨우 잔존한 입헌주의도 무너질 거라 했다.[60] 불신받는 정당내각에 대한 대안이 입헌주의를 벗어난 권력의 집중과 통합의 형태로 제안될 정도로 위기로 인식된 것이다. 로야마가 말한 그 불안상태는 현실에서 더 비극적인 형태로 확인된다.

비극의 이념적 진원지는 '쇼와 유신'이다. 입헌주의의 위기상황이 배태시킨 쇼와 유신의 사고와 행동은 정당정치의 위기를 부추겼다. 쇼와 유신의 반의회주의는 당시의 분위기를 대변했다. 1920년대부터 30년대 전반에 걸친 세계공황, 만주사변, 아시아 출신 이민을 규제한 미국의 '배일이민법排日移民法' 등으로 불안정한 국제사회 속에서 국내의 정당정치는 무한 정쟁만 하는 것으로 비쳐 적개심의 표적이 되었다. 원로·중신이 천황을 격리하여 나라를 망치니 천황 친정을 요구하자는 군부급진파나 우익의 목소리가 커졌다. 그 적개

---

59) 松沢弘陽·植手通有 編, 『丸山眞男回顧談(上)』, 267-268.

60) 三谷太一郎, 『日本の近代とは何であったか』, 79.

심을 급진적으로 표출한 '혈맹단 사건'이나 '5.15 사건' 그리고 '2.26 사건'은 모두 '쇼와 유신'을 내걸었다. 쇼와 유신의 이념과 행동은 현실의 부조리를 일거에 해결하는 만병통치약인 듯 선전되었다.

태평양전쟁이 시작하기 전까지는 쇼와 유신은 급진적 일부 세력의 입장이었다. 1932년의 연속테러 '혈맹단 사건'의 주체도 일부 비판적 급진세력이었다. 그들은 천황 하에서 정신적으로 일체화된 국민이 진정한 국가를 만든다는 '일군만민—君万民'의 국체론에 근거해 세상의 태양은 천황이고 대지는 국민으로 태양이 대지를 비춰 풍족해야 하는데 태양 빛이 대지에 도달하는 걸 구름이 막는다고 빗대어 구름에 해당하는 천황 측근이나 정치가 혹은 재계 인물들을 제거해야 한다고 했다. 그 사건은 1930년대 전반부터 본격화된 쇼와 유신 운동의 시작을 알리는 외침이 된다.[61] 청년 장교들이 사관 후보생을 규합해 1932년 5월 일으킨 '5.15 쿠데타'는 총리관저, 미쓰비시 은행 등을 습격하며 군벌 내각의 수립을 노려 군축에 찬성하던 이누카이 총리를 살해한다.

이들 모두는 방법적으로만 보면 미숙하기 그지없다. 거사 후의 방향을 거의 보여주지 못했다. 시대의 위기의식을 각성시키고 대변한다는 거친 설계만 가진 무모한 실행이었다. 그런데도 쇼와 유신적 사고가 넘쳐난 것은 혁신의 구호가 정당의 부패라는 인식을 확산시키고 재벌에 대한 반감을 부추겨 국민을 분노로 이끌었기 때문이다. 무엇보다 정우회와 민정당이라는 양대 정당을 부패로 규정하고 그에 대해 비판한 것이 큰 부분을 차지한다. 게다가 그 분노에

---

61) 島薗 進・中島岳志, 『愛国と信仰の構造』, 122-124.

재벌도 대상이 된다. 생활고가 만든 상대적 박탈감으로 인한 적개심으로 국민을 선동하면서 서민의 궁핍과 대조되는 재벌의 모습이 적절히 가미되어 재벌도 타깃이 된다.[62]

그래도 쇼와 유신을 등에 업은 군부의 입장에서는 역시 의회정치가 주 공격목표였다. 쇼와 유신이 의회정치에 대한 대안으로서의 군부의 집권과 결부된 것이어서, 의회정치의 몰락은 상대적으로 군부의 정치세력화를 의미하기 때문이다. 육군의 '통제파統制派'에 밀린 '황도파皇道派' 군인 약 1,500명에 의한 1936년 2월의 <2.26 쿠데타>는 육군성, 육군 참모본부, 경시청 등을 점거하고 수명의 정부 각료를 살해하며 천황 친정을 요구한다. 천황의 거부와 진압 명령으로 실패하지만 그 쿠데타를 통해 정당정치와 의회주의에 대한 반감은 더 확연히 실체를 드러낸다.

진압 이후 재판에서 사건 배후에 의회주의 핵심인물들을 제거해 황도파 중심의 군부정권을 획책하려는 의도가 확인된다. 재판에서 반란 방조 혐의의 육군 대장이 반란군을 이롭게 한 건 맞는다고 봄으로써 배후에 반의회주의 군부정권을 획책한 의도가 있음이 여실히 드러난다. 황도파는 몰락하지만 대신 군부 내에서 황도파와 대립하던 통제파의 본격적 정치개입이 가능해진다. 쇼와 유신이 만든 2.26 사건은 군부의 혁신론이 유지된다는 점에서 의회정치에는 여전히 부정적인 의미가 된다.[63] 이제 통제파 중심의 혁신론이 날개를 달면서 의회정치는 더욱 위기에 빠진다.

---

62) 井上ひさし・樋口陽一, 『'日本国憲法'を読み直す』, 68-69.

63) 井上寿一, 『政友会と民政党』, 192-197.

5. 국체와 천황기관설

(1) 절대적 규범화된 국체

쇼와 유신의 광풍 속에서 정계에 <천황기관설天皇機関説 사건>이 발생한다. 천황기관설 '논쟁'의 발단이자 천황기관설 '사건'의 공격 빌미가 된 것은 '국체国体'다. 국체는 바쿠후 말기부터 메이지 시대를 거쳐 패전에 이르기까지의 일본을 지배한 정치・사회・도덕규범이고 사상체계이자 행위규범이다. 그것은 에도 말기의 주자학적 흐름인 후기 미토水戸학의 '존왕양이론尊王攘夷論'을 통해 일본 고유의 국가형태를 지칭하는 개념이 된다.[64] 즉 국체가 전전에서와 같이 국가통치체제라는 의미를 기초로 해서 개념화된 것은 바쿠후 말기인 1825년에 후기 미토학파의 아이자와 세이시사이会沢正志斎가 펴낸『신론新論』이 기점이다.[65]

전통적 유학이나 불교에 대항해 문화나 사상에서의 일본적 독자성을 탐구한 '국학国学'에서 언급되던 국체가 그렇게 국가통치체제로 개념화된 것이다. 아이자와는『신론』첫머리의 '국체' 장에서 기존 존황론을 토대로 오늘날의 의미의 국체개념을 이론적으로 체계화한다. 후기 미토학의 주자학적 존왕양이론은 유교적 입장에서 기독교 등 유럽 사상을 비판하는데 그것은 사상 자체보다는 사상이 지닌 이데올로기적 기능에 대해 경계하는 형태였다. 유럽 사상을 일종의 간접침략으로 간주하면서 그에 대해 '사상국방思想国防'을 하자는 차원의 비판이었다. 그 필요성이 일본적 국가론인 국체론을

---

64) 刈部 直,「日本の思想と憲法」, 4.

65) 小島 毅,『靖国史観』, 22-27.

형성한 것이다.66)

사상국방론인 신론은 국가로서의 일본을 일체시하고 이를 지켜
야 하는 단위로서 국체를 말한다. '국체' 편은 일본 중세의 황실 쇠
퇴를 탄식하고 불교나 기독교 혹은 난학 등의 이단 사상을 비판하
며 서양 열강의 배가 출몰하는 사태에서 각 번이 아닌 일본 전체를
하나의 단위로 하는 국체를 지키자고 했다. 바쿠후 타도론 등장 전
의 봉건적 시기에 '국国'이라는 말이 흔히 의미한 각 '번藩'이 아니
라 천황 중심의 단위를 말한 정치론이었다.67) 따라서 국체론은 일
본이 지향할 국민 국가적 정치체제구상론이었다. 게다가 서양 충격
에 대처하는 국가 전략론을 담은 정치·군사적 개혁론으로서 현실
주의적이기에 신론은 공표되자마자 전국에 유포되어 지사들의 필독
서가 된다. 그 국체론이 근대의 지배이데올로기로서 패전까지의 일
본을 규정한 것이다.68)

국체가 지배한 이유는 그것이 국가 정체성 이념이기 때문이다.
후쿠자와도 『문명론지개략文明論之槪略』에서 말하듯 국체는 정체와
다르다. '국체'란 같은 민족의 인민이 모여 고락을 함께하고 자국을
타국과 다른 것으로 관념하며, 같은 정부 하에서 살면서 독립을 유
지하는 것이다. 그 국체관념은 민족, 종교적 교의, 언어, 지리 등이
같은 데서도 연유하지만 같은 민족의 인민 사이에 공통으로 이어져
온 '회고懷古의 정情'에서 특히 연유한다. 그것은 한 나라의 인민에
게 행해지는 정치방식인 '정통政統'과도 다른 것으로 정통은 국가
성격이나 시대에 따라 변해도 국체는 변하지 않는다. 일본에서 정

---

66) 丸山眞男, 『日本の思想』, 18-19; 和辻哲郎, 『日本倫理思想史(四)』, 162.

67) 小島 毅, 『靖国史観』, 41-42, 53-55, 61.

68) 中野剛志, 『日本思想史新論』, 35-40, 184-187.

통은 군주국, 외척의 지배, 쇼군의 지배 등으로 변했지만, 국체는 변하지 않았다는 것이다.[69]

국체는 국민통합 규범이 된다. 국민적 의미의 국체는 교육기본법에 해당하는 1890년의 「교육칙어敎育勅語」에 공식 등장한다. 1889년의 제헌과 이듬해의 제국의회 개설 등 급격한 서양화로 인한 전통적 도덕의 상실과 사회 혼란이 우려되자 '신민臣民'에게 요구되는 도덕을 학교 교육을 통해 강화하기 위해 천황이 훈계하는 형태로 정부가 발포한 게 교육칙어다. 칙어에 국체가 등장함으로써 국체는 이후 공식행사 등에서 널리 사용되고 국민교육의 핵심으로 받아들여진다.[70] 국체가 공식화되자 국가 논리에 의해 윤리적 가치가 결정되는 걸 국민은 받아들여야 하고 그에 대한 반박은 허용되지 않는다. 국가가 '윤리적 실체로서 가치 내용의 독점적 결정자'가 된 것이다. 국가가 진리나 도덕에 대해 중립을 지키는 유럽적 근대국가와는 달리 인간의 내면에 무한히 개입하게 된다.[71]

그래서 국체는 '비종교적 종교'로서 마술처럼 된다. 그 '마술적 힘'은 국민을 얽매어 왔던 고유의 사상체계와 관련된다. 그 힘의 정체를 설명하기 위해 마루야마는 도쿄대에서 가르친 독일인 레더러E. Lederer가 자신의 책 『일본-유럽Japan-Europe』에서 말한 사건들을 인용한다. 하나는 1923년 말 '토라노몬虎ノ門 사건'의 후일담이다. 어느 무정부주의자가 황태자 히로히토裕仁를 저격했다가 실패한 당일 총리를 비롯한 전 각료가 사직하고 경시총감부터 담당 경찰관까지 줄줄이 징계 면직되고, 범인의 부친인 중의원 의원은 사직해 자

---

69) 福沢諭吉, 『文明論之概略』, 37-43.

70) 시部 直, 「日本の思想と憲法」, 3-5; 島薗 進・中島岳志, 『愛国と信仰の構造』, 108-109.

71) 苅部 直, 『丸山眞男』, 141.

택에 칩거해 약 반년 뒤 아사한다. 범인의 고향 마을은 정월 축제를 취소하고 근신하며, 졸업한 소학교의 교장 및 담임교사도 '불령不逞' 학생을 교육한 책임에 사직한다. 이 끝없는 책임의 행렬을 당연시하는 무형의 사회적 압력을 독일인은 이해할 수 없었다.

또 하나는 대지진 등에서 천황의 초상인 '고신에이御真影'를 화염 속에서 꺼내다 많은 학교장이 숨지는 일이다. 차라리 천황 사진을 태우는 편이 좋지 않느냐는 문제 제기조차 없는 사실을 서양인은 이해할 수 없었다.[72] 그것이 국체의 불가해한 힘이다. 교육칙어 발포 뒤 전국 소학교에 하사된 고신에이는 국가적 숭배대상이다. 헌법에 이어 천황제 국가의 국민교화 기준으로 발포된 칙어가 국가신도의 이데올로기적 기초가 된 것이고, 그러한 국가신도의 교의는 천황가로 상징되는 조상신의 숭배로 화체되는 국체에 대한 교의로서 완성된다.[73] 그런 의미에서 고신에이는 국가신도 이데올로기가 화체된 국체의 상징이다. 따라서 외국인이 이해하기 힘든 점 즉 신민의 무한책임에 의해 유지되는 마술적 힘의 원천은 바로 국체였다.

국체가 절대화된 이유는 체제 안정화의 요청이다. 서양의 위협 앞에 등장한 국체론은 일본 지키기였다. 국체를 통해 보면 변화의 시작인 메이지유신은 체제변환이 아니라 서구와 대등한 국가를 형성하기 위한 국제정세 속의 적응력 확보시도다. 왕정복고로 대권을 천황에게 되돌리자는 거사는 서구의 위협에 맞서 일본의 '국체'로 돌아가자는 것이다. 본래의 국체로 돌아가자는 운동이기에 혁명은 아니고 개혁과 더불어 복고의 의미도 포함된 '유신'인 것이다.[74] 적응

---

72) 丸山眞男, 『日本の思想』, 31-32.

73) 村上重良, 『国家神道』, 79, 139.

74) 島薗 進・中島岳志, 『愛国と信仰の構造』, 31-32.

력 확보를 위한 국체론이기에 유신이 끝나고 체제 안정화의 요구가
등장할 때 공식적으로 재등장한 것이다. 그렇듯 국체는 서구의 위협
앞에서 일본적인 것을 지키려는 국민적 통합관념의 결정체다.

그래서 국체를 특정한 학설이나 개념규정으로 논리화하는 일도
기피된다. 국체가 논리화되어 이데올로기적으로 한정되게 되면 결
국 상대화된 의미만 지니는 것이 되기 때문에 그런 상대화를 회피
하기 위해서다.[75] 그 결과 국체는 법규범이 된다. 즉 '만세일계万世
一系'의 천황이 통치한다는 헌법규정이 국체의 중심개념인 점에서
국체는 일종의 법규범으로 볼 수 있다. 더욱이 국체가 제헌과 더불
어 비로소 시작된 게 아니더라도 즉 헌법에 의해 만들어진 것이 아
니라도 이미 건국 이래 불문으로 유지되어 온 부동의 법규범으로
볼 수 있기에 역시 법규범이다.[76]

헌법이 아닌 다른 실정법에 등장한 국체개념에서 그런 법 규범적
측면이 확인된다. 사회주의 사상에 대한 경계를 반영한 1925년의
치안유지법 제1조는 '국체를 변혁시키거나 사유재산제도를 부인하
는 것을 목적으로 하여 결사를 조직'하는 것을 중벌한다고 규정한
다. 사유재산제를 부정하는 것을 벌하는 것이야 1917년 러시아혁명
으로 인한 주변국들의 공산주의화와 관련된 우려를 표현한 것이지
만, 국체변혁을 금지하는 것은 아무런 설명 없이도 당연한 규범으
로 받아들여진 사실이야말로 국체가 일본의 법규범 안에 반영되어
있음을 보여주는 것이다.

절대화된 국체론은 이념적 편향성을 드러낸다. 우선 외견적 입헌

---

75) 丸山眞男, 『日本の思想』, 33.

76) 大石義雄, 『帝國憲法と財産制』, 52; 大石義雄, 『憲法』, 14.

주의로서의 헌법을 독자적으로 해석하면서 사실상 입헌주의 부정론이 된다. 메이지 헌법이 계수한 입헌주의는 1876년 원로원에 헌법 기초를 명한 칙어에서 보듯이 '건국의 체建ノ体'에 기초해서 서양 헌법을 참작해 제헌한 것이다. 따라서 근대입헌주의에 비본질적 요소를 담으면서도 입헌주의를 표방한다는 의미의 외견성은 예견되었다. 그래서 입헌주의는 수용되면서도 그와 모순될 수 있는 일본적인 것으로의 변용도 따랐다. 그 결과 메이지 헌법체제는 국체론으로 치닫게 되고 국체론과 모순되는 입헌주의는 부정될 수밖에 없게 된다.[77] 즉 국체론은 헌법의 외견성에 의해 강화되고, 국체론의 강조 자체가 입헌주의의 부정과 다름 아닌 모순적 상황이 되어 간다. 그런데도 그 모순조차 읽을 수 없을 정도로 국체론은 절대화된다.

쇼와 유신기에 국체론을 등에 업은 세력이 일방적으로 유리하게 된 것도 그런 절대화의 결과다. 우익이 국체라는 깃발을 내걸면 극소수의 종교인, 무정부주의자, 공산주의자를 제외한 거의 모든 당파나 집단은 정면으로 반대하거나 대항할 수 있는 이념적 논거를 내세울 수 없다. 국체를 앞세운 우익의 공격에 자유주의자든 민주주의자든 수동적 입장이 될 수밖에 없다. 자신들의 사상과 행동이 결코 국체와 모순되지 않는다는 것을 변명부터 해야 했기에 제대로 된 싸움은 불가능했다. 1930년대의 이런 분위기를 이해하면 그 시기에 천황기관설 사건이 발생한 이유도 알 수 있다.[78] 천황을 입헌주의 초월적 존재로 보는 국체론은 천황도 헌법의 틀 안에서 국무를 한다는 통설을 받아들일 수 없었던 것이다.

---

77) 高橋和之, 『立憲主義と日本国憲法』, 40.

78) 丸山眞男, 『現代政治の思想と行動』, 192.

국체론 세력이 입헌주의를 흔드는 모습은 일종의 신앙 같았다. 그 천황 신앙은 반대파를 해치우는 흉기였다.[79] '천황기관설天皇機関説 사건'이 공격의 정점이다. 천황기관설이 천황의 이상적 위상에 지장을 준다는 비판으로부터 공세는 시작된다. 실은 천황기관설이 배제되고 난 이후에 벌어진 일련의 사태에서 보듯이 그 공격은 천황의 이상적 위상과는 무관하다. 따라서 공격의 정체는 입헌주의적 국가운영에 대한 보이지 않는 전복 기도일 뿐이다. 사건을 야기한 동기의 의도나 결과 그리고 이후의 상황전개를 볼 때 천황기관설 사건은 그저 반입헌주의 운동이다. 따라서 입헌주의의 성과를 일거에 의문시한 그 공격은 그 자체로 일정한 성과를 얻은 것이다.

암흑기가 패전으로 종료하고 입헌주의가 부활하지만 오늘날까지도 그런 반입헌적 사고는 잔존한다. 실제로 자민당의 개헌파 세습의원들은 천황기관설 사건이 발생한 1935년 이후 종전까지의 시기를 이상적인 국가라고 말한다. 그 향수는 지극히 주관적이다. 국민은 과거에 그들의 지배층이던 세력의 후손인 자민당의 세습의원들이 바라마지 않는 그 사회로, 그들 지배층에 봉사하는 신민이 되기 위해 돌아가고 싶지는 않기 때문이다.[80] 그런데도 개헌론자들이 그런 주장을 하는 것에서 보듯 정계에는 여전히 그 천황기관설 공격과 같은 반입헌주의적 향수가 있다. 따라서 그 공격의 정체는 확인해 볼 필요가 있다.

돌이켜보건대 '천황기관설 사건'은 국체론을 들고나온 세력의 공격이지만, 이는 이미 앞선 시기에 '천황기관설 논쟁'이라는 학문적

---

79) 久野 收·鶴見俊輔, 『現代日本の思想』, 136.

80) 樋口陽一·小林 節, 『憲法改正の真実』, 225.

공방과 그에 대한 검토로 평가가 난 것이다. 그런데도 국체론이 자신에게 극히 유리한 시기적 상황을 등에 업고 크게 운동장이 기운 곳에서 이번에는 싸움의 형식이 아니라 일방적으로 매도해 버린 것이 천황기관설 사건이다. 따라서 앞선 논쟁은 천황기관설 공격이 만든 사건에는 별다른 인과관계를 가지지도 못한다. 그런데도 국체론적 공격의 이념적 연원이나 학문적 근거 여부를 살피기 위해 논쟁부터 다시 되새기면서 사건의 실체를 보고자 한다.

(2) 천황기관설 논쟁과 공격

미노베 다츠키치美濃部達吉는 천황을 국가라는 '법인'의 '기관'이라 했다. 통치권은 법인으로서의 국가에 속하고 천황은 국가의 최고기관인 주권자로서 내각을 비롯한 제 기관의 보필을 받아 국가의 최고의사결정권인 통치권을 행사한다고 했다. 결국 법인으로서의 국가의 최고기관인 천황도 헌법이 규정한 권리만 행사할 수 있다고 했다. 천황의 권력은 개인으로서의 천황에 속하는 게 아니라 헌법 안에서 행사된다는 것이다.[81] '국가법인설國家法人說'의 일종인 이 '천황기관설'은 메이지 헌법하에서 확립되기 시작했지만 미노베가 발안자도 아니다. 이미 메이지 시대에 스에오카 세이치末岡精一 등 많은 법학자가 지지했고 연구도 거듭되었는데, 미노베가 1910년대부터 이를 계승해 주창한 것이다.

미노베의 천황기관설 주창은 1910년대의 입헌주의적 우려와 결부되어 있다. 1912년의 저서 『헌법강화憲法講話』의 서문에 그 우려가 보인다. 교육칙어에 따른 국민 도덕교육의 일환으로 문부성이

---

81) 美濃部達吉, 『憲法撮要』, 223-225.

개최한 중등교원 여름강습회에서 제국 헌법 개요를 강의해 달라는
위촉을 받아 약 10회 강의를 한 미노베가 수강생들의 출간희망에
따라 반년 동안 보정해서 낸 책의 서문에서 그는 헌정이 시행된 지
20여 년이 지났지만 헌정에 관한 지식이 일반에 보급되어 있지 않
고, 전문적 헌법학자들조차도 '국체' 개념만 가지고 전제적 사상을
고취하고 국민의 권리를 억누르면서 절대복종을 요구한다고 했다.
그들이 입헌정치를 말하지만 실은 전제정치를 행하는 것이라는 우
려를 적지 않게 접한다고 했다. 이런 모습에 개탄해 건전한 입헌
사상 보급을 위해 책을 낸 것으로, 그 '변장적変装的 전제정치' 주장
을 배척하는데 노력하겠다고 했다.[82] 즉 입헌정치를 바로 세우려는
학문적 노력이 천황기관설 주장이었다.

그런데 천황기관설이 미노베에 의해 꽃을 피우던 1912년에 '논
쟁'을 부른다. 핵심은 서구 법사상을 일본의 정치 현실에 적용하는
이데올로기적 입장의 차이다. 천황기관설의 근거인 국가법인설은
옐리네크G. Jellinek 등 19세기 '독일 국법학'이 창도하고 일본에서
는 메이지 헌법 하의 '입헌학파'가 계수하고 제창했다. '통치권의
소유자로서의 국가'라는 법개념으로서는 '국가주권설'과 함께 근대
의 대표적 개념이 된 '국가법인설'은 독일의 근대화과정에서 군주
주권원리가 있음에도 입헌군주제를 지탱해 준 것이다. 미노베로 대
표된 일본의 '입헌학파'도 절대군주제적 성격이 강한 메이지 체제
를 그렇게 입헌군주제화 하려 한 것이다.[83]

이 설이 부각되자 그때까지 메이지 헌법해석으로는 지배적이던

82) 美濃部達吉, 『憲法講話』, 序.
83) 杉原泰雄, 『憲法と国家論』, 40.

호즈미 야츠카穗積八束와 후계 우에스기 신키치上杉慎吉의 '천황주권설'이 상대적으로 부정되기 시작한다. 제국대학 최초로 헌법 강좌를 담당한 호즈미는『헌법제요憲法提要』에서 천황의 신격적 초월성에 기반을 두고 천황이 곧 국가이므로 통치권은 천황에 속하고 대권 행사에 국무대신의 보필은 필요치 않다고 했다. 대권은 법으로 구속할 수 없고 천황이 헌법을 위반해도 제재할 수 없다고 했다. 국무대신은 천황에 대해서만 책임지므로 천황은 의회에 구애받지 않고 자유롭게 국무대신을 임면할 수 있다고 했다. 그 호즈미의 후임으로 도쿄제국대 법대에서 헌법을 가르친 우에스기가 미노베와 라이벌이다. 미노베와 우에스기는 메이지 말기부터 시작해 다이쇼 초기인 1912년을 정점으로 학술지『태양太陽』등을 통해 논쟁한다.

논쟁의 중심에 '국체'가 있다. 우에스기는 천황기관설이 '국체에 관한 이설'이라며 싸움을 건다. 호즈미는 1910년『헌법제요』에서 '일국의 헌법은 그 나라 고유의 국체, 정체의 대법'이므로 '일체 외국의 사례 및 학설에 구애되지 않는' 것이어야 한다고 했는데, 그 학설을 이어받은 우에스기가 그 논거로 미노베를 공격한 것이다. 그런데 미노베가 외국 학설에 근거한 것은 이유가 있다. 그는 1927년 발간한『축조헌법정의逐条憲法精義』에서 표현하듯 메이지 헌법이 '대체로 서양 여러 나라에 공통적인 입헌주의 원칙을 채용하고 있다'라면서 '헌법해석에서도 반드시 그러한 주의主義를 기초로 해야 한다'라고 했다. 그래서 천황의 지위도 독일식 국가법인설의 논리로 설명했다. 있는 그대로의 헌법을 서구의 입헌주의 원칙에 따라 해석한 것이다.[84] 그런데 우에스기가 그 서구적 해석이 국체에 관

---

84) 美濃部達吉,『逐条憲法精義』; 樋口陽一,『いま,「憲法改正」をどう考えるか』, 21-22, 39; 伊藤之

한 이설이라 공격하자 논쟁이 된 것이다.

이는 미노베가 대변한 입헌주의적 입장에 대한 공격이다. 우에스기는 천황기관설에 담긴 입헌주의적 의도를 잘 알았다. 본래 국가법인설은 '위로부터의 근대화'가 수행된 후발 자본주의 국가의 군주주권 헌법하에서 아직 민중이 지배정치세력의 하나로 되기 전 단계에 부르주아를 정치 주역으로 등장시킨 입헌군주제 헌법 이데올로기다. 그래서 근대시민혁명을 거쳐 근대화를 이룬 미국이나 프랑스에서는 지배적 국가개념이 될 수 없었고, 군주주권국가인 독일이나 일본에서 정치적 근대화로 나아가기 위한 요구를 담은 국가개념이 된 것이다. 즉 근대시민혁명을 통하지 않고 근대화로 나아가는 독일이나 일본에서 반향을 보인 것이다. 미노베는 절대군주제적 학설을 주창한 호즈미나 우에스기 같은 '정통학파'에 의해 지지되던 현실의 천황주권 헌정을 입헌군주제라고 해석한 입헌군주제 헌법해석론이다.85) 따라서 우에스기의 비판은 입헌군주제 이념 비판인 것이다.

우에스기 외에도 가토 히로유키 등의 천황기관설 비판은 있었다. 천황의 통치를 하나의 기관으로서 보는지 아니면 주체로서 보는지와 관련해 가토는 1913년 『국가의 통치권国家の統治権』이라는 책에서 '기관설' 문제를 정면으로 다룬다. 그는 기관설을 주장하는 미노베에 대립하면서 주체설을 주장하는 호즈미나 우에스기에 동조한다. 다만 우에스기 등과는 다른 논거로서 그렇게 했다. 가토는 국가가 하나의 단체여서 법률상의 인격이며, 통치권은 단체적 인격인

雄, 『政党政治と天皇』, 190-192; 中村雄二郎, 『近代日本における制度と思想』, 99-100.

85) 杉原泰雄, 『憲法と国家論』, 33, 79, 84.

국가에 속하는 권리이며, 결국 국가통치권의 주체는 군주에 있는 게 아니고 군주는 국가 최고기관으로서 통치권을 총람해 이를 실현 행사하는데 지나지 않는다는 설은 오류라고 했다. 무릇 법인이란 국가 안에서 만들어진 것이고 인위적인 것에 불과한데, 그 인위적 법인의 이치로 근본에 해당하는 국가를 논해서는 안 된다는 점에서 기관설은 본말을 전도시켰다는 것이다.86)

그래도 논쟁의 중심은 우에스기의 비판 즉 '국체'에 있었다. 우에스기는 입헌주의적 해석을 공격하기 위해 미노베에서 국체관념이 부각되지 않는 점을 물고 늘어졌다. 그러자 미노베는 '국체'는 법적 개념은 아니고 국가구조의 기본은 '정체'라 했다. 그리고 군주정과 공화정의 두 정체 중에서 메이지 헌법 이후의 일본은 입헌군주정체라 했다.87) 반면 우에스기 등은 공화제, 군주제는 국체의 구분이고, 민주제나 과두제 혹은 귀족제 등이 정체 구분이라 했다. 독일 국법학의 '국가형태Staatsform'를 '국체'로, '통치형태Regierungsform'을 '정체'로 본 것이다. 호즈미나 우에스기는 다분히 윤리적 개념인 국체론을 법률적 개념에 합류시키기 위해 독일 국법학을 원용한 반면, 미노베는 국체개념을 법률에서 추방하고 대신 정체 구분으로 일원화하고자 한 것이다.88) 결국 논쟁은 천황주권설의 주류적 지위를 상실시켜 이후 천황기관설이 정통적 헌법학설로 받아들여진다.

메이지 말기부터 시작된 논쟁은 천황기관설의 승리로 그렇게 결착되나 싶었다. 쇼와시대인 1935년에 천황기관설 사건이 발생하기 이전에는 이미 학설의 주류로 정부와 의회뿐만 아니라 황실까지도

---

86) 加藤弘之, 『国家の統治権』; 中村雄二郎, 『近代日本における制度と思想』, 265-266.
87) 美濃部達吉, 『憲法撮要』, 49, 119.
88) 丸山真男・加藤周一, 『翻訳と日本の近代』, 143.

수긍할 정도였다. 당시의 국정 전체가 천황기관설이 말하는 전제하에서 운영되었다고 해도 과언이 아니다. 그렇기에 1935년까지의 일본은 유럽의 입헌군주제를 지향하는 정체로 평가되었다.[89] 그렇게 기관설은 현실에 부합하는 학설로 이해된다. 그래서 1923년 발간된 미노베의 『헌법촬요憲法撮要』는 천황기관설 사건이 발생하기 2년 전인 1933년 판을 보더라도 이미 개정 제5판 제12쇄로 발간될 정도로 스테디셀러였다.[90]

심지어 천황기관설은 패전 이후까지 계승되어 신헌법 제정 무렵인 1946년 7월 제90회 제국의회의 헌법심의에서 헌법문제담당 국무대신도 국가법인설에 따라 답변할 정도였다.[91] 학계를 대변해 미노베가 국가법인설 입장에서 국민주권의 신헌법을 해설하기도 했다. 미노베는 1948년 출간된 『일본국헌법원론日本国憲法原論』에서도 현행헌법을 논하면서 국가는 통치권을 지닌 단체라든가 일정 지역을 기초로 하여 성립하고 그 토지 및 인민에 대해 외부에서 부여된 것이 아닌 오직 자기의 의사에 기초해 통치권을 보유하는 단체라 했다.[92] 천황기관설은 일본에서 그렇게 오랫동안 생명력을 지닌 것이다.

그 국가법인설은 오늘날에는 대중적 인기도 없고 비중도 적다. 한국에서든 일본에서든 헌법학자들도 별로 언급하지 않는다. 입헌군주제를 옹호하는 정치적 성격인 데다가 국민과 동떨어진 국가 인

---

89) 樋口陽一・小林 節, 『憲法改正の真実』, 56; 坂野潤治・田原総一朗, 『大日本帝国の民主主義』, 53, 66.

90) 美濃部達吉, 『憲法撮要』.

91) 杉原泰雄, 『憲法と国家論』, 3-5.

92) 美濃部達吉, 『日本國憲法原論』, 25.

격을 인정한다는 것처럼 보여 환영받지 못한다. 주권을 군주도 아니고 국민도 아닌 국가에 귀속시키는 것인데, 이는 군주와 시민계급의 대립이라는 역사적 상황에서 특히 시민계급이 혁명에 의해 지배권을 확립할 만한 힘을 가지지 못한 19세기 후반 독일의 상황에서 만든 타협적 이론으로서 일종의 보수적 이론으로 평가된다. 그래서 국가법인설이 나온 독일에서도 반민주적 이데올로기로 간주하였다. 그런데도 국가법인설의 '일본판'인 1930년대의 천황기관설만은 천황주의자나 파시스트들로부터 '민주'적 학설로 간주되어 탄압되기 시작한다.

기관설 공격자들은 미노베가 절대군주제를 부정적으로 보는데, 그것이 일본을 입헌주의에 친숙한 정치체제로 파악하는 천황기관설을 통해 이루어진다고 보았다.[93] 그렇듯 천황기관설 공격은 미노베의 입헌주의적 이념에 대한 공세였다. 그 공세의 시기에 상황은 바뀌어 있었다. 국체에 관한 미노베와 우에스기 간의 논쟁에서처럼 정상적 논쟁으로 진행될 수도 없고, 국체론에 거의 대항하기도 어려운 시기였다. 군국주의가 팽배하고 천황을 절대시하는 풍조가 광범위하게 퍼진 쇼와 파시즘의 시대였다. 그렇게 쇼와 유신의 시대였다고 생각하면 절대로 난데없는 사건은 아니었다.

오랫동안 지배적이던 천황기관설은 의회의 역할을 상대적으로 중시함으로써 정당정치도 지지하는 것인데, 정당정치가 불안해지고 의회지배를 거부하는 군부가 대두하면서 입헌주의에 대한 공격의 강한 동기가 제공된 것이다. 1935년 들어 군부와 우익이 의회 안에서 천황기관설을 들먹이며 의회정치를 공격한다. 2월 제국의회에서

---

93) 杉原泰雄, 『憲法と国家論』, 8-10, 30; 高橋和之, 『立憲主義と日本国憲法』, 5.

퇴역군인 출신 귀족원 의원 기쿠치 다케오菊池武夫가 제국대학 교수와 학자들의 헌법해석서 중 국체를 파괴하는 게 있다고 성토한다. 문부대신이 어떤 교수의 어떤 책의 어떤 내용인지를 묻자 기쿠치는 미노베의『헌법촬요憲法撮要』,『헌법정의憲法精義』를 비롯한 몇몇 학자의 책을 들먹인다.

기쿠치는 전문서적의 내용을 꿰뚫는 듯 말했지만 실은 미노다 무네키蓑田胸喜 등 우익사상가의 글을 인용한 것이다. 천황숭배론자로서 초국가주의자인 미노다는 '원리일본사原理日本社'를 창립하고, '원리 일본'이라는 우익잡지를 발간하면서 입헌주의에 대한 통설인 천황기관설을 공격하는 등으로 입지를 넓혀갔다. 기타 잇키의 사상에 영향을 받은 2.26 사건의 실패 이후에는 기타보다 미노다의 원리 일본 사상의 존재감이 커지면서 쇼와 유신의 대표적 이론의 지위가 된다. 기쿠치는 실은 미노다의 글에서 확인한 책들을 거명한 것이다. 따라서 그 공격은 우익과 군부의 합작품 같았다.[94]

답변에 나선 각료들은 그 책들에 특별히 범죄가 될 만한 내용은 없다면서 사법적 혹은 행정적 처분을 할 필요성은 없다고 했다. "그 설은 이미 오래 전부터 천황이 국가의 주체인지 국가의 기관인지라는 논의로 대립해 와 지금까지도 그 점에 대해 논의되는 것이기에 학자들의 논의에 맡겨두는 게 타당하지 않은가 라고 생각한다"라고 답했다. 그런데도 기쿠치는 그 학자들이 독일 학문의 수입에 불과한 학문을 이용해 나라를 위태롭게 한 범죄자인 '학비学匪' 즉 학문으로 민심을 현혹하여 정상적 판단을 못하게 만드는 학자들이라고 했다. 또한 그 학설은 '완만한 모반'이고 '명백한 반역'이라

---

94) 島薗 進・中島岳志,『愛国と信仰の構造』, 133.

했다.95)

　미노베는 곧 '일신상의 변명'으로 반론한다. 그는 국가를 하나의 생명으로 보고 자체목적을 지닌 항구적 국체 즉 법인으로 이해해야만 천황이 법인인 국가의 원수 지위에 있게 되고, 국가를 대표해 국가의 일체의 권리를 총람해 천황이 헌법에 따라 행하는 행위가 곧 국가행위로 효력을 가진다고 했다. 천황의 행위는 천황 개인의 행위가 아니라 국가행위로서 효력을 가지며, 그래서 헌법이 천황 흠정이라도 천황 개인의 저작이 아닌 헌법으로 효력을 가지게 되며, 조약은 천황이 체결해도 국가와 국가 간 조약으로 효력을 가지는 것이라 했다. 그러면서 기관설은 학자들이 흔히 인정하는 헌법학의 평범한 진리로 자신이 최근 주창한 것도 아니고 30년 전부터 주장된 것이기에 갑작스러운 이런 비난은 생각조차 못했다고 한다.

　미노베의 반론에 대해 '기관설 배격' 진영은 이틀 뒤 중의원 의원 일부까지 가세해 반격한다. 중의원에서는 '천황의 칙령이나 선전포고를 대신이나 국민이 자유롭게 비판할 수 있는 것처럼 쓰여 있는데, 그건 반역사상이 아닌가'라고 하고, 그 저서를 발매금지하라고 요구하고 오카다 게이스케岡田啓介 총리까지 싸잡아 비판한다. 그들은 미노베의 저작내용을 '불경죄不敬罪'라며 고발도 한다. 기소유예는 되지만 미노베는 귀족원의원직을 사임할 수밖에 없었고, 수없이 살해위협이나 자살권고 등의 협박장을 받고 실제로 살해하려는 자가 체포되기도 하고, 결국 1936년 2월 자택에서 우익의 습격을 받아 부상당한다.

---

95) 山崎雅弘, 『「天皇機関説」事件』, 22-26; 丸山眞男, 『現代政治の思想と行動』, 192.

(3) 국체 이념의 국민적 주입

천황기관설 공격은 정권 공격으로 이어진다. 군부와 우파는 천황의 이름을 빌려 오카다 내각을 천황 중심의 정체성에 충실하지 않은 것으로 본다. 그래서 정권을 전복하고 정계주도권을 잡으려 한다. 결국 최종목표는 의회주의 공격이었다. 그런데 그들이 말하는 '천황 친정'은 천황이 원하는 것도 아니다. 육군을 통해 천황기관설을 그대로 두어서는 안 된다는 진언을 받은 천황은 "기관설 운운하는 게 황실의 존엄을 더럽힌다고 말하지만, 그런 걸 논의하는 것 자체가 황실의 존엄을 더럽히는 것이다. 또 일본의 국체가 기관설 운운하는 논의 정도에 의해 동요되는 것도 아니다"96)라고 했다. 공인되던 천황기관설이나 입헌군주적 해석에 대한 공격은 천황 자신의 의지에도 반하는 것이었다.97)

미노베가 괴한에 습격당한 5일 뒤에 도쿄에서 황도파가 일으킨 2.26 사건에 대한 천황의 태도도 마찬가지다. 쿠데타 주역들은 천황 친정 체제의 의지를 밝히지만 보고 받은 천황은 그 뜻을 거부한다. 오히려 일부 육군 장교들이 멋대로 도쿄 중심부를 지배하에 두고는 중신들을 살해한 것에 격노하고 진압을 명한다. 쿠데타 취지서를 건네받은 육군상이 그것을 읽자 천황은 '왜 그런 걸 읽고 있나'라며 들으려고도 않는다. 국민도 군부의 정치관여에 비판적이었다.98) 군부의 공격이 메이지 헌법 하의 천황이 정치에 직접 관여하는 건 아니라고 보는 일반적 사고를 전복시켜 의회주의를 군부 자

---

96) 山崎雅弘, 『「天皇機関説」事件』, 35-51, 172.
97) 久野 収・鶴見俊輔, 『現代日本の思想』, 133.
98) 松沢弘陽・植手通有 編, 『丸山眞男回顧談(上)』, 172.

신이 원하는 체제로 대체하려 하는 것임이 간파된 것이다.

이 점에서 군부와 천황 혹은 국민의 생각 간의 괴리를 볼 수 있다. 그때까지는 군부나 우익을 제외하고는 흔히 통치권을 총람하는 천황도 최고헌법기관의 하나인 것으로 이해해 실제 결정은 내각이나 의회가 한다고 보아 왔다. 그런데 군부나 우익은 쇼와 유신의 광풍을 업고는 천황기관설 공격에 성공했다고 보아 이제 천황 친정론을 천황이나 국민이 받아들일 수 있다고 본 것이다. 알고 보니 군부나 우익의 생각을 천황도 이해하지 못하고 더욱이 국민도 받아들인 게 아니었다. 천황도 친정론에 의해 자신이 현실정치에 말려들어가는 것을 원치 않고 그런 관행도 없지만, 국민 역시도 친정을 바라기보다는 천황을 현실정치와 분리된 초연한 존재로 두고자 한 것이다.

결국 군부나 우익이 만든 국체 이념의 공세는 외적으로는 천황기관설 공격으로 일정한 성과를 거둔 듯하지만 현실에서 천황 친정 체제로는 나아가지 못하고 오히려 비판의 역풍도 맞은 것이다. 패전 후를 보더라도 군국주의가 만든 전쟁의 참상과 관련해 반발하면서도 그것이 천황의 이름으로 이루어졌다는 점에 대해서는 인정하지 않던 것이 국민 대다수의 입장이다. 잘못은 천황의 통수권을 이용해 국민을 사지로 내몬 군부에 있다는 인식이 지배적이었다. 결국 천황 친정을 통해 사실상 군부가 정치를 장악하려는 포석은 전전이든 전후이든 국민의 뜻과는 거리가 멀었다.

그런데 군부나 우익이 당시에는 단기적으로는 일정한 성공을 거둔 것도 사실이다. 수십 년간 도쿄제국대에서 강의하고, 고등문관시험 수험필독서였던 미노베의 책들 즉『헌법촬요』,『축조헌법정의逐条憲法

精義』,『일본국헌법의 기본주의日本国憲法ノ基本主義』 등 3권은 출판법 위반으로 발매금지된다. 이 '일본판 분서갱유'에서 미노베 뿐만 아니라 같은 학파라고 간주된 추밀원 의장이나 법제국 장관 등도 '학비'라든가 '국적国賊'이라는 오명을 쓰고 공직에서 물러나야만 했다. 그런데도 학계나 언론계는 거의 모두 침묵했다. 천황기관설을 옹호하거나 지지하는 어떤 움직임도 보이지 않는 듯했다.[99)]

정권도 굴복한다. 오카다 총리는 '국체명징国体明徵'이라는 이름으로 천황이 통치권의 주체임이 국체의 근본이므로 이와 어긋나는 천황기관설은 배격한다는 성명을 낸다. 기관설을 공식적으로 배제하고 가르치는 것도 금지한다. 이는 1935년 3월 20일의 귀족원의 건의나 '정부는 비할 데 없이 숭고한 우리 국체로 볼 때 허용되지 않는 언설에 대해 즉시 단호한 조처를 해야 한'다고 요구한 3월 23일의 중의원 결의를 수용한 조치다. 국체명징은 운동으로 확산하여 이후의 교육과 학문은 황국교육과 국체관념과 일본정신을 중심으로 한 것이 된다. 제국대학들은 국체연구를 위한 '국체학', '국법학', '국헌학' 같은 강좌를 개설하고, 학생과 교직원은 국체명징 연수를 받아야 했다.[100)] 그 국체의 깃발 아래서 입헌주의적 기초는 뿌리째 흔들린다.

6. 패전과 포츠담선언 수락

1937년 7월 베이징 교외의 우발적 군사충돌인 '루거우차오盧溝橋

---

99) 丸山眞男,『現代政治の思想と行動』, 192.

100) 杉原泰雄,『憲法と国家論』, 10; 小島 毅,『靖国史観』, 79-80.

사건'을 발단으로 전면적 <중·일전쟁>이 발발한다. 전쟁을 감행한 군부는 전쟁 계속론을 대세로 만든다. 정부 내의 비정당 세력이 주도한 '대중국 강경론'으로 국민의 태도도 변한다. 몇 번의 전쟁으로 국가의식이 강화된 국민은 대외적 팽창에서 심리적 보상을 얻었다.101) 전쟁 '불확대'와 '현지해결'을 기본방침으로 하던 정우회는 거국일치를 원치 않지만 국내 강경론을 업고 전쟁이 장기화하자 민정당과 거국일치를 만들 수밖에 없었다. 거국일치는 조기 해결의 포기와 전쟁의 추인이 전제였다. 중·일 전면전쟁은 기정사실이 되고 그것이 불러올 결과도 불 보듯 했다. 그것은 만주사변과는 다른 차원으로 중국과 이해관계에 있는 소련이나 미국, 영국의 개입을 부를 세계전쟁의 점화였다.102)

전쟁 불확대·현지해결 정책은 완전히 자취를 감춘다. 연전연승 보도로 들끓는 여론은 중국으로부터 배상금은 물론이고 심지어 영토 일부도 얻자는 기세였다. '난징 함락' 이후에는 호전적 목소리뿐이었다. 매스컴도 조절되지 않고 국민도 제어되지 않았다. 국내 강경론이 화평의 요구조건을 가중하면 중국이 받아들일 수 없게 되었다. 정당들은 강경론에 빠진 국민 여론과 등을 질 수가 없었다. 그래서 상황을 제어하기는커녕 오히려 스스로 강경론을 주창함으로써 정치적 주도권이나마 잡고 싶어 했다.103) 그 속에서 정부가 가장 우려한 문제는 대미 관계의 악화였다. 서로 비중 있는 무역상대국으로 강한 유대를 지속해 온 미·일은 이민문제로 상호 간에 감정이 악화하기도 했지만 전쟁을 도발할 만한 이유는 없었는데 중국

---

101) 丸山眞男, 『現代政治の思想と行動』, 163.

102) 武藤貞一, 『日支事変と次に来るもの』, 7, 14.

103) 井上寿一, 『政友会と民政党』, 218.

문제로 인해 달라진다.

중국이나 극동에서의 군사적 우위를 위해 미·일은 군비경쟁을 하고 있었는데 영국이나 러시아가 극동에 관심을 덜 기울이거나 퇴각하고 일본이 패권을 확장해 가자 미·일 간의 싸움은 불가피해 보였다. 중·일전쟁이 그 도화선이 된다.[104] 미국은 중국을 지원하고 일본을 제재하기로 방침을 세우고 영국이 동조했다. 미국이 1939년 미·일 통상항해조약 폐기를 통고하자 일본은 네덜란드, 프랑스 등의 세력약화로 힘의 진공상태가 된 동남아시아에 주목한다. 동남아의 영국까지 굴복시키면 풍부한 자원을 얻을 수 있기에 남방 진출요구 목소리가 커진다. 1940년 일본이 독일, 이탈리아와 '3국 동맹'을 형성하자 대미 관계는 더 악화한다. 상대적 약세 일본은 대미 관계개선을 위한 비밀교섭도 진행한다. 일본이 동남아에 진출하자 미국은 미국 내 일본자산을 동결시키고 석유와 고철 등의 수출을 금지한다. 그러자 대미전쟁론이 구체화한다. 고노에 후미마로 近衛文麿 내각에는 전쟁을 피하자는 의견이 많지만 군부 강경파를 이기지 못한다.[105]

1940년 들어 히틀러가 유럽에서 세력을 확장하고 6월에는 파리까지 점령하자 유럽에서의 신체제 성립의 기대 속에 일본·독일·이탈리아 3국 중심의 '추축국樞軸国'에 대한 기대가 국내의 신체제 움직임도 확대한다. 강력한 통일 체제적 신당이 추진된다. 그를 위해 사회대중당을 시작으로 정통파와 혁신파로 분열되어 있던 정우회의 정통파 그리고 이어 혁신파마저도 해당한다. 민정당은 온건하

---

104) 石橋湛山, 『大日本主義との闘争』, 59-60, 95-96.
105) 北岡伸一, 『日本政治史』, 196-200.

게 기성 정당의 자기 개혁을 전제로 한 신체제를 지향하면서 그런 분위기에서 한발 물러나 버텨 보지만 탈당자가 속출하면서 부득이 당을 해체할 수밖에 없었다. 이로써 기성 정당은 전부 해소된다.

국내정치는 '익찬翼贊' 체제로 이행한다. 의회가 내각의 결정을 지지·강화하는 보좌 기능에 머무는 익찬은 권력분립을 부정하는 논리다. 그런데 상황이 급박하자 그 점은 문제 되지 않는다. 고노에 내각은 일국 일당 체제가 천황대권 하에서 천황주권보다 우월하게 되는 게 아닌가만 문제 삼는다. 결국 익찬 방식에 불과하니 문제없다고 판단해 1940년 10월 발족한 '대정익찬회大政翼贊会'에 모든 구 정당세력이 모인다. 대정익찬회는 명칭만 있을 뿐 강령도 선언도 없고 기존 정당정치를 대신할 만한 체제통합의 주체로서의 성격도 없어 정치적 구심력도 없었다.[106] 오로지 국민의 정치력을 결집하여 강력한 정치를 실행한다는 명분만이 난무했다. 대정익찬회는 1941년 들어 전시체제 하의 행정보조 기관으로 전락한다.

미국과의 관계는 악화하지만 관계개선을 위한 외교적 노력을 진행하던 고노에 정권 하의 대부분의 각료들은 대미 개전에 반대한다. 군부와 언론에 선동 당하던 국민도 실제로 미국과 전쟁하리라고는 확신하지 않았다.[107] 그런데 도죠 히데키東條英機 등 군부 강경파의 전쟁 불사론이 미·영 등에 대한 개전을 결정하자 고노에 총리는 퇴진한다. 10월 총리가 된 도죠는 진주만을 공격한다. 중·일 전쟁도 세계적 수준으로 확대되어 일본은 아시아·태평양 전역에서 전쟁을 해야 했다. 진주만 기습으로 서전에 승리했다고 생각한 도

---

106) 井上寿一, 『政友会と民政党』, 225-229.
107) 吉田 茂, 『回想十年』, 48.

죠는 1942년 봄에 치른 임기만료에 따른 중의원총선의 결과를 기대했다. 그 익찬 선거는 정부가 각계 대표에게 익찬 정치체제 협의회를 결성시키고 중의원 의원정수인 466명의 추천 후보를 세우는 형식이었다. 대규모 선거간섭과 추천 후보 지원이 난무했는데도 익찬 체제 지지는 약했다. 추천 후보 중 381명만 당선된 결과에 실망한 도죠는 새 정치단체를 구상해 5월에 '익찬정치회'를 만든다. 그러나 익찬정치회도 중앙본부조직만 있고 지방조직은 없는 머리만의 조직으로 기존 정당과는 거리가 멀었다.

수년 동안 아·태 전역에서 연합군에 맞서 총력전을 펼치지만 전세는 불리해진다. 1944년 7월 사이판이 함락되자 전황 악화는 분명해 보였다. 그러자 구 정당세력은 물론이고 익찬정치회도 움직여 도죠 내각은 퇴진한다. 그런데도 전쟁은 끝나지 않는다. 구 정당세력은 전쟁종결 목적의 신당을 추진한다. 소속의원의 줄 이은 탈퇴로 1945년 3월 해산한 익찬정치회 대신 결성된 '대일본정치회'도 아직 관제적 성격이었다.[108] 전쟁 시국이라 진정한 의미의 신당결성은 시기상조였다. 도쿄공습에도 버티던 정부는 히로시마와 나가사키에 수일 간격으로 원자폭탄이 투하되자 연합국의 '포츠담선언 Potsdam Declaration'을 수락하며 8월 15일 항복한다. 그것은 전후 대일처리방침을 표명한 13개 항 즉 '일본의 민주주의적 경향의 부활 강화', '기본적 인권존중', '평화정치', '국민의 자유의사에 의한 정치형태 결정' 등의 요구에 부합해야 할 미지의 전후 정치의 시작이었다.

---

108) 山崎丹照, 『內閣論』, 165-168.

제6장

강요된 서구화로서의 신헌법

1. 점령군의 개헌요구

(1) 비자발적 개헌논의

종전 직후의 화두는 평화주의였다. 패전 후 1945년 9월 4일의 첫 제국의회 개원식의 천황의 칙어에도 평화주의가 있었다. 그 칙어를 실제 작성한 히가시쿠니노미야東久邇宮 총리 등이 '평화국가의 확립'을 국가목표에 넣은 것이다. 실은 애초의 칙어 초안에서는 '국체의 호지護持'는 있어도 '평화국가'는 없었다. 그런데 수정되어 평화국가 확립이 들어간 것이다. 천황의 전쟁 책임에 대한 국제적 거론을 의식한 방어적 차원의 수정이었다. 비무장이나 비군사화를 염두에 둔 그 평화주의를 국민은 물론이고 의원들이나 학자들도 거의 받아들이는 분위기였다. 그런데 그들의 의식구조가 달라졌는지는 의문이었다.

패전 직후에조차 정부나 정계는 물론이고 국민의 헌법관도 크게 달라지지 않은 듯 보였다. 패전과 점령의 원인인 전전의 군국주의는 입헌주의의 경로 이탈 정도로 간주되었다. 국체관념도 마찬가지였다. 1935년 천황기관설의 공식배제 이래의 국체 중심의 헌법관은 여전했다. 정부는 통치권을 총람하는 천황대권도 바꾸고 싶지 않았고 천황기관설적 헌법 의식도 원치 않았다. 다만 점령방침 즉 포츠담선언과 맥아더성명을 고려하면 연합국이 광범한 정치개혁을 바라는 것이기에 개헌을 요구할 거라고는 예측되었다. 그래서 내각법제국 제1부장 이리에 도시오入江俊郎가 어떤 점이 개헌대상이 될 지를 각 부장과 참사관과 함께 연구하기도 했다. 그 일은 물론 외부에 공표되거나 공식화된 것은 아니었다.1)

많은 정치가들은 메이지 헌법과 포츠담선언이 서로 모순되지는 않는다고 이해했다. 천황기관설 사건 이후 10년 동안 침묵한 미노베조차도 전쟁 중의 파쇼화는 헌법을 무시했거나 혹은 해석을 잘못해서 생긴 것이므로, 바르게 해석하면 메이지 헌법하에서도 민주적 정치가 가능하다고 보았다.2) 10월 9일 발족한 시데하라 내각도 개헌에 소극적이었다. 헌법 운용만 개선하면 점령군의 요구에 대응할 수 있다고 봤다. 다만 맥아더가 개헌을 원하는 것은 분명해 보였다. 종전 직후의 내각에 대해서도 그랬지만 시데하라가 총리취임 인사차 들러 맥아더와 회담할 때도 개헌 시사를 받는다. 점령군의 요구가 '헌법의 자유주의화'임을 알게 된 시데하라는 기존 헌법의 운용 개선으로 문제가 해결될 수 없고 개정을 강요당하는 사태가 올 거라 예상한다.

개정이 강요되면 천황의 흠정헌법에는 심각한 사태가 되는 것이고, '강요'되었다는 사실도 '기록'에 남기며 '굴복'하는 곤란한 일이 될 것이다. 게다가 내각은 고노에 전 총리가 내대신부內大臣府를 통

---

1) 久田栄正, 『日本憲法史』, 6-7; 児島 襄, 『史録日本国憲法』, 20-22.
2) 長谷川正安, 『憲法運動論』, 158.

해 이미 개헌준비를 하는 사실도 알게 된다. 그 준비는 고노에가 종전 직후의 히가시쿠니노미야 내각의 국무대신 자격으로 맥아더가 시사한 개헌 언급에 따른 것이다. 그러자 개헌이라는 중요국무를 궁중 기관인 내대신부가 손대는 건 이치에 맞지도 않거니와 헌법위반이라는 목소리가 높아져 정부로서도 방치할 수 없게 된다. 그 결과 각의에서 내각에 비공식위원회를 설치해 헌법문제 조사에 착수하기로 하면서 마츠모토 죠지松本烝治 국무대신에 그 일을 맡긴다.[3]

맥아더의 개헌 시사 혹은 언급은 전승국 내부의 천황제 비판과 관련되어 있었다. 전쟁에서의 천황의 실질적 지휘권이나 역할을 인정하는 천황제 비판론 내지 천황 책임론이 종전 직전부터 전승국 일부에서 제기되고 여론조사에서도 천황 처단 의견이 상당수 있었기 때문이다.[4] 그것이 곧 일본점령정책의 상위기관이 될「극동위원회Far Eastern Commission」를 통해 정책적으로 현실화되려 하자 맥아더가 방어적 차원에서 선제적으로 개헌을 말한 것이다. 따라서 천황 책임론 불식을 위해서라도 개헌은 평화주의를 받아들이는 것이어야 했다. 천황 방어를 위해 시데하라 총리가 오히려 평화주의 개헌을 적극적으로 제안해야 할 상황일 수도 있다. 그래서 시데하라가 맥아더를 만나 평화주의와 비무장을 담은 개헌을 선제적으로 제안했다고도 알려진다.

맥아더와 시데하라 중 누가 제안한 것이든 시데하라가 내각이 어떤 선제적 조처를 해야 한다고 판단한 건 분명했다. 그래서 10월 13일 마츠모토 국무대신을 위원장으로 하는「헌법문제조사위원회

---

3) 吉田 茂, 『回想十年』, 218-219; 兒島 襄, 『史錄日本國憲法』, 32-81.
4) 高橋 紘, 『象徵天皇』, 8.

(마츠모토 위원회)」 설치를 각의 결정한 것이다. 마츠모토는 미노베 등을 고문으로, 미야자와 도시요시宮沢俊義 교수, 기요미야 시로淸宮 四郎 교수, 법제국의 이리에 등을 위원으로 참가시켜 연구에 들어간 다. 처음에는 개정 필요가 발생할 경우 어떤 점이 개정대상이 되어야 할지 조사하는 수준이었다. 그런데 개헌요구가 현실화됐다고 판단한 마츠모토는 1946년 1월 중순 「헌법개정심의회」라는 정식기관을 설치하고 개정안을 작성한다. 그 개정안이 정부에서 정식 결정되어 2월 8일 '마쓰모토 안'으로 불린 「헌법개정 요강」이 총사령부에 제출된다.[5]

마쓰모토 안은 점령군 측과의 접촉도 없이 작성된 정부안으로 국민에게도 작업상황을 알리지 않은 것이다.[6] 내용도 기대 이하였다. 각의에 보고된 개정 시안은 '천황은 신성神聖하고 침범할 수 없는'을 '천황은 지극히 존귀해서至高 침범할 수 없는'이라 바꾸는 식으로 메이지 헌법을 가능한 최소 개정한 것이었다.[7] '국체 호지'는 언급하면서도 '평화주의'는 보이지 않을 정도로 구헌법체제에 대한 미련이 여실히 확인되었다. 점령군은 물론이고 국민도 어떻게 생각할지 의문이었다. 무엇보다 다른 개헌 초안들에 비교할 때 그런 복고적 퇴행성은 두드러져 보였다. 즉 마츠모토 위원회의 활동 전후로 1945년 연말부터 이듬해 봄에 걸쳐 여러 정당과 민간단체 그리고 개인들도 잇달아 개헌안을 공표했기 때문이다.

대정익찬 체제 아래 해산된 정당들은 패전 직후부터 부활을 준비

5) 高見勝利, 『憲法改正とは何だろうか』, 53-65; 淺井 淸, 『日本國憲法講話』, 37-38; 吉田 茂, 『回想十年』, 219.

6) 高尾栄司, 『日本国憲法の真実』, 76-77.

7) 吉田 茂, 『回想十年』, 221.

해 '일본사회당社会党'이 1945년 11월 2일, '일본자유당自由党'이 9일, '일본진보당進歩党'이 16일에 각각 결성되고 '일본공산당共産党'도 활동을 개시한다. 공산당이 11월 11일 가장 먼저「신헌법구성의 골자」를 발표하는데 '신헌법은 장래 민주의회에서 제정되어야 한다'라고 했고 인민주권을 채택한다고 했다. 1946년 1월에는 자유당, 2월에는 진보당과 사회당이 각각「헌법개정안」을 낸다. 자유당과 진보당의 안은 마쓰모토 안과 마찬가지로 개헌안 발의권을 의회에도 부여해야 한다고 한 반면 사회당 안은 의회 권한 강화와 국민투표에 의한 의회 해산 및 내각불신임을 담았다. 그러나 사회당의 안인「신헌법요강」도 국민주권의 입장을 밝힌 것은 아니다. 오히려 주권은 천황을 포함한 국민공동체에 있다고 했다.[8]

민간단체와 개인의 개정 시안들도 선보인다. 특히 1945년 11월 초순 사회운동가 다카노 이와사부로高野岩三郎, 헌정사연구가 스즈키 야스조鈴木安藏 외 저널리스트 등 7명이 조직한 '헌법연구회'가 작성해 12월 26일 정부와 연합국 군 총사령부GHQ에 건넨「헌법초안요강」은, 통치권은 국민에서 유래하고 천황은 '국가적 의례'을 행하는 데 불과하다는 내용의 헌법을 민주주의 원칙에 기초해 국민 스스로의 손으로 확정하자고 했다. 헌법연구회의 다카노가 12월 28일「개정헌법사안요강」이라는 제목으로 공표한 독자적 시안은, 천황제를 폐지하고 대통령제를 채용하자고 했다. 1946년 3월 5일 정치가 오자키 유키오尾崎行雄, 출판인 이와나미 시게오岩波茂雄 등으로 구성된 '헌법간담회'가 공표한「일본국헌법 초안」은 의회가 의결한 개헌안을 국민투표로 확정하자고 했다. 현행헌법 제96조의 개정절차

---

8) 長尾一紘,『日本国憲法』, 20-21.

조항과 거의 같은 내용이었다.9)

(2) 맥아더 초안의 강요

그렇듯 정부와 민간 차원의 초안들이 공표된 반면, 점령군은 개헌의 특정한 내용을 정부에 요구하지는 않는다. 그저 개헌요청만을 총리에게 전한 맥아더는 개헌 권한과 책임은 정부가 가진다고 했다. 정부 책임 하에서 행해질 정부의 일이고 내용도 점령군이 간섭하지 않겠다는 것이다.10) 국민이 자유의사를 표명하는 방식으로 개헌 혹은 기초케 하여 채택하도록 한다는 방침이고 방식도 개정이든 신헌법제정이든 국민이 자유롭게 의사표명 하게 했다. 정부안을 기다리면서 헌법연구회 등 민간의 개헌 초안을 입수해 분석한 GHQ의 '민정국民政局'도 그 초안들에 비교적 만족해했다.

민간 개헌안들이 국민주권주의, 평화주의, 천황의 의례적 역할로의 권한 한정을 담은 것 등을 확인하고는 이 정도면 약간의 수정만하면 개헌이 되겠다고 맥아더에 보고할 정도였다. 천황제가 헌법에 담기는 것도 문제없었다. 천황제 존속은 연합군의 전후 처리에서 어느 정도 이미 확정되었다. 폐지론도 없지 않지만 폐지로 우려되는 혼란이나 혁명 가능성 그리고 천황제가 실은 수동적 제도에 불과해 하나의 도구에 불과하며 군국주의자나 국가주의자들이 천황제를 이용한 것에 지나지 않는다고 보았기 때문이다.11) 따라서 점령군은 천황제까지 존치하는 마당에 개헌은 일본이 알아서 서구적 수

---

9) 高見勝利, 『憲法改正とは何だろうか』, 65-72; 田中 彰, 『小国主義』, 162.

10) 日高義樹, 『アメリカが日本に「昭和憲法」を与えた真相』, 83-84.

11) 崔相龍, 「戰後日本의 天皇制研究」, 63.

준에 맞춰갈 거라 생각했다.

그런데 정부의 마쓰모토 안이 전혀 만족스럽지 못한 것임을 알게 된 점령군은 태도를 달리한다. 헌법개정 요강에 관한 1946년 3월 6일의 성명에서 보듯이 맥아더는 신헌법이 최소한 봉건적 족쇄를 절단하고 국민에게 주권을 부여하는 헌법이길 바랐다.[12] 그런데 정부 안은 이를 충족하지 못했다. 총사령부가 보기에 그것은 보수적 민간초안보다도 못한 것이었다. 천황제도 구헌법 그대로이고 제국도 의연히 남아 만세일계의 천황에 의해 통치된다는 것이었다.[13] 게다가 총사령부는 마쓰모토 안의 정식제출 전에 그 개요를 신문으로 먼저 접했다. 마츠모토 위원회가 만든 것이라는 헌법안이 1946년 2월 1일 자 마이니치신문 1면에 특종보도된 것이다. 정부안의 전모라고 소개된 그 기사의 제목은 '헌법개정조사회의 시안: 입헌군주주의를 확립, 국민에 근로의 권리와 의무'라는 것이고, 헌법안의 내용도 메이지 헌법과 다를 게 없었다.[14]

정부는 기사 내용이 위원회의 안과는 무관하다고 부정하지만 총사령부는 기사에서 언급된 개정안이 그와 다르지 않다고 보았다. 그래서 신문게재는 정부가 총사령부와 국민의 반응을 확인하기 위해 띄운 떠보기라고 생각했다. 실제로 그 보도된 개헌안은 2월 초순에 총사령부가 제출받은 마쓰모토 안의 내용과 거의 비슷했다. 그것은 메이지 헌법의 근본과 다르지 않고 너무나 보수적이었다.[15] 총사령부는 정부에 전적으로 맡겨 온 이제까지의 방침을 전환해 2

12) 日本外務省特別資料部 編, 『日本占領及び管理重要文書集 第2巻』, 87.
13) 長尾一紘, 『日本国憲法』, 19.
14) 児島 襄, 『史録日本国憲法』, 238-239.
15) 吉田 茂, 『回想十年』, 221.

월 3일에는 스스로 원안을 작성해 정부에 제시하기로 했다. 게다가 총사령부가 스스로 작업하고 이를 서두르게 된 데는 더 중요한 현실정치적 동기도 있었다.

'모스크바 외상회의'에서 설치가 결정되어 1946년 2월 26일 워싱턴 회합으로 활동을 개시하는 '극동위원회' 11개국 중에 소련, 호주, 중국 등이 천황의 전시의 역할을 거론하면서 천황제 폐지를 주장하고 있는데, 그 극동위가 곧 개헌문제에 대한 최종결정권도 가지게 되기 때문이다. 즉 최고사령관의 권한이 큰 제약을 받게 되면 천황제에도 장담할 수 없는 사태가 예측되는데, 반면 이를 긍정적으로 해석하면 2월이 시작된 당시까지는 최고사령관이 헌법구조 변혁에 관해 무제한적 권한을 가진 상태였다는 뜻이기도 하다.[16] 그래서 미국 중심의 개헌주도권을 잃기 전에 서둘러 조치하려는 것이었다.

즉 개헌에 직접 나서는 이유는 마쓰모토 안에 대한 실망이지만 작업을 서두른 것은 극동위의 간섭 우려였고 그것이 더 중대한 이유였다. 개헌문제보다 더 중요한 것은 점령정책의 기본방향이기 때문이다. 소련 등 대일전쟁에 참가한 모든 국가들을 망라해 워싱턴에 만들어진 극동위가 점령에 관한 최고결정기관이 되어 도쿄의 연합군총사령부의 상위에서 간섭하면 미국의 의도와는 다른 방향으로 갈 수 있다. 맥아더는 미국의 세계정책에 따른 일본 전후관리의 기본노선을 유지하기 위해 즉 미국이 사실상 단독점령해 극동의 안정을 이어가기 위해 극동위라는 방해물이 오기 전에 신헌법을 만들기를 원한 것이다.[17] 그래서 자기 뜻을 담은 초안을 민정국에 건네고

---

16) 宮澤俊義, 『日本国憲法』, 8-9; 高見勝利, 『憲法改正とは何だろうか』, 72-77.

민정국이 이를 토대로 만든 개헌안을 정부에 건네 받아들이게 하는 방향으로 급선회한다.

맥아더는 개헌에 반영될 '3원칙'을 '메모'해 휘트니C. Whitney 민정국장에게 건네준다. 휘트니는 1946년 2월 3일 케디스C. Kades 차장 등 변호사자격을 가진 민정국 간부 3명을 불러 메모를 지침으로 주면서 주내에 초안을 작성토록 명한다. 지침의 3원칙은 첫째 원수의 지위에는 있지만 국민 의사에 응하는 형식으로 천황제를 존속시키고, 둘째 분쟁 해결수단으로서 뿐만 아니라 자국의 안전보유 수단으로서의 전쟁조차 포기시키며, 셋째 봉건제도를 폐지한다는 것이다. 이 중 자위전쟁조차도 포기한다는 부분은 재고의 여지가 있었다. 국제정치 현실을 고려할 때 자위권까지 포기시키는 건 무리고, 이를 점령자가 강요한 게 되면 점령종료 후 헌법 전체가 폐지될 위험성이 높다고 보이기 때문이다. 그래서 케디스는 자위전쟁 포기 부분은 삭제하는데 이를 맥아더도 받아들인다. 신헌법이 자위 전쟁은 아닌 침략전쟁만을 포기하는 것으로 해석될 여지가 이 단계에서 만들어진 것이다.[18]

'맥아더 3원칙'의 성립부터 민정국의 초안 작성 그리고 정부의 수용까지는 극히 짧은 기간이다. 정리해 보면 1946년 2월 1일의 단계에서 맥아더는 휘트니 민정국장에게 곧 제출될 마쓰모토 안을 거부하는 회답서의 작성을 명한다. 그리고 개헌 기본원칙을 정부에 가르쳐 줄 효율적 방법은 원칙을 구체화한 초안을 작성해 정부에 주는 것이라 판단해 2월 3일 휘트니에게 메모를 건네 기안을 명한

---

17) 小林直樹, 『日本における憲法動態の分析』, 55; 樋口陽一, 『個人と国家』, 142-143.

18) 五百旗頭真, 「占領下日本の外交」, 48-49; 日高義樹, 『アメリカが日本に「昭和憲法」を与えた真相』, 81-94.

다. 그 '맥아더 노트'는 총사령부의 입안작업을 실질적으로 구속해 2월 4일 민정국 내에서 극비리에 초안기초가 시작되고, 10일에 원안이 탈고되고 맥아더에 의해 12일 최종승인되어 확정된 개헌안인 「맥아더 초안」이 13일 정부에 건네진다.[19] 개헌안 작성으로서는 지나치게 급속도지만 극동위라는 방해물이 오기 전에 마치려면 어쩔 수 없었다.

(3) 주권론적 문제 제기

총사령부는 마쓰모토 안 수용 불가 의사를 밝히고, 직접 만든 헌법안을 정부에 건넨다. 강제한다고는 말하지 않지만 그 안이 폐지론의 와중에 있는 천황제를 지키는 유일한 방법이며 받아들이는 게 일본이 국제사회에 진출할 수 있는 길이라고 에둘러 말한다. 정부도 마쓰모토 안이 미온적으로 보일지 몰라도 메이지 헌법과 비교하면 혁명적 변화라 할 수 있으며, 특히 보수파의 쓸데없는 반대를 피하려고 즉 반동을 피하려고 점진주의적 방법을 택한 것이었다고 변명한다. 이는 마쓰모토 안을 재고해 달라는 적극적 의사라기보다는 의례적 수준의 변명이고 맥아더 초안을 거부한다는 명확한 의사 표현도 아니었다. 따라서 그것은 맥빠진 항변이고 대세 거역도 아니다. 그런데도 1946년 2월 19일의 각의에 '상징 천황제'와 '국민주권주의' 그리고 '전쟁포기'를 담은 맥아더 초안이 올려지자 불만이 터져 나온다. 시데하라 총리는 그 불만을 전달하기 위해 맥아더를 만난다. 그러나 맥아더의 설교를 듣는 자리가 된다.

맥아더는 극동위 워싱턴 회합의 논의는 일본이 상상할 수 없을

---

19) 高見勝利, 『憲法改正とは何だろうか』, 77-84.

정도로 반감을 드러낸 것이며, 특히 소련과 호주 등은 일본의 군사력을 경계하고 있으며, 자신도 언제까지 이 지위에 머물지 모른다고 했다. 그러면서 미국 측 안은 천황제 유지를 전제로 하는 것이니 받아들이라고 했다. 마쓰모토 안으로 하면 세계는 일본의 진의를 의심하게 될 것이어서 국가의 안녕도 기대하기 어려울 거라고도 했다. 받아들이지 않으면 일본은 절호의 기회를 놓칠지도 모른다고도 강조했다.[20] 결국 정부는 맥아더 초안을 개정 원안으로 하기로 하고 각의에 보고해 협조를 구한다. 총리의 보고를 받은 천황도 적극 지지를 표하며 격려까지 한다.[21] 정부는 초안을 토대로 민정국의 협력을 받아 원문을 만든다. 민정국과 의견을 주고받기 위해 영문을 일역하고 일문을 영역하는 확인작업에 1개월 정도가 걸린다. 최종헌법안은 맥아더 초안과 거의 다르지 않았다.[22]

상징 천황제와 관련해서는 제1조에서 '천황은 일본의 상징이자 국민통합의 상징으로 그 지위는 주권을 가진 국민의 총의에 기반을 둔다'라고 했다. 제4조도 천황은 헌법이 정하는 국사 행위만 하고 국정에 관한 권능은 없다고 명시해 상징 천황의 권력관계적 의미를 밝혔다. 국민주권주의는 제3장의 '국민의 권리 및 의무'에서 이념적으로 구현되는데 기본권은 구헌법의 신민의 권리 및 의무와는 달리 대부분 법률유보 없이 보장된다. 제11조는 기본적 인권의 불가침성과 영구성을 담고, 제13조는 국민이 '개인'으로서 존중됨을 밝혀 근대입헌주의적 기본권보장을 명확히 한다. 사상과 양심, 종교, 언론·

---

20) 芦田 均, 『制定の立場で省みる日本国憲法入門　第一集』, 16-23.

21) 五百簱頭真, 「占領下日本の外交」, 50.

22) 日高義樹, 『アメリカが日本に「昭和憲法」を与えた真相』, 92-93; 芦田 均, 『制定の立場で省みる日本国憲法入門　第一集』, 30.

출판·집회·결사, 학문, 혼인, 근로, 교육, 재산권, 재판과 형사 절차에 관한 근대적 제 권리가 규정되어 봉건제를 폐지한다는 맥아더 노트가 국민주권주의의 형식 안에 있음을 분명히 했다.

삼권분립도 명확해진다. 제4장의 국회, 제5장의 내각, 제6장의 사법을 통해, 특히 제41조, 제65조 및 제76조에서 삼권 각각의 소재 내지 주체를 명확히 규정해 권력의 견제와 남용방지를 제도화한다. 삼권 중 행정권과 관련해서는 메이지 헌법이 규정하지 않은 '내각' 규정을 만들고 '내각총리대신'의 권한도 강화한다. 즉 제5장의 제65조는 '행정권은 내각에 속한다'라고, 제66조는 내각은 '수장인 내각총리대신 및 그 외의 국무대신으로 이를 조직한다'라고 하여 총리의 지위를 밝힌다. 또 제68조 제2항에 의해 총리는 국무대신 임면권을 가지고, 제72조에 의해 총리는 '내각을 대표해 의안을 국회에 제출하고, 일반국무 및 외교 관계에 관해 국회에 보고하고, 행정 각부를 지휘 감독'하게 했다. 제74조가 법률 및 정령政令에 모든 주임 국무대신의 서명과 총리대신의 연서를 필요로 하게 한 것도 그렇다. 내각관제에 의해 인정되던 총리대신이 헌법에 명시되고 국무대신들 중의 수석에 불과하던 권한도 격상 강화된 것이다.

신헌법의 성립형식이 제헌인지 개헌인지에 관해서는 천황의 제안에 의해 헌법을 수정할 수 있다는 메이지 헌법 제73조에 근거한 '개정' 형식을 취함으로써 형식적으로는 개헌이 된다. 따라서 형식 면에서는 메이지 헌법과 수정헌법으로서의 신헌법이 연속성을 인정받게 된다.[23] 「제국헌법개정안」은 제국의회에 1946년 6월 21일 제출되어 중의원과 귀족원의 심의와 의결 그리고 추밀원의 의결도 거

---

23) 日高義樹, 『アメリカが日本に「昭和憲法」を与えた真相』, 92-98.

친다. 양원 심의에서 원안을 대폭 수정하는 건 고려하지 않는 분위기였다. 점령군의 이제까지의 방침으로 보건대 그렇게 하면 점령군의 동의를 얻으리라는 전망이 없기 때문이다. 그래서 원안 중심의 수정이 예상되었다.[24] 그런데 막상 심의에 들어가자 여러 논의가 나온다. 개헌안의 성립과정이나 내용에서 드러난 국가적 자존심의 손상에 따른 반발이 자포자기와 저항의 미묘한 긴장 속에서 이념적 입장에 따라 하나둘 떠오른다.

특히 국체변혁과 관련된 의문이 제기되는데, 8월 중의원 헌법개정특위 심의에서 신헌법이 일종의 요식행위로 구헌법 제73조의 개정절차를 따르는 것과 관련된 국체론의 문제도 제기되고, 특히 주권의 소재 문제와 결부되어 좌·우 양 진영으로부터 질의의 초점이 된다. 핵심은 개정안에서는 천황이 통치권을 통람하지 않는 것이므로 국체가 변혁되었는지 그 경우 이를 헌법에 반영해야 하는지의 문제다. 사회당은 '주권재민主權在民'을 명확히 법문에 표현하자고 했고, 자유당이나 진보당은 '국체'가 변하지 않았다는 표현을 넣기를 기대한다고 했다.[25] 정부의 가나모리 도쿠지로金森德次郎 국무대신 등은 개정에 의해 정체는 크게 변경되지만 국체는 변경되는 게 아니라 했다. 국체관념은 국민적 전통을 배경으로 하고 특수한 역사적 사실 위에서 생성된 것이므로 천황은 여전히 국민통합의 중심에 있다고 했다.[26]

즉 정부는 천황에 대한 국민의 경애와 정신적 결합을 들어 국체는 변하지 않았다고 함으로써 천황을 주권에서 분리된 독특한 지위

24) 芦田 均, 『制定の立場で省みる日本国憲法入門 第一集』, 39.

25) 吉田 茂, 『回想十年』, 236.

26) 岡田亥之三郎 編, 『日本國憲法審議要錄』, 5.

로 본다. 국민주권을 관철하면 문제가 될 수 있는 천황제를 유지하기 위해 천황을 주권자의 지위에서 분리한 타협을 정당화한 것이다. 상징이라 한 것은 천황이 일본의 상징이라는 사고방식이 누구나의 머릿속에 있고 천황과 국민이 하나인 것이 일본의 나라 형태임을 상징이라는 문자로 표현한 것이라 했다.27) 그래서 국체는 달라진 게 아니고 통치권을 총람하지 않는 상징 천황이라도 과거의 천황과 달라진 건 아니라는 식이다. 국체든 천황이든 과거와의 연속성을 지닌다는 정부의 그 답변은 정치적 대응으로서는 적절할 수 있지만 정해진 답에 맞춘 긍정적 해석의 나열이라 논리적으로는 의문스러웠다.

그런데 천황제의 '연속성'에 관해서는 헌법학계도 대체로 같은 입장이었다. 헌법학계의 다수는 천황주권이 국민주권으로 바뀌어 법적 의미에서의 국체는 변경되고 권능 등의 면에서도 천황제는 근본적으로 바뀌었다고 보지만, 천황제가 신헌법에 의해 창설된 것이라고는 보지 않고, 종래의 천황제라고 생각함으로써 연속성은 부정하지 않았다. 제도로서의 신헌법의 천황제는 지위나 지위 근거 그리고 권능에서 구헌법의 천황제와 다르므로 신헌법에 의해 새로 창설된 것이고 연속성도 없다고 보는 견해도 없지는 않았지만 소수였다. 대체로는 옛 천황제에 근거한 해석이나 관행을 신헌법에서도 가능하면 인정했다.28) 신헌법의 비주체적 생성으로 인한 불만과 저항감을 편의적 해석으로 완화하려 했던 그런 입장 덕에 학계나 정부의 답변 간에 별 차이는 없는 듯했다.

---

27) 田口精一, 「天皇の地位」, 27-28; 吉田 茂, 『回想十年』, 238.
28) 横田耕一, 『憲法と天皇制』, 4-7.

그와 달리 맥아더 노트에 근거한 비전·비무장 조항은 큰 다툼을 부른다. 원안은 제9조 제1항이 '일본국민은 정의와 질서를 기조로 하는 국제평화를 성실히 희구하고, 국권발동으로서의 전쟁과 무력에 의한 위하 또는 무력행사는 국제분쟁을 해결하는 수단으로서는 영구히 포기한다', 제2항이 '육·해·공군 기타 전력은 보유하지 않는다. 국가의 교전권은 인정하지 않는다'였다. 그와 관련된 질문이 이어진다. 정부는 전쟁포기와 전력 불보유와 교전권 부인과 관련해서는 비록 전면적 군비철폐와 전쟁부인을 규정한 헌법은 아마 세계에서 처음 있는 것일 수 있지만 침략전쟁을 부인하는 사상을 헌법에 법제화한 전례는 없지 않다면서 1791년의 프랑스 헌법, 1891년의 브라질 헌법을 든다.

또 제9조에 의해 자위권도 포기하는 결과가 되는지 그리고 자위권 포기는 아니더라도 군비가 없다면 국제적 보장이 없이는 자기방위 방법이 없는 게 아닌가의 질문에 대해서는, 정부는 제9조 제1항이 자위전쟁을 부인하는 건 아니지만 제2항에 의해 그 경우의 교전권도 부정된다고 했다. 그리고 일본이 국제연합에 가입하는 경우를 상정하면 유엔헌장에는 세계평화를 위협하는 것과 같은 침략이 있을 경우에는 안전보장이사회가 그 병력으로 침략당한 국가를 방위할 의무를 부담하니 향후 방위는 유엔가입에 의해 이루어지게 되느냐는 질문에 대해서는, 정부도 대체로 그렇게 생각한다고 했다.[29] 의례적 답변이 의문을 해소했다고 보이지는 않지만 심의가 통과의례로 치부된 이상 제9조 자체의 이념적 성격과 관련해 더 이상 집요하게 추궁되지는 않았다.

---

29) 岡田亥之三郎 編, 『日本國憲法審議要錄』, 7.

다만 자위를 위한 전력보유 가능성이라는 현실정치적 문제를 근거로 제9조 원안에 수정이 이루어진다. 헌법개정특위 위원장 아시다 히토시芦田均에 의해 제9조 제2항에 '전항의 목적을 달성하기 위해'를 부기한 이른바 '아시다 수정'이다. 이는 제9조 하에서도 자위를 위한 군사력은 인정된다고 보기 위해 장래 자위를 위한 군사력 보유의 길은 남겨 놓기 위한 것이다.30) 즉 '전항의 목적'을 '전쟁의 포기'라고 보는 일반적 견해에 의하면31) 그 외의 목적에서는 전력을 보유할 가능성을 남겨두는 게 되기 때문이다. 아시다 본인도 제2항이 원안대로 가면 방위력을 박탈하는 결과가 되지만, 그렇다고 GHQ가 어떤 형태로든지 전력보유를 인정할 의향은 없다고 보여 부득이 제2항의 모두에 '전항의 목적을 달성하기 위해'라는 문구를 넣게 된 것이라 했다. 그 부기로 무조건 전력을 보유하지 않는다는 원안과 달리 일정 조건에서 무력을 가지지 않는다는 게 되기 때문이다.32)

그러자 GHQ의 상부조직이 된 극동위가 '아시다 수정'에 대해 '이대로라면 재군비의 길을 여는 게 아닌가'라고 우려해, 반대급부로 '내각총리대신 기타 국무대신은 문민으로 하지 않으면 안 된다'라는 것을 요구해 이를 새로 넣게 된다. 즉 아시다 수정에 대한 반작용으로 총사령부의 요구형식으로 제66조 제2항에 군에 대한 '문민통제' 조항이 들어간 것이다.33) 결국 아시다 수정과 문민조항 부'

---

30) 潮匡人・斎藤貴男・鈴木邦男・林信吾,『超日本国憲法』, 111; 阪田雅裕 編,『政府の憲法解釈』, 76.

31) 長尾一紘,『日本国憲法』, 57.

32) 芦田 均,『制定の立場で省みる日本国憲法入門 第一集』, 51.

33) 高橋和之,『立憲主義と日本国憲法』, 52.

가를 제외하면 제9조를 비롯한 핵심은 크게 바뀌지 않았다. 그렇게 심의를 거친 개헌안은 중의원에서 찬성 421표, 반대 8표로 통과된다. 반대 8표 중 6표는 독립파였고 2표는 공산당의 것이었다. 이어 귀족원에서 심의가 1개월 정도 이뤄지는데 거기에서도 반대의견이 등장하지만 8월 말 헌법안은 승인된다. 1946년 11월에 제정된 '신헌법' 즉 '일본국헌법日本国憲法'은 1947년 5월 3일부터 시행된다.

2. 신헌법 논쟁

(1) 헌법혁명설 공방

신헌법 논란은 시행 이후에 오히려 본격화된다. 하나는 헌법개정 형식을 취함으로 인한 문제 제기였다. 신헌법은 형식적으로는 법적 연속성을 보장받았다. 즉 발족 직후의 극동위가 1946년 5월 13일 일본의 「신헌법채택에 있어서의 원칙에 대한 정책결정」에서 밝힌 것처럼 구헌법과의 법적 연속성이 보장되고, 국민의 자유로운 의사 표명에 따라 채택 여부가 결정된 것이다. 그러나 형식적 연속성은 국민의 자유의사에 의한 결정임을 강조한 설득적 용도에 불과했다. 그런 설득적 의도는 극동위가 얼마 뒤인 7월 2일의 「신헌법의 기본 원칙에 관한 정책결정」에서 신헌법에서 천황제를 존속시킬지 어떨지는 일본인의 의사에 맡기되, 천황제가 존속할 경우에는 천황이 신헌법에서 군사적 권한 등이 박탈되어야 한다는 식으로 말함으로써 실은 한계 설정해 준 것임에도 자유의사에 맡긴 것처럼 보이게 한 것에서도 확인된다.[34)]

그만큼 '개정' 형식은 사후 헌법변경을 막기 위한 국민설득용의 의미 이상은 아니다. 그러자 논란은 개정이라는 형식 자체가 신헌법이 지닌 타의성의 한 증거라는 식으로 확대되어 후에 '강요 헌법론'이라는 근본적 논의에 포함되면서 다시 등장한다. 즉 신헌법이 구헌법 '개정' 형식을 취한 것은 헌법적 연속성을 위한 것인데, 이는 상징적으로 남겨진 천황이지만 천황이 국민 총의에 기초해 헌법을 공포한다는 '상유上諭' 형식을 구헌법에 이어 신헌법에도 남겨두려는 의도였다는 것이다. 이는 점령정책 수행에 있어 천황의 권위를 이용하던 미국이 구체제와의 연속성을 확보하는 방편으로 선택한 일종의 편법이라는 것이다. 신헌법은 일본이 제정한 것이 아니라는 그런 불만이 서서히 커져 강요 헌법론을 내세운 것이다.[35]

개헌의 합헌성 여부도 논란이 된다. 헌법개정에 한계가 있다는 학설이 구헌법 하에서 지배적이었기에 신헌법이 개정한계를 넘어선 위헌인 개헌인지의 문제다. 즉 천황을 통치권의 총람자로 하는 국체원리의 변경은 가능하지 않다는 헌법개정한계론에서는 국민주권으로의 변경은 그 한계를 넘어선 것이므로 신헌법은 무효라 했다. 물론 이는 소수의 입장에 불과하고 신헌법의 유효성은 인정하는 게 압도적 다수다. 다만 유효 주장 안에는 헌법개정에 법적 한계가 없다고 봐서 유효라는 입장도 있고, 한계는 있지만 포츠담선언 수락에 의해 주권이 전환되어 유효라는 설도 있었다.

포츠담선언 수락에 의해 주권이 전환되었다는 입장의 하나가 미야자와 도시요시宮沢俊義의 '8월 혁명설八月革命説'이라는 헌법혁명설

---

34) 日本外務省特別資料部 編, 『日本占領及び管理重要文書集 第2巻』, 89-91.

35) 斎藤貴男, 『ルポ改憲潮流』, 51.

이다. 미야자와는 1946년 5월 잡지에 게재한 「8월 혁명과 국민주권주의」라는 논문에서 국민주권주의의 채택으로 '신神의 정치'에서 '민民의 정치'로 바뀐 것이라 했다. 그래서 포츠담선언을 일본이 받아들인 시점인 8월의 혁명이라 했다.[36] 즉 종전에 의해 신권주의가 버려지고 국민주권주의가 채용됨으로써 헌법사의 관점에서 말한다면 혁명이 이루어진 것으로서 일본의 헌법정치의 코페르니쿠스적 전환이라고 했다.[37]

즉 헌법개정에서 '국체' 즉 주권원리에 해당하는 국체의 개정은 허용되지 않는다는 게 지배적 해석인데 신권주의적 천황주권을 대신한 국민주권의 채용이 개정으로 이루어졌기에 이 개정은 구헌법이 예상한 개정권의 한계를 벗어난 게 되어 법적으로 말하자면 합법성을 넘어 혹은 합법성 밖에서 행해진 변혁이므로, 항복에 의해 이루어진 '혁명'적 변혁이라 볼 수밖에 없다는 것이다.[38] 개정이라는 형식이 지닌 문제점에서 주저하지 않고 국민주권주의로의 변혁이라는 현실을 받아들인 것이다. 구헌법의 기본원리에서는 받아들일 수 없는 국민주권이라는 요구를 담은 포츠담선언을 받아들인 시점에 주권의 소재가 변경된 혁명으로 보자는 것이다. 따라서 선언 취지에 반하는 한도 내에서 구헌법은 실효한 것이지만 그런데도 그 개정절차를 이용한 것은 혼란방지를 위한 정책적 배려라는 것이다.[39]

---

36) 宮沢俊義, 「八月革命と国民主権主義」; 大石 眞, 『憲法講義I』, 54-55; 千葉 眞, 『「未完の革命」としての平和憲法』, 113-114.
37) 宮沢俊義, 「八月革命と国民主権主義」, 69.
38) 宮澤俊義, 『憲法講話』, 218.
39) 高橋和之, 『立憲主義と日本国憲法』, 43.

미야자와의 헌법혁명이 확실하고 완수된 혁명이라고 받아들이기 어려운 점은 있다. 우선 혁명이 국민의 자각에 의한 것인지가 분명치 않다. 이와 관련해 미야자와나 그에 영향을 준 마루야마 마사오 丸山眞男의 관점의 변화가 만든 해석에 불과하다는 견해도 있다. 즉 미야자와의 혁명설은 마루야마의 제언을 받아들인 것인데, 마루야마의 사상은 그 시점에 크게 변화했다는 것이다. 즉 GHQ의 초안 골격에 따라 만든 헌법개정 초안 요강이 발표된 이후에 마루야마의 인식은 변화했는데 그것은 점령군에 의한 강요가 있었던 후에 그것을 추인하는 형태로 인식의 전환을 이룬 것이고, 그 마루야마의 제언을 전후 헌법학을 대표하는 미야자와가 받아들여 '8월 혁명설'을 주장했다는 것이다. 즉 8.15를 전후 민주주의의 원점으로 본다는 사고는 사후적으로 지어낸 것에 불과하다는 것이다.[40]

게다가 혁명이라면 혁명적 전환을 만들어 낸 위 혹은 아래로부터의 실제적 힘이 확인되어야 하는데 그렇지 못하다는 비판도 있다. 즉 국민주권과 상징 천황제의 결합에 관해서는 대다수 국민이 결과적으로 환영했다고 하더라도 그것은 특이한 '옆으로부터의 혁명' 즉 무조건항복의 사태 속에서 이루어진 연합국에 의한 외압의 산물과 다름 아니었다. 따라서 그것은 변혁을 추진한 연합국과 이를 받아들인 일본의 지배층 내지 국민 쌍방 사이의 여러 의식과 역학관계 속에서 탄생한 정치적 타협이다.[41] 그래서 혁명을 지배계급의 전환이라고 본다면 구질서와 단절하지 못하고 타협적으로 성립한 신헌법질서에 불과한 것은 형식론으로는 몰라도 실질적으로는 혁명

---

40) 米谷匡史, 「丸山眞男と戦後日本」, 132-133; 安丸良夫, 『現代日本思想論』, 109.
41) 小林直樹, 『日本における憲法動態の分析』, 85.

이라 말하기 어렵다는 것이다.[42]

게다가 혁명이 완수된 형태인지에 관한 문제 제기는 그 혁명이 미완의 혁명이라고 비판한다. 즉 신헌법제정은 미완의 과제의 목표와 달성기준을 규범적으로 정부와 사회에 제기해 이를 떠맡은 것이기에, 민주주의와 기본권의 존중, 세계평화를 장래에 실현해야 할 과제로 받아들인 것으로, 헌법적 제 규범을 통해 실현되지 않은 정치변혁과 사회변혁을 약속한 미완의 혁명이라는 것이다.[43] 한편 신헌법 성립의 상황적 배경을 고려한 부정적 해석도 있다. 이 관점에서는 국민이 혁명을 일으켜 절대적 주권을 행사해 헌법을 제정했다고 말하는 것은 비현실적일 뿐만 아니라 미국의 지원에 의해 헌법이 기초된 사실 자체를 인정하지 않는 일종의 정치적 이데올로기라고 본다.[44] 그렇게 보면 국민주권주의의 채용에 기반을 둔 헌법혁명설은 신헌법의 본질을 원리 중심으로 과대평가한 장식적 해석이고 그나마 상황적 배경조차 무시한 해석이 된다.

국민주권 규정을 중심으로 한 반론도 있다. 신헌법 초안을 본 영미법학자 다카야나기 겐조高柳賢三가 "그것은 영미법적 헌법이라고 생각했다. 그때부터 그 법을 대륙법적 두뇌를 가진 일본 법률가가 타당한 해석을 하기까지는 상당한 혼란이 일어날 거라는 느낌을 가졌다. 이 예감은 틀린 게 아님을 결국 알게 되었다."[45]라고 했듯이, 신헌법에서 독일이나 프랑스의 법사상의 영향을 받은 유일한 부분이 '국민주권国民主権' 규정인데 그것만 가지고 신헌법을 해석해서는

---

42) 小林孝輔, 『戰後憲法政治の軌跡』, 3.

43) 千葉 眞, 『「未完の革命」としての平和憲法』, 128.

44) 篠田英朗, 『ほんとうの憲法』, 24, 61.

45) 高柳賢三, 『天皇・憲法第九條』, 116.

안 된다는 것이다. 즉 신헌법에 가장 크게 영향을 준 것은 미국 연방헌법인데 거기에는 오히려 국민주권 규정이 없고, 주권도 주와 연방에 분할되어 있고, 정부와 인민 사이의 상호견제도 반영된 견제와 균형의 체계라서 국민주권 같은 절대 주권론과 친숙하지 않다는 것이다.46) 따라서 신헌법을 국민주권론을 중심으로 헌법혁명이라 보는 건 부당하다는 것이다.

그렇게 보면 미야자와의 해석론은 일견 단순 논리다. 즉 신헌법에서 국민이 권력 주체로 등장했으니 국민이 주어가 된 신헌법과 천황이 주어였던 구헌법과의 연속성은 없는 것이므로, 그 단절성을 냉정하게 선언함으로써 신·구헌법 간의 단절을 주저 없이 정면에서 인정해야 하는데, 그 불연속점인 1945년 8월은 명백히 혁명이기에 헌법혁명이라는 식이다.47) 따라서 미야자와가 국민주권주의 헌법을 혁명이라 표현한 것은 지나친 단순화라는 의문도 있지만, 미야자와가 단순 논리를 편 현실적 이유는 있다. 신헌법에 대한 거부 반응이 등장하는 상황에서 해석론으로 헌법혁명설을 펴 전통적 사고나 구헌법에 대한 복고적 향수를 무력화 혹은 최소화시키려 한, 다분히 의도적인 논거인 것이다.

즉 서구이념의 혁명적 수용이라 자평 되는 그 혁명은 패전과 점령에 의해 주어진 것에 대한 일종의 은폐적 표현이다. 어떤 수사를 동원하더라도 점령의 산물일 수밖에 없는 사실을 혁명으로 긍정적으로 받아들이자는 의미다. 실은 종속이기에 혁명이라는 관점이 모호한 것이다. 그런데도 혁명이라 말해야 하는 이유는 미국이라는

---

46) 篠田英朗, 『ほんとうの憲法』, 62-63.
47) 一色 淸·姜尚中 外, 『明治維新150年を考える』, 201-202.

강요 주체에 대한 일본의 구조적 관계와 관련 있다. 혁명은 주체적 능동적 관점이지만 일본은 점령 이후 지금까지 의존적 종속적이다. 전후의 대미 종속은 그저 우연한 정치적 역학으로서가 아니라 일본인의 정신구조를 유지하는 틀이 된다. 일본이 내셔널한 정치적 정체성을 확보하기 위해서는 미국과의 관계가 대등하지 않으면 안 되지만 안보를 고려하면 대미적 종속이나 의존을 벗어나기 어렵다. 대등을 주장해도 그것은 한편에서의 종속을 기반으로 한다.[48] 그점에서 미야자와의 혁명은 종속의 현실적 수용에 따른 일본적 주체성의 갈등을 미봉한 은폐적 표현인 것이다.

(2) 국체변경 논란

국체 논의는 신헌법안을 심의한 마지막 제국의회 즉 제헌의회의 최대 쟁점이었다. 주권의 소재와 더불어 국체변경 여부가 논란되는데 상징 천황제에 반대하는 입장과 찬성하는 입장의 양쪽 모두에서 물음이 제기된다. 정부는 주권은 국민에게 있고 국민에는 천황도 포함되고, '국체'에 대해서는 종래 천황이 통치권의 총람자였기에 그것이 국체라고 생각되어 오기는 했지만 실은 그것은 오히려 '정체'였고, 국민이 결합해 나라를 구성한다는 의미의 국체는 신헌법 하에서도 변경되지 않는다고 답했다.[49] 정서적 국체관념을 조작함으로써 국체는 어디까지나 변하지 않는다고 말한 것이다.[50] 점령군의 압력에 의해 신헌법을 만들어야만 하는 아픔을 달래는 차원에서

---

48) 大澤真幸, 『戦後の思想空間』, 80-81.
49) 藤本一美, 『戦後政治の争点』, 38.
50) 小林直樹, 『日本における憲法動態の分析』, 92.

국체관념의 추상성에 근거해 편의적으로 내린 정치적 해석이다. 따라서 그것은 국민적 설득력은 지녔을지 몰라도 논리적 학문적 해석이라 보기는 어려웠다.

결국 주권의 소재와 국체 유지 문제는 신헌법 시행 이후 국민주권주의를 채택하면서도 천황을 상징으로 둔 헌법의 기본골격에 관한 논쟁으로 비화하여 학계의 신헌법 논의 중 가장 격심한 논쟁을 부른다. 학계에서는 정치권에서와 같은 불명료한 의식적 혼동은 용납되지 않지만, 전통적 국체 이데올로기에 대한 지지도 적지 않게 확인된다.51) 우선 헌법은 변화해도 국체는 유지된다는 관점이 있다. 이들은 국체를 문화적 사회적 개념으로 보아 국체가 변경된 게 아니라고 보거나 혹은 국민감정의 근본에서는 변하지 않은 것이라 한다. 그 사고의 출발점은 국체야말로 일본을 설명하는 근본관념이라는 것이다. 국체관념은 헌법 변화와 상관없는 일종의 상위관념으로, 국체가 어떤 헌법체제에 반영되어 있어도 있는 것이고, 어떤 헌법체제에 반영되어 있지 않아도 없는 게 아니라 그 체제에서만 지켜지지 않을 뿐, 존재하지 않는 건 아니라는 관념이다.

반면 국민주권주의로 인해 국체가 변경되었다고 보는 견해도 많았는데, 그들은 국체를 정치 체제적 측면으로 이해함으로써 지속성을 가진 문화적 전통적 측면으로 이해하는 견해와 대립한다. 헌법학자 사사키 소이치佐々木惣一는 국체란 누가 통치권의 총람자 즉 주권자인가에 의해 정해지는 국가형태라고 했다. 따라서 신헌법에 의해 주권자가 천황에서 국민으로 변경되었으므로 국체는 군주국체에서 민주국체로 변경된 것이라 했다. 반면 철학자 와츠지 데츠로和辻哲郎

---

51) 杉原泰雄, 『国民主権の研究』; 小林直樹, 『日本における憲法動態の分析』, 95.

는 국체란 일반적으로 역사를 관통하는 특성이기에 일본 역사에서 일관되게 존재하는 천황이 국민통일의 상징이었다는 사실은 신헌법에서도 바뀌지 않는다 했다.[52] 와츠지는 패전 직후 일관해서 상징천황제는 일본인이라는 국민의 역사적 연속성과 통합성을 상징하는 것으로서 잘못된 군국주의적 총람자로서의 천황에 관한 정의에서 본래의 천황제로 회귀하는 것으로서 정당화된다고 했다.[53]

법철학자 오타카 도모오尾高朝雄는 다른 논거를 통해 국체가 유지된다고 했다. 우선 구헌법 해석에서도 주권이 국가에 귀속한다는 국가법인설이 유력했던 만큼 그 이론이 오늘날에도 지지가 된다고 본다면 신헌법 하에서도 주권의 소재는 국가 자체에 있다고 했다. 그리고 천황주권에서 국민주권으로 변경되었으니 국체가 변했다는 주장은 주권이 국가의 최고 정치권력이라는 관점인데 이는 법과 권력의 관계에서 권력이 곧 법이라는 일면적 인식이라 했다. 즉 권력이 넘을 수 없는 법의 이념 즉 노모스가 있고 국가의 최고권위인 주권은 노모스에 있으므로 천황통치이든 국민주권이든 노모스를 정치의 최고원리로 하는 점에서는 다르지 않아 국민주권으로의 변화를 국체변혁이라 볼 필요는 없다고 했다. 이에 대해 헌법학자 미야자와는 주권이란 정치의 존재 방식을 최종적으로 결정하는 힘 혹은 의지인데, 그것이 천황에 귀속하느냐 국민에 귀속하느냐가 문제의 핵심이라 했다. 그는 오타카는 주권이 노모스에 있다고 보지만 설사 그렇게 인정하더라도 그 경우 중요문제는 노모스의 구체적 내용을 최종결정하는 게 천황인지 국민인지인데, 그에 대한 답을 회피

---

52) 高橋和之, 『立憲主義と日本国憲法』, 41-42.

53) 和辻哲郎, 「封建思想と神道の教義」, 319-328; 和辻哲郎, 「国民全体性の表現者」, 329-354.

하는 노모스 주권론은 국민주권에 의해 천황제에 가해진 치명상을 싸매 감추려는 붕대 역할의 이론에 불과하다고 했다.54)

오타카의 의도는 국민감정 달래기였다. 즉 미야자와가 말한 것과 같은 법적 단절성이 있음은 인정하지만 국민이 비록 침묵하고는 있어도 오랜 역사적 전통을 지닌 국가조직의 근본 성격이 완전히 변해버린 것에 대해 무언의 반발을 감추고 있음을 충분히 고려해야 한다는 취지이기에 국민감정을 대변하는 입장이었다.55) 반면 헌법 혁명설을 말한 미야자와가 볼 때 오타카의 의도는 알지만 그의 설명이 현실의 헌정적 변화에 대한 냉정한 인식은 아니라는 것이다. 그런 관점에서 본다면 그렇게까지 해서라도 내심의 국민감정을 드러내 밝히고 이를 달래고 싶어 한 오타카나 현실의 변화를 단호하게 선언한 미야자와 사이에 최소한 사실 인식에 관한 근본적 견해 차이는 큰 것이 아니라 볼 수 있다.

(3) 개헌론의 불씨 제9조

신헌법 하 헌법 논쟁의 핵심은 물론 '제9조'였다. 제9조 논쟁은 평화주의 채택의 정당성에 관한 견해 차이뿐만 아니라 그 채택이 의미하는 국가적 지향성에 관한 견해 차이도 담는다. 제9조는 대내적으로는 비무장이고 대외적으로는 두 번 다시 타국을 침략하지 않겠다는 보증이다. 논쟁은 그 둘 모두와 관련되는데 우선 대내적 관점 즉 비무장의 수용의 정당성과 관련해서 봐야 할 것은 패전 후 국민의 태도다. 제9조의 성립과 수용의 배경이기 때문이다. 태평양

---

54) 小林直樹, 『日本における憲法動態の分析』, 95; 高橋和之, 『立憲主義と日本国憲法』, 42; 杉原泰雄, 『国民主権の研究』, 4-7.

55) 一色 淸・姜尚中 外, 『明治維新150年を考える』, 203.

전쟁에 관한 국민의 인식은 패전 후 달라졌다. 자위전쟁이니 성전이니 하는 전전의 관점에서 벗어나 전쟁의 만행이나 비행에 주목했다. 강권적 군부의 행위로 인한 피해 경험이 만든 전쟁비판이 지배했다.[56] 군부에 대한 반감으로 점령군도 호의적으로 대했다. 점령군에 대한 국민의 환영을 미국인들은 예상하지 못했고 이해하기도 힘들 정도였다. 대부분의 국민은 제9조에 거부감이 없었다.

즉 평화헌법 수용의 배경에는 전쟁을 체험한 국민의 실망, 고통, 회오가 있었다. 전쟁에 대한 리얼한 체험적 통찰에 의해 뒷받침된 것이다.[57] 신헌법이 패전이라는 운명이 만든 제약하에서 기초된 것임을 모르지 않기에 일부의 드러나지 않는 반발도 있기는 했다. 그래도 신헌법이 내건 이상은 진보라고 이해되었다. 신일본이 모색하는 지향점과 신헌법의 이상은 갭을 보이지 않았다. 보편적 인간성의 가치를 승인하고, 천황을 신격화해서는 안 되고, 개인의 양심을 도덕적 생활의 중심으로 승인하고, 서구와 같은 인류 보편적 가치를 추구하는 것에 동의했다. 신헌법은 군국주의와 국가주의를 불식시키고 세계평화라는 인류의 이상에 동참하겠다는 결의이며, 민주주의 정신의 확대강화이고 기본권의 불가침성을 보장하는 것으로 정치적 기본성격의 근본변혁임이 인정되었다.[58]

무엇보다 상황이 신헌법을 받아들이게 만든다. 제9조가 침략을 하지 않겠다는 보증이듯이 신헌법제정 당시의 최대쟁점의 하나는 천황제 존속 문제였다. 국제적으로 군국주의비판도 극히 높고 천황

---

56) 三上 治, 『憲法の核心は権力の問題である』, 12.

57) 千葉 眞, 『「未完の革命」としての平和憲法』, 150; 日高義樹, 『アメリカが日本に「昭和憲法」を与えた真相』, 139.

58) 南原 繁, 『大學の自由』, 58-61; 南原 繁, 『人間と政治』, 3-12.

제 폐지 요구도 컸다. 그런데도 국제적 여론에 반하면서 천황제가
지켜진 것은 국체를 지키려 애쓴 정부와 천황제 존속을 정치적으로
이용한 미 점령군의 이해관계가 일치한 결과였다. 국제적 여론도
무시할 수 없자 천황제를 유지해도 두 번 다시 군국주의화는 없으
리라는 보증을 제시해야 했다. 마침 패전으로 구 일본군이 무장해
제되어 현실에 군비도 없어 어차피 없는 전력이라는 생각도 평화조
항에 대한 저항을 줄였다. 그렇게 제9조는 비무장을 원하는 국민의
절실한 반전감정의 반영이자 침략하지 않겠다는 보증과 관련된 정
부와 미국 간의 일종의 정치적 거래의 산물이었다.[59] 평화조항 긍
정은 그런 상황을 대변한다.

그러나 평화조항으로 인해 국가적 정체성과 지향성이 왜곡되었
다고 보는 세력이 있다. 이들은 개헌파가 되어 일본의 정체성과 지
향성을 다른 관점에서 해석하고 이를 통해 대다수 국민을 설득하려
했다. 전전의 지배층 및 그 후손을 포함한 개헌파들은 신헌법을 받
아들인 다수 국민의 안도감을 보지 않고 제9조가 모든 국민이 마음
으로 받아들이지는 않은 굴욕이었다고 강조했다. 국민적 안도감과
굴욕감 간의 갭에서 그들은 신헌법은 구원이라고 보는 대다수 국민
과 달리 그것은 전쟁에 졌기에 강요받은 것일 뿐이라고 했다. 그들
에게 포츠담선언 수락은 굴욕이고 신헌법은 굴복이었다. 이는 항복
을 권유하는 포츠담선언을 거부하고 국민 모두 죽을 때까지 싸우자
는 '일억옥쇄一億玉碎'의 결의로 전쟁을 계속했다면 일본은 없었을
것이며, 신헌법 아래서 인권이 보장되고 평화스럽다고 보는 대다수
국민의 생각과는 다른 관점이었다.[60]

---

59) 渡辺洋三・甲斐道太郎 他,『日本社会と法』, 67.

개헌파는 국민이 신헌법을 받아들였다는 사실에 대해서부터 의문을 제기한다. 국민의 헌법 평가에 관한 총사령부의 판단을 부정한다. 총사령부 원안이 국민 의사에 부합한다는 것이 사실상 기초자인 총사령부의 판단이었다. 민정국이 미국 정부에 제출한 「일본의 정치적 재편성」이라는 보고서도 신헌법이 일본국민의 의사에 부합한다고 자체 평가했다. 반면 개헌파는 국민 대다수의 의사는 그와 달랐으며 총사령부 안과 마쓰모토 안 중에서 국민 의사에 적합했던 건 오히려 마쓰모토 안이라고 한다. 그러면서 신헌법의 기초가 된 총사령부의 두 원칙인 '국민주권주의'와 '전쟁포기' 모두를 비판한다.

국민주권은 좌파인 공산당과 사회운동가 다카노의 시안을 제외하고는 다른 민간초안에 없던 것인데 즉 좌파 외에는 바라지 않던 것인데 총사령부가 일방적으로 넣은 것에 불과하다고 했다. 또 총사령부 안이 1946년 3월 6일 「헌법개정 초안 요강」으로 국민에게 공포되자 여론이 이를 지지하고 받아들인 이유도 실은 국민주권에의 관심이 아니라 천황의 존재를 인정한 것이기에 만족한 거라고 했다. 전쟁포기 조항도 국민이 원치 않지만 단지 패전을 인정하고 전승국에 대한 순종을 표한 것에 불과하다고 했다.[61] 그 점에서 개헌파의 등장은 신헌법의 출발과 거의 궤를 같이한다 해도 과언이 아니다. 신헌법이 탄생하자마자 곧 개헌파가 만들어진 것이다.

---

60) 樋口陽一・小林 節, 『憲法改正の真実』, 31-33.

61) 佐藤 功, 「日本における國家權力と法-日本國憲法起草者の論理と心理を中心として」, 266-278.

3. 냉전 시대 개헌론의 좌절

(1) 재무장이 촉발한 개헌론

종전 직전의 익찬 체제에서부터 구정치세력이 물밑에서 추진한 신당은 패전과 함께 현실화된다. 구 정우회 계의 하토야마 이치로鳩山一郎는 1945년 11월 9일에 '일본자유당日本自由党'을 결성한다. 옛 민정당 세력도 11월 16일 '일본진보당日本進步党'을 만든다. 전전의 양대 정당이 이름만 바꾼 채 부활한 것이다. 그래서 구세력의 리턴 매치처럼 된 1946년 4월의 전후 첫 중의원총선은 여성참정권 인정 등의 변화에도 불구하고 의외로 전전과 거의 다르지 않은 결과를 보여준다. 공직 추방령에 따른 군국주의자, 전쟁추진 세력, 우익단체 간부 등의 공직 배제에도 불구하고 옛 정우회와 민정당 등 전전 지배정당 계보의 인사들이 다수 당선된다. 주된 이유는 추방된 정치가의 상당수가 혈족 특히 2세를 내세웠기 때문이다.[62]

그 결과 제1당은 자유당으로 141석이었다. 제2당은 94석의 진보당, 제3당은 전전의 사민계·노동계·무산정당 등이 합동한 '일본사회당日本社会党'의 93석이었다. 그래서 총리는 자유당 총재 하토야마가 될 예정인데 그가 상징하는 전전 정치와의 연속성을 우려한 점령군이 하토야마를 공직 추방한다. 부득이 자유당과 진보당이 연립내각을 만들고 요시다 시게루吉田茂가 자유당에 입당해 총리가 된다. 전후 혼란기에 국가재건을 맡은 요시다는 정권안정을 위해 제3당인 사회당에도 손을 내미는 적극적 연립을 택한다. 이후에도 요시다는 심지어 단독과반수가 된 경우에도 연립을 선택하는데 이는

---

62) 石川真澄, 『戰後政治史』, 27-28; 石川真澄, 『データ戰後政治史』, 7-8.

재건을 위한 고육책이었다. 그렇게 장기집권한 요시다는 국민적 거부반응을 최소화한 정치 노선을 선택해 큰 지지를 이어감으로써 그의 정책은 전후의 기본노선이 된다.

요시다 내각은 1947년 4월 총선에서 사회당에 제1당 자리를 내주지만 가타야마 테츠片山哲 사회당 내각은 단명했고 이어진 아시다 중도내각도 마찬가지였다. 짧았던 두 내각은 불안정했기에 국민은 다시 요시다를 택한다. 짧은 야당을 겪은 요시다는 보수세력을 규합해 '민주자유당民主自由党'을 결성해 다수의석을 확보하면서 다섯 번의 장기내각을 이어간다. 요시다는 '강화講和'와 '안보' 문제에서는 혁신세력과 대치하고, 강화로 독립을 회복한 후에는 공직추방해제로 정계 복귀한 전전의 보수세력과 경쟁한다. 좌·우 양 세력과의 대립 속에서 그의 정책은 '경무장軽武装·경제 우선'이었다.[63] 요시다는 경무장을 넘는 재군비에는 반대했다. 재군비는 재건에 분명한 부담이 되기 때문이다. 경무장·경제 우선 즉 평화헌법과 미·일 안보를 모두 옹호하는 '요시다 독트린'은 현실주의로 지지를 받고 '보수 본류'로 자리 잡아 오랫동안 지배적 정치지침이 된다.[64]

그 노선은 정교한 논리로 뒷받침된 것이다. 안보에 배치되는 점과 대미의존이라는 점에서 비판에 취약하기에 경무장과 미·일 안보체제의 근거를 만들어야 했던 요시다는 국제법학자 요코타 기사부로横田喜三郎에 의존한다. 요시다의 사적 브레인인 요코다는 전력戰力 보유를 금한 제9조에 저촉하지 않으면서 미·일 안보체제 자체는 받아들이는 논리를 고안한다. 헌법이 상정하는 전력이란 어디

---

63) 井上寿一,『吉田茂と昭和史』, 7-8, 194-195.

64) 吉田 茂,『回想十年 第二巻』, 183.

까지나 일본의 전력만이므로 외국군은 그에 해당하지 않는 것이고, 미·일 안보는 일본 자신의 재군비를 예방하고 평화헌법이념을 보전하는 시스템이라는 것이다.65) 그렇게 비무장을 헌법적 근거로 이해시키면서 미·일 안보체제에 대한 저항도 무마한다. 그 논리는 좌파보다 오히려 같은 보수진영 내의 반발을 잠재우려는 의도가 강했다. 한국전쟁 발발과 자위대自衛隊 창설 등으로 재군비문제가 대두되면서 반소련·반공주의인 미국의 세계전략에 가담한 보수 안에서 요시다의 자유당과 대립한 하토야마의 민주당 노선의 반발을 무마시키기 위해서였다.

반요시다 진영 중에서도 하토야마의 민주당은 광적으로 '재군비론再軍備論'에 집착했다. 민주당은 일본이 공산주의 중국과 소련에 포위되어 있고 그들이 한국 다음에는 일본을 노린다면서 요시다의 재군비 반대론을 비판하고 유엔군과 협조할 '국방보안군' 창설도 구상했다.66) 하토야마는 미점령정책의 청산을 내걸면서 재군비정책을 제기하고 그를 위해 '소련과의 국교회복'까지 거론한다. 반면 요시다는 미국과 거리를 두지만 전쟁과도 거리를 두고 경제부흥에 매진하자는 노선이었다. 그렇게 같은 보수진영 내의 대립이 격화되자 상대편의 반발을 잠재우고자 내세운 것이 바로 요코다의 논리다.67) 하토야마 노선의 저항을 피해가기 위해 재군비론의 근거가 되는 '헌법과 미·일 안보조약 사이의 모순'을 우회해 대미협조를 기축으로 경제발전 우선 정책을 펴기 위한 논리인 것이다.

---

65) 佐藤太久磨, 「敗戦·アメリカ·日本国憲法」, 134; 竹中佳彦, 『日本政治史の中の知識人(下)』, 580; 横田喜三郎, 「駐兵は認めても再軍備は避けなければならぬ」, 127-129.

66) 佐野 學, 『日本再武裝論』, 222-224.

67) 三上 治, 『憲法の核心は権力の問題である』, 17-18.

그것은 한마디로 현실주의다. 하토야마 이외에도 재군비론은 당시에 팽배했다. 단명했던 아시다 내각조차도 한국전쟁을 국제 공산주의의 침략이라는 이데올로기적 맥락에서 파악해 재군비 국민운동을 조직화하려 했다. 반면 요시다는 공산주의가 침략하면 미국은 좋든 싫든 침략당한 나라의 방위에 뛰어들지 않을 수 없다고 현실적으로 본 것이다. 그래서 한국전쟁이 일본의 위협으로 직결되지 않으므로 그에 대처할 재군비도 필요치 않다고 했다.[68] 그 요시다의 현실주의적 노선은 정치적 계보를 통해 제9조 옹호의 보수노선으로서 명맥을 이어갔다.

민생안정을 우선시하고 안보는 미국에 맡긴다는 요시다의 현실주의 노선이 장기화하면서 상당히 오랜 기간 재군비에는 제동이 걸린다. 결국 이는 개헌론을 차단하는 효과를 보여준다. 실제로 요시다 노선으로 인해 개헌론은 나아가지 못했다. 제9조 개헌론이 중의원까지 가도 의회결의로 이어지지 못했다. 심지어 공산당 소속의원조차도 전쟁포기가 자위전쟁이 아닌 '침략전쟁 포기'로 변경해야 하는 게 아니냐고 개헌론을 제기하지만 요시다는 국제평화단체에 의해 침략전쟁을 방지하면 되므로 유해무익한 논의라고 일축했다.[69] 요시다 노선은 진보와 보수를 막론한 개헌억지력이 되었다.

그런데 한국전쟁의 발발로 인해 재무장이 현실화되자 개헌론은 일시적으로 유리한 국면을 맞게 된다. 미군이 군수물자나 용역을 일본에 발주해 경제는 특수를 누리지만 공산화의 위기감에 사회적 분위기는 어두운 상태였다. 그런 반공 감정은 재무장론에 대한 반

---

68) 豊下楢彦, 『安保条約の成立』, 195-196.

69) 井上寿一, 『吉田茂と昭和史』, 174-176.

발을 누르기에 적합한 분위기를 만든다. 특히 전쟁 초기 미국은 일
본이 재무장할 경우 지게 될 부담을 고려해 반대급부로 '강화'를
서두르겠다는 카드를 제시하면서 재무장을 압박했다. GHQ는 한국
전쟁 발발 직후인 1950년 7월에 경찰력 증강을 정부에 요청했다.
미국은 재군비의 방편이 되는 경찰조직 즉 미군을 보완하는 경찰군
으로 창설된 필리핀의 '순경대Constabulary'나 한국의 '남조선 국방
경비대'와 같은 성격과 역할의 경찰력을 원했다.

요시다 총리는 이를 받아들인다. 그렇게 탄생할 경찰조직이 위헌
적 전력인지의 논란이 일었지만 정부는 치안 목적이기에 전력이 아
니라 했다. 1950년 8월 GHQ의 포츠담선언에 따른 정령政令인 「경
찰예비대령」에 의해 「경찰예비대警察予備隊」가 창설된다. 명목상 설
치목적은 한국전쟁으로 일본주둔 미제8군 등 부대가 한반도로 출
격해 미군사기지시설 수비, 군인 가족 안전확보 등 국내 경찰력을
강화하는 것이라 했지만, 실은 장래에 미군의 보완부대가 될 준 군
사력이다. 미극동군사령부가 1950년 7월 작성한 '경찰예비대창설계
획'에도 '한국, 대만, 필리핀, 인도네시아에 파견할 필요가 생길 가
능성'이 있다고 했다.[70)]

국제환경도 재무장론에 힘을 실어준다. 1950년 12월 브뤼셀에서
열린 북대서양조약 가맹NATO 12개국 외무·국방장관회의가 서독
이 나토군에 참여하는 '서독의 재무장'을 확인해 주면서 다음 차례
는 일본이라고 관측된다. 맥아더는 1951년 연두 성명에서 제9조에
도 불구하고 현실정세에 따라 자위의 필요가 있을 수 있다면서 재
무장을 압박했다. 재군비론이 본격화되자 여론도 찬성으로 크게 기

---

70) 纐纈 厚, 『暴走する自衛隊』, 13-17.

운다.[71] 9월에 미국은 경찰예비대를 미군 사단 수준으로 중장비화하고 미군 캠프에서 훈련시키고자 했다. 중장비화는 전차·대포 등 중무기 공급과 중장비훈련을 통해 미군 지원능력을 갖춘 방위부대를 의미했다. 군사력 규모도 크게 늘리려 했다. 한국전쟁 투입 가능성도 잘 알려져 있었다. 7만 5천 명으로 편성된 이 조직의 장비는 철저히 야전에 대비했다. 미국 군사고문단의 훈련, 장비 등 배후지도도 예정되었다.[72]

1951년 일본과 연합국 간의 <샌프란시스코 강화 조약講和条約>으로 점령을 끝낸 미국은 1952년이 되자 재군비를 더 압박하고 예비대원 대폭증강을 요구한다.[73] 1953년 방일한 미 부통령 닉슨R. Nixon은 '일본헌법의 비무장 노선은 잘못된 것'이라고 공공연히 선언했다.[74] 패전 직후에 비하면 놀라운 변화처럼 보이지만 알고 보면 놀라운 것도 아니다. 재무장 요구의 표면적 계기는 한국전쟁이지만 사실 미국은 1948년부터 재군비를 검토했다. 중국에서 공산당과 국민당 간의 '국·공 내전国共内戦'이 격화되면서 중국대륙이 공산화되리라 예측되고, 8월 15일에는 '대한민국', 9월 9일에는 북한지역에 '조선민주주의인민공화국'이 성립되면서 아시아질서가 흔들린다고 판단해 점령정책을 전환하려 했기 때문이다.

'경찰예비대'는 후에 '보안대保安隊'를 거쳐 1954년 발족하는 「자위대自衛隊」의 전신이다. 그렇게 병력화가 예상된 부대였기에, 명칭도

71) 佐野 學, 『日本再武装論』, 203-207, 227.

72) 孫崎 享, 『日米同盟の正体』, 120-121; 杉原泰雄, 『平和憲法』, 9; 増田 弘, 『自衛隊の誕生』, 18, 48; 阪田雅裕 編, 『政府の憲法解釈』, 8.

73) 坂本一哉, 「独立国の条件」, 75.

74) 酒井直樹, 『希望と憲法』, 46.

미국 정부 내부문서에는 '극동특별예비대Special Far East Com
mand Reserve'로 불렸다. 결국 이후 '보안청법'이 통과되고 경찰예
비대와 해상경비대를 통합해 탄생한 보안대는 육·해상 합쳐 약 12
만 명이고 예산이 일반세출의 20%, GNP 대비 2.78% 규모의 부대
가 된다. 주일미군을 줄이면서도 아시아에서 패권을 유지하려면 일
본의 방위력 증강이 불가결하다고 판단한 미국은 계속 방위력 강화
를 요구한다. 요시다는 제9조가 국민의 지지를 받는다면서 경무장론
을 내세우며 저항하지만, 미군 감축 문제가 초미의 관심사로 대두되
자 미국의 요구를 받아들일 수밖에 없어 보안대는 자위대가 된다.
1954년 6월 「방위청설치법」과 「자위대법」을 제정해 육·해·공 자
위대가 만들어진다.[75] 그렇게 재무장이 되고 미국이 재무장을 위한
개헌까지 시사하는 상황은 개헌론에 날개를 달아준다.

(2) 재군비론의 강요 헌법 공세

헌법적 차원의 재군비론은 한국전쟁 전에도 점령정책의 변화와
함께 그 모습을 드러내기는 했다. 발단은 극동위원회의 헌법재심사
결정이었다. 극동위는 신헌법 시행 후 1-2년 내에 헌법 운용이 포
츠담선언 등에 걸맞은지 확인하기 위해 국회에서 재검토해야 한다
고 1946년 10월 결정했다.[76] 맥아더의 입장도 바뀌었다. 1947년 1
월 맥아더는 요시다 총리에 보낸 서한에서 헌법의 실제 시행 후 확
인된 경험 등에 비추어 시행 1-2년 사이에 개정 필요가 있으면 개
정할 수 있다고 했다.[77] 그래서 1948년 8월 아시다 총리는 헌법재

---

75) 纐纈 厚, 『暴走する自衛隊』, 13-17.

76) 廣田直美, 『内閣憲法調査会の軌跡』, 12.

검토 계획을 세우지만 내각이 10월 퇴진하고 뒤 이은 요시다 내각이 중의원을 해산해 계획은 무산되었다. 그 배경에는 여론과 언론의 소극성도 있었다. 당시까지만 해도 재군비 개헌은 시기상조로 보였다.

그런데 분위기가 변한다. 종전 직후에 '냉전冷戰' 체제가 막 시작되면서 1949년 무렵부터 '반공反共'이 지배한다. '시모야마下山 사건' 등 일련의 국철国鉄 사건으로 시작해 1950년까지 공산당원 및 동조자에 대한 '렛도파지red-purge'가 본격화한다. 수만 명의 적색분자가 해고 등 공직 추방된다. 맥아더는 이제는 전전의 군국주의자들을 추방에서 해제한다. 점령 수년간 펼쳐온 정책과는 정반대다. 수년간의 분위기는 '짧은 봄'이 되어버렸다. 우파에게 이는 기회였다. 무너진 신사가 재축되고 전전의 도덕·역사교육도 등장하고 '기미가요君が代' 부활이 추진된다. 그 속에서 '강요된 헌법' 비판이 등장한다.[78] 신헌법 성립의 강요성을 문제 삼아 제9조의 부당성을 지적하는 것이다. 연합국이 재군비를 거론하고 재무장이 일부 현실화되자 개헌파는 이때부터 개헌론이 다시 침체하지 않도록 정당성 기반 강화를 위해 '강요된 헌법'론을 내세운다.[79]

강요 헌법론은 개헌론의 핵심 논거가 된다. 냉전으로 인해 반공주의를 내세운 미국과 부활한 군국주의가 재무장에서 이해관계를 같이하면서 헌법 제9조의 적합성에 관한 문제 제기로 등장한 개헌론은 헌법의 강요성을 지적한다. 그 무렵의 헌법성립 비사의 공개가 강요 헌법론에 힘이 된다. 극비였던 신헌법 성립과정은 민정국

---

77) 日本外務省特別資料部 編,『日本占領及び管理重要文書集 第2巻』, 92-93.

78) 苅部 直,『丸山眞男』, 163-165.

79) 佐野 學,『日本再武裝論』, 232.

의 점령 공식기록인 『일본정치의 재편성』이 1949년 공간 되면서
알려진다. 1951년 게인Mark Gain의 『일본 일기ニッポン日記』가 출판
되고 스미모토 도시오住本利男의 『점령 비록占領秘録』도 공간 되자 신
헌법은 '주어진 헌법'이라 불린다. 그리고 곧 '강요된 헌법'이라 불
린다. 점령하에서 제정된 점, 무조건항복에 기반을 두고 이의를 달
수 없었던 점, 제9조가 일본의 약체화를 목적으로 한 점 등이 근거
였다.

전 국무대신 마쓰모토가 1954년 7월 자유당 헌법조사회에서 맥
아더와 천황의 '2월 13일 회담'을 협박이라고 느꼈다고 말하지 않
았는데도, '천황 협박설'을 주장한 것처럼 알려지면서 나중에는 천
황 협박설까지 근거에 포함된다. 즉 '천황의 일신상 안전을 조건으
로 최후통첩 식으로 수락을 강요받았다'라는 것도 '헌법이 전면개
정을 필요로 하는 이유'의 하나가 된다. 사실 확인을 거치지 않은
것임에도 근거에 포함된 것이다. 그렇듯 강요 헌법론은 민족의식의
재등장과 결부된 일본 중심적 입장을 드러낸다. 제헌의 강압성 지
적을 넘어 민족의식 제고를 목표로 그 무렵부터 '자주헌법제정론'
이 나타난다. 차례차례 생겨난 민간 개헌연구모임들은 대부분 강요
헌법론을 말하면서 일본의 전통·문화·역사를 모르는 미국인들이
불과 7일 만에 만든 세계사에도 유례가 없는 '외국제 헌법'임을 부
각한다. 그러면서 제9조 제2항의 삭제, 천황의 원수화元首化를 위한
개헌을 주장한다.80)

그러나 강요 헌법론을 국민 대다수가 동의한 것은 아니다. 신헌

---

80) 廣田直美, 『内閣憲法調査会の軌跡』, 13-16, 26-32; 篠田英朗, 『ほんとうの憲法』, 111; 児島 襄,
『史録日本国憲法』, 296-297.

법이 점령군에 의해 강제된 것이고, 국가 주권이 없는 상태에서 제정된 헌법이라는 사실관계를 전제로 한 강요 헌법론은 여러 반론에 부딪혔다. 무엇보다 호헌파는 그 사실 자체를 부정했다. 제헌에 정부나 국민의 관여가 있었고, 미국이 만든 초안에는 일본 재야학자들이 작성한 신헌법 초안이 영향을 주었고, 1946년 4월의 중의원총선이 개헌을 쟁점으로 실시된 것이므로 헌법의 국민주권적 근거도 있다고 했다. 1946년 1월 이뤄진 맥아더와 시데하라 총리의 회담에서 전쟁포기 조항을 주도적으로 제안한 것은 오히려 시데하라였다고도 했다.[81] 즉 제9조를 제안한 건 정부를 대표한 시데하라라고 흔히 알려졌는데 그게 사실이라고 했다.

개헌파는 반발했다. 시데하라 기쥬로幣原喜重郎 총리가 말한 건 맞지만 맥락은 그게 아니라는 것이다. 이미 노트에서 맥아더가 '전쟁포기'를 말한 건 분명하기에, 시데하라는 애초 전쟁포기 찬성은 아님에도 일본이 원하는 대로 될 리 없자 자신이 제안한 듯한 상황을 만든 것에 불과하다는 것이다. 특히 1946년 2월 맥아더가 시데하라에게 '연합국 안에는 천황을 처벌하고 천황제를 폐지하자는 움직임이 있다', '이대로 가면 천황은 추방되고 천황제는 폐지된다. 천황가도 없어진다'라면서 "천황제 존속은 일본에는 좋은 것이다. 다만 천황제를 존속시키는 가장 확실한 방법은 단 하나, 신헌법 속에 전쟁포기와 군대를 보유하지 않는다는 걸 명기하는 것이다"라고 위협했다고 했다.[82] 그 분위기에서 자포자기로 먼저 전쟁포기를 제안할 수밖에 없게 된 것이므로 시데하라가 즉 정부가 주도적으로 전쟁포

---

81) 高尾栄司, 『日本国憲法の真実』, 93-96; 伊藤述史, 『現代日本の保守主義批判』, 180.

82) 日高義樹, 『アメリカが日本に「昭和憲法」を与えた真相』, 89-90, 120-125.

기 조항을 제안한 건 실체가 아니라 했다. 맥락적으로 볼 때 허구라는 것이다.

그러나 강요 헌법론은 설득적이지는 못했다. '강요'가 민족적 자존심을 자극하지만 역사적으로 부정적인 것만도 아니기 때문이다. 강요론은 제헌의 강요를 악으로 보는 사고인데 근대화를 돌아보면 이는 일종의 자기부정이다. 서구화나 근대화부터 모두 페리의 강요에서 출발했다.[83] 바쿠후 말기의 개국과 그에 수반한 근대화는 서구열강이 군함과 경제력으로 비서구 일본을 위압해 이루어진 '강요'였다. 개국과 근대화의 출발인 1858년 5개국과의 안세이조약은 불평등조약이기에 그 상태를 벗어나기 위해 서구기준으로도 받아들여질 법제화도 서두른 것이다. '국헌' 제정준비를 재촉한 1876년의 칙명도 '널리 해외 각국의 법제를 참작'하라고 했다. 그 근대화의 계기인 강요는 긍정적이다. 강요의 결실인 메이지 헌법은 보편적 입헌주의적 요소를 '세계의 대세'를 좇아가는 방향으로 진행되도록 운용된 서구화였다. 그래서 근대의회주의가 자리 잡았다.[84] 서구화의 출발인 강요는 긍정적이었다.

강요는 헌법체제의 성립과 존속에서 본질적으로 불가피한 측면도 있다. 제헌 등으로 인해 상대적으로 불리해지는 자들의 관점에서 보면 모든 헌법은 강요다. 미국 헌법은 북부의 상업적 이익에 입각한 계층을 중심으로 거대시장을 만들기 위해 하나의 국가를 만들려는 필요에 기초했기에 남부의 농업생산 종사자들에게는 불리한 강요였다. 시기의 측면에서 보더라도 선대의 헌법혁명에 찬성할 수

---

83) 井上ひさし・樋口陽一, 『'日本国憲法'を読み直す』, 14-15.

84) 樋口陽一, 『いま, 「憲法改正」をどう考えるか』, 13-15.

없었던 후대에도 헌법은 적용된다고 보면 헌법은 후대에는 강요다. 즉 헌법혁명의 시기에도 모두가 찬성한 건 아님은 둘째 치더라도 혁명 이후 세대가 볼 때 혁명기의 헌법은 이전 세대에 의한 강요다. 선조의 헌법혁명이 계속 정당화의 근거가 되는지 의문인 것이다.[85] 그런데도 그 강요는 현재의 추정된 자발적 동의라는 관점을 통해 정당화되거니와 실제로 헌법존중에 별다른 지장을 만들지 않는다.

따라서 신헌법이 외부로부터의 '강요'라서 거부한다는 것은 국가적 교훈은 물론이고 세계사적 의미도 돌아보지 않은 태도다. 일본에 강요는 서구의 법제에 담긴 가치관을 받아들여 이를 건국의 기본으로 삼은 제헌과 그 이래의 성공과 좌절의 역사다. 그 의미를 이해한다면 강요된 현행헌법은 시대의 요청을 반영하고 앞당긴 것이다. GHQ의 개헌요구도 전후의 민주화로 볼 때 필연적이기도 했기에 그 요구는 일본이 장차 나아가야 할 길을 명확히 해 준 것이다.[86] 게다가 피점령을 받아들인 것이라면 그 안에서의 강요를 다시 언급하는 것은 실질적으로도 무의미하다. 강요가 점령의 구조적 의미에 이미 담긴 것인 이상 강요된 내용은 받아들일 수밖에 없는 것이라면 그 강요는 피점령에 관한 동어반복에 불과하기 때문이다.

점령하에서 신헌법제정이든 개정이든 형식이든 절차든 내용이든 선택의 여지가 없어 부당하더라도 받아들인 것이라면 점령에 대한 평가를 넘는 내용의 부당성 문제는 논외가 된 것이다. 즉 당시 연합국 내 일부 강경국가의 주장처럼 천황제를 폐지할 수도 있었다.

---

85) 長谷部恭男・杉田敦, 『헌법 논쟁』, 169-175.

86) 三浦銕太郎, 「民主主義化と啓蒙運動」; 田中 彰, 『小国主義』, 155-156.

미국이 폐지로 가닥 잡았다면 일본은 저항하기 어려웠다. 폐지를 받아들일 수밖에 없다면 형식이나 절차 혹은 누가 주도하는지는 의미가 적다. 받아들이느냐 거부할 수 있느냐의 문제만 중요할 뿐이다. 제9조도 마찬가지다. 점령상태라서 받아들일 수밖에 없었다. 그랬는데 점령을 벗어난 이후 강요를 거론하는 건 점령 사실의 확인으로서는 의미가 있을지 모르지만 강요로 인한 제9조의 내용의 부당성 지적으로서는 부적절하다.

강요구조가 만든 내용도 현실에서 부정적으로 이해되지 않은 점에서도 강요론은 의미가 적다. 1946년 3월 6일 정부의 이름으로 국민에게 공개된 내각의 '초안 요강'은 충격이자 기쁨이었다. 도쿄대의 난바라 시게루南原繁 총장은 자신의 제안으로 대학 안에 둔 '헌법연구위원회' 위원들이 그 요강을 보고 느낀 '놀라움과 기쁨'을 전한다. 위원들 중에 '이것을 강요된 것이라거나 바라지 않던 것으로 생각한 사람은 한 사람도 없었다.' 여론조사를 보더라도 국민 일반은 헌법 초안을 환영했다. 제정된 헌법 원안을 접한 정부의 헌법문제 조사위의 참여자조차도 '원안…을 처음 보았을 때의 선명하고 강렬한 감동, 소리 높여 외치고 싶을 정도의 해방감'을 회상한다. '책을 통해서는 알고 있던' '국민주권', '기본적 인권', '법의 지배'가 '일본헌법에 쓰여 있게 되리라고는 무의식중에도' 생각지 못했다는 것이다.[87]

강요된 개헌안을 국민이 받아들였다고 본다면 강요는 정부에 대한 것인지는 모르되 국민에 대한 것은 아니다.[88] 언론의 주장이나

---

87) 樋口陽一, 『いま, 「憲法改正」をどう考えるか』, 33-34, 44-45.

88) 長谷部恭男・杉田敦, 『헌법논쟁』, 176.

여론조사 결과는 물론이고 초안에 대한 각 정당의 태도, 선거결과, 의회에서의 심의내용 등 어떤 것을 봐도 강요라고 보기 어렵다. 결국 강요란 국체를 지키자고 고집하던 일부 지배층의 관점일 뿐이다.[89] 따라서 기껏해야 정부나 일부 지배층에 대한 강요였다면 강요성을 주장함으로써 개헌의 정당성을 국민에게 납득시키려는 개헌파의 논리는 잘못된 전제에 서 있다. 국민이 신헌법을 환영했기에 신헌법은 '자유로운 사회계약'의 산물이기 때문이다. 그것은 극히 많은 나라에서 채택하는 인권규정 등 인류의 보편적 가치를 체현한 것이다. 그래서 내용상으로 고칠 게 없다고 보였다.[90] 따라서 총사령부의 행동의 강요성은 관심의 대상도 되지 못했다. 강요는 기껏해야 새로운 작용을 준비하는 헌법이 탄생하기 위해 총사령부라는 매개체가 필요했다는 의미에 불과하다.[91]

(3) 개헌 공론화의 실패

개헌파는 '55년 체제' 이전부터 몇 차례 분위기 반전을 시도한다. 강요 헌법론의 뒷받침으로 개헌으로 나아갈 명분 만들기를 위한 '헌법조사회'의 추진이다. 1953년과 54년에 자유당과 개진당은 모두 강요 헌법론을 전제로 자주헌법제정이나 개헌을 주장하면서 당 차원의 헌법조사회를 설치한다. 54년 11월 개진당과 통합해 하토야마를 당수로 결성된 민주당도 법적 근거를 둔 초당파적 헌법조사 심의기관을 국회에 두어 개헌안을 작성하려고 「헌법조사회설치

89) 長尾一紘, 『日本国憲法』, 24.
90) 杉田 敦, 「'押し付け憲法'は選びなおさないと、 自分たちの憲法にはならないのではないか」, 52-54.
91) 樋口陽一, 『いま, 「憲法改正」をどう考えるか』, 43, 72-73.

법안」을 낸다. 그러나 중의원에서 가결된 법안은 참의원에서 자유당으로부터 회기연장 협조를 얻지 못하고 사회당 등의 저항으로 유회되며 폐안된다.

국민 대다수도 개헌에 공감하지 않았다. 1955년 2월 중의원 총선에서 사회당 등 혁신세력이 개헌저지선인 총 의석의 3분의 1을 넘은 게 그 증거다. 하토야마는 4월에 헌법조사회를 내각에 두는 것으로 한발 물러선다. 대신 개헌을 공론화하기 위한 헌법조사회의 의회 내 설치 실패가 자유당의 협조를 얻지 못한 데도 원인이 있다고 판단되자 이미 불던 보수 합동 움직임에 가속도가 붙는다. 1955년 7월 탄생한 '자주헌법기성의원동맹'은 8월에 중·참 양원 보수파의원 약 160명이 차기 국회에서 헌법조사회법을 만들자고 결의하고 9월 하토야마 총리를 방문해 개헌촉진을 위한 보수 합동을 요청한 결과 11월 '자유민주당自由民主党'이 탄생한다.

그 과정을 자세히 보면 1954년 11월 기시파, 하토야마파, 중도보수 개진당의 보수 합동으로 '일본민주당'이 결성된다. 그리고 1955년 2월 총선에서 하토야마의 민주당 정권은 '자주헌법제정'을 호소하며 진보세력과 대결해, 11월에 그 민주당과 자유당에 의한 또 한 번의 보수 합동으로 '자유민주당'이 창당된 것이다. '55년 체제'의 출발이었다. 그해 가을 좌우로 분열해 있던 사회당도 합쳐 전체의석의 3분의 1 이상을 차지하는 통일된 '사회당'이 되어 합동된 보수진영과 대립하는 체제가 된 게 '55년 체제'이기 때문이다. 자민당은 이후 1993년 정권을 내줄 때까지 38년간 집권을 이어간다.

보수 합동 직후 자민당이 「헌법조사회법」을 밀어붙여 1957년 8월 정부 차원의 '헌법조사회憲法調査会'가 발족한다. 국회의원 30인과 학자 등 20인의 총 50인 이내의 위원으로 조직된다고 규정된 헌법조사회는 중·참의원 위원들을 제외하면 대체로 정치학, 헌법학 등 법학자와 타 분야의 학자, 변호사, 노동계, 구 관료, 정치평론가 등으로 구성된다. 사회당의 불참으로 초당파적 형태는 되지 못해 개헌파가 대부분이다. 성립, 조직, 위원구성, 지향성 등에서 보듯 헌법조사회는 정부 여당의 개헌 운동에 봉사할 제도다.[92] 그래서 매스컴의 큰 주목을 받는다. 개헌을 위한 여론 만들기용 제도인 데다가 위원의 인선부터 마찰을 빚자 큰 뉴스거리가 된 것이다. 사회당과 학자 및 문화인 등의 보이콧, 전국에 걸친 공청회, 공청회 저지 투쟁, 해외조사, 내부의 논전 등으로 늘 화려한 주목을 받는다.[93]

헌법조사회는 제헌 관련 청취조사와 자료입수를 위해 미국에서 맥아더 초안의 기초자와 국무성 관계자로부터 증언을 듣는다. 면담을 거부한 맥아더와 휘트니로부터는 서한 질문으로 답을 듣는데, 맥아더로부터는 헌법을 강요한 게 아니라 오히려 시데하라 총리가 '제안'했다는 답을 받는다. 제9조 제2항도 시데하라가 제안했는지에 관해서는 명확한 답을 듣지 못한다. 반면 초안 기초자들은 시데하라 제안설을 부정한다. 휘트니는 '2월 13일의 회담'이 천황 협박이었다고 마쓰모토가 말했다면 이는 오해이고 오히려 천황 구제용이었다고 했다. 천황제 유지를 누가 주도했는지에 관해서는 맥아더로부터는 명확한 답을 얻지 못하지만 국무성 관계자는 그것이 미국 정부 주도로 이루어진 것이라 했다.[94]

그런데 임무가 끝나갈 무렵 의외의 상황이 전개된다. 조사회의

---

92) 小林直樹, 『日本国憲法の問題状況』, 290.

93) 長谷川正安, 『憲法運動論』, 181-182.

94) 廣田直美, 『内閣憲法調査会の軌跡』, 212-213.

최종보고서 기초위 발족 직후인 1963년 6월 다카야나기 겐조高柳賢
三 위원이 사적으로 「헌법의 문제점에 관한 의견」을 낸 것이다. 사
견이지만 '강요된 헌법'론을 부정하고 개헌은 다음 세대에게 맡겨
야 한다면서 뒤로 미룬다는 내용이기에 조사회 안팎에 큰 파문을
일으킨다. 호헌론자가 아니었음에도 다카야나기는 의견서에서 신헌
법이 19세기의 고전적 형태를 깬 20세기의 이데올로기 헌법이라면
서, 본문 안에는 법적 구속성이 없는 많은 프로그램적 규정이 있는
데, 제9조도 정치적 매니페스토라고 했다. 제9조를 정치적 선언에
불과하다고 볼 정도이므로 자위대의 위헌성 같은 건 문제 삼지 않
았다. 현행 그대로도 해석에 의해 자위군을 가지는 게 가능하므로
개정할 필요가 없다고 했다.[95]

그가 우익이나 개헌론자의 반대가 예상됨에도 사견을 내세운 것
은 소신도 있지만 국민 정서가 강요 헌법론을 받아들일 분위기가
아니었던 데에도 기인한다. 의회의 개헌저지력이 국민의 표에서 나
온 것에서 보듯 국민의 개헌파에 대한 저항을 본 이상 어쩔 수 없
다는 판단이었다.[96] 요시다의 회고에서 보듯이 당시에는 신헌법 제
정과정의 미국의 행동은 크게 부정적인 것으로 이해되지 않았고,
오히려 맥아더가 '극동위'나 '대일對日이사회'의 험악한 분위기를
알았기에 황실제도를 옹호하기 위해 신헌법제정을 시작하는 선수를
친 것이고, 그 경우 맥아더는 천황제를 구한 협력자로서 경의와 감
사를 받아야 한다고 생각되었다.[97] 그 분위기에서 다카야나기의 사
견이 감행된 것이고 나중에 헌법조사회가 낸 일부 의견도 그와 같

---

95) 高柳賢三, 「憲法に関する逐条意見書」; 長谷川正安, 『憲法運動論』, 42-43, 188.

96) 小林直樹, 『日本国憲法の問題状況』, 286-287.

97) 井上寿一, 『吉田茂と昭和史』, 152.

았다.

그러나 개헌파 위원들의 생각은 전혀 달랐다. 이후 야당 의원이 불참해 다수결 결론을 내지는 않고 '개정필요론'과 '개정불요론'을 병기한 보고서와 17인 위원의 공동의견서가 나오게 되는데, 다카야나기 의견서 제출 뒤 개헌파 위원 17인이 1963년 9월에 낸 「헌법 개정의 방향」이라는 제목의 「공동의견서」는 '실질적으로는 연합국 사령부(주로는 맥아더 원수)의 명령과 강제와 간섭에 의해 제정되었음은 부정할 수 없는 사실'이고, '절차가 나쁨에도 내용이 좋으면 좋다'는 생각은 '민주주의자'로서는 취할 수 없는 것이라며 '자주헌법' 제정을 주장한다.

이들은 강요의 근거로 점령하에서 제정된 점, 국민의 자주적이고 자유로운 의지에 의한 것이 아닌 점, 제국의회에 제출한 '정부 원안의 작성과정'도 '점령군 당국의 엄중 감시하에 있었다'라는 점을 든다. 특히 '자유로운 의지'에 의한 게 아닌 근거로는 맥아더 초안이 군인에 의해 단기간에 기초되고 맥아더가 '최후의 수단'으로 개헌을 명령하고 강제한 점을 든다. 그런데도 공동의견서는 '감정론적 강요 헌법론' 즉 '2월 13일의 회담'의 '천황 협박'설이나 제9조에 관한 '일본 약체화'설에 대해서는 언급하지 않는다. 개헌파 위원들도 그 점은 인정되기 어렵다고 본 것이다.

헌법조사회의 「최종보고서」는 개헌을 지향한다고 결론 내지 않는다. 다만 총 50인 위원 중 개헌이 필요하다고 본 위원은 43명이다. 사회적 분위기가 달라져 조사회의 파급력은 거의 없었기에 개정 필요 의견이 다수였더라도 큰 의미도 없었다. 정부 여론조사에 의하면 헌법조사회가 성립한 1956년 10월에는 개헌 찬성이 반대보다 조금 높았지만, 1960년대 초의 이케다 하야토池田勇人 정권 때는 개헌 분위기가 크게 줄더니 헌법조사회 폐지 직전인 1965년 2월 조사에서는 개정반대 의견이 찬성의 2배 이상으로 역전된 상태였다.[98] 여기에는 60년의 안보개정저지 국민운동에서 확인된 국민의 고양된 평화주의 의식의 영향도 무시할 수 없었다.[99] 설립 의도가 퇴색한 헌법조사회는 개헌론의 국민적 점화에 실패한 것이다.

(4) 세력균형에 의한 개헌저지

창당된 자유민주당은 '강령'에서 개헌을 의식한 자주독립을 언급하면서도 민주주의, 평화, 개인의 창의와 기업의 자유, 경제의 종합계획 등도 말했다. '당의 성격'에서도 계급정당에는 반대하지만 평화, 민주, 기본적 인권존중, 전체주의 반대를 표하고, 심지어 '진보적 정당으로서' 전통과 질서를 유지하며 현상을 개혁하겠다고 했다. 그러나 정치적 수사의 장식성을 걷어낸다면 보수결집인 자민당 창당의 진정한 이유는 창당 핵심 기시 노부스케岸信介의 표현에서 보듯이 커지는 좌익세력에 대결하고 '일본 재건'의 과제를 해결하기 위해서였다.[100] 그 재건을 위한 핵심수단이자 최대의 정책목표는 두말할 것도 없이 개헌이었다.

자민당은 당시党是가 '개헌'일 정도로 개헌은 창당을 만든 보수합동의 주된 동력이었다. 자민당은 당의 정강에 '현행헌법의 자주적 개정'을 내걸고 당의 일반정책에서도 '점령하에 제정된 현행헌

---

98) 廣田直美, 『内閣憲法調査会の軌跡』, 184-194, 201-205.

99) 小林孝輔, 『戦後憲法政治の軌跡』, 11, 101.

100) 原 彬久, 『岸信介』, 168.

법'을 자주적으로 개정하고 '하루속히 헌법조사회를 설치해 개헌에 관한 조사연구'에 돌입하겠다고 했다. 반면 사회당은 1956년 1월 당내에 '헌법옹호특위'를 설치해 '헌법 옹호 국민연합'과 연대해 전국적 개헌반대 운동을 펴 나간다.[101] 55년 체제의 큰 틀인 개헌파와 호헌파의 대립 구도는 그렇게 출발했다. 그런데 결국 55년 체제의 자민당이 갈망하던 개헌은 성공하지 못한다.

아니 개헌을 내세운 정당이 지배한 55년 체제는 역설적으로 개헌을 저지하는 체제가 된다. 자민당의 강령이 개헌이지만 55년 체제가 끝날 때까지 더욱이 제1차 아베 신조安倍晋三 정권에 이르기까지도 개헌은 비록 간헐적으로 거론되기는 하지만 제대로 국가정치 차원에서 논의되지 못한다. 이유는 사회당이라는 저지선의 존재와 자민당 내 세력균형 때문이다. 자민당 대 사회당 그리고 자민당 내 개헌파와 호헌파 간의 두 세력균형이 그것이다. 우선 구소련의 영향을 받은 사회당 그리고 미국이라는 후원자를 가진 자민당이 냉전 하에서 세력균형을 유지했다.

개헌을 원하지만 자민당은 미·일 안보조약을 유지하고 제9조의 틀 내에서 자위력 정비를 추구하는 현실적 방위정책을 취하고, 사회당은 안보반대, 자위대 위헌, 비무장중립을 주장하며 자민당 정부의 방침에 시종일관 반대한다. 국민은 정권으로서는 '경무장·경제 우선'의 자민당을 택하면서도 제9조의 평화주의에도 공명한다. 매스컴도 거의 안보반대, 자위대반대의 논조였다.[102] 그 시기 사회당의 의석수는 자민당의 절반에 못 미치는 수준에 불과했다. 그 진

---

101) 廣田直美, 『內閣憲法調査会の軌跡』, 17-24

102) 大矢吉之, 「九条と国の安全保障」, 103.

영의 대립, 논리의 대립이 만든 세력균형이 결과적으로 일방적 개헌론을 용납하지 않은 것이다.

또 하나는 자민당 내 개헌파와 호헌파의 대립으로 인한 당내의 세력균형에 의한 개헌론의 동결이다. 55년 체제 내내 다수당을 유지하면서 집권당이었기에 자민당은 국민의 지지를 등에 업고 사회당의 저지를 돌파할 수도 있지만 당내 호헌 조류의 존재가 또 하나의 벽으로 개헌논의의 형성 자체를 막는 결과를 만들었다. 개헌이 창당의 동기이자 당의 핵심과제인 자민당이지만 실제로는 당내 다수는 현행헌법이 전후의 번영과 안정에 일정한 역할을 해왔다고 인식했고, 그것이 여론이기도 하다고 판단해 개헌에 발을 들여놓으면 선거에서 표가 줄어든다고 보았다.[103]

파벌대립을 통해 유지되는 자민당 내의 한쪽에 그런 인식이 있는 한 개헌론을 쉽게 밀어붙일 수 없었다. 하나의 정당 같은 각 파벌의 우두머리의 주장에 의해 지배된 자민당은 마치 연립정권 같았다. 파벌들은 '이번에는 이쪽을 총리로 하고, 그 대신 개헌은 참는 거야'라는 식으로 거래했다. 자민당 내 그런 세력균형에 기반을 둔 흥정이 결과적으로 개헌론을 막은 것이다. 그래서 개헌을 집권의 존재 이유로 삼은 나카소네 야스히로中曾根康弘 총리조차도 개헌론을 봉인해야 했다. 파벌 역학관계에서 개헌론을 밀어붙여서는 권력을 유지할 수 없었기 때문이다.[104]

실제로 1982년 총리가 된 나카소네의 개헌론은 야심 찼다. 요시다의 '전후 정치'를 총결산하겠다면서 '일본은 미국으로부터 부여받

103) 樋口陽一, 『いま,「憲法改正」をどう考えるか』, 64.
104) 樋口陽一・小林 節, 『憲法改正の真実』, 191-193.

은 평화헌법을 개정하지 않으면 안 된다'라고 했다. 그 개헌론은 이전과 다른 모습이었다. 전전파 하토야마나 기시의 '자주헌법' 개헌론이 메이지 헌법으로의 회귀라면, 나카소네는 경제대국으로 글로벌리즘에 합류해 가기 위한 '보통국가'가 되자는 것이다. 전통적 보수 우파와 달리 국제적 협조요청에 따른 정책적 대응이 불가피하다는 신우파 개헌론이다. 그런데도 국내외의 반발이 거세지고 1983년 2월 여론조사에서 내각을 지지하지 않겠다는 의견이 급증하자 개헌을 단념한다.105) 가장 강력한 개헌론도 살아남지 못한 것이다. 자민당과 사회당의 대립 그리고 자민당 내 파벌 간 세력균형이 직·간접적으로 강력한 개헌저지 장치가 된 것이다.

4. 헌정과 안보체제의 모순과 폭발

미국이 일본을 냉전체제 하 극동의 반공교두보로 삼고자 하면서 「강화講和 조약」은 서둘러졌다. 한국전쟁 전부터 수면 아래서 논의된 강화의 핵심은 이후의 안보형태였다. 요시다는 안보는 미국에 의존한다는 노선이기에 강화 후의 미군 주둔을 전제로 한 미·일 안보를 구상했다. 그래서 '미·일 안보조약', '미군 주둔' 문제가 모두 거론되지만, 요시다는 재군비에는 부정적이었다. 미국은 일본이 서방 자유 진영에 공헌해야 한다면서 재군비를 압박하지만 요시다는 재군비를 하면 경제자립이 불가능해지고 대외적으로도 일본의 재침략에 대한 의구심이 일고 국내 군벌의 재현 가능성도 있다며 반대

---

105) 內田健三, 『現代日本の保守政治』, 7, 86, 122; 渡辺 治, 『政治改革と憲法改正』, 130, 283.

한다. 미국은 미군 주둔 문제는 의회를 거치지 않도록 정부 간 행정협정으로 하자고 하는데 요시다는 이는 받아들인다. 결국 1951년 9월 '샌프란시스코 강화회의'에서 49개국이 「대일対日평화조약」에 조인한다. 소련과 중국, 인도 등 상당수 국가들은 서명을 거부하거나 불참해 전면강화는 되지 못하지만 주요국과의 강화는 이루어지고, 같은 날 미·일은 「미·일 안전보장조약」에도 조인한다.106)

그 과정에서 국내에는 '강화 찬성', '안보조약 반대'의 목소리가 커진다. 국회에서도 안보조약 공세가 이어지자 요시다는 안보조약은 어디까지나 잠정적 조치로 일본의 자위력이 충분히 강화되든가 국제정세가 현저히 완화되어 조약의 필요가 없어지면 언제라도 종료시킬 수 있다고 했다. 안보조약과 같이 체결되는 「행정협정」에 대한 반발도 거셌다. 국회는 물론이고 국민도 실망과 불만을 표했다. 특히 제2조의 시설 및 구역의 계속 사용, 미국이 점령기와 마찬가지로 취급받고자 얻어낸 미군·군속·가족의 일본 내 범죄에 대한 미국군사재판소의 재판관할 조항이 표적이었다. 행정협정의 그런 중대규정을 숨긴 채 안보조약을 비준시킨 미국과 요시다 내각을 비난했다.

그러나 결국 안보조약, 행정협정 모두 체결되어 미·일 안보체제, 행정협정체제가 한 세트로 병존하게 된다. 그래서 마치 독립된 점령국 같은 체제라는 비판이 등장한다. 독립 국가로서의 헌정과 미국에 의존하는 안보체제의 병존이 만드는 이율배반적 상황에 대한 문제 제기다. 독립과 동시에 미·일 안보체제가 만든 안보체제와 헌정의 병존이 '헌법체제'와 현실의 '안보체제' 사이의 괴리를 만든

---

106) 坂本一哉, 「独立国の条件」, 67-72.

다는 지적이다. 독립과 안보조약의 공존이 헌법의 평화주의 원리에 반하는 것 즉 안보체제와 불가분의 관계인 재군비의 촉진으로 인해 헌법 제9조의 규범에 중대한 타격이 가해진다는 지적이다.[107) 달리 말하면 헌법이 일체의 무력행사나 전쟁을 불가능하게 한 이상 군사기지 제공 혹은 군대 통과 등은 있어서는 안 되고 전쟁에 말려들어서도 안 되기에 그 병존은 불합리하다는 것이다.

헌정과 안보체제 사이의 갈등은 안보체제의 결정이 제9조의 기반을 공동화시킬 뿐만 아니라 주권국가의 헌법체제에 이질적인 법체계를 만들었다는 인식으로 확산한다. 법형식적으로는 헌법의 일원적 지배를 회복하면서도 실질적으로는 종래의 점령 하의 이원적 지배를 유지하는 체제가 일본의 합의의 형태로 확립되었기 때문이다. 헌법체제 이념에 이질적인 안보법체계가 현실 속에 이원적으로 병존하면서 상호 모순되고 길항하는 현실에 대한 자각이다.[108) 특히 이는 어떤 사건을 계기로 이론적으로 분명해진다. 하세가와 마사야스長谷川正安는 1957년의 <스나가와砂川 사건>을 보면서 두 가지 법체계를 말했다.

스나가와 사건은 미·일 안보조약과 행정협정에 따라 미군이 사용한 출입금지구역인 미군비행장기지의 확장을 반대하며 침입한 주민과 학생에 대한 기소 근거법령인 형사특별법, 행정협정과 안보조약의 위헌성이 쟁점인데, 하급심인 도쿄지방재판소는 1959년 안보조약의 위헌성을 정면 판단해 안보조약에 의해 일본이 자국과 직접 관계 없는 무력분쟁의 소용돌이에 휘말리게 되어 전쟁의 참화가 미

---

107) 小林直樹, 『日本国憲法の問題状況』, 22.

108) 小林直樹, 『日本における憲法動態の分析』, 275-280.

칠 우려가 있고, 외부에서의 무력공격에 대한 자위 목적으로 미군 주둔을 허용하는 건 제9조 제2항 전단에 의해 금지되는 육·해·공군 기타 전력의 보유에 해당해 주일미군은 위헌이라 했다. 그러나 최고재는 헌법의 평화주의와 안보조약의 모순이 빚은 상황의 위헌성 판단을 회피함으로써 그 판결을 뒤집는다.

하세가와는 그 사건의 계기가 된 두 법체계를 말한다. 우선 점령 중에는 연합국 최고사령부가 발하는 지령, 지시, 각서 등과 그것을 실시하기 위한 긴급칙령이 있었고 그에 기초한 포츠담 정령政令이 점령법규 즉 관리법 체계를 이루었다. 그리고 헌법·법률·명령이라는 통상의 법체계가 있었다. 그 '점령법 체계'와 '헌법 체계'라는 두 법체계가 충돌하면 총사령부의 지령에 근거를 둔 점령법 체계가 우선했기에 점령 중에는 헌법이 사실상 최고법규가 아니었다. 그런데 점령 후에도 두 법체계가 다른 형태로 존속한다. 강화 후에는 헌법이 최고법규가 되어야 하지만 이번에는 안보법체계가 등장해 점령법 체계를 대신하는 상황이 된다. 안보조약을 정점으로 행정협정, 특별법, 특례법으로 이어지는 법체계인 '안보법체계'가 '헌법 체계'와 공존한다. 그 두 법체계의 충돌에서 발생한 것이 스나가와 사건이라는 것이다.[109] 그것은 헌정체제에 대한 안보체제의 공격적 잠식에 대한 비판이었다.

그런 헌정체제와 안보체제 사이의 모순에 대한 대안론으로 '비무장 중립非武装中立'론이 좌파에서 등장한다. '영세중립永世中立'론은 좌파 정당의 당론으로 유지되면서 어느 정도 국민적 반향도 부른다. 즉 강화 이후의 안보에 영세중립론을 찬성하는 여론이 우세했

---

109) 長谷川正安, 『日本の憲法』, 92-94.

다.110) 제9조의 평화주의가 전력 불보유의 입장이라 헌법학계도 대체로 이를 어떠한 국제분쟁이나 군사적 대립에도 무력으로 개입하지는 않는다는 비무장중립의 이념이라 본다. 그런데도 좌파 중심으로 제기된 영세중립주의 평화론은 야당과 소수파의 주장이라 야당이 정권을 잡지 못하는 실정에서는 현실적으로 펴기 어려운 정책이기도 했다.111) 그래서 야당의 정책론에 머물지만 아시아·아프리카 신흥독립국을 중립적 평화세력으로 보는 중립론이 동·서 냉전체제였던 당시에 큰 반향을 만든 건 사실이다.112)

그 반향은 중립론이 현실적으로 가능하다는 관점에 기반을 두었다. 패전 직후부터 현실적 대안으로 부각하였듯 현실성이 있다는 것이다. 실제로 신헌법제정 당시 미국도 맥아더도 일본의 안전보장 방법으로 영세중립론이 적당하다고 한 것을 보더라도 현실성은 무시할 수 없었다.113) 그런데도 중립론에 가해진 많은 비판의 논점도 역시 현실성과 관련된다. 즉 비판 역시도 중립론의 비현실성을 말했다. 우선 전시대의 유물로 보는 비판이 있다. 집단안전보장이 세계적 추세이므로 영세중립론은 시대에 뒤떨어진다는 것이다.114) 실제로도 미·일 안보조약을 근간으로 한 집단적 방위체제만 가능하다고 본 정부에게 영세중립론은 지극히 관념적 대안으로 보였다. 게다가 영세중립론이 지향하는 독립의 완성이 반미주의를 말하기에 공산주의 진영으로 기운 이념이라는 것도 한계였다.115) 그래서 우

---

110) 藤本一美, 『戦後政治の争点』, 83.

111) 小林直樹, 『日本における憲法動態の分析』, 27, 328.

112) 澤野義一, 「憲法の歴史的発展'史観に立つ憲法九条と永世中立論の再考」, 771-774; 平野義太郎, 『平和の思想』, 191-192.

113) 杉原泰雄, 『平和憲法』, 8.

114) 横田喜三郎, 「安全保障と自衛権」, 10.

파가 장기집권한 상황에서는 더욱 비현실적으로 보였다.

실제로 중립주의는 공산주의 진영과 무관치 않았다. 하세가와 마사야스 같은 좌파 법학자는 일본 마르크스주의에서 오랫동안 유행한 토대와 상부구조 개념을 통한 사회구성체의 역사발전법칙이라는 도식적 논거로 중립주의를 폈다. 이는 당시의 '비동맹非同盟' 노선과도 결부되었다. 서방 진영과 공산 진영 사이의 냉전에서 비동맹 등의 독자노선을 주장하는 아시아·아프리카의 집단적 발언권이 커지는 것에 주목해 그 노선을 일본에 적용하려 한 것이다.116) 이는 미국과 거리를 두는 것을 의미했다. 따라서 미국과의 안보체제를 통해 국가를 운영하려 한 정부에게는 못마땅한 주장이었다. 정부가 경계하던 중립주의는 오래가지는 않았다. 논의의 배경이 된 상황 즉 냉전체제가 변하면서 자연스럽게 사라졌기 때문이다.

물론 주장될 당시에도 비무장 중립론은 안보체제 병존으로 인한 상황의 실질적 해결책이 되지 못했다. 정당의 정책론이면서 헌법론이기도 한 그 논의는 야당의 정치적 대안으로서는 의미가 있었지만 헌법론으로서는 뚜렷한 성과를 낼 수 없었다. 따라서 흔히 중립론은 헌법적 해석의 문제와 정책의 문제를 혼동한 것이라 비판되었다. 비무장인가 아닌가는 헌법 제9조 해석의 문제이기에 국제정치상 중립원칙에 설 것인가는 제9조 해석문제와 직접 연관을 가진다고 볼 수도 없다. 타국과의 동맹 여부는 여러 정책적 선택지 중의 하나로 당연히 있을 수 있는 것이므로 중립원칙을 결코 고정된 것이라 보기는 어렵다.117) 따라서 헌법론으로 성공하지는 못했다. 그

---

115) 吉田 茂, 『回想十年』, 30-32.

116) 澤野義一, 「憲法の歴史的発展'史観に立つ憲法九条と永世中立論の再考」, 776; 長谷川正安, 『憲法学の方法』, 107-109, 136-137.

리고 현실의 헌정체제와 안보체제 사이의 모순구조도 결코 중립론으로 미봉되지 못했다.

그 모순은 미봉될 수 없기에 결국 폭발한다. 폭발은 안보체제 변경을 내건 기시정권에 대한 공격으로 나타났다. 기시는 1957년 안보조약을 부분 개정하려 했다. 구안보조약은 전토에 걸친 미군의 주둔과 기지설정을 인정했고, 조약 기한도 없고, 미국의 일본에 대한 방위의무도 없는 등의 점에서 편무적이라 본 기시는 쌍무적 조약으로 개정해 강화 이후의 '샌프란시스코체제'의 점령시대적 유물성을 부각해 안보문제에 대한 관심을 제고하려 했다.[118] 기지 사용 사전협의제를 도입하고 조약에 기한을 붙인다고 했다. 국내의 안보체제 비판에 대응해 방위력을 증강하면서 숙원인 개헌의 기틀을 만들고 미국과 대등성이 보강된 상호방위조약을 만든다고 했다.[119] 기시는 1960년 아이젠하워 대통령과 신안보조약 즉 「미·일 상호협력 및 안전보장조약」에 조인한다. 기시가 볼 때 그것은 점령 잔재인 요시다적 전후 정치의 청산이었다.[120]

그렇게 해서 미군이 일본의 내란에 개입할 수 있다는 조항을 없애고, 조약 유효기간도 명확히 하고, 공무 외의 미군범죄에서 미군이 치외법권적 존재가 되던 행정협정의 문제점도 일부 개정하고, 미국에 의한 방위의무를 명확히 하고 사전협의제도 두지만, 기존 안보조약의 본질이 바뀐 건 아니다.[121] 오히려 신조약 비준을 위해

---

117) 大石 眞, 『憲法講義I』, 63.

118) 中村政則, 『戦後史』, 71.

119) 坂本一哉, 「独立国の条件」, 88-98.

120) 原 彬久, 『岸信介』, 196.

121) 豊下楢彦, 『安保条約の成立』, 190-191; 杉原泰雄, 『平和憲法』, 11.

열린 안보국회에서는 미·일 상호방위 의무로 인해 군사동맹으로서의 성격이 농후해진 점, '극동極東'의 범위가 명확지 않은 점, 주일 미군의 해외 출동이나 핵병기 반입에 관해 사전협의 규정은 있지만, 일본의 동의를 필요로 하지 않은 점 등이 지적되면서 신안보조약으로의 개정이 국민의 지지를 얻을 것이라는 기시의 확신과는 다른 방향으로 상황이 전개된다.

오히려 '안보 개정安保改正'에 의해 일본이 전쟁에 말려들 수 있다는 위기의식이 부각된다. 이른바 '안보 휘말려들기론'이다. 그로부터 현실은 기시의 의도대로 되지 않는다. 사회당 등 혁신세력은 물론이고 일본노동조합총평의회總評, 원수폭금지일본국민회의原水禁 등 134개 단체로 조직된 「안보조약개정저지 국민회의」가 반대 운동을 편다. 학생운동도 공산당계와 반공산당계가 대립하면서도 안보투쟁에서는 합류한다. 안보반대 운동은 안보조약 폐기를 주장하면서 급격히 세를 확장한다. 비준을 서두른 기시 정부와 자민당이 중의원 본회의장에서 경관 500명을 동원해 사회당 의원들을 쫓아낸 뒤 조약 비준안을 단독 강행 통과시키자 반발은 극에 달한다. '민주주의와 헌법의 유린'이라 성토된다.[122]

신조약의 자연승인일까지 사상 전무후무한 국민적 규모의 <안보투쟁安保鬪爭>이 나타난다.[123] 노동조합이나 학생은 물론이고 주부를 비롯한 시민까지 가세한 그 모습은 전체적으로 국민적 저항이었다. 이념적 혁명운동이나 반미운동과는 다른 차원의 국민적 저항이었다. 헌법문제 판단을 생활영역으로 확장시킨 점에서도 국민적이

---

122) 苅部 直, 『丸山眞男』, 6-7.

123) 渡辺 治, 『政治改革と憲法改正』, 250-251.

었다.[124] 물론 야당의 주도도 없지는 않았지만 국민적 참여와 범위의 수준의 점에서 분명 국민적이었다. 그 결과 기시 내각은 안보반대로 인한 국민적 분열에 책임을 지는 모양새를 보이기 위해 조약 발효 이듬해 7월 총사직한다.

안보개정반대는 헌정옹호 투쟁이기도 했다. 그것은 기시가 상징하는 전전 체제에 대한 저항이었다. 안보체제와 헌정체제의 모순은 요시다가 만든 것인데 기시정권 하에서 그것도 일본의 이해관계를 반영한 안보개정의 지점에서 폭발한 것을 보면 기시가 전전 도죠내각의 각료였던 점이 반안보 감정을 자극한 것이다. 그런데 그 저항은 내용상으로는 안보체제가 지니는 모순의 지적이며 헌정과 안보체제의 모순으로 인한 폭발이다. 그 점에서 국민적 헌정옹호 투쟁이었다. 안보개정반대가 궁극적으로 평화헌법 수호의 의미라고 본다면 1913년, 1924년의 호헌운동과 비견될 만한 패전 후의 '호헌운동'인 것이다.[125]

5. 자위대 위헌 논란

(1) 비무장 조항하의 군대

헌정체제와 안보체제의 모순구조는 '자위대自衛隊'의 존재에서 극명했다. 현행헌법의 비무장조항에도 불구하고 현실에 자위대라는 실질적 군사력이 있다. 「자위대법」 등의 법률에만 규정된 자위대가

---

124) 長谷川正安, 『憲法運動論』, 34.
125) 中村政則, 『戰後史』, 75-76.

군사력이라면 그것은 위헌적 존재다. 그런데 그에 대한 판단은 회피된다. 특히 최종 판단기관인 사법이 회피한다. 위헌이냐고 문의하면 대부분의 하급심은 물론이고 특히 최고재판소가 판단을 회피했다. 이는 정치부문의 결정과 의사를 수동적으로 받아들이고 따르는 태도였다. 그런 정치적 추수追隨는 광의의 사법이랄 수 있는 수사단계에서도 보인다. 검찰이나 경찰에서도 자위대의 위헌성이 재판으로 가서 다루어지지 않도록 기소 죄명에서 관련 항목을 원천배제한다. 위헌성문제를 공론화시킬수록 손해라는 정치권의 인식을 알기 때문에 미리 고려해서 사전에 방지하는 것이다.

그 배경에는 자위대에 관한 개헌파 내지 우파의 의도가 있다. 이들은 자위대를 전전의 군대 같은 '국방군國防軍'으로 부활시키려 한다. 전직 통합막료장統合幕僚長이 『일본 국방군을 창설하라』라는 책을 낼 정도로 국방군화 시도는 공공연하다.126) 그래서 개헌파 사이에는 목표를 이룰 때까지는 긍정도 부정도 않으면서 묵묵히 위헌판단의 대상이 되는 일을 차단하며 국방군화를 진행한다는 암묵적 약속이 공유된다. 사법의 헌법적 무관심은 그런 정치적 의도에 부합하는 태도다.127) 그래서 자위대와 제9조의 부조화라는 문제의 본질을 회피한다. 자위대의 합헌성을 말하면서 제9조의 '공동화空洞化'를 주장해 문제의 심각성에 접근되는 걸 차단한다. 그러나 자위대의 존재와 모순되더라도 제9조가 공동화된 것이라는 주장은 부당하다. 제9조가 없었다면 한국전쟁과 베트남전 등에서 일본이 어떤 선택을 했을지는 알 수 없기에 공동화된 조항이라고만 볼 수는 없기 때

---

126) 小林節・佐高信, 『安倍「壊憲」を撃つ』, 77.

127) 纐纈 厚, 『暴走する自衛隊』, 188.

문이다.128)

제9조와 자위대의 불편한 공존의 위헌성 문제를 덮는 그 회피는 제9조 하에서 자위대를 유지하면서도 위헌성 판단은 피해가려는 정책적 입장이기에, 실은 제9조와 자위대를 둘러싼 헌법규범적 의문의 존재 자체는 안다는 고백과 다름 아니다. 그 헌법규범적 부조화와 그런 정책적 해석은 애초 GHQ 민정국이 작성해 정부에 넘겨준 비무장조항과 현행 제9조의 차이에서 기원한다. 민정국 초안은 전쟁포기 규정이기에 군사력의 전부 폐기로 자위 군사력도 부인했다. 반면 정부는 자위를 위한 군사력을 가질 수 있도록 민정국 원문을 수정하려 했고 점령군은 수정을 받아들였다. 헌법개정특위 위원장 아시다에 의해 제9조 제2항에 '전항의 목적을 달성하기 위해'라고 부기한 '아시다芦田 수정'이 그것이다. 그래서 현행조문으로 자위력 유지가 가능한 듯 보인 것이다.129)

자위 군사력이면 위헌이 아니라고 말할 여지를 남겨 그런 군사력 보유의 길을 열기 위해 일부러 수정한 것이기 때문이다.130) 아시다 본인도 '전항의 목적을 달성하기 위해'라는 문구를 넣어 무조건 전력 불보유인 원안과 달리 일정 조건에서 무력을 가지지 않는다는 의미로 만든 것이라 했다.131) 그렇게 해석되기에 극동위도 우려해서 반작용으로 내각총리대신 기타 국무대신을 문민으로 한다는 조항을 부가했다는 것이기에 그 수정은 장래의 재군비 예정이었다. 그래서 '자위대는 제9조 위반이 아니다'라는 해석이 가능할 수 있

128) 樋口陽一, 『いま, 「憲法改正」をどう考えるか』, 84-85.

129) 日高義樹, 『アメリカが日本に「昭和憲法」を与えた真相』, 150-152.

130) 阪田雅裕 編, 『政府の憲法解釈』, 76.

131) 芦田 均, 『制定の立場で省みる日本国憲法入門 第一集』, 51.

다. 제헌 논의를 돌아보면 헌법적으로 예견되었거나 받아들일 태세에 있던 군사력이기에 합헌일 수 있다는 것이다.

그러나 자위대의 법적·제도적 지위를 확인시키는 성립배경을 본다면 그런 해석은 의문이다. 자위대의 전신 경찰예비대는 한국전쟁을 계기로 긴급출동한 주일미군의 공백을 메우기 위해 탄생한 치안부대라서 헌법에 저촉하지 않는다고 했다. 그러나 예비대가 재무장의 한 방편이고 재무장이 한국전쟁 이전부터 준비되었다면 평가는 달라질 수 있다. 돌이켜보건대 1948년 미국의 일본에 대한 점령정책 전환과정에서 심각한 의견대립이 있었다. 미 국무부 등은 재군비안을 마련했는데, 맥아더는 재무장하면 극동국가들이 일본을 두려워하게 되고, 재무장은 점령군의 기본방침에도 반하고, 경제부흥에도 부정적 영향을 미친다고 반대했다. 그래서 미국은 '비군사화, 민주화' 노선을 '경제적 자립화' 노선으로 전환하면서 맥아더에게도 양보해 '경찰력 강화론'에 근거한 '한정적' 재군비 방침을 정했다. 맥아더는 거기에도 반발했다. 일본은 재군비를 바라지도 않고 점령정책에 혼선이 빚어지고, 결국 개헌을 강요하는 것이나 마찬가지고, 경찰력과 군사력은 근본적으로 다른 것이라 했다.

미국 정부와 맥아더 간의 이 견해차는 자위대가 전력인지를 판단하는데 중요한 기준이 된다. 견해차 자체가 의미하듯 재군비문제가 완결적이 아니었음이 확인되기 때문이다. 그 비완결성으로 인해 이후 맥아더가 정부에 지령한 재군비의 일환으로서의 경찰예비대도 '경찰 이상, 그러나 군대 이하'라는 비논리적이고 불철저한 내용이 될 수밖에 없었다. 따라서 후신인 보안대나 자위대도 '애매한 군대'일 수밖에 없다.[132] 그래서 자위대는 사실상 군대이면서도 형식적으로는 군대가 아닌 듯 가장된다. 이후 자위대의 헌법 적합성에 관한 가장 유력한 논거가 되는 '자위를 위한 필요최소한도의 실력'이라는 수사의 뒷받침을 받아서만 헌법적 정당성이 겨우 인정된다. '보유할 수 있는 실력은 자위를 위한 필요최소한도에 한정되고, 교전권을 인정받지 못한다는 엄격한 제약을 받는다는 의미에서 통상의 군대와는 전혀 성격을 달리하는 것'으로서만 정당성의 여지가 있게 된다.[133] 따라서 자위대는 어떤 조건적 제한도 없이 그 자체로 제9조와 모순 없이 존재할 수 있는 군사력은 아니다.

즉 자위대는 정부해석에 의한 조건적 제한에 의해서만 위헌성을 피해갈 수 있는 군사력이다. 그 자위대 합헌성에 관한 정부해석은 비판을 받고 논리가 변경되면서 확립된 것이다. 골자는 자위대는 자위를 위한 필요최소한도의 실력조직이므로 제9조 제2항이 보유를 금한 '전력'이 아니며, 그렇기에 자위대는 무력공격 시 이를 배제하기 위한 필요최소한도의 개별적 자위권 행사로서의 무력만 허용된다는 것이다. 요시다 내각은 애초에는 제9조가 보유를 금한 '전력'이란 '근대전쟁 수행능력 혹은 근대전쟁을 수행하기에 족한 장비편제를 갖추는 것'이라 했는데, 그것이 구체적 실력의 정도를 표현하는 데는 추상적이라고 비판받자 1954년 이후 '자위를 위한 필요최소한도를 넘는 것'이라 해석한 것이다. 이에 따라 정부는 1954년 이후 자위권 발동요건을 신중히 인정해 일본에 대한 무력공격의 발생, 배제하기 위한 적당한 수단의 부재, 필요최소한도의 실력행사라는 3가지를 들었다.

---

132) 増田 弘, 『自衛隊の誕生』, 5-9.

133) 浦田一郎, 『政府の憲法九条解釈』, 19-21.

즉 합헌성의 근거를 자위를 위한 '전력'이라는 논법이 아니라 '국가 고유'의 '자위권'을 전제로 한 '자위력', '방위력'이라서 자위를 위한 필요최소한도를 넘는 게 아니라고 본 것이다. 그래도 '자위를 위한 필요최소한도의 실력'이 구체적으로 어떤 범위이며 한계가 무엇인지에 의문이 생기자 정부는 그 '한도'란 최종적으로는 예산심의 등을 통해 국민대표인 국회가 판단할 사항이라 했다. 필요최소한도론은 일관되게 고수되는데 핵 보유의 위헌성 해석에서도 적용된다. 자위를 위한 필요최소한도이면 핵무기 보유도 합헌이라는 것이다. 정부는 이후 합헌성의 근거를 약간 보강한다. 2000년대 이후에는 헌법전문의 국민의 평화적 생존권이나 제13조의 생명, 자유 및 행복추구에 대한 국민의 권리를 국가가 존중해야 하므로 제9조가 외부로부터의 무력공격을 배제하기 위한 필요최소한도의 실력 행사를 금한다고 볼 수 없다는 논리를 보탠다.[134] 그 배경에는 자위대의 존재가 거부되지 않고 있다는 확신이 있다. 자위대 위헌 여부는 더 이상 사회·정치적 핵심 쟁점이 아닐뿐더러 국민적 이해도 얻었다는 확신이다.

정부의 합헌해석은 내각의 입장을 따르는 사법에 영향을 주었다. 이는 사법의 판단이 정부해석과 거의 유사하거니와 저항한 흔적도 보이지 않는 점에서 확인된다. 최고재는 특히 1959년의 <스나가와 砂川 사건> 판결에서 정부견해를 답습한다. 제9조에서 "전쟁을 포기하고 이른바 전력보유를 금하지만, 그러나 그에 의해 일본이 주권국으로서 가지는 고유의 자위권은 하등 부정되는 게 아니고 헌법의 평화주의는 결코 무방비·무저항을 규정한 건 아니다"라면서 자

---

134) 阪田雅裕 編, 『政府の憲法解釈』, 11-13, 26-31; 浦田一郎, 『政府の憲法九条解釈』, 5, 25-29.

위권의 존재를 강하게 인정한다.[135] 그런데도 자위대 자체의 합헌성 판단은 유보한다. 회피가 정부해석 지지와 같은 의미임을 모를 리 없는 사법은 정치행위에 대한 사법판단의 권력 분립적 한계라든가 통치 행위론을 원용하는데, 이는 사법이 쟁점을 회피할 때 쓰는 흔한 처신이다. <나가누마長沼 사건>에서도 제1심만이 자위대를 위헌판단하고 최고재는 판단을 피한다.[136] 따라서 엄밀히 말하면 정부해석과 같은 입장인지도 실은 알 수 없지만, 최고재가 자위대의 합헌성을 부정하지 않는 건 분명하다. 합헌성을 긍정한 것이기에 회피한다고 보는 게 일반적 평가이기 때문이다.

반면 학계의 대다수는 자위대의 존재가 헌법에 적합하지 않다고 보았다.[137] 학계는 사법의 태도와 달리 자위대의 존재가 비무장조항과 병존될 수 있는지를 정면으로 다룬다. 가장 정통적인 입장은 정부의 제9조 해석론이 헌법 문언에 어긋나는 이유를 헌법변천론과의 관계에서 보았다. 헌법의 개정과 변천에 관한 옐리네크의 학설을 근거로 헌법 텍스트는 형식적으로 변하지 않으면서 사실상 헌법을 변천시킨다는 점에서 출발해 헌법해석의 틀 내에서 행해지는 정상적 해석이 아니라 틀을 넘어선 '사이비 해석'에서는 헌법 규범과 헌법현실이 불일치함을 지적했다.

그 결과 자위대와 관련해 해석에 의한 헌법변천은 없다고 판단되므로 즉 헌법은 군사조직을 상정하지 않는다고 해석되므로 자위대는 사이비 해석에 의한 위헌적 존재라고 했다. 그 근거로 상당수

---

135) 最(大)判昭和34年12月16日刑集13卷13号3225頁.

136) 最(大)判昭和35年6月8日民集14卷7号1206頁; 札幌地判昭和48年9月7日判時712号24頁; 最判昭和57年9月9日民集36卷9号1679頁; 阪田雅裕 編, 『政府の憲法解釈』, 10-11.

137) 長尾一紘, 『日本国憲法』, 62.

국민의 재군비반대 여론이 확인되고, 국회에는 정부 여당과 다른 견해를 가진 3분의 1 이상의 의석을 지닌 야당이 있어 재군비 개헌에 필요한 헌법상 요건도 충족하지 못하고, 야당이 집권하면 자위대를 없애리라는 전망도 없지 않고, 다수의 헌법학자가 자위대를 위헌이라 보고, 최고재판소도 제9조와 자위대의 관계에 관해 판단을 내리지 않았음을 들었다. 그런데도 법 현실을 사이비 해석하는 건 실질상 해석개헌에 불과하다고 비판했다.

실질적 개헌이나 마찬가지인 사이비 해석에 의한 헌법변천은 인정되지 않는다는 '자위대 위헌론' 및 '헌법변천 부정론'은 학계의 정통적 입장이 되어 전후 헌법학에서 제9조 해석과 자위대에 관한 논의 방향을 결정지을 정도로 영향력을 발휘한다. 그래서 역대 보수 정권이 추진한 '해석개헌' 정책을 비판해 왔다. 그런데 정통적 해석론은 아베 정권의 공격적인 개헌 기초작업 특히 내각법제국의 '변절'에 의해 무력화됨으로써 정부의 해석개헌 저지역할을 더 이상 할 수 없게 된다. '헌법의 파수꾼'으로 불리던 내각법제국이 정권의 개헌정책에 동조해 제9조에 대한 해석만으로 자위대에 법적 기초를 제공하는 해석조작을 해 주었기 때문이다. 그래서 내각법제국은 '사이비 해석을 고무시키는 자'로 지탄받게 되는데, 그 지탄이야말로 정통적 해석론에 대한 오랜 지지가 있었음을 확인해 주는 반증이다.[138]

---

138) 清宮四郎, 『国家作用の理論』, 187; 浦田一郎, 『現代の平和主義と立憲主義』, 119; 山元 一, 「九条論を開く」, 90-92.

(2) 집단적 자위권 논란

동북아 방위분담 논리로 탄생한 자위대가 위헌인지 아닌지의 논란은 현실정치에서는 55년 체제 전체구도와 결부되어 나타난다. 자위대 위헌성 같은 안보문제가 대두될 무렵부터 개헌·보수·안보유지를 내건 자민당과 호헌·혁신·반안보를 기치로 한 사회당을 축으로 20세기 말까지 계속된 55년 체제가 자위대 위헌성론을 좌우한 배경이다. 그 대립 구도에서 사회당은 일관되게 자위대가 위헌이라는 입장이었고, 자민당은 위헌성 판단을 피하면서 자위대의 실질적 유지에 집착해 55년 체제 유지의 유력한 지지기반으로 만들어 왔기에 55년 체제와 자위대 합헌론은 맥을 같이 해왔다. 그 55년 체제 정부의 자위대 해석은 요시다와 그 노선을 계승한 파벌을 통해 명맥을 이은 요시다 독트린에 의한 것이다. '요시다 답변'에 담겨 정부가 오랫동안 답습한 입장은 자위를 위해서라도 전력보유는 할 수 없지만 자위대는 자위력이므로 전력이 아니라는 해석이다.[139]

그런데도 요시다 정권은 오랫동안 자위대의 역할은 최소화하는 정책을 견지했다. 그래서 1954년 자위대 발족 즈음해서부터 해외출동 금지가 결의되고 이는 오랫동안 받아들여진다. 1973년에도 법제국 장관이 "자위대의 해외파견은 자위권의 한계를 넘은 것이어서 헌법상 할 수 없다. 타국에 있는 일본인의 생명과 재산을 보호하기 위해 무력행사 목적으로 자위대를 파견하는 건 헌법상 금지되어 있다"라고 했다.[140] 자위대의 역할을 최소화한 그 안보정치 노선은 개헌에 대한 소극적 태도, 경제 중시 그리고 안보의 대미의존 및

---

139) 井上ひさし・樋口陽一, 『'日本国憲法'を読み直す』, 80.

140) 大矢吉之, 「九条と国の安全保障」, 124.

최소한의 재군비 정책과 결부된다. 이는 우파 내에서는 독립적 국
방체제와 자주헌법제정을 요구하는 매파와 대립하고, 비무장중립을
주장하던 사회주의적 사회당 등 진보세력과도 대립하면서 유지된
다.141)

그런데 자위대의 역할증대를 요구하는 강경파가 집권해 요시다
독트린이 무너지면서 자위대의 위헌성 판단은 더 어려운 문제가 된
다. 자위대가 정치부문의 요청에 따라 적극적으로 활동하게 되면서
위헌성이 더욱 제기되는 데도 적극적 활동 요청의 근거는 여전히
제9조일 수밖에 없기 때문이다. 즉 해외파병 요청에서조차도 자위
대의 활동 근거는 여전히 제9조다. 해외에서의 자위대의 평화유지
활동 등 군사적 행동의 위헌성 자체도 여전히 문제가 되지만, 더
중요한 점은 그런 파병을 용납하더라도 파병의 정당성의 근거도 아
이러니하게 자위대를 위헌이라 보는 근거인 제9조일 수밖에 없다
는 점에서 문제판단은 더 모순적이고 혼란스러운 것이 된다.142) 게
다가 일본의 태도와 주변국의 항의로 자위대 위헌성 논란은 더 복
잡한 양상이 된다.

즉 일본은 과거 전쟁을 '침략전쟁'이라고 인정해 오지 않았다.
요시다 독트린도 과거 반성 혹은 주변국의 요청을 의식한 결론이기
보다는 그저 자국 중심적 정책일 뿐이었다. 역대 자민당 정부는 전
쟁이 잘못된 것이고 아시아제국의 국민에게 큰 손해와 고통을 안긴
건 인정하면서도 침략전쟁이었는지에 대해서는 '후세 역사가들이
평가할 문제(다나카·다케시타 총리)'라든가, '침략적 사실은 있었

---

141) 村松岐夫, 「日本政治のアウトライン」, 90.

142) 柳澤協二·伊勢崎賢治·加藤 朗, 『新·日米安保論』, 216.

다(나카소네·가이후·미야자와 총리)'라는 식으로 확답을 피했다. 그 결과 피해자 보상도 충분치 않았다. 일본은 전후에 한국과 인도네시아 그리고 필리핀 등에 일정한 배상은 했고, 이를 통해 그 나라와 국민이 가진 대일청구권이 소멸한다는 합의도 했다. 그러나 배상액은 대부분 서방 진영과의 국교 정상화를 위한 정치적 관점에서 결정된 것으로 침략실태 조사에 따라 산정된 건 아니었다. 그렇기에 오늘날에도 종군위안부 등 전쟁피해 배상요구는 여전하다.[143]

그 점에서 자위대 해외파견에 대한 한국이나 중국의 우려는 기우만은 아니다. 그나마 자위대에 관한 과거의 소극적 입장 즉 요시다 독트린은 그런 항의를 일정 부분 무마시키는 평화주의적 자세처럼 보였다. 그 평화주의가 국익을 고려한 현실주의의 산물에 불과하더라도 주변국에 긍정적 효과는 있었다. 그런데 아베 신조安倍晋三 총리는 그런 정도의 평화주의와도 선을 그었다. 아베는 과거 정권과 달리 적극적으로 침략성을 부정했다. 미국과 요시다의 합작품으로서의 전후체제 즉 '전후 레짐regime'에 대한 탈각을 말하면서 보수 본류의 회피나 소극성과도 선을 그었다. 아베는 식민지 지배와 침략에 대한 통절한 반성과 마음으로부터의 사죄를 표한 1995년의 「무라야마村山 담화」에 관해, 2013년 4월 참의원에서 "침략의 정의定義는 학술적으로도 국제적으로도 일정하지 않다. 국가와 국가 간의 관계에서 어디에서 보느냐에 따라 다르다"라며 침략성을 부정한다.[144]

아베는 자위대를 헌법 외적으로 정당화하는 비헌법적 비평화주의적 해석으로 나아갔다. 그 비평화주의적 해석은 '집단적 자위권

---

143) 渡辺洋三·甲斐道太郎 外, 『日本社会と法』, 77-78.

144) 井上寿一, 『吉田茂と昭和史』, 5; 半田 滋, 『日本は戦争をするのか』, 14.

collective self-defence' 요구였다. 집단적 자위권은 자국이 직접 공격당하지 않더라도 자국과 밀접한 외국에 대한 무력공격을 실력 저지하는 권리다. 유엔헌장 제51조가 규정한 이 국제법상 권리는 안보리 상임이사국의 거부권 행사 등으로 집단안보가 실행되지 못할 경우 등의 대비책이다. 헌장에 등장할 때까지는 국제관습법상 권리로 논해지지도 않았다. 그런데 헌장 제53조가 지역에서 강제행동을 취하려면 안보리의 허가를 요한다고 규정한 것에 대한 중남미제국의 반발을 계기로 국가 고유의 권리로 인정된다.[145]

즉 1945년 2월 얄타회담에서 상임이사국 거부권이 인정되어 분쟁 시에도 안보리가 기능하지 않는 사태가 예상되는데, 마침 북·중남미 국가들의 모임 '미주美洲회의'에서 미주 어떤 국가의 타국에 대한 공격을 모든 가맹국에 대한 침략행위로 보아 군사력 행사 등 대항 조처를 하자는 결의가 채택된다. 그런데 결국 안보리 허가 없이는 강제행동을 취할 수 없다고 판단되자 미주국가들은 결의내용이 보장되지 않으면 헌장을 만드는 샌프란시스코회의에서 탈퇴하겠다고 했다. 그래서 미국의 주도로 안보리가 기능하지 않을 경우에 자위권발동이 가능하게 집단적 자위권 규정을 둔 것이다.[146]

일본에서 집단적 자위권 논의가 나타난 건 한국전쟁 이후였다. 재군비가 거론되면서 가맹국에 의한 무력공격 시 '개별적individual 자위권'이나 '집단적 자위권'을 모두 행사할 수 있다는 유엔헌장 제51조에 의회뿐만 아니라 민간의 일부도 관심을 보였다.[147] 당시 정부는 헌장의 집단적 자위권이 국가 고유의 권리라는 관념에서 만

---

145) 国際法学会 編, 『国際関係法辞典』, 453; 阪田雅裕 編, 『政府の憲法解釈』, 51.

146) 豊下楢彦, 『集団的自衛権とは何か』, 19-20.

147) 佐野 學, 『日本再武装論』, 284.

들어진 것이라 본다고 했다.148) 이는 부정적 입장에 가까웠다. 그렇듯 정부와 의회 그리고 제9조 호헌파 모두 집단적 자위권에 부정적이었다. 자위의 범위에 관해 무력공격을 받을 때 비로소 방위력을 행사하고 보유하는 방위력도 자위를 위한 필요 최소한에 한정한다는 '전수방위專守防衛'에 한정된 자위대이기에 자위대가 합헌이라도 집단적 자위권은 그를 벗어났다고 본 것이다.149)

즉 전수방위 개념이 널리 인정받으면서 그에 배치되는 집단적 자위권은 부정된 것이다. 1970년 이후에도 정부는 일본이 '전수방위를 하는 국가'이며, '방위상 필요가 있더라도 상대방 기지를 공격하지는 않고, 오로지 국토 및 그 주변을 방위'한다고 했다. 따라서 그런 전수방위론 하에서 집단적 자위권의 행사는 자위권 범위를 넘어 헌법상 허용되지 않는다는 보았다.150) 의회나 민간의 일부 강경론이 있기는 하지만 정부의 견해는 일관되었고, 특히 1981년의 정부 답변서는 유엔헌장 상의 권리라도 구태여 행사할 수 있다고 보면 냉전기에 미국의 전쟁에 말려들게 될지 모른다는 우려까지 고려하여 집단적 자위권은 행사할 수 없는 것이라는 입장을 확정한다.

그런 정부해석의 근거는 조금 바뀌기는 하지만 문제는 없어 보였다. 즉 1970년대 초까지는 헌법하에서 무력행사는 급박, 부당한 침해에 대처하는 경우에 한정되기에 타국에 가해진 무력공격을 저지하는 집단적 자위권 행사는 허용되지 않는다고 하다가 이후 점차 '자위를 위한 필요최소한도의 범위를 넘는 것이어서' 허용되지 않는다고 했다. 따라서 기본입장은 바뀌지 않았다. 고이즈미 준이치

---

148) 半田 滋, 『日本は戦争をするのか』, 123.
149) 柳澤協二・伊勢﨑賢治・加藤 朗, 『新・日米安保論』, 50.
150) 大矢吉之, 「九条と国の安全保障」, 125.

로小泉純一郎 총리도 2003년 3월 일본이 '제9조 하에서 허용되는 필요최소한도의 실력행사 범위를 넘어' 집단적 자위권 행사를 하는 건 허용되지 않고, 그 견해의 변경은 생각하지 않는다고 했다.[151] 그렇게 아베 정권 이전의 모든 역대 정권은 국회 답변 등에서 집단적 자위권 행사가 헌법상 금지되어 있다고 했다.[152]

(3) 입헌주의와 무장의 문제

학계의 대다수도 집단적 자위권을 부인했다. 그 근거로 평화주의 조항을 들었다. 즉 평화주의와 입헌주의의 관계에 관해 대체로는 평화주의가 입헌주의의 본질적 요소의 하나임을 인정해 무장 가능성을 부인하는 게 대세였다. 반면 비무장조항에 의한 군사력 제한의 부당성을 호소하는 개헌파는 입헌주의에서 평화주의는 본질적 요소는 아니므로 집단적 자위권이 인정되어야 한다고 했다. 그런데 평화주의 하에서도 일단 무장의 가능성은 인정하는 견해도 있다.[153] 헌법학계에서 이념적 차이를 불문하고 폭넓은 영향력을 가진 하세베 야스오長谷部恭男의 입장도 그렇다. 그러나 결론적으로 그 경우에도 집단적 자위권은 부정된다.

보건대 그는 근대입헌주의는 조정 불가능한 다양한 가치관이나 이데올로기 등을 고려해 합의 기초가 형성된 것이라 본다면, 국민적 합의를 얻어내는 게 불가능한 교전권 부인이나 전력 불보유를 내용으로 한 절대적 평화주의는 입헌주의와 양립하기 어렵다고 본

---

151) 阪田雅裕 編, 『政府の憲法解釈』, 56-61.

152) 長谷部恭男, 「憲法学から見た国家」, 205.

153) 千葉 眞, 『「未完の革命」としての平和憲法』, 106.

다. 따라서 자위를 위한 최저한도의 실력보유조차 제9조 위반이라 보는 학계의 통설은 입헌주의와 양립하지 않는다고 본다. 오히려 그런 실력보유는 허용하는 게 입헌주의에 보다 잘 정합한다는 것이다. 따라서 제9조는 전력에는 이르지 않는 자위를 위한 실력보유는 인정하는 방향으로 이해해야 한다고 본다.[154]

즉 하세베는 비교할 수 있는 객관적 척도가 없는 곳에서는 서로 다른 가치관이 우열을 다투면 피투성이 싸움이 되기 십상이어서 가치관들이 공정하게 공존할 수 있게 만든 사회생활의 틀이 입헌주의라 본다. 따라서 입헌주의국가는 양립 불가능한 다양한 세계관이나 삶의 목적을 가진 채로 공동생활의 편의를 공평하게 나누려는 자들이 모여 전 시민에 공통된 공익에 관해 이성적으로 토의해 결정하는 공간이다.[155] 거기서는 생활영역을 공과 사로 구분해 사적 영역에서는 자신의 가치관에 따라 살지만, 공적 영역에서는 사회 전체의 이익이 되는 정책이나 제도가 무엇인지에 관한 이성적 토의와 결정에 참여한다.[156] 그래서 입헌주의 헌법은 민주정치과정이 스스로 완전히 처리하지 못할 문제는 떠맡지 않도록 정치에서 결정될 것을 미리 한정해 둔다. 즉 근본 가치관의 대립을 공의 영역에 끌어들이거나 큰 위험을 동반한 방위문제에 관해 단기적 고려로 덤벼들다 실수하지 않게 인위적 경계를 설정해 둔다.

국가들 상호 간에도 서로 다른 가치관의 차이를 해결하는 보다 상위의 권위가 없기에 각자의 정치적 판단을 지닌 국가들이 대치해

---

154) 長谷部恭男, 『憲法と平和を問いなおす』, 8-9; 長谷部恭男, 『憲法の理性』, 4; 千葉 眞, 「「未完の革命」としての平和憲法」, 99-101, 105.

155) 長谷部恭男, 『憲法と平和を問いなおす』, 50-58, 158.

156) 長谷部恭男, 『憲法の理性』, 12, 54; 長谷部恭男, 「憲法学から見た国家」, 202; 長谷部恭男・杉田敦, 『헌법논쟁』, 16; 長谷部恭男, 『比較不能な価値の迷路』, 51, 57.

투쟁하면 훨씬 더 비참한 결과가 된다. 그래서 입헌주의와 절대평화주의 사이에는 잠재적 긴장 관계가 있다. 공적인 일에 관한 이성적 해결과 비교 불가능하고 다양한 가치관의 공존을 양립시키려는 입헌주의 프로젝트는 특정한 바람직한 삶의 관념을 관철하기 위해 절대평화주의를 취해야 한다는 견해와는 정합하지 않는다. 그래서 자위력 보유를 전면금지하는 입장은 제9조의 문언은 준수하더라도 입헌주의에 따르는 것은 아닌 것이 된다.157) 다만 개헌파들의 지향이 자위를 위한 실력보유를 헌법에 명문화하자는 것에 불과하다면, 이는 현행헌법에서도 허용되는 것이기에 의미가 없다.158)

또한 헌법전의 자의적 해석적용으로 개헌의 길을 열어가려는 시도도 잘못이다. 즉 헌법전이 민주적 절차가 안아야 할 과중한 부담을 피하는 것, 민주정치가 스스로의 손으로 떠안을 수 없는 것에까지 손을 대지 않도록 기준을 만들어 두는 것인 이상 헌법전의 해석적용을 전문가의 손에 맡기는 건 충분한 근거가 있고, 개정대상으로 상정된 헌법 조문이 사회생활의 근본 틀에 해당하는 원리를 정한 경우에는 더욱더 그러하기 때문이다. 또 지금까지 원리를 가리키는 것으로 취급했던 조문, 따라서 개정의 필요도 없다고 봤던 조문을 새삼스레 개정하려는 것이 주변국에 어떻게 받아들여질 것인지의 정치적 사정을 고려하면 더욱 그렇다.

따라서 하세베는 집단적 자위권을 부정한다. 자국의 안전과 타국의 안전을 연계시키는 그 논의가 국가의 자주독립 행동을 당연히 보장한다고 볼 이유는 없다. 그런데도 별 근거도 없이 자국의 안전

---

157) 長谷部恭男, 『憲法の理性』, 12-13; 長谷部恭男, 『憲法と平和を問いなおす』, 128-129, 167, 180.

158) 千葉 眞, 『「未完の革命」としての平和憲法』, 105-106.

이 위협된다고 우겨 외국의 뒤를 개처럼 따라가 뜻하지 않은 사태에 휘말리는 일이 없도록 집단적 자위권을 헌법에서 부정한 건 합리적 자기구속이다. 유엔헌장이 인정한 집단적 자위권을 일본헌법이 부정하는 건 이치에 어긋난다고 말하기도 하지만, 아이스크림을 먹을 권리가 누구에게나 있어도 건강을 생각해 먹지 않는 사람이 있는 것처럼, 일본이 집단적 자위권을 행사하지 않는 것도 있을 수 있다.159) 그렇기에 집단적 자위권을 허용하는 헌법해석 변경은 제9조의 본래 의미는 물론이고 정치권력을 구속하는 입헌주의 원칙 자체도 손상하는 것이다.160)

그는 제9조 자체에 집단적 자위권 부정근거가 있는 건 아니지만 헌법 문언에 특별한 근거가 없더라도 일단 설정된 기준은 지켜야만 한다고 본다. 양보가 시작되면 본래 헌법 문언에 특별한 근거가 없는 이상 어디까지 버텨야 한다는 그런 적절한 지점은 어디에도 없기 때문이다. 때로는 제9조가 이끄는 여러 제약이 '부자연'스럽고 '신학적'이라든가, '상식'으로는 이해하기 어렵다고 말하지만 이는 핵심이 아니다. 합리적 자기구속에서는 어딘가로 선이 이끌어진다는 것이 중요하다. 왜 거기로 선이 이끌어지는가에 관한 별다른 합리적 이유가 없더라도 일단 이끌어진 선을 지키는 것은 합리적 이유가 있기 때문이다. 결국 주권자인 국민의 행동을 미리 구속하는 것에 제9조의 의의가 있는 이상 국민의 의사를 근거로 제9조의 의미의 '변천'을 말하는 논의는 잘못된 것이다.161) 그렇게 입헌주의를 근거로 자위권을 인정하는 입장에서조차 집단적 자위권은 부정된

---

159) 長谷部恭男, 『憲法と平和を問いなおす』, 162, 174; 長谷部恭男, 『憲法の理性』, 21.

160) 長谷部恭男, 「憲法学から見た国家」, 213.

161) 長谷部恭男, 『憲法の理性』, 21-22.

다. 그러나 현실에서는 결국 용인되고 파병도 현실화된다.

6. 평화주의의 후퇴

(1) 문민통제의 수정

일본은 헌법의 평화주의적 해석을 거부한다. 대표적인 예는 평화주의를 뒷받침하는 장치인 '문민통제civilian control of the military'에 관한 내용적 수정이다. 돌이켜 보건대 패전 후 신헌법 심의단계에서 극동위의 요구로 문민통제 조항이 들어갔다. 최고 지휘관인 총리나 방위성 대신은 현역군인이어서는 안 된다는 것이다. 정부는 이를 국방에 관한 국무수행에서 정치적 고려를 군사적 고려에 우선시키는 원칙으로, 국방 국무를 포함해 국정 집행을 담당하는 총리와 국무대신은 모두 문민이어야 하고, 국방상 중요사항은 안전보장 회의를 거쳐야 하고 자위대도 법률, 예산 등을 통해 국회의 민주적 통제를 받아야 하는 것이라 설명했다.162)

입헌적 요청인 문민통제의 일본형은 그런 '문관통제'다. 총리의 명을 받아 자위대를 운용하는 방위 대신을 방위 관료인 문관 즉 이른바 '양복조背広組'가 보좌하는 문관 방위 관료에 의한 자위대통제다. 이는 경찰예비대 창설 당시부터 있었고 자위대 창설 이후에도 이어지지만 군사력 행사 가능성이 높아지면서 수정된다. 무엇보다 2007년 '방위청庁'에서 내각 통할 하의 행정기관인 '방위성省'으로의 승격은 그런 군사력 행사 가능성을 염두에 둔 조치다. 즉 방위

---

162) 浦田一郎, 『政府の憲法九条解釈』, 241-245.

성 승격은 집단적 자위권 행사 허용 결정을 통해 군사력 행사 기회를 늘리는 방향의 문관통제 수정 움직임이다. 수정의 또 다른 상징적 사건은 2009년 '방위참사관' 제도의 폐지다. 그것은 자위대의 군사력 행사 가능성을 높이려는 개헌파와 자위대 간부들의 공작의 결과였다.

법제상 방위차관, 관방장, 국장들이 소관 사항을 넘어 방위 대신을 직접 보좌하는 참사관을 겸하는 방위참사관 제도는 문민통제의 큰 축이었다. 그것은 전전에 통수권독립이 군부주도의 정치체제를 만든 점에 대한 반성적 제도였다. 신헌법 하에서도 문민통제를 제도적으로 뒷받침할 체제가 오랫동안 정비되지 않다가 마침내 방위참사관 제도가 이루어진 것이다. '제복조制服組'는 그런 양복조 방위관료들을 군사문제와 군사기술에 관해 교육과 훈련을 받지 않은 사무 관료일 뿐이라고 불신했다. 그래서 참사관제도를 비판하며 문민통제의 문민을 정치가에게만 한정하고 양복조에 의한 통제는 배제하려 했다.[163]

문관에 대한 이런 태도는 어제오늘의 일이 아니다. 메이지 초기 이래 군부대신 현역무관제가 인정될 정도로 법제적 특수영역성을 인정받던 군부와 정당 간의 오랜 다툼에서 현역무관제는 폐지되어도 곧 부활하곤 했다. 그 싸움은 군부와 정당 간의 싸움이자 군부와 관료 간의 혹은 문관과 무관 간의 싸움이었다.[164] 문관과 무관의 그런 긴장 관계의 해소방식은 무관의 처지에서 본다면 당연히 문관통제의 폐지였다. 그래서 무관들은 정치권을 통해 이를 끊임없

---

163) 纐纈 厚, 『暴走する自衛隊』, 60, 156-157.

164) 山崎丹照, 『內閣制度の研究』, 253.

이 시도했다. 먼저 미·일 안보 재정의에 의해 자위대 활용에 나선 1990년대 후반의 하시모토 류타로橋本龍太郎 내각은 제복조가 국회나 다른 성청과 연락 교섭하는 걸 금지한 훈령을 폐지한다. 그 훈령은 1952년 요시다 총리가 문민우위 원칙에서 발한 것으로 보안청 장관에 대한 문서제출 시 양복조의 우선적 심의 권한을 규정한 것이다. 45년간 양복조 우위의 근거의 하나였던 훈령이 폐지된 것이다.

이후에도 문관통제 폐지 움직임은 곳곳에서 드러나는데 2004년 판 「방위백서防衛白書」에서도 확연하게 표출된다. 1970년부터 매년 발행되는 방위백서는 자위대가 문관인 방위청 장관, 부장관, 장관 정무관 2명, 사무차관, 방위참사관 등이 장관을 보좌하는 체제라고 했다. 그런데 2004년 판에는 참사관이 사라진다. 문관인 방위참사관을 자위대 통제역에서 배제한 것은 제복조의 주축 간부들이 양복조가 통제하는 문민통제를 재검토하고 방위참사관 제도를 폐지해야 한다고 주장한 결과였다. 그것이 최종적으로 2009년 방위성 설치법 등의 개정에 의한 방위참사관 제도의 폐지에까지 이른 것이다.165)

문민우위의 후퇴는 법제나 규정상의 수정에만 그친 게 아니다. 제복조는 직접 정치와의 제휴에 나섬으로써 문민우위에 역행하는 행동을 감행한다. 2009년의 방위참사관제도 폐지가 제복조의 요청을 수용한 장관의 결단이듯 정치가와 제복조의 제휴는 충분히 가능했다. 자위대가 평화유지 활동에 참가하고, 인도양 및 이라크 등에서 실적을 쌓고, 미·일 동맹도 강화되자 발언력이 세진 제복조는 그들의 생각을 정치가에게 제시했다. 그러면 정치가들이 움직였다.

---

165) 纐纈 厚,『暴走する自衛隊』, 53-54, 126-127, 149-150, 200.

겉보기에는 마치 문민 정치가 결단한 것처럼 보이지만 실은 제복조의 의사에 따른 것이기에 '역逆문민통제'였다.166) 개헌파의 재무장 개헌을 위한 움직임이 하나하나 기초를 다지는 정책을 펼칠 때마다 문관 우위를 떠받치던 제도들은 무너져갔다.

집단적 자위권 행사 허용 결정으로 군사력 행사의 가능성을 늘리던 아베 정권에서 문관 우위 수정의 선언적 결정이 내려진다. 2015년 방위성 설치법을 개정해 문관인 방위 대신을 보좌하는 문관과 무관의 역할에서 문관 우위를 명확히 했던 제12조를 수정한 것이다. 자위대와 방위 대신 사이에 문관의 정치판단이 개입해 제복조의 움직임을 억제하던 장치가 사라져 안보대응에서 제복조가 직접 방위 대신에게 의견을 보고하는 게 가능해진 것이다. 문관통제 폐지를 법제화하고자 한 제복조의 의도는 최종적 결실을 보게 된 것이다.167) 이로써 '문민우위'의 입헌시스템은 크게 후퇴한다.

(2) 미국에 편승한 파병의 상례화

평화주의의 후퇴는 미국에 편승하는 일본의 대외적 모습에서도 확인된다. 미국 편승은 친미정권들이 보인 전형적 모습이다. 안보조약이나 재무장과 같은 미국의 군사적 요구는 보수적 지배층이 원하는 바다. 재계도 미국의 의도에 맞춘 방위계획을 수립하거나 군수산업 부활 등을 도모한다.168) 미국과의 적극적 공조가 정책적으로 이어지면서 그들에게는 친미정권만이 정치적 생존책이라 판단된

---

166) 半田 滋, 『日本は戦争をするのか』, 87-188.

167) 纐纈 厚, 『暴走する自衛隊』, 41-49, 60.

168) 鈴木安蔵, 『憲法と条約と駐留軍』, 23.

다. 그래서 냉전 종식 무렵부터 친미정권이 유독 강화된다. 친미정권과 그 지원세력은 유사시 일본을 지원할 미국의 요구를 일본이 받아들이도록 협력하면서 자신들의 권익도 확장했다.[169]

미국도 일본의 정치가, 저널리스트, 관료 등 각 분야에서 친미인사들을 지원했다. 반대로 미국의 생각과 다른 움직임에는 대항했다. 따라서 미국의 지지가 없이는 총리가 되지 못하고 정권이 계속되기도 어렵다고 했다. 특히 최근의 총리들은 거의 일관되게 친미적 태도를 보였기에 1990년대 이후 미국의 요구는 거의 그대로 수용되었다고 해도 과언이 아니다. 고이즈미 준이치로小泉純一郎 정권 이후는 더욱 그러했다. 이라크에 대한 무력행사를 확고히 지지한 고이즈미에 대한 미국의 신뢰는 확고했다.[170] 그래서 고이즈미가 정권을 장기간 끌고 간 것도 그런 미국의 지원과 신뢰와 무관치 않다고도 평가된다.

그런데 최근의 친미정권들의 사고방식은 전후의 전통적 태도와는 자못 다르다. 친미적 태도는 전후에 비교적 일관된 것으로서 고도성장이 미국의 덕택이라 보는 인식이 지배한 것은 부인할 수 없는 사실이다.[171] 그래도 전후에 오랫동안 지배했던 국익 우선의 요시다 독트린은 미국의 전략에 말려들거나 자위대가 미국의 전략 하에서 해외로 가는 상황이 만들어지는 것에는 반대해 왔다. 말하자면 미국의 요구를 가능한 한 받아들이는 오늘날과 같은 친미의 형태는 아니었다. 그것은 오히려 미국과 일본의 국가적 이해관계가 다름을 전제로 대응한 것이었다.

---

169) 宮台真司・福山哲郎, 『民主主義が一度もなかった国・日本』, 22.

170) 安倍晋三・岡崎久彦, 『この国を守る決意』, 20-21.

171) 吉見俊哉, 『親米と反米』, 9-13.

반면 고이즈미 정권 이후의 태도는 미국의 요구를 가능한 한 실현해 주는 게 국익이라고 보는 것이다. 특히 냉전 후 '지구촌화' 혹은 '신자유주의' 조류에 따른 친미 보수 정권의 구조개혁 노선은 경제의 급격한 글로벌화에 부응하는 기업의 해외 진출이 군사 대국화와 맞물려 있다고 보고 있다. 즉 경제적 해외 진출을 위해서는 군사 대국화 요청을 받아들이는 것이 필요하다는 사고가 기반에 있다. 그런 태도를 잘 읽고 있기에 2001년의 9.11테러 이후 미국의 요청은 더 강해졌다. 미국은 미·일 안보협력의 핵심을 자위대가 세계 속에서 위험한 부담을 맡는 방향으로 잡았다.[172]

그렇게 미국의 의도에 일본이 부응하고 그에 따라 미국이 더 강한 요구를 이어가면서 일본은 미국의 세계전략의 지향목표의 구체적 이미지를 보여주는 성공사례로서 위성국처럼 이해되어 갔다.[173] 안보동맹이 국익에 부합한다는 대전제가 된 이상 안보나 국방에서 미국의 요구를 수용하는 게 기본자세가 되었다. 그런 수동적 자세는 「가이드라인」 즉 안보문제에서 조약이나 법 개정 형식으로 하면 국회 통과 등이 필요하므로 대신 군사협력을 실무선에서 손쉽게 처리하기 위해 마련된 행동지침인 「미·일방위협력을 위한 지침」의 설정과 변천 그리고 그에 따른 입법화에서 명백히 확인되어 왔다.

가이드라인은 1955년부터 20여 년에 걸쳐 자위대와 주일미군 간에 매년 만들어진 「공동통합작전계획」을 공식화시킨 것으로, 1978년 미·일 안보협의위에서 유사시에 대비한 자위대와 미군의 공동 대처 행동지침으로 합의된 것이다. 명칭은 지침의 성격인 가이드라

---

172) 孫崎 享, 『日米同盟の正体』, 117-119, 257.

173) 酒井直樹, 『希望と憲法』, 60.

인에 불과하지만 실질은 양국의 군사적 공동훈련, 공동대처, 역할 분담을 담아 안보법제를 좌우하는 것이다. 즉 가이드라인이 수정되면 그 법제화가 뒤따라야 할 정도로 안보의 기본방향이다. 그 1978년의 가이드라인은 재검토되었다. 「신가이드라인」은 1996년 「미·일 안보 공동선언: 21세기를 향한 동맹」에서의 미·일 안보 재정의로부터 출발했다.

목적은 소련이라는 특정위협에 대처하는 위협 대처 동맹에서 불특정위협을 관리하는 위기관리 동맹으로의 전환을 위해 극동에 한정되던 미·일 안보를 수정하는 것이었다. 안보조약의 목적이 '극동'에서 '아시아·태평양지역'의 평화와 안전으로 확대된다. '주변사태'라는 불특정위협에 대한 대응을 위해 1997년 개정된 신가이드라인은 자위대의 협력항목에 정보제공·수송·보급 등을 포함하고 활동구역도 공해상까지 확대한다. 위헌논란 차단을 위해 '후방지역지원' 개념도 사용한다. 전투지역과 구분되고 활동도 수송·보급 등으로 전투행위와 일체화된 게 아니므로 무력행사가 아니라는 식이었다.174)

신가이드라인이 주변사태에서의 부담역할로 열거한 보급·수송·경비 등의 실현을 위해 「주변사태조치법周辺事態措置法」이 1999년 성립한다. '일본에 대한 직접적 무력공격에 이를 우려가 있는 사태 등 주변 지역에 있어 일본의 평화 및 안전에 중요한 영향을 미치는 사태'라는 주변사태의 '주변'은 지리적으로 한정된 게 아니고 '사태'도 미·일의 인식, 조치 등에 의해 정해지는 애매한 것이다. 그런데 그 입법이 가이드라인의 과제해결을 위해 성립한 것

---

174) 柳澤協二, 『亡国の安保政策』, 39-40.

이다. 그렇게 미·일 안보 공동선언, 신가이드라인, 주변사태법은 하나의 목적을 위한 일련의 산물이다. 새 미·일 안보체제를 만드는 안보 공동선언이 이루어지면서 동맹원칙으로 아·태 지역 혹은 전 세계에서 미·일이 공동으로 '전쟁하는 방법'을 정한 신가이드라인이 작성되고, 그 실행을 위한 법제화로 이루어진 게 주변사태조치법인 것이다.

이는 주변사태에 일본이 참전하는 체제가 용인된 것이기에 상당히 반입헌주의적이다. 주변사태는 미국국익을 위협한다고 미국이 판단하는 모든 분쟁일 수 있고 일본은 이를 전면적으로 인정할 수밖에 없게 되기 때문이다. 무엇이 주변사태인지를 인정하는 절차조항도 없거니와 주변사태는 단지 미국이 인정한 하나의 기성 사실일 뿐이다. 전쟁에 대한 일본의 입헌적 통제권이 사실상 부정된 것이나 마찬가지다. 평화조항과 관련해 볼 때도 반입헌적이다. 전쟁에 휘말릴 경우 참전할 수밖에 없어 무력행사를 불허하는 제9조를 실질적으로 파괴하기 때문이다. 행사 권한도 의회가 아니라 사실상 정부에 부여한 점에서도 반입헌적이다. 정부가 주변사태를 이유로 미국과 침략전쟁을 실행하더라도 주권자인 국민이나 국회도 막을 수 없기 때문이다.[175]

그렇게 미국에 편승한 평화주의 거부의 최종적 현실태는 물론 파병이다. 미·일 안보체제 초기에 일본의 군사적 태도는 소극적이었지만 군사화는 예상되었다. 안보조약과 미·일 동맹 사이의 부조화에서도 보였고 안보조약의 '극동조항'에서도 엿보였다. 1951년 강

---

175) 金子 勝, 『憲法の論理と安保の論理』, 165-166, 181, 191, 211; 高橋和之, 『立憲主義と日本国憲法』, 60.

화조약 후 한국전쟁의 기지로 일본을 자유롭게 사용하고자 한 미국이 7월 말 '극동에서의 국제평화와 안전의 유지'를 위해 주둔 미군이 일본 내 기지를 사용할 수 있다는 뜻을 안보조약 제1조에 넣은 극동조항은 점령기의 특권이 유지된 듯한 조항이었다. 그래서 미국의 군사행동에 일본이 휘말려 들지 않을까 우려되어 총리가 된 기시가 1959년 추진한 안보조약 개정에서 삭제를 요구하지만 미국은 거부하고 대신 안보조약에 미군의 기지 사용 목적을 '일본의 안전에 기여하고, 또한 극동에서의 국제평화 및 안전유지에 기여하기 위해'라고 한정했다.[176]

일본의 활동무대가 그나마 극동에 한정되는지도 의문이었다. 냉전 이후 미국과 미·일 관계를 재평가해 합의한 「미·일 동맹」은 '역할·임무·능력'에서 '지역 및 세계에 있어서의 공통 전략목표를 달성하기 위해'라고 했기 때문이다. 이제까지의 협력 활동 범위와 다르게 무대는 세계가 되어 있다. 돌이켜 보면 1960년대 초반까지만 해도 안보체제 하에서 자위대의 임무는 주일미군기지를 지키는 정도였기에 행동반경이 국내라는데 의문이 없었다. 그러나 60년대 말에서 70년대에 서방세계 2위의 경제대국이 된 일본에 상대적으로 경제우위를 뺏긴 미국은 베트남전 패전까지 겪자 극동과 동남아의 안보분담을 요구했다. 1972년 오키나와까지 반환받은 일본은 아시아에서 미군 기능의 일부를 대신하면서 1980년대 이후 점차 미국의 요청에 대한 응답으로 해외파견을 거론한다.[177]

미국은 냉전이 종식되는 1989년 무렵부터 미국의 전략에 일본을

---

176) 豊下楢彦, 『集団的自衛権とは何か』, 63-69, 76-77.

177) 渡辺洋三·甲斐道太郎 外, 『日本社会と法』, 72-73.

보다 적극적 형식으로 편입시키기 위해 지구촌적 규모의 공헌을 기대한다는 '글로벌 파트너십' 구상을 제의하기 시작한다. 평화유지활동, 인도지원, 재해원조 등을 공동으로 한다는 것이지만 그것은 실은 낮은 수준의 작전행동을 같이 하면서 미·일 동맹의 성질을 군사적 차원으로 전환하려는 것이었다. 인도지원 등은 비정치적 명목으로 보이지만 그 활동은 전투참가 준비운동은 되는 것이기 때문이다.178) 그 점에서 1990년 이후 현실화된 자위대의 해외파병은 일본의 역할변화를 의미하는 것이었다.

1990년 8월 걸프전 발발로 부시 미 대통령이 이라크제재 협조를 구하자 내각은 자위대의 해외파견을 담은 「유엔평화협력법안」을 국회에 낸다. 사회당 등이 제9조에 의해 해외파병이 금지된다던 역대 내각의 견해가 이제 바뀐 거냐고 추궁하자 가이후 도시키海部俊樹 총리는 「유엔평화협력대」는 평화유지 활동의 일환이고, 무력행사도 없어 파병이 아니므로 바뀐 게 아니라고 했다. 그러나 논란이 가라앉지 않자 11월 자민당 및 정부는 법안을 폐안시킨다. 그런데 그 법안이 1992년 6월 미야자와 내각에서 「국제연합평화유지활동협력법」으로 성립하게 된다.

정부는 1992년의 'PKO협력법'에 의해 인정된 자위대의 첫 해외진출을 '해외파견'이라 정당화한다. '해외파병'은 무력행사 목적의 무장부대의 파견이지만 해외파견은 그런 목적이 아니므로 헌법상 허용된다고 했다. 그러나 80년대 이후 자위대의 해외파병 가능성에 관한 정부해석을 돌아보면 그런 논리는 기이하다. 무력행사 목적으로 자위대를 타국의 영토·영해·영공에 파견하는 건 일반적으로

---

178) 孫崎 享, 『日米同盟の正体』, 33-34, 106.

자위를 위한 필요최소한도를 넘는 것이어서 헌법상 허용되지 않는다고 답해 왔기 때문이다.[179] 결국 파견이더라도 전통적 정부해석에 비춰볼 때는 자위를 위한 필요최소한도 여부는 불분명하게 판단된 것이기에 의문이 남는 것임에도 파견이라는 수사에만 집중한 것은 자위를 위한 필요최소한도 문제는 이제 개의치 않는다는 의지의 표출로 보였다.

게다가 정부 논리는 과거 해석의 허점까지 노출했다. 정부는 해외파병이 제9조에 반해 원천적으로 불가능하다는 게 아니고, 지리적 범위도 일본에만 한정하는 게 아니되 해외파병이 일반적으로 자위를 위한 필요최소한도를 넘기에 불허된다고 했다. 그렇다면 해외파견은 거의 제약 없이 가능하고 파견인지 파병인지 애매한 경우에도 자위를 위한 필요최소한도 내로 해석되면 파병조차도 가능하다고 해석된다. 그렇게 보면 무력행사 목적의 부대였더라도 파견이라면 허용될 여지가 있기에 무력행사 목적이 아닌 부대의 파견이기에 허용된다는 해석은 무의미하다. 그 점에서 이는 파병을 위해 해석을 맞추다가 발생한 모순 즉 파병을 어떻게든 관철하려는 것으로 정부의 방침이 바뀌었기 때문에 나타난 해석상의 모순인 것이다.

결국 자위대 해외파병은 적극 모색된다. 평화유지 활동이나 국제긴급원조 등 명확히 법적 근거가 없을 경우 자위대의 해외파견을 부인하던 신중한 방식은 버려진다. 나아가 파견 근거 법률까지 구상한다. 2001년 10월 고이즈미 정권은 다국적군의 군사행동 지원을 위해 해외파견을 허용하는 「테러대책특별조치법안」을 각의 결정한다. 전쟁 지원 목적의 해외파병법이 제9조에 반한다는 반발이 나

---

179) 阪田雅裕 編, 『政府の憲法解釈』, 42-43; 森 英樹, 『憲法の平和主義と「国際貢献」』, 60.

오자 정부는 자위대 활동을 '비전투지역'에 국한하며 해상자위대 보급함에 의한 해상급유나 항공자위대의 공수활동이 주 임무라고 둘러댄다. 민주당의 반대를 뚫고 의회를 통과하자 곧바로 해상자위대가 인도양에 파견된다. 아시아·태평양도 아니고, 더욱이 전쟁영역에 보냄으로써 해외파견에 관한 종래의 틀은 완전히 깨진다.[180]

이후 군사 대국화는 거침이 없었다. 9.11테러, 이라크전쟁, 중국이나 북한에 의한 위협 등의 정세 속에서 미국은 일본의 군사 대국화를 계속 요구했고,[181] 일본은 적극 부응했다. 해석의 불합리함이나 모순도 'PKO협력법'에 근거한 해외파병을 막을 수 없었다. 무리한 결정이었더라도 결정이 된 이후에는 파병은 이어졌다. 캄보디아에, 이후 인도지원 등 명목으로 모잠비크, 자이르에, 인도양에 보내졌다. 2002년에는 해상자위대의 이지스함도 간다. 2002년 10월경 미국의 이라크침공이 임박하자 고이즈미는 자위대 파병을 구체화한다. 이는 과거 자위대창설과 더불어 유사시의 대처방법을 법률로 정하려 했다가 국민의 반발로 좌절된 바 있던 긴급사태 '유사입법有事立法'의 법제화를 위한 시도와 병행된다.

전후 최초의 유사입법인 '무력공격사태대처 3법안'이 국회 심의 중인 상태에서 정부는 2003년 「이라크인도부흥안전지원특조법안」을 국회에 낸다. 그렇게 사실상의 전투지역까지 진출한다고 하자 강한 비판이 뒤따랐다. 그러나 무리한 논리를 동원해 그마저도 돌파한다. 고이즈미 총리가 국회에서 '이라크특조법'에 의해 자위대가 활동하는 건 '비전투지역'이라고 답함으로써 마치 비전투지역에

---

180) 豊下楢彦, 『集団的自衛権とは何か』, 98-99.

181) 伊藤述史, 『現代日本の保守主義批判』, 5.

서만 활동하는 것처럼 연출했기 때문이다. 자위대파견용 특조법에 대한 반발이 거셌지만 결국 국회에서 가결된다. 그 결과 육상·항공자위대가 2004년 이라크 등으로 향하고 이후의 파병도 이어진다.

제7장

전후 개헌론의
반서구적 흐름

1. 논의의 줄기

본격화된 냉전체제 속에서 일본이 동아시아 방위에 일정 역할을 담당하면서 과거사에 대한 비판도 봉인된 것이라 착각하는 듯 보였다. 즉 동아시아국가에 대한 전쟁범죄에 대해 일종의 면죄부라도 얻은 것처럼 생각하는 듯 보였다.[1] 그 착각이 커지면서 부각된 개헌론은 급기야 주변국과의 불편한 관계의 상징이 되어버린다. 변화된 역내 역할이 비무장조항을 바꾸자는 개헌론을 정당화시키면서 역내 안보에서의 일본의 역할에 불문하고 개헌론이 상징하는 재군국화에 대한 문제 제기로 비화하면서 주변국과의 관계가 악화하여 개헌론이 국내적 국외적 정치외교 문제의 중심에 서게 된다.

그런데 주변국과의 마찰까지 불사하면서 거론되던 개헌논의들은 표면화되어도 나아가지 못해 결과적으로 정치적 결정이나 국민적 심판에는 이르지 못했다. 정치적으로 떠올라도 국회에서의 저지에 맞닥뜨리거나 국민적 반대에 부딪혀 구체적 정치일정에 들어서지 못한 것이다. 그래서 역대 총리들은 '현재는', '당분간은', '내각총

---

1) 三上 治, 『憲法の核心は權力の問題である』, 91.

리대신이라는 공적인 입장에서는', '이 내각에서는'이라면서 자신은 개헌을 정치일정에 올리지 않겠다고 하곤 했다. 혹은 나카소네 야스히로中曾根康弘 총리 같이 '의원으로서는 개헌론자'라고 덧붙이며 그렇게 말했다. 개헌을 정치일정에 올리지 못하는 시대 상황을 아쉬워한 발언들이다.

그들 개헌론은 비무장조항 철폐라는 보수적 입장이 주이지만 다른 입장도 있다. 비무장조항과 모순됨에도 느슨한 헌법해석을 통해 자위대가 겨우 유지되느니 차라리 현실에 맞게 조문을 바꾸자는 것도 그중의 하나다. 제9조의 애매한 해석 여지가 개헌파에 악용되므로 차라리 명확한 문언으로 바꾸자는 것이다. 따라서 이는 호헌파와 같은 입장이다. 개헌으로 자위대의 존재 및 정당성을 인정하되 군대 운용방법을 엄격히 한정하는 조항을 넣어 집단적 자위권은 부인해 정부가 자위권을 자의적으로 해석하지 못하게 하자는 것이다. 군국주의적 개헌에는 반대하지만 헌법 규범과 헌법현실의 매치를 위해 제9조 정신을 명확히 하는 개헌은 함으로써 '해석 개헌解釈改憲'을 막자는 '호헌적 개헌파'다.[2]

그러나 호헌적 개헌파는 개헌파의 주류도 아니고 그들 중 일부는 나중에 호헌파로 견해를 바꾸기도 한다. 그렇듯 개헌론의 주류는 물론 보수우익 개헌론인데, 보수우익 개헌론은 매파적 복고주의 개헌론과 세계정세에 맞는 행로를 위한 개헌론이라는 두 줄기로 이어진다. 그중 복고주의 개헌론이 개헌파의 핵심이며 비판의 화살도 거기에 집중된다. 물론 세계정세에 부합하자는 논리의 개헌론에도

---

2) 樋口陽一, 『いま, 「憲法改正」をどう考えるか』, 58-59, 65; 樋口陽一・小林 節, 『憲法改正の真実』, 165-167.

복고적 내용은 있지만 복고주의가 1950년대 이후 사실상 현행헌법을 부정해 옴으로써 개헌론을 오랫동안 이끈 점에서 별도의 이념적 형태로 구분한 것이다. 한편 점령 중의 제헌이며 메이지 헌법의 개정한계를 넘어선 개정이라는 등의 이유로 신헌법 무효를 주장하는 극단론 등 현행헌법을 전면 부정하는 극소수의 입장도 있지만 내용상으로는 복고주의와 마찬가지다.

복고주의의 전면개정론은 형식적으로는 현행헌법이 점령군의 강제와 간섭에 의해 이루어진 것이므로 자주적 제정이 아니고, 내용상으로도 일본의 역사와 전통을 존중한 헌법이 아니라면서 구헌법의 복원을 주장한다. 그 전통존중론은 천황의 원수화元首化 그리고 부부와 부모 자식을 중심으로 한 혈족공동체의 보호 존중을 표방하면서 기본적 인권의 제한과 의무규정의 강화를 담는 등 근대입헌주의에서는 낯선 아니 그에 반하는 요소들로 채워져 있다.[3] 그 복고주의는 개헌론의 원류이자 주류가 되어 오늘날까지 이어진다. 한편 국제공헌을 주장하는 개헌론도 그 개헌을 표방하는 설득적 동기의 요소만 변경된 것일 뿐 내용상으로는 복고적 보수파 개헌론과 다르지 않음은 이미 본 바와 같다.

개헌론 전체를 보면 시기별로는 크게 1990년대 이전과 이후로 대별된다. 내용상으로 구분 종합해 보면 90년대 이전에는 매파에 의한 복고적 입장이 주류라면, 90년대 이후에는 자국 방위보다는 시장경제질서유지를 위한 국제협력과 국제공헌에 중점이 있다. 우선 1980년까지의 개헌론은 크게 네 번의 흐름이다. 첫 번째 시기는 한국전쟁을 계기로 미국이 종래의 비무장화 방침을 전환해 경찰예

---

3) 小林直樹, 『日本国憲法の問題状況』, 300-301, 342-347.

비대 창설을 명하면서 재군비 및 개헌을 원하던 점령 시기다. 요시다 내각은 공공연한 재군비와 개헌에는 반대하는 대신 제9조를 유지하면서 안보조약과 미군 주둔을 전제로 한 점차적 군비증대 정책을 취했다. 이 단계에서도 경찰예비대가 위헌적 전력이 아닌지의 논란은 있지만 정부는 '전력'이란 '근대전쟁 수행능력'을 갖춘 경우라고 해석하며 예비대를 용인한다. 따라서 이 단계에서도 정부의 '해석개헌'은 엿보이지만 그것은 미국의 요청을 현실정치에 부합하기 위한 소극적 해석의 수준이었다.

두 번째 시기는 '샌프란시스코 강화조약'으로 독립을 회복한 1952년 전후부터다. 이 시기에 헌법 전면재검토와 방위형태 논의가 등장한다. 특히 요시다 노선을 비판하면서 개헌과 재군비 자주 방위론을 내세우며 1954년 출범한 하토야마 이치로鳩山一郞 내각의 개헌론은 '하토야마 붐'을 일으킨다. 그것은 기존 헌법해석과는 근본적으로 다른 제9조 해석의 방향전환이었다. 즉 자위대 정도의 실력조직은 제9조의 '전력'이 아니므로 위헌이 아니라는 게 요시다 시게루吉田茂 내각의 시각이라면, 하토야마는 일본이 독립국인 이상 헌법이 자위권을 부정한다고 볼 수 없어 자위 목적에 필요한 범위의 실력부대를 두는 건 위헌이 아닌데, 전력인 자위대는 헌법상 위헌이므로 개헌을 할 수밖에 없다는 논리다.[4] 자위대가 사실상 전력이라는 입장이 하토야마에게는 개헌 필요성을 뒷받침하는 논리가 된 것이다.

요시다의 호헌론은 자위대 정도는 전력이 아니므로 위헌이 아니라는 견해로 유지된 것이므로 결국 자위대를 전력으로 보느냐를

---

4) 阪田雅裕 編, 『政府の憲法解釈』, 9-10.

두고 하토야마와 입장이 나뉜 것이다. 그렇게 자위대 위헌주장을 개헌론의 근거로 이용한 하토야마는 주변국의 비난조차도 개헌론의 근거로 사용한다. 자위대 같은 군대조직이 전력이 아니면 뭐냐고 주변국이 비판하니 그 비판 앞에서 차라리 그러면 개헌을 하자는 식이다. 한편 마침 1954년 학자들 중심의 민간 헌법연구회가 낸 「일본국자주헌법시안」이 발간되어 자주헌법제정론이 국민에게 알려진 것도 하토야마에게 유리한 상황을 만든다. 그들은 제헌 '당시의 일본국민은 외국군 군정 하의 국민이어서 무엇보다 주권적 인민이 아니었고, 제정절차도 민주적이었다고는 결코 말할 수 없었다'라고 함으로써 제헌 과정에서 국민적 자존심이 손상된 점을 부각했는데, 그것이 '하토야마 붐'에 도움을 준다.[5]

붐을 타고 1955년의 보수 합동 이후 12월에는 자민당 「헌법조사회」까지 발족한다. 제3차 하토야마 내각은 개헌을 목표로 정부 안에 헌법조사회를 설치하는 법안을 1956년 국회에서 성립시킨다. 그러자 '비무장중립'을 표방하며 미・일 안보조약에 반대하던 사회당 중심의 야당 세력은 개헌이 군국주의 부활을 불러온다면서 개헌반대 국민운동을 편다. 그 호소가 성공해 55년의 중의원선거와 56년의 참의원 선거 모두 개헌반대세력이 '3분의 1' 선을 넘게 되자 개헌 운동은 급격히 좌초한다. 하토야마는 제정된 「헌법조사회법」을 근거로 설립되는 헌법조사회의 조사를 통해 개헌론을 여론에 침투시킨다는 장기적 우회로를 택하면서 개헌을 차기 지도자의 과제로 남긴다. 사회당 등 호헌파의 저지력이 하토야마 개헌론의 현실화를 막은 것이다.

---

5) 憲法硏究会 編, 『日本国自主憲法試案』, 1; 長谷川正安, 『憲法運動論』, 198.

세 번째는 하토야마 사퇴 후 이케다 하야토池田勇人 내각까지의 시기다. 57년 8월 발족한 헌법조사회는 사회당이 불참한 채 활동을 개시한다. 조사회는 제헌 과정과 헌법 시행의 실제 그리고 헌법의 문제점을 심의해 64년 7월 이케다 내각과 국회에 방대한 양의 「보고서」를 내지만, 그것은 개헌 필요 여부의 결론 없이 다수와 소수 의견 그리고 논거만 제시한다. 다수의견은 헌법 기본원칙은 유지하면서도 천황의 지위, 자위대 존재의 명확화, 비상사태제도 창설, 권리편중의 시정, 참의원 개조, 내각의 지위 강화 등 발본적 개정을 요구한 반면, 소수의견은 헌법의 결함은 인정하되 해석 운용으로 보완할 수 있다며 개정에 반대한다. 보고서를 둘러싼 논의는 없지 않지만 경제 중시 정책을 편 이케다 내각이 개헌문제에 신중한 자세를 보이면서 개헌론은 진전되지 못한다. 이후 개헌론은 침체하고 오히려 평화헌법 부정 취지의 발언을 한 각료가 사임할 정도로 개헌 발언은 금기시된다.

네 번째는 1980년 이후 시기다. 이전까지는 개헌론을 거론하면 정치적 책임 문제로 발전할 가능성이 높아 정당을 불문하고 헌법이나 개헌을 말하지 않는 분위기였는데 전기가 생긴다. 1980년 중·참 동시선거에서의 자민당의 압승이다. 소련의 아프가니스탄 침공으로 인한 우려가 확산하자 개헌 발언을 금기시하던 풍조도 누그러져 자민당 간사장과 법무대신이 개헌 발언을 적극적으로 할 정도의 분위기가 된다. 마침 자민당 헌법조사회도 활동을 재개해 활발한 개헌 논의가 이루어진다. 그 후 등장한 나카소네 내각은 그 분위기에 힘입어 출발에서부터 개헌을 적극 시도한다. 그런데 외관상의 개헌 열기와 달리 이면의 국민적 반대여론도 만만치 않았다. 그러자 나카소

네도 소극적 자세로 돌아서 개헌론은 이후 급속히 식는다.6)

다섯 번째는 1991년 걸프전 발발 이후 시기다. 이 시기부터 비무장 일본의 상황에 대한 혐오가 주를 이루던 복고적 개헌론과는 다른 형태의 개헌론이 보인다. 90년대 이후 개헌론은 시장경제질서유지를 위한 국제협력, 국제공헌을 논거로 함으로써 현실주의적 국익 고려이거나 최소한 복고적 개헌론의 실질을 국제협력론으로 포장한 형태가 된다. 1991년 니시베 스스무西部邁 교수의 『나의 개헌론』, 92년 고바야시 세츠小林節 교수의 『헌법 지켜 나라 망한다: 우리 헌법을 왜 개정하면 안 되나』, 93년의 「일본을 지키는 국민회의」와 자민당 헌법조사회의 「중간보고」, 94년 요미우리신문사의 제1차 「헌법개정 시안」, 95년의 안전보장 회의 결정, 96년의 신진당 헌법문제조사회의 「중간보고」, 99년 민주당의 「안전보장 기본정책」이나 자유당 당수 오자와 이치로小沢一郎의 「일본국헌법개정 시안」 등이 그렇다.7)

그들은 서방국가들이 경제적 지원 이상의 공헌을 일본에 요구하는 것을 계기로 경제대국에 걸맞은 국제사회에의 책임을 다하기 위해 제9조 개헌이 필요하다고 말한다. 서방국가의 행동이 세계평화의 길이고 일본도 그에 공헌하는 것이 가능하도록 개헌하지 않으면 앞으로 서방세계와 함께하기 어렵다는 논리다. 헌법의 시대적 낙후성이라는 새로운 논거에 호헌론자들은 대항론을 펼치기 어렵게 된다. 그러자 '경제대국의 책임'이라는 일반론에서부터 '인도적 지원', '테러와의 전쟁', 'UN과의 협력', '미・일 동맹' 등 다양한 논거의

---

6) 奥村文男,「憲法改正論議の系譜と現状」, 280-282; 渡辺 治,『政治改革と憲法改正』, 86, 237-238; 渡辺洋三,『政治と法の間』, 16.

7) 斎藤貴男,『ルポ改憲潮流』, 86-87.

개헌론이 득세한다.8) 종래의 국내지향적 개헌론과 구별되는 이 논의가 국민에게도 어필함으로써 개헌 지지는 높아지고 개헌론 터부시 태도는 약화된다. 그 개헌 시안들은 발표되기 전에는 향후 파장을 우려했지만 의외의 결과에 놀랄 정도였다.9)

국제공헌론은 결국 새로운 이데올로기가 된다. 전후 오랫동안 지배하던 요시다 노선은 경무장과 미국에의 안보의존으로 경제성장에 지장을 만들지 않는다는 것이었는데, 이제 경제대국이 된 상태에서 세계평화 유지에 동참해 공헌해야 한다는 적극적 이념이 자리 잡아 해외파병도 더욱 긍정적 관점에서 보게 된다.10) 냉전 이후 지역적 분쟁이 빈발하는 불투명한 국제질서에서 안보에서의 미국의 주도적 역할에 협력하는 것이 국제사회에서 긍정적 의미를 만들고, 그렇게 국제적 안보 활동에 자위대가 적극 참여하는 것이 적극적 평화주의로 해석되면서 위헌논란도 잠재우는 이데올로기가 된 것이다.

2. 고조된 복고적 퇴행성

이 시기 개헌론은 국제협조 이데올로기를 통해 곧 개헌일정에 오를 듯했다. 2004년 고이즈미 정권은 자민당 창당 50년에 맞춰 개헌 초안을 작성하겠다고 공약하면서 「헌법개정을 위한 논점정리」를 내고 2005년 10월 「신헌법 초안」을 발표한다. 내용은 복고적 개헌론

---

8) 森 英樹, 『憲法の平和主義と「国際貢献」』, 11; 樋口陽一, 『いま, 「憲法改正」をどう考えるか』, 59.

9) 奥村文男, 「憲法改正論議の系譜と現状」, 283; 小林 節, 『白熱講義!日本国憲法改正』, 66-67; 小林 節・渡部昇一, 『そろそろ憲法を変えてみようか』, 101; 渡辺 治, 『政治改革と憲法改正』, 188.

10) 森 英樹, 『憲法の平和主義と「国際貢献」』, 109-111.

과 마찬가지였다. '자위군自衛軍' 조항은 자위군이 국제적 협조 활동 및 긴급사태에서의 공공질서 유지나 국민의 생명·자유 수호 활동을 할 수 있다는 내용으로, 그렇게 된다면 자위군은 교전권 여부로 주저할 필요가 없게 된다. 이는 기존의 복고적 개헌파의 입장과 다르지 않은 것이다. 당시 야당인 민주당民主黨도 「헌법제언」을 내면서 개헌 분위기는 고조된다. 그들 개헌론에서는 개헌 발의 요건도 완화되고 국민투표 없이 개헌되고, 국민의 책임과 의무 그리고 공익과 공공질서에 대한 협력이 강조되고, 집단적 자위권 행사도 인정되었다.[11] 그대로 된다면 헌법은 더 이상 권력제한 규범이 아닐 것이다. 그 개헌론은 구체적 정치일정에 오르지는 못했다.

이후 2014년부터 2015년 사이에 개헌론이 재등장하는데 그 예고편은 2012년 4월 자민당이 공표한 제2차 「개헌 초안」이었다. 내용은 역시 고색창연한 구체제로의 복귀였다.[12] 초안의 헌법관을 밝힌 '개정안 문답'은 제1행에서부터 현행헌법이 연합군점령 하에서 제정된 강요의 산물임을 강조한다. '점령체제로부터 탈각'하고 '주권국가에 걸맞은 국가'가 되자면서 '천부인권설'을 배제한 것으로 보아 그 '강요'는 점령상황에서의 미·일 양 당사자 사이의 태도 문제보다는 '강요'된 내용에 대한 거부임이 분명했다. 초안 전문은 현행헌법과 대조적 성격의 용어들로 채워진다. 현행 전문의 '인류 보편의 원리'는 사라진다. 문답에는 '일본에 걸맞은' 헌법을 만들기 위해 '천부인권설에 기초한 규정형태를 전면재검토'한다고 했다. 대신 전문은 '긴 역사와 고유의 문화', '천황을 모시는 국가', '국가

---

11) 斎藤貴男, 『ルポ改憲潮流』, 自民党新憲法草案(2005年10月28日), ii-iii, 34-35.

12) 樋口陽一・小林 節, 『憲法改正の真実』, 50-51.

와 향토', '긍지와 기개', '화和를 존중', '가족', '가족과 사회 전체
가 서로 협력해', '전통' 등등으로 채워졌다.

무엇보다 초안은 평화주의와 관련해 전력 불보유와 교전권 부인
을 담은 현행 제9조 제2항도 전부 폐기하고 신설한 '국방군国防軍'
조항을 담는다. 국방군은 국외에서도 전투행위를 하는 보통의 군대
다. 자위권도 명기한다. 그때까지 정부는 헌법에 없어도 자위권은
국가 고유의 것이라고 해석해 '자위력'의 합헌성을 도출했는데 개
정 초안은 아예 이를 명문화한 것이다. 과거 도발 전력으로 인해
짚고 넘어가야 할 자위권의 한계설정 같은 건 없었다. 즉 문답은
1929년의 '파리 부전조약'이 자위전쟁을 금하고 있지 않다고 말할
뿐, 그 조약을 비준한 일본이 만주사변, 중·일 전쟁, 대동아전쟁을
'자위'의 이름으로 수행한 사실에 대해서는 침묵했다.

개정 초안은 앞에 '원수'라는 문언을 위치시켜 천황을 원수화한
다. 문답은 그에 관해 천황이 실제로 원수인 게 '틀림없는 사실'이
라 했다. 있는 현상을 그대로 조문화했으니 문제 될 게 없다는 식
이다. 그러나 이는 실체와 다른 비현실적 왜곡이다. 현행체제에서
행정부 수장도 아니고 국가의 대표도 아닌 천황은 원수에 해당하는
기관이 아니고, 오히려 그에 해당하는 건 내각이나 총리대신이라
보는 대다수의 학설과 동떨어진 입장이다.[13] 상징 천황제가 정착된
이상 원수화 주장은 실천적 의미도 없다. 결국 개정 초안의 의도는
천황제의 이용으로 보였다.[14] 개헌론의 목적이 구헌법으로의 복귀
같은 복고인 이상 현상과 복고적 체제의 불일치나 모순으로 인한

---

13) 樋口陽一, 『いま, 「憲法改正」をどう考えるか』, 2-4, 89-98, 104; 横田耕一, 『憲法と天皇制』, 27.
14) 崔相龍, 「戦後日本의 天皇制研究」, 76.

부작용으로 오히려 천황제가 이미지 손상을 입는데도 그렇게 하는 것은 개헌론의 복고성을 강조하기 위해 허울뿐인 천황제를 이용하거나 아니면 개헌론을 위해서라면 천황제가 입을 상처쯤은 무시하는 듯 보이기 때문이다.

초안의 '정교政敎 분리' 완화도 퇴행적이다. 초안은 종교의 자유와 정교분리에 관해 국가 및 기관에 '어떠한 종교적 활동도' 금한 현행 제20조 제3항의 문언에서 '어떠한'을 삭제하고 '단지, 사회적 의례 또는 습속적 행위의 범위를 넘지 않는 것은 예외로 한다'는 규정을 추가한다. 그런데 일본 사회는 '사회적 의례'나 '습속적 행위'와 종교가 융화되어 서로 구분하기 어려운 상태이기에 이는 현실을 무시한 규정이다. 일본에서 그런 예외를 헌법에 넣는 건 예외의 원칙화 우려가 큰 것이다.[15] 그것은 원수화 시도와 함께 천황숭배의 부활이라는 점에서도 극히 부정적이다. 야스쿠니 신사靖国神社 같이 천황을 위해 싸운 전사자를 기리는 참배 장소에 관한 논란에서 보듯 정교분리는 천황제와 무관치 않다. 정교분리는 국가신도가 존재하고 천황의 신격성으로 통치하던 전전 상황에 대한 반성적 규정이기에 천황과 신도가 다시 공적으로 결합하는 것을 막고 천황이 종교적 활동을 행하는 것을 금하는 취지다.[16] 그런데 초안은 다시 전전의 사고로 회귀한 것이다. 그렇듯 2000년대 이후 국제협조 노선을 강조한 개헌론도 내용의 면에서는 전통적 개헌론과 마찬가지의 퇴행성을 노정한다.

---

15) 樋口陽一, 『いま,「憲法改正」をどう考えるか』, 102.

16) 横田耕一, 『憲法と天皇制』, 36-37.

3. 55년 체제 붕괴와 역사수정주의

정치권의 불법헌금 등 의혹을 검찰이 파헤치며 거물 정치인들을 기소한 1992년의 부패 스캔들 '도쿄사가와규빈東京佐川急便 사건'으로 정치불신 현상이 확산한다. 정치권 내에서는 수사에 불만인 자민당의 오자와 이치로小沢一郎가 검찰에 대한 항전을 주장하며 자민당 내 균열을 만든다. 그렇게 국민적 정치불신과 정치권 내의 분열이 전후 시스템인 '55년 체제' 종식의 도화선에 불을 붙인다. 1988년의 '리크루트リクルート 사건'의 여운이 가시지 않은 상태에서의 대형 부패 스캔들로 기성 정당에 대한 비판과 불신이 심각해지며 정계 판도는 흔들린다. 1993년 미야자와 기이치宮澤喜一 내각은 야당들로부터 불신임안을 제출받는데 자민당 내 일부 의원도 가세해 가결되어 중의원해산과 총선이 이루어진다.

정치개혁을 내건 하토야마 유키오鳩山由紀夫 등은 자민당을 탈당해 '신당사키가케新党さきがけ'를 만들고, 자민당의 최고실세 오자와도 경세회를 나와 독자파벌을 만들고 곧 자민당을 떠나 '신생당新生党'을 만든다. 7월의 총선에서 자민당은 55년 체제 이래 최저 의석인 70석만을 얻어 중의원 과반수 확보에 실패한다. 반면 호소카와 모리히로細川護熙를 중심으로 한 '일본신당', 신생당, 신당사키가케는 약진한다. 내각은 총사퇴하고 8개 정당 및 회파가 연립한 호소카와 내각이 성립함으로써 38년간 지속한 55년 체제는 막을 내린다. 55년 체제 붕괴의 주원인은 자민당에 대한 국민의 실망이지만 직접적 원인은 오자와 등의 이탈을 부른 자민당 내 분열 즉 1992년부터 시작된 내부분열이었다.

돌이켜 보건대 자위대 해외파견을 가능케 만든 PKO협력법을 만든 미야자와정권에 대해 야당이 낸 내각불신임안에 대해 자민당 내 오자와 그룹과 하토야마 그룹이 찬성하면서 이탈한 게 분열의 시작이다. 그 내부분열로 총선에 대패한다. 그런데도 오자와의 신생당이 신당 중심의 선거로 55석을 획득하면서 선거 후 연립공작의 중심이 된 '정계개편'에 의해 일본신당 당수 호소카와가 수반이 되는 '7당 8회파'로 8월에 연립정권이 탄생한 것이다. 그것은 어디까지나 인위적이다. 호소카와가 정치개혁을 내걸며 신당을 결성해 총선에서 약진해 자민당이 단독 과반수를 얻지 못하게 됐지만, 그렇다고 사회당, 공명당 등 기존 야당들도 과반수는 아니었다. 그러자 캐스팅보트를 쥔 신생당과 일본신당 그리고 신당사키가케가 만든 게 연립내각일 뿐이다. 연립은 선거 전부터의 연합이 아니라 선거 후의 상황을 전제로 한 7당 8회파 교섭의 산물이었다. 따라서 선거 자체로 형성한 정권교체는 아니다.[17]

게다가 연립내각은 정치개혁 방향에 관한 합의도 없었다. 그 점에서 그것은 사가와큐빈 사건으로 일기 시작한 전후 시스템 개편 열망의 부산물에 불과했다. 호소카와 등의 정치개혁은 이미 붕괴해 가던 55년 체제에 시기적으로 부합하고 편승한 것이다. 연립내각의 중심에는 신생당의 오자와가 있어 호소카와 중심의 실제적 조정도 어려웠다.[18] 적극적 정계개편을 낳은 것도 아니고 개편 후의 구심점도 되지 못한 호소카와는 또 다른 스캔들에 쉽게 무너진다. 호소카와를 이어 1994년 6월 무라야마 도미이치村山富市 사회당 위원장

17) 飯尾 潤, 『日本の統治構造』, 172.
18) 宮台真司・福山哲郎, 『民主主義が一度もなかった国・日本』, 47-48.

을 총리로 하는 자민·사회 등 연립내각이 탄생한다. 여기서 사회당의 입장도 바뀐다. 전후 일본이 안보문제에 연루되는 걸 부정하던 사회당도 자당 당수가 47년 만에 총리가 되면서 정책적 입장전환을 한다. 무라야마는 정부 수반의 입장에서 정부의 연속성을 중시하고 자위대도 합헌이라 인정한다. 그렇게나 부정하던 미·일 안보조약도 굳건히 지켜야 하는 것으로 선언한다. 사회당의 극적 변화는 55년 체제의 한쪽 대항 축의 소멸을 의미했다.[19] 사회당과의 대립을 의미한 55년 체제의 실질적 종언이었다.

아베 신조安倍晋三가 정계에 진출한 시기는 세계적 냉전이 끝나고 국내적으로는 그렇게 55년 체제가 붕괴한 때다. 자민당의 창당 이래 첫 야당으로의 전락과 호소카와 연립정권을 만든 1993년 총선에서 세습 3세 아베는 초선의원이 된다. 당시 자민당은 달라진 태도를 보였다. 야당이 된 자민당의 총재로 막 선출된 고노 요헤이河野洋平 내각 관방장관이 8월 낸 종군위안부 관련 담화는 한국의 '구 일본군 성노예'였던 사람들로부터의 청취조사 결과를 근거로 했다. 「고노 담화」는 위안소 설치와 관리 등에 일본군이 '직접 혹은 간접적으로 관여'했고, 위안부모집도 '본인들의 의사에 반해 모여졌'고, '관헌 등이 직접 그에 가담했던 경우도 있었다'라고 했다. 그래서 '다수의 여성의 명예와 존엄을 심하게 훼손'했고, 이에 '마음으로부터의 사죄와 반성의 뜻을 고한다'라고 했다. 그 종군담화는 초선 아베의 정치적 태도 형성에 큰 영향을 미친다.

즉 담화에 강하게 반발한 아베를 비롯한 1993년 중의원 초선 모임의 세습의원들은 종군위안부 문제가 자민당을 선거에서 패배시켜

19) 五百旗頭真, 「冷戦後の日本外交」, 240.

야당으로 전락시켰다고 비판한다. 그 반발은 이후 2006년부터 2007년에 걸친 제1차 아베 정권의 입장에서도 확인된다.[20] 호소카와 총리도 8월 기자회견에서 태평양전쟁을 '저 자신은 침략전쟁이었다고, 잘못된 전쟁이었다고 인식한다'라고 말함으로써 역대 총리로서는 처음으로 침략전쟁임을 인정하는데, 이에 대해서도 아베는 반발한다. 그 반발이 아베의 우파적 정치 행보의 기본인식이다.[21] 아베의 입장은 우익단체들과 거의 일치한다. 그래서 일본 최대의 익찬·우익 국민운동단체 「일본회의日本会議」가 아베의 주요 지지세력이 된다. 또한 아베와 같은 세습의원들이 그의 인적 지지기반이 된다. '세습의원'은 특히 자민당에 많다. 전후 세대 정치가들의 고령화로 인한 사망이나 은퇴 뒤 세습은 만연했기에 적지 않은 세습의원이 배출되고 이들이 같은 입장인 아베의 시대를 뒷받침했다.[22]

아베의 주요 지지기반 일본회의의 슬로건 '아름다운 나라, 일본'은 총리 아베의 구호가 된다. 아베는 2006년 발족한 제1차 정권의 첫 시정방침 연설에서 '아름다운 나라, 일본'을 정책목표로 공식적으로 내건다. '전후 레짐을 원점에서 대담하게 재검토하고, 새롭게 출범해야 할 때가 왔다'라고 했다. 신병으로 정권에서 물러났다가 5년 반 뒤 다시 총리로 부활한 아베는 2016년 3월까지만 보더라도 국회에서 40회 이상 '아름다운 나라'를 언급한다.[23] 그 나라는 물론 개헌으로 이루어질 나라를 의미했다. 일본회의는 제2차 아베 정권에서 개헌 국민운동을 펴면서 개헌의 행동부대 역할을 다한다.

---

20) 小林陽一, 「軍事立国をめざす安倍改憲の戦略」, 44-45.

21) 俵 義文, 「安倍政権を支える右翼団体の思惑と実態」, 105.

22) 內田健三, 『現代日本の保守政治』, 162-165; 小林 節, 『白熱講義! 日本国憲法改正』, 94.

23) 加藤 朗, 『日本の安全保障』, 99.

관련 조직인 「일본회의 국회의원 간담회」에는 아베 내각의 각료 대다수가 참가했다. 간담회 소속 200여 명 중 상당수는 아베 정권의 중추가 된다. 이들은 하나 같이 '역사수정주의歷史修正主義'를 주창한다.24) 아베는 그 배경 위에서 존재했다.

일본 근대화과정의 전쟁을 자존이나 자위를 위한 전쟁이라고 정당화하는 역사수정주의는 아베 개헌론의 논리적 기반이다. 그 기본인식에서 교과서, 야스쿠니, 위안부 문제 등도 이해하는 역사수정주의는 과거에는 조직적 형태가 아니었다. 그저 각료나 당 간부의 '망언'이나 '실언'의 형태로 등장한 것이다. 그러나 1993년 자민당이 야당으로 전락하고, 고노 담화나 호소카와 총리의 침략전쟁 인정 발언이 나오자 역사수정주의는 견고한 조직적 움직임을 보이기 시작한다. 1993년 자민당은 '역사검토위원회'를 설치하고, 거기서 역사수정주의 학자그룹과 제휴하면서 아베 같은 신세대에게 바통을 넘겨주게 된 것이다.25) 아베의 시대적 의미는 바로 그런 역사수정주의의 대변이다.

역사수정주의는 세습의원들에 의해 개헌론의 기본방향이 된다. 자민당 내의 이른바 '법무족法務族' 특히 '개헌 마니아'라 부를 만한 의원들 중에 세습의원이 많다. 헌법문제에 관하여는 2009년 말에 헌법개정추진본부로 격상된 헌법조사회가 그들의 활동무대가 된다. 헌법은 다른 분야와 달리 이권과 연결된 것은 아니라 표나 돈에 연결되지 않아 헌법조사회에는 지지기반이 튼튼해 어떤 상황에도 선거에서 이길 수 있는 세습의원들이 많이 소속했다. 그래서 자민당

---

24) 島薗 進・中島岳志, 『愛国と信仰の構造』, 169, 239, 252.

25) 中野晃一, 『右傾化する日本政治』, 16-17, 107.

헌법조사회는 세습의원들이 주축이 된다.[26] 세습의원들은 2009년 중의원선거에서 자민당이 참패한 뒤부터 더욱 득세한다. 다수의 자민당 의원이 낙선한 와중에도 살아남은 것은 선거에 유리한 세습의원들이고, 그들이 당의 주도권을 잡아 개헌론을 밀어붙인다. 자민당의 방향타를 잡게 된 세습의원들이 개헌론의 방향도 주도하면서 그 개헌안은 복고적 경향을 드러낸다. 재집권 자민당이 2012년 4월 공표한 2차 초안인 「일본국헌법개정 초안」은 헌법이라 부르기도 힘든 비입헌주의적 형태가 된다.

4. 기시의 이념적 정치적 부활

역사수정주의는 역사의 특정 단계를 미화시키기 위해 사실을 왜곡하는데, 그 미화된 역사의 단계는 아베의 뿌리인 외조부 기시 노부스케岸信介가 찬양하던 시기다. 그 점에서 아베는 기시의 이념적 계승자다. 아베는 기시가 대표하는 과거와의 철저한 연속성에 의해 성립한 것이다. 기시는 도쿄제국대학 시절 천황주권설을 주장한 법학과 우에스기 신키치上杉愼吉 교수의 제자이자 신봉자였다.[27] 입학하자마자 우에스기의 강의를 듣고 집에 드나들면서 그의 '국체론'에 공감했을 정도다. 기시는 2.26 사건의 이론적 지도자 기타 잇키北一輝 등 다른 국가주의자들로부터도 영향을 받는다. 기타가 1906년 쓴 『국체론 및 순정사회주의国体論及び純正社会主義』는 사회주의혁명과 대외팽창론을 합체시킨 국가 사회주의론이었다. 기시는 그 기

---

26) 樋口陽一・小林 節, 『憲法改正の真実』, 28-31.

27) 小林節・佐高信, 『安倍「壊憲」を撃つ』, 65, 68.

타의 책을 입수해 밤을 새워 필사할 정도였다.

특히 기타가 1919년 쓴 『국가개조안원리대강国家改造案原理大綱』은 천황이 3년간 헌법을 정지시켜 '양원을 해산하고 전국에 계엄령을 선포'하고, 화족제도를 폐지하고, 치안 경찰법과 신문지조례 등을 철폐해 '국민의 자유를 회복'하고, 황실 재산을 국가에 내려주어야 하고, 사유재산을 제한하며, 대자본의 국유화를 단행하자는 국가 사회주의적 국가개조론이었다. 무엇보다 기타는 불법적으로 영토를 독점해 인류공존의 길을 무시하는 자에 대해서는 전쟁할 권리를 가진다면서 제국주의적 영토확대를 정당화했다. 기시는 기타의 사상이 '대혁신을 일본의 국체와 결부시킨 것'으로 '조직적이고 구체적인 실행방책을 가진 것'이라고 보았다. 그래서 국가주의, 국가개조론 및 대외팽창론에 모두 심취한다.

기시는 일본을 맹주로 한 아시아 제 민족의 연대론인 오카와 슈메이大川周明의 '대아시아주의'에서도 영향을 받는다. 기시가 상공성을 떠나 1936년 만주로 간 배경에는 세계통일을 위해 만주, 조선, 중국 그리고 전 세계로 나아가야 한다는 오카와의 사상이 있다.[28] 기시뿐만 아니라 많은 일본인들은 군국주의나 아시아주의가 내우외환의 치유책의 하나라고 보았다.[29] 심지어 아시아주의는 중국에서도 받아들여졌다. 그래서 일본인 대아시아주의자들이 쑨원孫文의 신해혁명을 원조했다.[30] 1911년 청조를 무너뜨리고 중화민국 임시대총통이 된 쑨원이 죽기 전해인 1924년에 일본을 찾아 동아시아 공동체주의를 제안한 건 그런 연유다. 쑨원은 서양 열강의 식민지 패

---

28) 原 彬久, 『岸信介』, 23-30.

29) 吉野作造, 『世界平和主義論』, 205-214.

30) 田中希生, 「法外なるこの世界」, 51.

권주의에 대항하기 위한 중국과 일본의 연대 그리고 동아시아국가의 단결을 말했다. 그 협조노선인 아시아주의가 대동아공영권론으로 결실을 본 제국주의적 아시아주의와는 다르다.[31] 그러나 쑨원도 유럽의 일원인 러시아와의 전쟁에서 이긴 일본이 유럽 패권주의에 대항할 아시아의 단결에서 역할을 해야 한다고 본 건 사실이다.

그렇게 일본인을 고무시킨 것이 대아시아주의였다. 따라서 기시 같은 혁신 세력에게 그것은 국가주의를 정당화시키는 힘이 되었다. 관료로서의 기시는 농·상무성을 거쳐 만주에서 도죠 히데키東條英機 등과 함께 만주국을 지배하는 5대 간부의 한 사람이 된다. 만주는 주만駐滿 전권대사와 관동청関東庁 장관을 겸임하는 '관동군사령관'에 의해 지배되기에 '관동군'은 만주의 절대적 지배자였다. 형식적 주권자는 황제 '푸이溥儀'였지만 그의 권한은 없는 것이나 마찬가지였고 내각에 해당하는 국무원国務院은 기시 등 일본 관료에 의해 지배당했다. 만주에서 식민지경영을 지도하고 군·재계·관계의 광범한 인맥을 쌓은 기시는 국내로 돌아와 태평양전쟁 시기 도죠 내각의 상공 대신과 군수차관을 역임하면서 국가통제와 군국체제 구축의 핵심관료가 된다.[32]

패전 후 'A급 전범'으로 분류되어 수감되고 1946년 점령군이 발한 공직 추방령에 의해 공직에서 배제되지만, 기시는 1952년 강화조약 발효에 동반한 공직추방해제로 다른 많은 전범과 함께 불기소되어 정계에 복귀한다. 그 직후 복고적 '자주헌법' 제정을 목표로 '일본재건연맹日本再建連盟'을 설립하고 이듬해 중의원 의원이 된 기

---

31) 孫 文,「大アジア主義」, 259.
32) 原 彬久,『岸信介』, 37, 58.

시는 반요시다 진영 인사들과 함께 보수 합동을 이룬다. 자민당 초대 간사장이 되어 보수세력을 규합해 1957년 자민당 총재가 되고 총리대신이 된 기시는 점령정치체제로부터 탈각하는 일본 부활을 꿈꾼다. 1960년 안보문제로 총리를 퇴임한 후에도 정계의 막후실력자가 된 기시는 만년의 인터뷰에서 '대동아공영권大東亞共榮圈'이 비판받지만, 그 근본 사고방식은 잘못된 게 아니라고 말할 정도로 전전 이념의 대변자였다.33)

기시가 퇴임 후 69년 '자주헌법제정국민회의' 회장이 되어 줄곧 말한 게 바로 '일본정신'이다. '전후부터 지금까지 계속되는 국민의 정신적 혼미를 끊어 버리고 선조가 가꾸고 이어 온 아름답고 존귀한 일본정신을 진흥'시키자고 했다. 그에 의하면 현행헌법은 '역사와 전통을 무시하고 모든 권위를 실추시킨' 것이다. 그래서 '세계 제2의 경제대국'이 되었지만 '정신면에서는 점령군이 의도한 일본 약체화라는 목적이 하나하나 이뤄져 마치 오랜 세월 동안 마약에 중독된 환자' 같다고 했다. 그래서 '헌법이란 민족의 역사와 전통과 문화에 기초하는 것인 국민의 마음이고 국민의 정신의 중추'여야 하기에 자주헌법을 하루빨리 제정해야 한다고 했다. '정치, 사회, 경제 등 모든 측면의 근본 기조'가 되게 하자는 그 '전통적 정신'은 메이지유신 이후의 서구화에 대한 반발로 드러난 '전통'이다.

아베도 그 '정신'의 소유자로 '전통'을 강조한다. 전통적 '가족주의' 공동체를 기조로 하고 근대의 '개인주의'를 불식시킨 '아름다운 국가'란 바로 전통에 기반을 둔 정신이 만드는 국가다. 아베는 국민을 향해 '개인주의'에 입각한 입헌주의 원칙들은 GHQ에서 유래

---

33) 塩田 潮, 『「昭和の怪物」 岸信介の真実』.

된 '악한 것'이라면서 '일본정신'에 기초해 헌법을 완전히 바꾸자고 한다.34) 기시의 '전통' 즉 '가족주의적 공동체'를 기조로 한 '아름다운 국가'를 만들자는 '정신'은 전전의 개인주의 말살의 사고다. 유럽의 제1차 대전에서 독일군이 우세할 때 일본 군국주의 세력은 그 현상을 개인주의의 멸망이라 했다. 개인주의에 의해 유지되는 영국은 한 나라로서의 통일적 활동이 결여된 것이라 했다. 그리고 국가적 삶은 개인주의에서는 가능하지 않다고 했다.35) 그렇듯 개인주의는 전체주의나 군국주의와 대비되었다. 군국주의로 가는 국가적 삶의 반대개념이었다. 오늘날 아베의 개인주의 비판도 그와 같다. 그 '정신'론이 추구하는 개헌은 일본인의 정신에 큰 영향을 미친 헌법이 태생부터 좋지 않으니 통째로 쇄신하지 않으면 안 된다는 논리다.36)

개헌의 내용도 물론 기시의 유물이다. 기시와 마찬가지로 아베는 전후의 헌법론이 국가성립에 관한 사실이나 역사적 전통에 관한 시각을 시대에 뒤떨어진 것으로 치부했다고 말한다. 점령군이 애초에 일본을 약화하기 위해 그런 헌법을 만든 것이라면서 일본의 전통과 역사적 사실은 서구와 다름을 강조한다. 그 헌법이념은 명백히 기시에서 유래한다. 신헌법제정과 함께 힘을 잃은 전통의 부활을 헌법적으로 문제 제기한 건 기시다. 전통의 기반인 가족제도의 이데올로기적 힘을 부활시키면서 이를 개헌론과 이념적으로 연관시킨 건 기시다. 기시에 의해 개헌론이 가족제도 부활론과 결부된다. 1954년 자유당 헌법조사회장 시절부터 기시는 가족생활의 양성평

---

34) 高見勝利, 『憲法改正とは何だろうか』, 202-204.

35) 石橋湛山, 『大日本主義との闘争』, 33-34.

36) 高見勝利, 『憲法改正とは何だろうか』, 204-206.

등을 규정한 헌법 제24조를 개정해 '과거의 가족제도를 전체적으로 부활시키고 싶다'라고 했다. 자유당의 개헌안 요강도 점령군이 헌법 제24조 등으로 가족제도를 폐지한 것은 '일본의 약체화'를 노린 것이라 했다. 아베의 개헌론도 단지 가족제도를 법률상 제도로 부활하자는 게 아니라 그 부활로 사상과 도덕으로서의 가족제도를 헌법적으로 승인시키자고 한다.37) 그렇게 아베는 기시의 이념적 계승자다.

아베의 정치적 노선인 아베 독트린 역시 기시의 계승이다. 아베가 총리가 되기 전부터 줄기차게 주장된 그 노선은 기시가 만든 초기 개헌론 사고의 연장으로서의 개헌론의 형태로 정치적으로 드러난 것이다. 비록 기시 집권 시기에는 그 개헌론이 빛을 보지 못했지만 그것은 당대의 개헌 조류에 큰 영향을 미쳤다. 1955년 하토야마 내각에서 성립되어 헌법조사회법을 근거로 활동한 정부의 헌법조사회가 7년간의 연구결과로 1964년에 낸 보고서도 그 영향의 산물이다. 그 보고서의 핵심은 천황의 '원수화', '재군비'와 함께 '가家 제도'의 부활이다.38) 그렇게 서구의 보편적 입헌주의 원리에 배치되는 일본적인 것의 헌법화가 기시에서 출발하는 개헌파의 헌법이념이고, 아베는 바로 그런 기시의 맥을 개헌론을 중심으로 정치적으로도 계승했다.

즉 아베는 단지 외손자라서만이 아니라 정치인으로서 기시를 승계했다. 아베의 부친은 자민당 간사장과 외무대신 등을 지낸 아베 신타로安倍晋太郎다. 모친은 기시의 딸이기에 아베는 기시의 외손자

---

37) 川島武宜, 『イデオロギーとしての家族制度』, 216-232.
38) 樋口陽一, 『いま, 「憲法改正」をどう考えるか』, 58.

다. 돌이켜보건대 기시에 대한 아베의 정치적 승계는 이미 부친 아베 신타로의 시기부터 시작되었다. 아베 신타로는 중의원 의원을 지낸 자신의 친부의 지역구가 아니라 장인인 기시 측의 지역구로 정계에 진출했다. 아베 신타로의 아들인 아베도 기시의 고향인 부친의 지역구를 이어받아 1993년 총선에서 초선이 된다. 아베는 외조부 기시를 가장 존경하는 정치인이라고 말하면서 그 DNA의 계승자라고 자부했다.[39) 기시의 후계자로서의 의식을 공연히 선언했다. 아베의 집무실에는 1960년 아이젠하워 미 대통령과 새 안보조약에 서명하는 기시의 사진이 있다. 아베는 기시가 미·일 안보조약의 쌍무성을 높이기 위해 안보개정을 한 것이라고 상찬했다.[40)

아베에 대한 기시의 가장 큰 정치적 유산은 개헌론이다. 기시의 개헌론이 아베에게 면면히 계승된 것임은 아베가 기시의 정치적 후계자임을 출발에서부터 명확히 선언한 점에서 확인된다. 전전과의 연속성과 강력한 개헌 세력화라는 기시적 요소는 아베 개헌론에 그대로 담긴다. 아베 스스로도 개헌 의지가 기시 답습임을 밝힌다. 기시는 우선 개헌의 방향을 분명히 제시했다. 기시 같은 자주헌법론자들은 메이지 헌법체제를 국가가 하나가 된 이상적인 시기라고 보았다. 그런 사고를 전수 받은 아베 등 세습의원은 '강요된 헌법'을 증오한다. 그들은 '헤이그 육전조약'에 있는 '점령에 지장이 없는 한 점령자는 점령지의 기본법을 임의로 변경해서는 안 된다'라는 조항을 들며 '점령하에서 만들어진 헌법은 국제법상 무효다'라고 한다. 그래서 현행헌법이 국제법상 무효이므로 정당한 헌법은 일본

---

39) 俵 義文,「安倍正権を支える右翼団体の思惑と実態」, 104-105; 安倍晋三,『美しい国へ』, 218.
40) 安倍晋三·岡崎久彦,『この国を守る決意』, 62-63.

이 스스로 만든 메이지 헌법 외에는 없다고 한다.[41]

아베가 2006년 1차로 총리가 되기까지 사이에 개헌과 관련해 말한 내용은 모두 그런 강요 헌법론과 관련된다. 점령하에서 나라의 기본법이 며칠 사이에 기초되어 '제헌 과정에 문제'가 있고, '제정으로부터 반세기 이상이 경과' 되어 '시대에 적합하지 않은 조문'이 있어 '새로운 가치관이 만들어져 있기에 다시 고치지 않으면 안 되는 조문'이 있다는 등이다. 그것은 모두 정신적 요소를 강조한다. '전후체제라는 사슬을 끊고 … 전통과 문화 위에 신선하고 생기있는 새 일본을 만들어 갈 수 있다'라고 한다. 점령하에서 만들어진 헌법 속에서 사는 게 '마음에 커다란, 정신에 나쁜 영향을 미치고 있다'라고 한다.[42] 그 '정신'은 기시가 말한 '일본정신'과 궤를 같이한다. 아베의 개헌론은 내셔널리즘에 기반을 둔 기시의 국민국가 재생론의 계승인 것이다.

그렇게 국민에게 내셔널리즘을 주입해 국가적 정체성을 만들려는 시도는 전후의 큰 조류다. 대외적으로는 '반미'를 주장하면서 서구의 근대주의를 비판 표적으로 삼고, 이를 위해 대내적으로는 사회통합과 국민국가 재생을 기도하는 것은 전후 보수주의 내셔널리즘의 큰 맥락이다. 1999년의 「국기·국가国歌법」 제정, 고이즈미 총리의 야스쿠니신사 참배, 2006년에 「교육기본법」에 '전통과 문화를 존중'하라든지, '우리나라와 향토를 사랑'하라는 애국심 조항을 넣은 것 등이 그런 측면이다.[43] 아베도 그 대열의 선두에 있다. "청년들이 자신이 태어나고 길러진 나라를 자연스레 사랑하는 마음을 가

---

41) 樋口陽一・小林 節, 『憲法改正の真実』, 33-34.

42) 高見勝利, 『憲法改正とは何だろうか』, 196-201.

43) 伊藤迪史, 『現代日本の保守主義批判』, 7-8.

지게 되는 건 … 우선은 향토애를 기르는 게 필요하다. 국가에 대한 귀속의식은 그 연장 선상에서 이루어지는 게 아닌가"44)라고 말하는 게 그것이다. 향토애를 통한 국가귀속의식이 대외적 내셔널리즘에 연결되기를 바라는 것이야말로 바로 전통, 문화, 역사를 존중하자던 기시의 사상이었다. 그 향토는 촌락을 중심으로 신도주의, 가족주의, 신분적 질서를 성장시켜 가족국가 이데올로기를 만드는 기반이다.45)

그를 위한 아베식 지론은 우선 「교육기본법教育基本法」의 개정이었다. 아베는 점령기인 1947년에 제정된 교육기본법은 헌법과 '한 세트'의 관계인데 일본적 특색이 없고, 국가라든가 지역, 역사, 가족의 소중함이 쓰여 있지 않고, 공적 봉사의 가치관도 없다고 개탄한다.46) 그래서 내세운 2006년의 교육기본법 개정은 일본형 인간의 육성을 담는다. 실은 그 내용은 '국가의식'의 형성과 동원이다. 대외적 내셔널리즘을 효과적으로 작동시키기 위한 대내적 내셔널리즘의 이데올로기 전략에서 사회통합이나 국민국가의 일체성 확립을 기도한 것이다.47) 그런 국가의식 형성이 노리는 것은 개헌이고 개헌의 목표는 전전 체제의 회복이다. 실제로 아베가 기시의 개념을 차용해 미국과의 대등성을 의미하는 쌍무성을 내걸어 궁극적으로는 평화헌법을 개정하고 회복하려는 것은 바로 전전 일본과 같은 상태다.

대미 관계의 쌍무성双務性은 그런 일본으로 돌아가기 위한 힘의 비축이다. 그에 관해 아베는 '지금의 헌법해석 하에서는 일본의 자

---

44) 安倍晋三, 『美しい国へ』, 95.

45) 神島二郎, 『近代日本の精神構造』, 24.

46) PHP硏究所 編, 『安倍晋三 対論集』, 234.

47) 伊藤述史, 『現代日本の保守主義批判』, 9-11.

위대는 미국이 공격받는 때 피를 흘리지 않는다', '그래서는 완전한 대등한 파트너라고 말할 수 없다'라고 했다. 대등한 피의 동맹을 구축해 미국에도 말하고 싶은 것을 말하는 관계가 되자는 것이다. '전후사'를 재검토하겠다는 것도 그 뜻이다. 미국과의 군사적 쌍무성으로 대등한 관계를 구축해 '대국' 일본을 회복하겠다는 것이다. 이런 사고는 역대 자민당의 강경파도 노골화하기를 꺼린 것이다. 그 방식으로 하자면 헌법에 정면 도전할 수밖에 없기 때문이다.[48] 반면 개헌론을 내세운 아베에게 그것은 오히려 배후의 힘이 된다. 그래서 미국과 대등한 쌍무성을 말하는 아베 노선은 헌법에 대한 도전을 노골화시킨 것이다.

그 점에서 아베의 개헌론은 나카소네나 고이즈미 등과도 다르다. 다른 개헌론자들이 정책적 입장을 내세우거나 혹은 복고적 입장을 특별히 강조한다고 보기 어려운 것과 달리 아베 노선은 전전 혁신 세력을 대표하는 기시의 계승을 공공연히 내세움으로써 전전 체제의 회복을 노골적으로 추구한다. '전후 레짐regime으로부터의 탈각'이 그것이다. 기시가 점령정치체제로부터 탈각을 말했듯이 아베도 제1차 정권에서부터 전후체제로부터의 탈각을 외쳤다. 전후체제는 신헌법을 정점으로 한 행정, 교육, 경제, 외교·안보 등의 기본적 틀인데, 그런 기본 틀은 모두 GHQ가 만든 것이므로 그로부터의 탈각이란 그 기본적 틀을 부정하는 '새로운 나라 만들기'인 것이다.[49]

---

48) 柳澤協二, 『亡国の安保政策』, 15, 23; 豊下楢彦, 『集団的自衛権とは何か』, 117-118.

49) 安倍晋三, 『新しい国へ』, 254; 加藤 朗, 『日本の安全保障』, 108-109.

5. 개헌론 대공세의 배경

터부시되어 온 개헌 시도가 아베 시대 직전부터 정치적 목표로 노골화된다. 개헌을 위한 정치적 배경이 축적된 덕이다. 일단 개헌에 필요한 헌법상 요건을 갖추기 위한 국민투표법의 제정으로 이어진 일련의 개헌 움직임이 있다. 1999년 국회법 개정으로 중·참 양원에 설치된 헌법조사회가 2000년 활동을 개시하며 개헌작업이 본격화된다. 고이즈미 총리는 2003년 10월 국민투표법안을 국회에 제출하겠다고 하고, 여당인 자민당과 공명당은 2005년에 법안을 성립시키자고 합의한다. 자민당은 2005년 11월의 창당 50주년에 신헌법 초안 발표를 목표로 이미 2004년부터 준비에 착수한다. 2004년 1월 자민당 대회에서 이듬해인 2005년에 개헌 초안을 작성하고 전국각지에서 공청회를 개최하고 국민적 논의를 전개한다는 방침이었다. 개헌프로젝트팀은 6월까지 '논점정리'를 하기로 한다. 실제로 자민당은 2005년 10월 신헌법 초안을 결정하고 11월 창당 50주년 대회에서 '신헌법제정' 등을 지향한다는「신강령」과「신헌법 초안」을 정식 발표한다.

그리고 2006년 9월 고이즈미의 뒤를 이어 아베가 총리가 된다. 아베는 지론인 집단적 자위권 행사에 관해 현행헌법 하에서 가능한지를 개별적 구체적 사례에 입각해 연구하겠다고 하고, 개헌에 대해서는 '그 방향성이 확고하게 나오기를 바란다'라면서, 제9조를 타깃으로 종래 내각법제국의 견해가 변경되고 또 명문으로 개정되는 것을 노린다고 했다. 2007년 들어서도 아베는 개헌을 내각의 중점 추진사항으로 들고 7월 참의원 선거의 쟁점으로 하기로 하고,

국회에서 국민투표법안을 성립시키기로 한다. 그런데 사태가 일변해 여당과 민주당 그리고 그 외 야당과의 관계에서 국민투표법안은 대결법안이 된다. 아베는 재차 참의원 선거에서 개헌을 쟁점으로 하겠다고 강조하고 국민투표법안을 성립시키겠다고 한다. 그 결과 마침내 2007년 5월 국민투표법 즉 「일본국헌법의 개정절차에 관한 법률」이 제정된다.[50] 국민투표법은 2010년 5월 18일부터 시행된다. 이렇게 절차적으로 개헌 배경이 성립된다.

아베 시대의 개헌론 공론화의 또 다른 배경은 입헌주의에 대한 무관심이다. 1990년대 이후에 부추겨진 그런 무관심 속에서 정치는 반입헌주의적으로 방자해지기 시작한다. 오자와가 집단적 자위권 행사 용인에 저항하는 내각법제국에 의한 유권적 헌법해석에 부정적 입장을 드러낸 것이 그 대표적 모습이다. 오자와는 한 관청이 정부의 정책실현을 방해하는 건 부당하다면서 2002년과 2003년에 「내각법제국 폐지법안」을 낸다. 민주당 정권도 '정치주도'의 구호 아래 내각법제국 장관에 의한 국회 답변을 2010년 1월부터 2011년 12월 사이에 금지한다.[51] 법제국의 입헌적 기여는 무시하고 그 헌법해석권에 의한 정치적 판단의 제한만을 부정적으로 이해해 배제하려 한 것이다.[52] 민주적 대표의 이름을 앞세운 선거직이 입헌주의를 팽개치기 시작한 것이다.

개헌저지력도 상실되어 가자, 국민의 심리적 무력감도 커진다. 이전에는 55년 체제의 사회당을 중심으로 한 야당의 '3분의 1' 벽

---

50) 高見勝利, 『憲法改正とは何だろうか』, 112-124.
51) 奥平康弘・山口二郎 編, 『集団的自衛権の何が問題か』, 11, 94; 浦田一郎, 『政府の憲法九条解釈』, 3.
52) 長谷部恭男・杉田敦, 『헌법논쟁』, 68-69.

이 보수진영이 개헌정족수 3분의 2를 넘는 걸 저지했다. 노동·학생운동 그리고 논단도 억지력이었다. 1960년대 후반부터 도쿄, 오사카, 요코하마 등 대도시나 오키나와 등에 자리 잡은 야당 자치단체장의 '혁신 지자체'도 자민당의 폭주를 막았다. 그런데 그 억지력들이 모두 사라졌다. 노조, 학생운동, 논단 모두 비판력을 상실했고 지자체도 모두 여당화했다.[53] 아베가 전문성보다는 중립성을 요하는 영역인 즉 입헌주의적 영역인 공적 기관의 수장 즉 일본은행 총재, 내각법제국 장관, NHK 회장 등의 인사에까지 우호적 당파적 인사를 앉히고, 법제국을 지배하려 한 것은 그런 분위기에서 이루어졌다.

2009년 민주당에 패해 야당이 된 자민당은 이미 정권을 회복할 때 당내의 반대론을 누르고 개헌론을 리드해 가기 위해 2005년 개헌 초안을 종합 리뉴얼한 개정 초안을 만들어 당의 공식 문서화 한다. 2012년 총선에서 재기한 자민당의 아베 정권은 그 초안을 국회 개헌안의 표준으로 삼는다. 그렇게 밀어붙인 건 2010년대 초반의 자민당 지지율의 증가와 상관있다.[54] 아베는 2014년 각의 결정의 집단적 자위권 행사허용이라는 헌법해석 변경으로 발판을 만들고 일련의 안보법제를 통과시키며 개헌작업을 본격화한다. 대규모의 국민적 반발도 있었지만 안보법제는 2015년 강행 통과된다. 헌법의 실질적 내용을 변경한 그러한 해석개헌과 안보법제 강행은 '헌법파괴' 수준이라고 평가될 정도였다. 그 헌법 파괴가 저지되지 못한 이유는 개헌반대론은 여전해도 억지력이 없어졌기 때문이다.

---

53) 井上ひさし·樋口陽一, 『'日本国憲法'を読み直す』, 184; 長谷川正安, 『日本の憲法』, 143-144.
54) NHK放送文化研究所 編, 『現代日本人の意識構造』, 102-103.

그렇게 국민이나 언론은 무력감을 보였다. 제9조나 자위대 문제 그리고 미·일 관계에 대한 관심이 현격히 줄었다. 지난 20년간 자위대의 평화유지 활동 참가를 보는 매스컴의 입장도 변했다. 과거에는 자위대 위헌론이 대세였지만, 개별적 자위권 행사는 합헌으로 보면서 자위대 폐지를 주장하지 않는 게 대세가 되었다.55) 미·일 관계 문제에도 관심이 없다. 1960년 미·일 신안보조약 당시에는 국내 반발로 기시 내각이 총사직할 정도였던 반면, 현재는 미·일 안보 관계에서 과거 같은 논의도 보이지 않는다. 그간의 여론조사도 거의 국민이 제9조 개정문제에 소극적임을 보여준다. 국민은 현실의 자위대 운용을 큰 생각 없이 받아들인다. 동일본대지진과 원자력 재해 당시 자위대원이 보여준 구조나 부흥지원 활동을 본다. 제9조 하에서의 자위대의 정당성 문제에 대한 관심보다는 자위대의 현상적 모습만 기억하고 거의 무관심에 가까운 일반적 공감만 보인다.56)

따라서 아베의 개헌 공론화와 정책화는 단순한 정권 차원의 과도함이나 일탈이기보다는 일련의 시대적 변화의 반영이다. 아베는 전쟁세대가 정계에서 거의 은퇴한 90년대 이후에 나온 전후 세대 첫 총리다. 그 시기는 9.11테러의 충격이나 그로 인한 테러와의 전쟁에 대한 지지, 북한의 납치문제 확인이나 핵·미사일 문제, 중국의 군사 대국화 등의 배경이 국가권력의 필요에 대한 국민적 감각을 변화시켜 우파 정권에게 유리한 환경이 되었다. 민주당의 집권 즉 국내정치에 등장한 본격적인 정권교체 경험 자체도 자민당 내 우파의

55) 細谷雄一, 『安保論争』, 14-15, 192.
56) 樋口陽一, 『いま, 「憲法改正」をどう考えるか』, 94-95.

구심력을 상대적으로 부각해 주었다. 정권교체의 가능성이 나타나자 체제의 정통성을 둘러싼 이데올로기적 경쟁이 출현했을뿐더러, 실제로 2009년 민주당의 집권으로 자민당은 야당으로 전락해 정체성의 위기에 빠졌던 경험을 통해 보수색을 더욱 강화한 것이다.[57]

아베는 그 상황을 극적으로 이용한다. 아베는 2012년 중·참 양원 3분의 2 이상의 찬성이 필요한 개헌요건과 관련해 역으로 의원 3분의 1을 조금 넘는 의석수로 개헌을 저지할 수 있는 구조인 것은 이상하다면서 요건을 과반수로 낮추자고 한다. 메이지 헌법하에서 조차도 개헌안 발의는 천황만 할 수 있었지만 의결은 중의원과 귀족원 각 원 총의원 3분의 2 이상의 출석과 3분의 2 이상의 가중다수결을 요했던 것을 고려해 보면 이는 분명히 반입헌적 주장이다. 그런데도 아베는 개헌요건의 개정을 2013년 참의원 선거에서 쟁점화하려 했다. 국민이 개헌하고 싶다는데 3분의 1 정도의 의원들이 반대해서 국민의 의사가 반영되지 못하는 건 민주주의가 아니라는 식이었다.[58] 선거에서 다수를 점한 이상 어떤 정치적 정책적 결정도 통제받아서는 안 된다는 식이었다. 이는 당시 호헌세력의 패배적 분위기와 이를 이용한 아베의 공격적 태도를 상징적으로 보여준 일이었다.

---

57) 奥平康弘·山口二郎 編, 『集団的自衛権の何が問題か』, 7-8.

58) 樋口陽一·小林 節, 『憲法改正の真実』, 43-44.

6. 개헌용 안보정책 구축

(1) 집단적 자위권 법제

제9조 개정을 위한 길에서 고이즈미가 지도력에 기반을 두고 이라크파견 등을 밀어붙였다면 아베는 집단적 자위권을 위한 구조적 제도적 방식을 택한다. 그것은 미·일 동맹에 근거한 집단적 자위권에 대한 '해석개헌解釈改憲'으로 대미지원 과정에서 재무장의 기틀을 만드는 것이다. 아베 정권은 최종목표인 개헌으로 가는 중간단계의 목표를 집단적 자위권 해석변경에 둔다. 집단적 자위권의 근거는 현행헌법 시행 후 유엔에 가맹해 비준한 헌장 제51조가 가맹국의 개별적·집단적 자위권을 명기한 것과, 미·일 안보조약 전문에 있는 '개별적 혹은 집단적 자위의 고유한 권리를 보유하고 있음을 확인'한다는 등이다.[59]

문제는 그 행사 가능성이다. 과거 정부는 분명히 부정적이었다. 1960년 기시조차도 자국과 밀접한 관계인 타국이 침략당하는 경우 자국이 침략된 것과 마찬가지의 입장에서 타국에 가서 방위하는 집단적 자위권은 헌법상 가능하지 않다고 했고, 그 입장은 이후에도 이어졌다. 1972년 다나카 가쿠에이田中角栄 정권도 중의원에 낸 자료에서, 헌법상 자위 조치도 무력공격에 의해 국민의 생명, 자유 및 행복추구권이 전복되는 급박하고 부정한 사태에 그를 지키기 위한 불가피한 조치로서만 용인되므로 개별적 자위권 행사에도 엄격한 제약이 있는 만큼 '타국에 가해진 무력공격을 저지함을 내용으로 하는 집단적 자위권 행사는 헌법상 허용되지 않는다'라고 했다.

---

59) 安倍晋三·岡崎久彦, 『この国を守る決意』, 74-75.

1981년 스즈키 젠코鈴木善幸 내각의 국회 답변서도 거의 같았다.60)

반면 이를 긍정적으로 주장한 일부 학자들은 정부의 관련 해석은 전후 정치 속에서 농락되고 표류해 왔다고 보았다. 그래서 제9조가 집단적 자위권 행사가 가능한지 아닌지에 대해 명문으로 규정하지 않기에 그에 관한 내각법제국의 입장도 미묘하게 흔들려 왔고 그래서 해석상 일부 행사가 허용되는 게 위헌이라 단정할 수 없다고 했다.61) 아베는 그 견해로부터 힘을 얻는다. 자민당의 2005년 '신헌법 초안'까지만 해도 아직 집단적 자위권이 명기되지 않았는데, 초안책정 뒤 1년도 되지 않은 2006년 아베는 그런 사고에 힘입어 『아름다운 나라로美しい国へ』라는 책에서 '전후체제로부터의 탈각'을 주장하며, 이를 제9조 개정과 집단적 자위권 행사와 결부시킨다.

아베는 '국제법상 보유, 헌법상 행사 불가'라는 정부해석에 대해 집단적 자위권을 행사할 수 없는 일본은 마치 '금치산자禁治産者'와 같다고 비판한다. 즉 그것은 재산에 관한 민법상의 '금치산자' 규정과 비슷한데 이는 권리를 가지면 행사할 수 있다고 보는 국제사회의 통념에 반한다고 했다. 그러면서 행사할 수 있어야만 미·일 안보조약에서의 '쌍무성'을 실현하고, 미국과 대등한 관계가 된다고 했다.62) 총리가 된 아베는 그를 위한 첫걸음으로 2007년 '안전보장의 법적 기반 재구축에 관한 간담회'를 설치해 집단적 자위권 행사 가능성을 검토하기 시작한다.

첫 단추는 안보정책에 백지위임장을 부여하는 입법이었다. 이는 집단적 자위권을 둘러싼 해석개헌을 위한 포석이었다. 아베는 정보

---

60) 豊下楢彦, 『集団的自衛権とは何か』, 5-7, 81; 阪田雅裕 編, 『政府の憲法解釈』, 50.

61) 細谷雄一, 『安保論争』, 163.

62) 安倍晋三, 『美しい国へ』, 131-133.

전략에 관해 내각이 방위청이나 외무성 등과 더욱 체계적으로 묶이는 시스템을 구상했다. 집단적 자위권의 해석변경을 군사행동의 현실화를 위한 법제 정비와 세트로 이루고자 한 것이다. 2013년 아베는 집단적 자위권 행사허용 견해를 밝힌 자들만으로 이루어진 '안보간담회'를 다시 연다. 아베는 그 작업의 이념적 배경으로 국제협조주의를 내세운다. 2013년 말 정부가 각의 결정한 '국가안전보장전략'에 있는 안보 기본이념이 그것을 뒷받침했다.

아베는 그 기본이념의 표현처럼 국제협조주의에 기초한 적극적 평화주의의 입장에서 국제사회의 평화와 안정 및 번영의 확보에 지금까지 이상으로 적극적으로 기여해 간다는 적극적 평화주의 슬로건으로 헌법해석 변경에 대한 국민저항을 줄이고자 했다. 결국 그 법제화로 2013년 국회에서 「국가안전보장회의설치법」과 「특정비밀보호법」이 성립된다. 특히 신속한 의사결정을 위해 총리, 내각 관방장관, 외무·방위상 만에 의한 심의기관을 두고, 그 지원을 위해 각 성에 자료 혹은 정보제공 의무를 지우는 안보회의법은 안보전략에 관한 총리관저의 배타적 주도권을 위한 법이다.[63]

2014년 5월에 아베 정권은 「평화안전법제정비법」 등 총 11개의 안보 관련 법안을 동시 발의한다. 그로 인해 국회 안팎에서 격렬한 찬반논쟁이 일고 국회 주변과 총리관저 앞에는 법안 지지 혹은 반대파들이 운집한다. 1992년의 「PKO 법안」, 1998년의 「주변사태법」, 2001년의 「테러특별법」, 2003년의 「이라크특조법」 등에서 보인 헌법 논쟁의 재현이었다. 일본을 제3국 간의 분쟁 혹은 내전에 개입하게 하거나 미·일 동맹의 협력을 일본 외 지역으로 확대한다는 논

---

63) 柳澤協二, 『亡国の安保政策』, 1-3, 76-77.

란을 만든 그 법들에 이은 또 한 번의 안보논쟁이었다.64) 더욱이 이 법들은 의회 논의도 하기 전에 아베가 미연방의회에서 성립시키겠다고 약속한 것으로 국회심의나 국민적 논의 시작 전에 안보법제 성립은 이미 확신한 것이다. 의회 결정은 단순 요식행위로 치부된 것이다.

그 법들은 자위대를 군대로 기능시키는 '전쟁하는 국가'로의 전환을 의미했다. 그 결말로서 2014년 7월 정부는 '집단적 자위권 행사허용'을 각의 결정했다. 그것으로 자위대가 미군 등과 해외 군사행동을 하는데 지장이 없게 되었다. 이제 모든 것이 맞춰지는 듯했다. 미·일 간의 새 가이드라인은 '자위대와 미군은 해상교통 안전 확보를 목적으로 하는 해상 기뢰 제거와 함선을 방호하기 위한 호위작전에 협력'한다고 했다. 호르무즈해협의 기뢰 제거를 상정한 규정인데 그곳은 이란-이라크 전쟁, 걸프전쟁 지역이었다. 기뢰란 명백히 '전시이기에 여당인 공명당도 부정적이었는데 제3차 아베 정권은 미국과의 합의를 우선시하고 밀어붙였다. 그래서 지구적 규모의 미·일 군사행동도 가능해졌다.65)

일련의 결과에 학계와 국민 모두 반발했다. 그래서 2015년 6월의 국회 헌법조사회에서 자민당이 초청한 헌법학자 하세베 야스오 長谷部恭男 등 참고인 3인은 모두 집단적 자위권 행사 결정이 '위헌'이라고 했다.66) 매스컴 조사에서도 그에 관해 헌법학자의 90% 이상이 위헌이라 했다. 여론도 급격히 악화하고 국회에서도 민주당 등 야당이 일제히 위헌이라고 비판하면서 맞물려 진행되던 안보법

---

64) 加藤 朗, 『日本の安全保障』, 12, 35.

65) 小林陽一, 「軍事立国をめざす安倍改憲の戦略」, 9-10.

66) 小林節·佐高信, 『安倍「壊憲」を撃つ』, 44.

제의 폐기를 요구했다.[67) 아사히신문의 2015년 7월 11일 자 헌법학자들에 대한 조사결과 보도에서는 '자위대의 존재'가 위헌이냐는 질문에는 전체의 63%가 '위헌' 혹은 '위헌 가능성이 있다'라고 답한 수준이지만, '헌법 제9조 개정'에 대해서는 '개정 필요가 없다'가 전체의 81%였다.[68)

아베 정권 하에서 2015년 9월 그 안보법안들도 통과되자 많은 학자들은 명백히 위헌인 법안들의 통과로 헌법의 평화주의가 부정되는 '헌법 파괴'가 행해졌다고 평가했다.[69) 그러나 아베의 행보를 막을 만한 저지력을 보여주는 진영이나 논리는 확인되지 않았다. 헌법학자 다수는 자위대를 '위헌'이라 보지만 개헌은 반대하는 식으로 논리의 혼란을 자초했다. 마찬가지로 다수의 헌법학자가 헌법해석 변경을 '입헌주의의 부정'이라고 보면서도 그들이 뚜렷이 세력화된 것도 아니었다. 헌법해석 변경 문제가 자위대의 존치와 개헌의 필요성 문제와 결부되어 있어 비록 반입헌주의적 발상임은 잘 알더라도 그에 비판적인 진영을 결집하는 논리의 구축은 어려웠던 것이다.

(2) 내각법제국의 굴복

일련의 반입헌적 행위의 정점은 2014년 「내각법제국法制局」을 굴복시켜 받아낸 헌법해석 변경이다. 실질적 헌법해석기관 역할을 하는 법제국에 대한 압력의 결과였다. 내각의 보조기관인 법제국이

---

67) 加藤 朗, 『日本の安全保障』, 11.

68) 細谷雄一, 『安保論争』, 14-15.

69) 樋口陽一・小林 節, 『憲法改正の真実』, 3-5.

헌법의 파수꾼이라 불리더라도 종래의 헌법해석을 바꾸는 게 허용되지 않는다고 보기도 어렵고, 헌법 법규의 내용에 관한 최종판단 권자가 최고재판소임도 자명하다. 그러나 내각법제국이 실질적 헌법해석을 해온 것도 사실이다. 특히 법제국의 자립성이 법제상의 의견을 내각에 진술한다는 기능에 기초한 것이기에 법제국장관 등이 국회에서 답변하는 의견사무를 통해 명백한 헌법해석이 이루어져 왔다. 정치부문의 헌법 유권해석은 국회가 한다지만 그것이 대개 법안심의를 통해 확인되는데, 의원이 내각의 법 해석에 관해 질문하면 법제국 관계자가 답변하게 되는 점에서 헌법해석이었다.

국회에서 총리 바로 뒤에 앉아 답변을 위해 총리와 귓속말하고 때로는 총리나 각료에 대한 질문에 장관 스스로 답변석에 가서 답변하기도 하고 헌법해석에 관한 정리된 의견을 내는 법제국의 존재와 활동은 다른 입헌주의에서는 보기 힘든 일본 특유의 모습이다. 내각 소속 정부 기관이 비록 자기 판단이더라도 실질적 헌법심사를 한다는 점은 일본 외의 입헌주의국가에서는 보이지 않는다. 그런 법제국의 헌법해석 이미지는 오랫동안 정치와 국민에 각인되어 왔다. 행정부에 속하면서도 독립성을 지닌 법제 전문가들이 정부 제출법안 심사와 법률문제에 대한 의견제시로 정부의 헌법해석을 주도하는 이미지다. 그 해석은 법적 구속력은 없지만 정부에서 사실상 존중되고 또한 최고재판소의 위헌심사가 활성화되지 않은 일본에서 상대적으로 중요성이 부각하였다. 그래서 일본 입헌주의의 보루로도 평가된다.[70]

내각법제국의 기원은 메이지 정부가 '메이지 14(1881)년의 정변'

---

70) 浦田一郎, 『政府の憲法九条解釈』, 1-4.

뒤 10월에 '국회개설 칙유'에 응하는 제도설계의 담당자로 태정관에 신설한 '참사원参事院'이다. 참사원은 법령통일을 위해 정부, 각 성, 원로원이 제출한 법안의 사전심사를 했다. 법령심사를 통한 종합조정으로 개혁의 두뇌로 기능하게 된 참사원은 시급한 조약개정 교섭을 준비하고 제도를 정비했다. 이토를 의장으로, 이노우에 고와시 등 법제에 능통한 신진 관료들이 집중되었다. 그 후 정부는 1885년 내각제 발족에 맞춰 태정관의 참사원과 내각의 '제도취조국制度取調局'을 합친 「법제국」을 내각에 만든다. 그 점에서 1873년 태정관 정원에 설치된 '법제과'도 그 기원에 속한다.71)

법제국은 1893년에 '법제국 관제'에 의해 '내각에 예속된다'라고 규정되지만, 이는 천황에 예속된다는 뜻이기에 내각을 넘는 천황과의 결합도 의미했다. 따라서 일정한 독립성을 지녔다. 법제국은 법령통일을 위한 각 성 제출법안의 심사, 내각의 중요정책 조사와 입안을 담당하기 위해, 관료 중 우수 인재를 스카웃했다. 호즈미, 미노베 등 제국대학 법대 교수들도 '참사관参事官'으로 겸임시켜 권위를 확보했다. 점령군에 의해 1948년 폐지되기도 하지만, 1952년 강화조약 발효 후 내각 직속의 법제국으로 부활하고 1962년에 국회의 '의원議院법제국'과 구별하기 위해 '내각법제국'이 된다. 법제국 장관은 내각 안팎에서 강한 발언권을 가지고 법제 정비를 빌미로 정치적 조정까지 행한다. 그래서 오늘날과 같이 각의가 종합조정의 장으로 기능하게 된 것이다.72)

---

71) 清水唯一朗, 『近代日本の官僚』, 145-146; 阪田雅裕, 『政府の憲法解釈』, 315; 中村 明, 『戰後政治にゆれた憲法九条』, 68.

72) 中村 明, 『戰後政治にゆれた憲法九条』, 69-71; 浦田一郎, 『政府の憲法九条解釈』, 2; 清水唯一朗, 『近代日本の官僚』, 153-156.

'내각법제국설치법' 제3조에서 보듯이 정부와 내각에 대한 법률 고문단으로 기능하는 법제국의 주요업무는 각의에 올라온 법령안에 대한 심사사무와 법률문제에 관해 총리나 대신 등에게 의견을 말하는 의견사무인데, 그중 내각이 제출한 법안에 관해 각의의 결정 전에 기존법령과의 모순, 법 개정의 과부족, 법문의 논리성 여부가 검토되는 법령심사 기능이 내각법제국의 종합조정 기능과 주로 결부된다. 법제국의 존재 하에서 모든 법안은 각의에 제안되기 전에 법제국의 심사를 거쳐야 하기에 정책형성의 관문이 된 법제국은 정책을 통해 각 성을 종합적으로 감독하고 장악하는 기능이 된 것이다.[73]

메이지 시대부터 이어져 온 법제국의 조정기능은 헌법 외적 존재인 내각을 도와 입헌주의를 보강함으로써 애초 내각에 대한 일종의 불신으로 인한 불완전한 의원내각제에서 그나마 입헌주의를 지키는 역할로 이해되었다. 즉 근대적 책임정치로서의 의원 내각제적 요소를 담았으면서도 내각이 헌법 외적 존재가 되어 국정의 책임 주체가 누구인지 불확실한 불완전한 의원내각제인 메이지 헌법체제에서 내각에 힘을 실어주는 역할이었다. 그 점에서 내각법제국은 일본식 의원내각제를 지지하는 일종의 보조적 기제로 운용되었다. 그런데 이런 역할은 정치의 적극적 형성과도 같은 의미를 지니기에 반발도 불렀다.

그 반발은 법률문제에 관한 의견사무를 통해 법제국이 실질적으로 헌법해석을 주도하는 점에 집중된다. 즉 법제국장관 등이 국회에서 답변하는 형식으로 의견을 내면서 헌법해석을 해오는 법제상

---

[73] 飯尾 潤, 『日本の統治構造』, 61.

의 의견 진술에 집중된다. 정치부문의 헌법 유권해석은 국회가 한다지만 그것이 대개 법안심의를 통해 확인되는데, 의원이 내각의 법 해석에 관해 질문하면 내각법제국 관계자가 답변하게 되는 점에서 그것은 헌법해석이었다.74) 실제로 그 진술이 축적되면서 자연스럽게 헌법해석이 되었다. 이런 헌법해석 상의 실질적 주도권이 정치를 형성하는 것으로 비치면서 비판을 받게 된 법제국은 입헌주의적 갈등의 한가운데 놓이게 된다.

내각법제국은 내각 소속기관이라 알고 보면 여·야의 정치적 타협을 모색해 국민이 받아들일 만한 '정부견해'를 만들 뿐이다. 그래도 결과적으로 1972년 이후 오랜 기간 집단적 자위권 행사 '전면금지론' 같은 중요 헌법해석을 축적하게 된다. 1960년대 이후에 보인 집단적 자위권 '부분적 허용론'에서 볼 때 이는 획기적인 정부견해로 법제국은 부분적 허용론에서 전면금지론으로 헌법해석을 변경해 정부견해로 확립했다. 그렇듯 법제국이 전쟁포기 규정 하에서 오랫동안 안보체제나 자위대를 법적으로 정당화하는 역할을 수행한 점에서 헌법해석의 핵심이었고, 그래서 각국의 사전 위헌심사기관 중 하나로 내각법제국도 주목되는 것이다.75)

그 내각법제국은 아베 정권에서의 헌법해석변경 외에는 종래 헌법해석을 바꾼 경우가 단 한 건밖에 없었다. 헌법 제66조 제2항 '내각총리대신 그 외 국무대신은 문민이 아니면 안 된다'라는 해석이었다. 법제국은 문민은 군국주의에 깊이 물든 직업군인을 제외한 자라고 해석해 1954년에는 '자위관은 문민이므로 방위청 장관에

---

74) 浦田一郎, 『政府の憲法九条解釈』, 3.
75) 細谷雄一, 『安保論争』, 178, 183; 浦田一郎, 『政府の憲法九条解釈』, 5.

취임 가능'하다고 답했다가, 이후 무력조직 내의 직업을 가지지 않은 자라고 해석함으로써 1965년 법제국 장관이 '자위관은 국무대신에 취임할 수 없다'라고 답해 결과적으로 해석 변경한 한 건뿐이다.76) 그런 태도 덕에 법제국 해석이 확립된 견해로 받아들여지자 그것은 그저 법제국이 정부 법 해석의 배타적 절대적 권한자인 듯 간주되어 바뀔 수 없는 해석인 것으로 비친 결과에 불과하다는 비판도 나온다.

특히 1960년대에 법적 근거도 없이 설치되어 소관 사무로 내각 법제국의 '소관 법률문제에 관하여 법제국 장관의 자문에 답하거나 내각 및 총리대신 등 각 대신 등에 대하여 법령해석에 대한 의견회답, 법률안·정부안의 심사 입안, 조약안 심사의 경우에 학계 등의 권위자로부터 조언과 협력을 얻기 위해 5인의 참여를 하게 하는' 것으로 제도화된 '참여회'가 지목된다. 참여회가 1970년대 이후 경직화되어 과거 답변을 바꾸지 않는 압력집단이 되었다는 것이다. 그래서 1981년에 '정부답변서'로 작성된 집단적 자위권 행사 '전면 금지론'도 논리 형성의 전제가 된 안보환경이 변해 그 후 내각이 해석변경을 하려 해도 종래 국회 답변에서의 정부해석의 사수 자체가 법제국의 자기목적화되어 변경이 차단된다는 것이다.

그래서 법제국은 타깃이 된다. 의견보고기관에 불과해 총리와 관방장관이 참고의견으로 간주하면 그만이라고 법제국 의견의 의미를 폄하했다. 법제국의 경직성과 관료성에 대한 비판도 이어졌다. 내각은 법률전문가인 법제국의 법률해석을 존중해야 하더라도 국제정세 등이 변해 종래 해석이 통용되지 않는 사태가 생기면 내각의 책

---

76) 半田 滋, 『日本は戦争をするのか』, 28.

임 하에서 해석을 바꾸는 것도 가능한데, 법제국이 치외법권 영역처럼 일절 해석변경이 허용되지 않는다고 하는 건 지나친 일종의 관료지배라고 비판했다.[77] 아베 정권은 법제국을 굴복시키는 방법을 모색했다. 아베는 제1차 정권에서 한 차례 헌법해석변경 시도가 단념된 것을 거울삼아 우선 법제국의 구성원 변경을 시도함으로써 그 작업을 개시한다.

사실 내각의 한 부국임에도 총리가 지시, 명령해도 움직이지 않는 법제국의 저항에 역대 총리처럼 아베도 한때 좌절했다. 아베가 미야자키 레이치宮崎礼壹 법제국 장관에게 헌법해석 변경을 요구했지만 그는 헌법을 바꾸지 않으면 어렵다고 했다. 그래서 아베가 구성원 변경을 시도한 것이다. 법제국장관 등 간부는 관례상 법무·재무·경제산업·농수·자치성 출신인데, 아베는 2013년 8월 외무성 출신의 주프랑스대사 고마츠 이치로小松一郎를 장관에 앉힌다. 이례 중의 이례였다.[78] 장관은 법제 차장이 승진하는 게 관례이고 외무성 출신자가 된 적이 없지만 아베는 두 가지나 관례를 깨고 집단적 자위권 헌법해석 변경을 위해 외무성에서 뛰던 고마츠를 앉힌 것이다.

그 무렵부터 아베는 법제국의 의견에 구애받지 않는 태도를 보이면서 '민주주의'를 내세우기 시작한다. 2014년 2월 집단적 자위권 행사 허용문제로 의회에서 추궁당한 아베는 법제국의 답변을 요구하고 있지만 정부의 최고책임자는 자신이라면서, 정부 답변에 자신이 책임을 지는 것이고, 게다가 자신들은 선거로 국민의 심판을 받

---

77) 細谷雄一, 『安保論争』, 183-186.

78) 奥平康弘·山口二郎 編, 『集団的自衛権の何が問題か』, 92.

는다고 강조했다. 심판을 받는 건 법제국 장관이 아니라 자신이라고 했다.[79] 선거직 정치가의 어떤 행동도 정당화된다는 식의 이 사고방식은 선거라는 이름으로 이루어지는 '민주주의'의 통치권 만능의 위험성을 규제하는 장치로서의 입헌주의에 대한 도전이었다. 그런 아베의 강수에 결국 2014년 2월 법제 차장이 "종전 해석을 변경하는 게 지당하다는 결론이 얻어진 경우에는 그것을 변경하는 게 일반적으로 허용되지 않는다고 할 수 없다"라며 길을 열어준다.

아베는 2014년 5월 '간담회'로부터 집단적 자위권과 유엔 다국적군에의 참가를 의미하는 집단안보 조치에의 참가를 촉구한다는 내용의 '보고서'를 받은 당일 정부의 '기본방향성'을 발표한다. 보고서를 정부에 제출하며 헌법해석 변경을 제언한 아베 내각은 집단적 자위권 행사를 허용하는 새로운 헌법해석을 2014년 7월 각의 결정한다. 이로써 집단적 자위권 행사가 개헌이 아닌 헌법해석 변경 방식인 '정부해석'으로 허용된다. 그 일련의 과정은 헌법이 더 이상 정치권력제한 규범이 아니라 정치권력의 필요에 맞게 해석되는 헌법으로 전락하였음을 의미했다. 또한 헌법현실과 헌법 규범 사이의 갭으로 자위대와 평화헌법이 모순적으로 공존하는 상황을 해석변경으로 미봉해 버린 반입헌주의적 폭거를 의미했다.[80]

이에 대해 아베 정권은 법적 안정성을 존중하면서 시대 상황에 맞춰 유연하게 헌법해석을 변경하는 게 왜 입헌주의 부정이고 파괴냐고 반문한다.[81] 헌법해석의 유연한 변경 가능성 자체의 당부로 해석변경의 정당성을 판단하라는 식이다. 그러나 입헌주의가 정부

---

79) 半田 滋, 『日本は戦争をするの』, 35.
80) 三上 治, 『憲法の核心は権力の問題である』, 14.
81) 細谷雄一, 『安保論争』, 203.

의 권한 행사에 대한 통제라면 정부 스스로가 헌법해석 변경을 통해 권한을 확대하는 건 반입헌주의적이다. 주권자인 국민의 의사에 묻지 않고 헌법해석을 변경하면서 국민적 반대에 대해서는 '개헌이 바람직하지만, 그러려면 절차적으로 시간이 걸린다. 대응해야 할 위기에 있어 시간적으로도 뒤늦어져 국민의 안전을 지켜야 할 정부의 책임을 다할 수 없다'라고 변명하는 것도 위헌적 발상이다. 따라서 그 변경의 위헌성은 정략적 논리로 쉽게 호도될 만한 것이 아니다.[82]

7. 탈서구 개헌론의 국가주의

아베의 개헌론은 전전의 반서구 이데올로기의 '전후 버전'인 '강요 헌법론'을 기초로 한다. 그 강요는 실질적으로 두 가지 의미다. 하나는 1945년 8월 포츠담선언 수락의 패전에 의한 강요이고, 또 하나는 일본의 전통에 걸맞지 않는 세계적 인권사상의 강요라는 것이다. 개헌론자들은 두 번째 의미의 강요에 특히 저항한다. 일본식 삶의 방식에서는 개인의 존엄보다 '화和'가 중한데 서구적 '인류 보편' 원리를 헌법전문에 넣어 서구 가치관을 강요해 전통적 삶이 무너졌다는 것이다. 이를 보면 그들이 입헌주의를 부정함을 알 수 있다. 근대입헌주의는 국가도 민족도 아닌 '개인'을 기초로 한 것인데, 개인을 거부하기 때문이다.[83] 즉 강요 비판이 개인의 기본권보장을 위해 국가권력을 제한하자는 인류 보편적 원리를 비판함으로

---

82) 柳澤協二, 『亡国の安保政策』, 28-29.

83) 井上ひさし・樋口陽一, 『'日本国憲法'を読み直す』, 15-17, 86.

써 근대입헌주의도 거부하는 것임이 판명되는 것이다.

그렇듯 '모든 국민은 개인으로서 존중'된다는 헌법 제13조를 최근의 자민당 개정 초안은 '인人으로서 존중'된다는 것으로 바꿨다. 자유로운 결정주체인 개인으로 매개된 사회관계가 아니라 '가족과 사회 전체' 속에 위치 지워진 '인人'을 말함으로써 개인을 토대로 하는 근대입헌주의 이념을 버린 것이다.[84] 즉 개인의 자립을 강조하면서 가족제도를 비판하는 입장은 국가를 가족의 연장으로 보는 전전의 국가관에 대한 비판이었다. 그래서 개인에 대한 거부가 입헌주의 거부로 연결됨을 그들은 잘 알고 있다. 근대적 개인과 봉건적 가족의 모순대립은 전후의 문학적, 사상적 테마로서 가족의 문제는 늘 논란대상이었기 때문에 그 부활은 입헌주의 거부를 의미함을 잘 알 수밖에 없다.[85] 따라서 아베식 개정안의 태도는 근대입헌주의에 대한 의도적 포기와 다름 아니다.

그들은 강요를 말하지만 그런 개헌안이야말로 이데올로기적 강요다. 세계에서 유례를 찾기 힘든 가족주의적 맹신을 국가이념으로 드러냈던 일본도 오늘날은 가족 중심주의에서 멀어져 있다. 탈가족주의는 서구개인주의를 전제로 한 헌법의 탓이 아니고 일본에서도 그저 엄연한 현실이다. 그런데도 가족주의를 재강조하는 것은 탈가족주의라는 현실을 무시한 이데올로기적 강요일 뿐이다. 그 점에서 자민당의 개정 초안은 더더욱 오늘날 가능한 헌법인지도 의문이다. 개인의 기본권존중 같은 인류 보편 원리 즉 국가는 개인의 권리를 실현하기 위한 도구라는 근대입헌주의적 사고는 입헌주의 출범의

---

84) 樋口陽一, 『いま, 「憲法改正」をどう考えるか』, 106-107.
85) 淸水正之, 『日本思想全史』, 385.

원리이자 이제는 현실의 모습인데도 그조차 부정하기 때문이다.[86)]

가족주의를 넣기 위한 방편으로 근대입헌주의적 요소는 강요였다 라면서 배척하는 그 태도는 의심할 바 없이 구헌법이 지배하던 구체제로의 복귀를 희망하는 사고다. 근대입헌주의의 '천부인권설'에 메이지 시대부터 일부 일본인들이 거부반응을 보였던 것에서도 그 점을 확인할 수 있다. 제국대학 총장을 지낸 가토 히로유키는 『진정대의真政大意』와 『국체신론国体新論』 등에서 '천부인권론'을 주창했다가 정부에 대한 충성을 보여주기 위해 1881년 위 책들을 스스로 절판했을 정도다.[87)] 개헌파가 개인을 전제로 하는 게 아니라 전체 속에서 자신의 본분을 다하는 것만 중시하는 태도는 그런 전전의 태도의 답습인 것이다.[88)]

사실 '가족주의'는 어떤 법적 근거도 찾기 어렵다. 구헌법에 명문화된 것도 물론 아니다. 부모에게 효도하고 형제 간에 우애를 가지고 부부 간에 화합하라는 가족주의 국가관은 1890년의 교육칙어에서 공식화된 것일 뿐이다. 더욱이 가족주의는 중국이나 한국 등 대륙에서 유래된 사고방식으로 특별히 일본 고유의 것도 아니다. 그것은 기껏해야 도덕률이나 생활규범이다. 그런데도 가족주의를 헌법에 넣으려는 것이다. 그렇게 보면 개헌론자에게 '강요'라는 논점은 단순히 헌법의 '탄생' 방식의 강요만 말하는 게 아니라 오히려 '강요'된 내용 즉 '작용'에 대한 이의가 된 것임이 분명하다. 그이의는 구시대로의 복귀다. 자민당 개정 초안이 강요를 내세우며천부인권을 기피하고 '오랜 역사와 고유한 문화'를 강조하는 것은

---

86) 高橋哲哉・岡野八代, 『憲法のポリティカ』, 40-55.

87) 牧原憲夫, 『民権と憲法』, 135.

88) 文部省 編, 『國體の本義』, 50-51.

구시대로의 복귀의 구실인 것이다.

가족제도의 이데올로기적 힘을 부활시켜 이를 개헌과 이념적으로 연결하는 것은 국민의 관점이 아니다. 국민은 현행헌법이 가족주의의 붕괴를 의미하는, 문제 있는 헌법으로는 보지 않는다. 오히려 패전 이후 신헌법은 전전의 입헌주의 퇴보에 대한 만회라고 본다. 현행헌법이 제13조에서 '모든 국민은 개인으로서 존중된다'라고 하고, 제24조 제2항에서 '개인의 존엄'을 언급한 것이 개인의 독립선언임을 이해한다. 말살된 개인의 부활이 신헌법에 의해 뒷받침된 것임을 안다. 물론 그 조항이 일본 고유의 정신세계나 전통을 담는 것은 아닌 서구모방이기는 했지만 그를 받아들인 것이다.

즉 1946년 3월 18일 자「타임스」지가 미국 헌법전문이 '우리 인민We the people'으로 시작됨에 빗대어 일본헌법 초안을 '우리 흉내쟁이We the mimics'라는 제목으로 풍자하듯이[89] '개인'은 서구모방으로 탄생했다. 그러나 국민은 그렇게 해서라도 개인의 부활을 원했기에 그에 대립하는 역사적 전통 같은 이념을 버릴 수 있었다. '흉내쟁이'라는 폄하를 겪으면서도 유지해야 하는 개인의 기본권과 역사적 전통은 상호배타적이기 때문이다. 그래서 헌법이 역사적 전통과 다른 서구모방에 불과하다는 비판은 크게 신경 쓸 필요도 없었다. 그 모방은 전후 신생 독립국의 헌법에서 결코 드문 일도 아니고 부끄러운 일도 아니기 때문이다.

그런데 아베는 역사적 전통을 담지 못한 현행헌법을 부끄러워한다. 그래서 바꾸는 것 자체가 목적이 되어 일본처럼 한 번도 개정된 적이 없는 예는 세계사적으로도 드물고 같은 추축국이자 패전국

---

89) 大矢吉之,「憲法前文の思想」, 73.

인 독일에서 「기본법Grundgesetz」이 수차례 개정된 것과 비교해도 부당하다고 한다. 그러나 1949년 제정된 기본법은 조문이 수차례 개정되지만 '헌법의 적'에게는 헌법상 권리나 헌법상 보장을 부여하지 않는다는 사상이 확립되고 연방헌법재판소의 판례들로도 확인되었다. 기본법은 위헌 정당을 헌재가 해산판결하게 하고, 실제로 종전 수년 뒤 신나치당인 사회주의국가당이나 공산당이 헌재에 의해 위헌판단되어 해산되었다.

일본의 '공안조사청公安調査庁'에 해당하는 기관이 독일에서는 '연방헌법옹호청Bundesamt für Verfassungsschutz'이라는 이름일 만큼 헌법 옹호 의지도 분명하다. '공안'이 흔히 의미하는 체제옹호가 헌법 옹호라고 볼 정도로 헌법을 체제의 근본이라 보는 것이다. 헌법은 전후 독일 사회의 정체성이다. 따라서 그 개정은 헌법존중을 위한 개정이기에 전제부터가 일본과 정반대였다. 게다가 독일도 점령하에서 법적으로는 국가 주권이 회복되지 않은 시기에 만들어진 헌법임에도 강요론 같은 논의는 없는 것만 보더라도 일본과 다른 태도임을 알 수 있다.90) 그래서 독일 기본법은 40여 차례 개정되었지만 모두 불완전한 곳을 고치는 정도였다. 기본권조항 등 골격에는 손대지 않았다.

핵심의 개정은 대부분의 국가에서 금지된다. 프랑스는 공화제 통치형태의 개정을 금하고, 1789년의 '인권선언' 17개 조는 조문 그대로가 위헌심사기준이 될 정도로 존중받는다. 독일에서도 '인간의 존엄'을 비롯한 조문 몇 개는 개정 금지되고, 나치스체험을 교훈 삼아 헌법의 적에게는 헌법상 권리보장을 부여하지 않는다는 사상

90) 井上ひさし・樋口陽一,『'日本国憲法'を読み直す』, 112-113; 樋口陽一,『個人と国家』, 169-170.

을 제도화할 정도로 헌법질서 방위가 강조된다. 전쟁포기 평화조항도 일본 외에 있다. 1946년의 프랑스 헌법도 전문 제14항에서 침략전쟁 포기를 규정하고, 전문 제15항에서는 평화의 조직화를 위한 국가 주권 제한을 말했다. 1948년의 이탈리아 헌법도 제2조에서 국제분쟁 해결수단으로서의 전쟁을 포기하고 평화와 정의의 질서확립을 위한 국가 주권 제한에 동의했다. 평화주의가 20세기 중반 각국의 반파시즘헌법에 있는 것이다.[91]

독일이나 이탈리아 등 과거 추축국이던 패전국들은 헌법의 핵심 가치를 바꾸는 개정은 하지도 않았거니와 점령 치하의 제헌에 대해 강요 헌법론 같은 반발을 보이지도 않았거니와 특히 평화주의 조항 자체를 바꾸자는 식의 반발은 없었다. 그렇게 볼 때 평화주의를 없애자는 개헌은 세계사적 흐름에 역행한다. 평화주의가 현대 입헌주의의 한 요소이기에 입헌주의에도 반한다. 입헌주의의 세계사적 흐름의 최초단계의 원리는 국민주권, 기본권보장, 권력분립, 법의 지배 등이지만 다음 단계는 자본주의적 모순을 돌파하기 위한, 바이마르헌법으로 대변되는 사회적 기본권의 추가였고, 제3단계는 제2차 대전 이후의 평화주의였다. 그렇듯 평화주의는 인류 보편적 신원리다.[92] 따라서 평화주의가 일본 약체화를 위해 서구에 의해 강요된 것이라는 시각은 반입헌주의적 사고다.

그런 탈서구화는 아베에서 확연하다. 전후 레짐으로부터 탈각하자고 하는 개헌파는 현행헌법을 통해 국민이 느낀 해방감은 전통을 잃어버린 잘못된 해방감이라 한다. 현행헌법은 역사적 연속성도 없

---

91) 樋口陽一, 『いま, 「憲法改正」をどう考えるか』, 116; 千葉 眞, 『「未完の革命」としての平和憲法』, 87-88.
92) 千葉 眞, 『「未完の革命」としての平和憲法』, 91.

고 정당성이 없다면서 단순한 조문의 자구 정정이 아니라 헌법에
체현된 지배적 이념 자체를 바꾸는 개헌을 말한다.[93] 그 탈각은 전
후에 대한 전면부정이다. 아베나 자민당이 2012년 중의원선거에서
부터 내건 '일본을 되찾자'라는 슬로건은 전전이나 전쟁 중의 일본
으로 돌아가자는 것이다.[94] 그것은 아베의 말처럼 '전후의 역사로
부터, 일본이라는 나라를 일본국민의 손으로 되찾는 싸움'이다.[95]
그렇듯 전후의 자유·민주·평화 등의 가치에 의해 과거의 가치나
문화적 양식이 전체적으로 부정되었다며 '전통'으로 돌아가자고 하
는 개헌론의 배경에는 전후는 일본의 역사적 유산을 모두 잃어버린
시대라는 시각이 있다.[96]

따라서 그 '전통'이란 전통문화 계승 같은 전통이 아니다. 아베
는 자신의 '보수保守'는 이데올로기가 아니라 일본 및 일본인에 관
해 생각하는 자세라면서 오랜 역사 속에서 길러지고 만들어진 '전
통'을 지키는 것이라 했다.[97] 전통 지키기란 서구에 대항해 일본적
인 것을 지키는 것, 나아가 서구에 의해 형성되고 강요되었다고 보
는 현행헌법을 전통의 관점에서 바꾸는 것이다. 그 구체적 내용은
개헌론자가 말하는 '화和'로서 근대입헌주의와의 결별이다. '화'는
고대부터 이어진 중국적 사상체계인 전체론holism과 닮았지만 실은
그저 개인주의 배척론이다. 그것은 1920년대부터의 경제공황으로
사회주의가 위력을 떨치고, 만주사변을 거치면서 중국과의 전쟁으

---

93) 伊藤述史, 『現代日本の保守主義批判』, 177-178.

94) 高橋哲哉·岡野八代, 『憲法のポリティカ』, 23-24.

95) 安倍晋三, 『新しい国へ』, 254.

96) 伊藤述史, 『現代日本の保守主義批判』, 108.

97) 安倍晋三, 『新しい国へ』, 30-31.

로 진전된 공업화로 대규모 동원이 이루어지며 전통적 노동관계가 해체되고 전체주의에 대한 반동으로 민주적 요구가 나타나며 성장한 개인의 독립, 자유, 권리의식을 제어하기 위해 만든 논의다.

권리의식의 싹을 제거하는 '화'는 국체론에 집약된다. 1937년 문부성에서 발간한 『국체의 본질国体の本義』이라는 사상 교육서가 표본이다. 천황기관설 금지 이후 일종의 공적 헌법 학설로 제시된 것으로 전국의 교원들이 그에 따라 가르쳐야 했던 것이다. 그 교육서의 '화和의 정신'에서는, 개인주의에서는 자신만을 주장함으로 인한 모순대립을 조정, 완화하기 위한 협동, 타협, 희생 등은 있을 수 있어도 진정한 '화'는 없다고 했다. 평등한 개인의 기계적 협조가 아니라 전체 속에서 자신의 본분을 다해 일체가 되는 의미의 화는 없다고 했다.98) 화에서 개인은 서로 속에서 구별이 명확히 되지도 않고, 희미하고 막연하게 일체로 융화되어 있다고 했다. 그런 전통적 사회의식 내지는 법의식인 화가 계급적이든 정부와 인민의 관계에서든 지배해야 한다고 했다.99)

개인주의 배척인 화는 아베식 개헌론의 입장과 같다. 전전의 총력전 체제 무렵부터 개인주의는 서구에서 들어온 것으로 '나라 풍습国柄'에 맞지 않는 사고방식이니 박멸되지 않으면 안 된다고 주장되었다. 그런 주장은 현재의 보수적 개헌론의 입장과 완전히 동일하다.100) 이는 아베식 개헌론이 근대입헌주의와 상반되는 입장에 있음을 알려 준다. 근대입헌주의는 개인이라는 근대적 실체를 인정하고 권리의 존중을 전제로 하면서 개인이 공권력 담당자에게 헌법

---

98) 文部省 編, 『國體の本義』, 50-51.

99) 川島武宜, 『日本人の法意識』, 171-172.

100) 高橋哲哉・岡野八代, 『憲法のポリティカ』, 37.

을 지키도록 한 것이기 때문이다.[101] 가족제도에 대한 과도한 집착으로 돌아간 개헌파는 그에 대한 반성적 고려 없이 되레 가족생활의 양성평등을 규정한 헌법 제24조로 인해 가족 간의 친화, 경애, 협력관념이 경시되어 전통적 가족제도의 장점이 상실된다고 한다.

그런 사고는 반민주적이기도 하다. 전후 민주주의론에서 당면한 민주화의 최대과제가 개인을 함몰시킨 가족제도의 변혁이라 한 것에서 그 이유를 알 수 있다. 일본의 봉건적 가족제도야말로 민주주의 원리와 대립하는 것이기에 전후의 민주주의 혁명은 전근대적 가족의식의 부정과 결부되어야 했기 때문이다.[102] 개헌파의 여타 주장들도 실망스럽다. 그들은 제11조의 '국민은 모든 기본적 인권을 향유하는 것을 방해받지 않는다'라든가 이는 '침해할 수 없는 영구적 권리'로 '신탁된 것'이라는 규정도 싫어한다. 자연권 사상, 사회계약설의 전통이 없는 일본에서 서구적 인권사상은 적합하지 않고 그런 인권사상에는 '신神'이나 '경천敬天' 사상이 없다고 불평한다.[103] 근대에 보편적으로 인정된 기본적 인권체계인 '권리장전Bill of Rights' 조항들을 근본적으로 배척하는 것이다.

이런 개인주의 배척은 결국 국가주의다. 개인존중이 근대의 보편원리이면서 동시에 전전 일본의 국가주의에 대한 반발이기도 했던 점을 봐도 그렇다. 개헌파들이 중시하는 가족주의는 전전 국가주의의 핵심이었다. 국가는 가족의 연장체로 간주됨으로서 가족주의는 국가구성원리가 되었다. 개인을 담는 제일차적 그룹인 가족의 직접적 연장으로 국가를 보거나 애국심은 향토애로서 발현된다고 보는

---

101) 蟻川恒正, 「憲法の番人'に関する考察」, 15; 木村草太, 『憲法という希望』, 14-16.
102) 川島武宜, 「日本社会の家族的構成」, 249; 吉田傑俊, 『戦後思想論』, 27-28.
103) 大矢吉之, 「憲法と人権」, 144-147.

발상이 내셔널리즘의 기원이었다.104) 그렇다면 인류보편주의에 반발하고 국가주의적 사고로 돌아가고자 하는 개헌파의 의도는 분명하다. 국가와 개인을 대립적으로 보면서 현행헌법이 국가를 경시하고 사회적 연대를 경시한다고 비판하는 취지도 명백하다. 그것은 바로 전전 내셔널리즘으로의 복귀인 것이다.

'강요된 헌법'에서 벗어나 전통사회의 근본을 담는 개헌을 할 테니 공감하면 표를 던지라는 아베의 방법론은 국민의 표로 중·참의원 '3분의 2' 저지선을 넘겨 개헌 발의를 한다는 것인데, 이는 쇼와 유신의 국민이 혁신파에게 던진 표의 결과를 상기시킨다. 혁신 관료나 군부는 세계공황의 여파로 신음하는 국민을 향해 의회주의가 나라를 망친다고 선동했다. 그래서 다이쇼 데모크라시를 통해 정착되던 의회주의를 이끌던 구자유주의 세력을 부패세력으로 매도하고 자신의 혁신성을 강조해 표를 얻은 혁신세력은 반의회주의로 치달았다. 아베의 구호는 '전전' 전통으로 돌아가는 게 '전후'의 잘못된 모습을 바로 세우는 것이라지만 의회정치나 입헌주의로부터의 도피를 의도하는 점에서는 쇼와 유신과 닮은 것이다.

혁신파의 사고나 아베의 개헌론은 일본이 과거에 걸어온 길에 대한 자기부정인 점에서도 닮았다. 전통을 말하는 개헌론은 메이지시대 이래 서양적 사고를 준거규범으로 삼던 일본이 서양의 가치기준에 의지하지 않고도 잘 하고 있고 서양에서 배울 게 없다며 으스대는 것과 마찬가지다.105) 고대에는 중국이나 한국에서 대륙식 제도와 문물을 받아들였다가 근대에는 면면 선조가 아시아로부터

---

104) 丸山眞男, 『現代政治の思想と行動』, 42, 161, 191.

105) 井上ひさし・樋口陽一, 『「日本国憲法」を読み直す』, 203-204.

배운 사실을 제대로 확인하기도 전에 '강요된 개항'을 통해 눈앞의 놀라운 서양문물을 접하면서 아시아에서는 배울 게 없으니 그런 친구는 버리고 서양에서 배우자고 외친 후쿠자와의 '탈아입구脱亜入欧'에 공감했듯이, 오늘날의 서구 버리기는 과거 아시아 버리기와 마찬가지의 행동인 것이다.

그 결과는 무서운 것이다. 미국의 어떤 헌법학자가 1995년 도쿄의 '국제헌법학회 세계대회'에 참가한 기회에 일본 변호사연합회 초청으로 '만약 현행헌법이 없었다면'를 주제로 강연한 내용에서 그 결과가 보인다. 그는 다음의 시나리오를 떠올렸다. 천황이 주권의 신비적 중심인 채로 남아 현실정치 지도자에 의한 당파적 정치에 조종되고, '국체'가 국가 기본이고 국가에 대한 절대복종 요구의 기초로 유지될 거라 했다. 아시아에서 손꼽히는 군사국가가 될 거고, 전술·전략핵무기를 보유할 것이고, 청년들은 천황을 위해 수년간 봉사하는 게 '의무'로 될 거고, 종종 발생하는 정치적 암살의 대부분은 초국가주의자들에 의해 이루어질 거고, 국체에 대해 경의를 표하지 않은 정치가, 대학교수, 변호사, 사회평론가, 신문기자 등이 피해자가 되지만, 암살 동기가 '진심'에 근거한 것이라 보이면 국민은 암살자에 관대할 거라 했다.106) 그 가상적 모습이 바로 개헌론자들이 말하는 '전통적' 국가인 것이다.

---

106) 井上ひさし・樋口陽一, 『'日本国憲法'を読み直す』, 53-55.

제8장

야스쿠니의 헌법문제

1. 헌법론에서 정치문제로

'국가신도神道'의 정점 '야스쿠니신사靖国神社'는 천황의 이름 아래 관군으로 싸운 전몰자나 천황을 위해 정치적으로 희생된 영령을 제사 지내는 장소다. 바쿠후 말기의 동란 중에 근황지사勤皇志士들이 행한 동지 추도의 초혼제招魂祭였다가 유신 정부군이 에도성을 제압한 직후인 1868년에 성안에서 신정부수립을 위해 희생된 자들을 충신으로 제사 지내는 의미가 된 것이다. 1869년에는 사후 신으로 제사 지내는 초혼장招魂場이 만들어지고, 다시 초혼신사가 되고 이후 '세이난西南전쟁'으로 다수의 관군전사자가 발생하면서 의미가 더 부각되어 1879년에 야스쿠니신사로 개칭된 것이다.[1]

야스쿠니신사는 '청·일 전쟁', '러·일 전쟁' 전사자 유족의 의지처가 됨으로써 국민적으로 파고든다. 전전에 이를 관리한 구 육군성과 해군성은 '나라를 위해 싸우다 죽으면 야스쿠니신사에 신이 된다'라고 세뇌했다. 그 결과 국민을 전쟁으로 몰고 가는 장치가

---

1) 神島二郎, 『近代日本の精神構造』, 308-310; 小島 毅, 『靖国史観』, 90, 96-99; 潮匡人·斎藤貴男·鈴木邦男·林信吾, 『超日本国憲法』, 189; 高橋哲哉, 『靖国問題』, 168-169; 村上重良, 『国家神道』, 184.

된다.2) 천황을 위해 싸우다 죽은 영령은 신분이나 출신을 묻지 않고 '집합적 신'으로서 국가가 제사 지내 준다는 사고가 징병 된 병사에게 사기를 불어넣으면서 국민동원 장치가 된다.3) 그렇게 야스쿠니는 전전과 전쟁 중의 군국주의 지지 시스템이었다. 유족의 슬픔을 명예감정으로 전환하고 국민이 영령을 배워 뒤를 이어가야 한다고 생각하게 만들었다. 그로서 전사에 대한 의문, 비판, 불만은 봉쇄되고 반전감정이나 주장도 차단되었다.4) 자식이나 형제의 유골을 안고 야스쿠니로 향하는 행렬에 대고 반전을 주장할 수 없는 정서에서 종교 아닌 종교시설 야스쿠니신사는 군국주의의 정신적 의지처가 된다.

패전 후 폐지될 만도 한데 GHQ는 야스쿠니의 존재감이 크고 유족 등의 반발이 우려되자 폐지하지 못한다. 오히려 1945년 11월에만 약 200만 명의 전몰군인이 초혼 된다. 이후에도 수십만 명의 전몰군인과 군속이 더 합사되는데 대부분 점령통치 기간에 이루어진다. 1946년에 GHQ의 '신도지령神道指令'에 의해 국가신도는 해체된다. 총사령부는 정쟁에 이용된 국가신도 계통의 시설이나 단체에는 재정적·인적 지원을 중단하라는 지령을 정부에 보내 신사 총괄조직인 '신기원神祇院'을 폐지하고 '종교법인령'도 개정해 신도나 신사의 지위도 격하하게 한다. 그래서 신사나 신도에 대한 국가의 특별한 보호 감독이나 원조가 불허되고 신도적 성격의 국공립학교도 폐지되고 신도교육도 폐지되고, 공무원 자격의 신사참배도 허용되지 않게 된다.

---

2) 半田 滋, 『日本は戦争をするのか』, 5.

3) 小島 毅, 『靖国史観』, 92, 101.

4) 神島二郎, 『近代日本の精神構造』, 312; 高橋哲哉·岡野八代, 『憲法のポリティカ』, 101.

그런데도 야스쿠니신사는 종교법인으로 계속 살아남는다. 민간신사로 존속하다가 점령통치가 끝나자 다시 국가시설로 되돌리자는 운동이 나타난다. 1956년 유족을 중심으로 국가가 야스쿠니신사를 관리 운영해야 한다는 주장이 제기되자 1969년부터 자민당은 「야스쿠니신사 법안」을 국회에 낸다. 법안을 둘러싼 후원단체나 종교단체들 간의 대립과 분규로 성립에 이르지는 못하지만 법안은 1975년까지 여러 차례 제출될 정도로 자민당은 그 제출에 집착한다.5) 거기에는 국가신도의 실질적 부활 기도와 그를 통해 종교적 입장을 정치적 기반으로 삼으려는 보수파의 의도도 있지만, 국영화를 통해 야스쿠니의 의례를 '사회적 의례'로 만들어 위헌성 논란도 막으려 한 뜻도 있다.6)

그런데 야스쿠니신사는 국가신도라는 측면과는 다른 차원에서 주목받기 시작한다. 국내적 비판도 만들지만 특히 외교적 갈등의 진원지가 되었기 때문이다. 즉 천황을 위해 죽은 군인이면 'A급 전범'이라도 합사해 집단적 신으로 숭배하는 야스쿠니는 국내에서는 군국주의에 대한 우려로 정치적 저항과 반발을 초래하고 국제관계 특히 군국주의 피해국인 한국이나 중국 등에게는 무반성과 무책임의 상징으로 현재진행형의 외교 문제를 만드는 곳이 된다. 잊을 만하면 나오는 총리들의 야스쿠니신사 참배는 노골적인 군국주의적 도발로 밖에는 보이지 않기에 늘 외교 문제로 비화하였기 때문이다.

그런 참배는 동시에 헌법문제로 불거진다. 근대입헌주의의 '정교분리'는 일본도 채택하는데 야스쿠니가 국교처럼 간주되거나 신도

---

5) 相沢 久, 「現代日本における国家と宗教」, 220; 小林孝輔, 『戦後憲法政治の軌跡』, 7, 11, 199; 山崎雅弘, 『日本会議』, 90-92; 高橋哲哉, 『靖国問題』, 120.

6) 姜尚中, 『愛国の作法』, 77.

에 대한 특별취급이라 보는 경우 정교분리 위반의 헌법문제가 되기 때문이다. 또한 그 정교분리 위반이 헌법상의 평화조항에 반하는 의도라는 점에서도 헌법문제가 된다. 헌법 인식과 역사 인식이 표리일체로 연결된 전후 일본 특유의 헌법문제인 것이다.[7] 그래서 일본 정부도 공식 참배公式参拝는 헌법에 위반된다는 취지로 보아 왔다. 1978년, 1980년 등에 정부는 '위헌이 아닌가'라는 의심을 부정할 수 없다'라고 공식적으로 말했다.[8]

그런데 야스쿠니의 헌법문제 비판은 어떤 벽에 부딪힌다. 정교분리 위반의 헌법문제로 볼 경우의 비판은 반비판도 명료화시키기 때문이다. 나라를 위해 싸우다 죽은 자를 추모하는 건 인류 보편적 정서이므로 종교 차원에서 볼 게 아니라는 반비판이다. 그래서 그렇게 몰고 가는 게 일본 정부의 입장인 듯도 보인다. 그래서인지 참배세력은 정교분리 문제에 당당하다. 아베도 야스쿠니가 외교 문제인 듯 보이지만 본래는 국내의 정교분리 문제라면서 참배에 대한 국가배상청구에서 원고 패소한 사례를 들먹였다. 국내적 헌법문제에 불과한데 사법은 위헌이 아니라고 판단하지 않았느냐는 식이다. 아베가 "일국의 지도자가 나라를 위해 순국한 사람들에 대해 마음속 깊이 존경의 마음을 표하는 건 어느 나라에서도 할 수 있는 행위다. 국가의 전통과 문화에 따른 기도방법이 있는 것도 극히 자연스러운 것이다"[9]라고 한 것도 그런 차원이다. 정교분리 위반은 문제 없다는 식이다.

그렇게 말하는 근거는 신도는 종교가 아니라는 다분히 일본 중심

---

7) 高橋哲哉・岡野八代, 『憲法のポリティカ』, 19.
8) 小林孝輔, 『戦後憲法政治の軌跡』, 247.
9) 安倍晋三, 『新しい国へ』, 70-72.

적 관점이다. 국민적 통일과 우월함의 상징으로서의 종교는 국가가
관할하고 그 외의 모든 종교는 개인의 신앙의 자유에 맡기는 방식
에서 국가신도는 국가통제 영역에 두고 국민에게 이를 요구하면서
종교는 아니라고 함으로써 서양식 '신교信敎의 자유' 원칙에 저촉되
지 않는 방식이라는 것이다.[10] 유럽 같은 종교개혁을 거치지 않은
일본이 유신 이후 신도를 국가종교로 위치 지운 방식은 그렇게 헌
법상 신교의 자유를 유명무실하게 만드는 것이었다.[11] 그것이 메이
지 체제의 사실상의 제정일치의 측면이었다. 즉 메이지 헌법에는 신
교의 자유라는 정교분리를 담지만, 이는 '국가신도'까지 종교로 보
는 전제에서의 신교의 자유는 아니었다. 국가가 관리하고 유포하는
국가신도는 종교가 아니라서 신교의 자유와 무관하다고 보았다.[12]

즉 신사는 일반종교와 달리 공적 성격을 부여받았다. 신사는 공
법인이 되고 신관神官 등은 관리가 되고, 행정 조직상으로도 일반종
교는 문부성 소관이지만 신사만은 내무성 신사국 혹은 나중에는 신
기원의 소관이 되었다. 그러나 그렇기에 신도가 종교가 아니라는
말은 거짓말이다. 신사의 국교화가 메이지 헌법이 정한 신교의 자
유 원칙에 반한다는 사실을 은폐하기 위한 거짓말이다.[13] 그것은
신사를 중심으로 한 국가신도를 종교정책으로서 정부가 강행하면
서구의 보편적 신교의 자유 원리와 모순되지 않을 수 없자 신사를
종교에서 분리한 것에 불과하다. 국가가 공인한다는 것은 신도에
국가종교로서의 특권적 지위를 부여한다는 것과 마찬가지이기 때문

---

10) ルース・ベネディクト,『菊と刀』, 101.

11) 南原 繁,『人間と政治』, 164.

12) 島薗 進・中島岳志,『愛国と信仰の構造』, 112-113; 村上重良,『国家神道』, 129.

13) 宮澤俊義,『憲法講話』, 29-33.

이다.

그런 논리는 정교분리 위반에 대한 항변으로서는 의미 있을지 모르지만 국가신도가 지닌 정치적 역할까지 정당화시키는 논리는 되지 못한다. 사실 신도의 정치화 즉 국가신도화는 메이지 초기에 인위적으로 이루어진 것으로 그에 가장 풍부한 사상적 자원을 제공한 것은 '미토학水戸学'이었다. 국가신도의 출발은 정치적인 깃이 아니고 미토학의 사생관과 윤리관이었다. 천황을 위해 전사한 자들의 영령을 제사 지낸다는 야스쿠니신사를 정점으로 한 국가신도는 고래의 풍토적 신앙형태인 신도와는 전혀 달랐다. 즉 국가신도는 신도라는 전통적 신앙과는 역사적 근원에서 다르다.[14] 그런데도 전통적 신도까지 포함되는 국가신도를 인위적으로 만들고, 그러한 국가신도도 마치 고래부터 존재해 온 것인 양 포장한 것일 뿐이다.

그것은 유신세력의 기획이었다. 이토는 유럽에서는 헌법정치가 싹트는 데 있어 가톨릭이나 프로테스탄트가 기축의 역할을 하는데, 일본은 종교의 힘이 미약해 그런 역할을 하지 못한다고 보았다. 불교는 쇠퇴해 있고 조상숭배의 의미를 지닌 신도도 사회적인 힘이 되지 못했다. 그래서 황실에 주목한 것이다. 이토는 입헌주의를 위해 황실을 서양의 종교에 해당하는 기축으로서 맨 가운데 위치 지울 필요가 있다고 보았다. 그런데 교토에서 도쿄로 온 천황이라는 존재를 메이지 시대의 국민은 잘 몰랐다. 그래서 천황의 역할을 받쳐 줄 권위로 '국가신도'를 만든 것이다.

국가신도의 그런 출발점의 진실은 제도적 장치로서보다는 종교적 이데올로기로서의 보급을 통해 완전히 은폐되어 졌다. 전통적

---

14) 子安宣邦, 『国家と祭祀』; 小島 毅, 『靖国史観』, 11, 134-135.

다신교로서 산이나 강이나 곡식의 신 등을 숭배하는 자연신앙에 불과한 신도는 황실의 권위를 떠받쳐 줄 이데올로기로서의 국가신도로 재편되었다. 전국의 무수히 많은 신사를 통폐합시켜 '이세진구伊勢神宮'를 정점으로 한 피라미드식 계층질서에 편입시켰다. 신관을 국가의 관리로 삼았다. 정치권력의 필요가 국가신도를 창작한 것이다. 서양제국이 강한 기독교와 약한 국가가 결합한 신정국가라면 일본은 강한 국가가 신도를 이용한 제정일치 국가가 된다.[15] 그 점에서도 국가신도로서의 야스쿠니는 정교분리 위반의 헌법문제에 국한된 것이 아니라 결국 '정치'의 문제로 환원되는 것이다.

야스쿠니가 정치 문제화하는 가장 가시적인 모습은 정치인의 참배다. 역대 총리의 야스쿠니신사 참배는 다반사였다. 패전 3일 뒤인 1945년 8월 18일 히가시쿠니노미야를 시작으로 시데하라 총리도 참배한다. 이후 미키 다케오三木武夫 내각까지만도 요시다·기시·이케다·사토·다나카 총리 등이 공식참배한다. 점령 중에는 참배가 금지되지만 점령이 종료되기도 전에 요시다는 사령부의 양해를 얻어 참배한다. 그렇게 총리들의 야스쿠니신사 참배는 흔했다. 공물도 전부 국가가 부담했다. 그런데 미키 총리가 1975년 8월 15일에 '개인 자격'으로 참배한다고 밝힌 이후에 개인으로서인지 공인으로서인지의 헌법 논의가 야기된다.[16] 헌법상 정교분리의 관점에서 어떤 자격으로 참배하는지 돌아본 것이라기보다 참배가 대외적 외교 문제화되었기 때문이다.

그런 조심스러운 태도와 대조적인 모습도 있다. 1985년 8월 15

---

15) 樋口陽一, 『個人と国家』, 146-148; 村上重良, 『国家神道』, 1, 167.

16) 奥村文男, 「靖国訴訟と死者儀禮」, 191; 安倍晋三·岡崎久彦, 『この国を守る決意』, 145-146.

일 나카소네 총리가 각료들과 함께 전후 최초로 스스로 '공무'임을 선언하며 공식 참배한 것이다. 나카소네는 참배를 둘러싼 '정교분리 위배' 논란을 없애기 위해 1984년 8월 관방장관의 사적 자문기관으로 '각료의 야스쿠니신사 참배에 관한 간담회'를 만들었다. 간담회는 1년 뒤에 공식 참배라도 신도 형식에 따르지 않는다면 합헌이라고 즉 '정교분리원칙에 저촉되지 않는 방식으로의 공식 참배는 가능'하다고 보고한다. 이를 근거로 각료 18명과 참배한 나카소네는 그 한 달 전에도 자민당 내 세미나에서 미국 등 여러 나라에는 "나라를 위해 쓰러진 사람에 대해 국민이 감사의 뜻을 바치는 장소가 있다. 그건 당연하고 그렇게 안 하면 누가 나라에 목숨을 바치겠나"라고 했다. 그런데 86년에는 16명의 각료만 참배하고 총리와 외상 등 네 각료는 참배하지 않는다. 한국과 중국 등의 반발 때문이었다.

고이즈미 총리의 참배도 외교 문제로 비화한다. 고이즈미는 총리가 되기 전 자민당 총재 선거 때부터 참배계획을 밝혔고 총리가 되고 나서 매년 참배했다.[17] 참배로 인해 소송이 집중되자 고이즈미는 2001년 11월 보도진에게 '말할 거리도 안 돼. 세상엔 이상한 사람들이 있는 게지'라고 무시했다. 2006년 연두 회견에서는 "일국의 총리가 한 사람의 정치가로서 또 한 사람의 국민으로서 전몰자에 감사와 경의를 바치는 것이다. 일본인들로부터 비판이 나오는 걸 이해할 수 없다. 정신의 자유, 마음의 문제에 관해 정치가 관여하는 것을 꺼리는 언론인, 지식인들이 비판하는 걸 이해할 수 없다. 더욱

---

17) 斎藤貴男, 『ルポ改憲潮流』, 110; 內田健三, 『現代日本の保守政治』, 139-140; 安倍晋三・岡崎久彦, 『この国を守る決意』, 143-144.

이 외국 정부가 마음의 문제에까지 개입해 외교 문제화하려는 자세도 이해할 수 없다"라면서 국내외의 비난에 맞대응했다. A급 전범이 합사된 신사에 대한 총리의 참배를 정치적 의미가 아닌 마음의 문제로만 치부한 것이다.[18]

그러나 참배의 정치적 의미가 자명한 이상 고이즈미의 항변은 일본이 제 갈 길을 간다는 정치적 메시지 이상으로는 들리지 않았다. 그래서 그 발언은 야스쿠니 논쟁을 야기했다. 참배에 담긴 정치적 의미표출은 보좌진의 반대에도 참배를 강행한 아베에서도 확인된다. 아베도 총리가 되기 전부터 참배 의지를 표했다. 2005년 자민당 간사장 대리 시절에는 "나라의 리더가 그 나라를 위하여 순국한 분들의 명복을 빌고 손을 모아 존숭의 념을 표하는 건 당연한 책무다. 고이즈미 총리도 그 책임을 다하지만 차기 리더도 당연히 책임을 다해야 한다"라고 했다.[19] 저서 『새로운 나라로』에서도 야스쿠니신사 참배를 전통과 문화에 따른 행위라고 했다.[20]

그런데도 1차 정권 때는 주저한다. 그러던 아베가 2차 정권에서는 예상되는 비판을 무릅쓴 채 야스쿠니에 간다. 관저의 모든 스태프가 반대했음에도 2013년 12월 참배하자 결과는 우려 대로였다. 한국과 중국은 물론이고 주일미국대사관도 "일본의 지도자가 이웃 국가들과의 긴장을 악화시키는 행동을 하는 것에 미국 정부는 실망했다"라고 했다. 산케이를 제외한 아사히, 마이니치 등 각 신문도 비판했다. 요미우리신문조차도 미묘한 시기에 참배로 정권 불안정을 자초한다고 했다.[21] 그런 비난을 무릅쓴 아베의 참배 강행은 시

---

18) 斎藤貴男, 『ルポ改憲潮流』, 68-69, 113.

19) PHP硏究所 編, 『安倍晋三 対論集』, 26.

20) 安倍晋三, 『新しい国へ』, 72.

기적으로 볼 때 곧 있을 집단적 자위권 행사의 장애물 돌파를 위한
정치적 다짐으로 비쳤다. 그만큼 참배는 '정치적' 의미를 지녔다.

2. 종교의 정치화

국내의 야스쿠니 비판은 대부분 헌법소송의 형태로 표출된다.
1973년의 '자위관 합사 거부 소송'을 시작으로 '오사카 즉위대상제
卽位大嘗祭 소송' 등 다수의 제소가 이어졌다. 몇몇 획기적 판결은
있었다. 자위관 합사 사건은 정교분리 위반을 1, 2심 모두에서 인
정받지만 최고재판소에서 기각된 경우다. 자위대 외곽단체가 사망
한 자위대원을 호국신사에 합사 신청하기에 미망인이 거절했음에도
합사되자, 헌법상 정교분리 위반과 종교적 인격권 침해를 이유로
제소했는데, 1심과 항소심에서 손해배상청구가 인용되는데, 1988년
최고재가 종교상의 인격권이 법적 이익으로 인정될 수 없다며 손해
를 부인한 것이다.[22]

'이와테 야스쿠니 소송'은 최고재에서는 패소하지만 고등재판소
에서는 승소했다. 1991년 센다이 고재는 주문은 아니고 판결 이유
에서였지만 야스쿠니는 종교단체법에 의한 종교단체이고 전몰자 추
도목적이라도 참배가 지닌 종교성을 배제할 수 없어 총리의 공식
참배는 특정 종교에 대한 관심을 불러일으키는 종교 활동에 해당해
위헌이라 했다. 오사카 고재의 판단도 그런 예였다. 1985년 나카소
네의 공식 참배 등이 위헌이라며 '인격권 내지 종교적 인격권' 침

---

21) 半田 滋, 『日本は戦争をするのか』, 3-4.
22) 最(大)判昭和63年6月1日民集42巻5号277頁.

해를 이유로 제기한 국가배상 소송에서 1992년 오사카 고재는 종교단체인 야스쿠니에 참배하는 건 종교적 활동이고, 정부에도 이전부터 공식 참배는 위헌 소지가 있다는 공식견해도 있고, 외국의 반발과 우려가 있고, 공식 참배가 앞으로도 계속 행해질 게 예상되는 등을 이유로 참배가 의례적, 습속적이라 말하기 어렵다면서 위헌 소지가 강하다고 했다.[23]

'고이즈미 참배'도 위헌 판단된다. 후쿠오카 지재는 2001년 고이즈미 총리의 참배는 "종교와 관련이 있는 것이어서 그 행위가 일반인에게는 종교적 의식을 지닌 것으로 이해됨으로써 헌법상 문제가 있을 수 있음을 알 수 있는 것이고, 참배의 효과는 신도 교의를 전파하는 종교시설인 야스쿠니신사를 원조, 조장, 촉진하는 게 되므로 헌법 제20조 제3항이 금지한 종교 활동에 해당한다"라고 했다.[24] 정교분리 위반의 쟁점을 드물게 최고재가 위헌판결한 예도 있다. 1997년 '에히메 다마구시료 판결'이다. 현지사가 야스쿠니에 공물 명목으로 공금을 지출하자 주민이 낸 위헌소송이었다. 최고재는 "목적이 종교적 의의를 지니지 않는다고 할 수 없고, 효과가 특정 종교에 대한 원조, 조장, 촉진이 된다고 인정되므로 … 헌법이 금지하는 종교적 활동에 해당한다"라고 했다.[25]

그러나 대부분의 최고재 판결은 헌법판단을 회피했다. 그래서 소송을 이끌던 어떤 변호사는 재판소의 그런 회피적 입장과 그로 인해 승소를 확신하는 피고 측의 태도에 대해 "재판을 통해 항상 느끼는 건 피고 본인이나 대리인에게 도대체 성실함이라는 게 없다.

---

23) 奥村文男, 「靖国訴訟と死者儀禮」, 184-194.

24) 斎藤貴男, 『ルポ改憲潮流』, 112-113.

25) 最(大)判平成9年4月2日民集51卷4号1673頁.

이쪽은 매번 몇십 페이지나 되는 서면을 제출하지만, 그쪽에서 돌아오는 서면은 단지 한 줄뿐이고. 이기는 건 이미 뻔하니까 라는 태도다"라며 절망했다.[26) 피고 즉 정부의 태도는 결과는 뻔한 거라며 정형화된 단편적 대응을 하는데, 이는 재판부가 헌법판단을 피하는 게 읽히기 때문에 가능한 행동이라는 의미였다. 물론 국가의 행위가 종교적 활동에 해당하는지의 판단이 쉬운 것만은 아니다.[27) 정교분리원칙이 모든 국가에 동일한 수준으로 적용되기도 어렵다. 그러나 전전의 경험상 일본에서 정교분리는 특히 엄격할 필요가 있기에 그것은 흔히 반입헌주의적이라 평가된다.

야스쿠니신사 참배를 포함한 신도적 국가행위의 대부분을 습속적 행위로 간주하는 재판소 특히 최고재판소의 태도는 일본이라는 국가가 불완전했던 전전의 입헌주의를 극복하는 방식의 하나가 '정교분리'임을 망각한 것이다. 일본의 '정교일치' 사상은 근대국가의 형성을 저해하기도 했거니와 인권 특히 민주주의의 기초인 사상과 언론의 자유를 억압하는 기능을 해 왔기 때문이다. 더욱이 그런 정교일치 사상이 종교적 무관심 혹은 여러 종교의 공존을 관용하는 정치적 사회적 여건하에서 쉽게 부활할 수 있는 이상 더 엄격한 정교분리가 요구되기 때문에도 그렇다. 그래서 최고재의 태도는 확립된 정교분리원칙을 실질적으로 포기하거나 형해화하는 것으로 받아들여진다.[28)

정교분리 문제에 눈을 감기는 사법뿐만 아니라 자민당 정부도 마찬가지다. '공명당公明党'에 대한 이율배반적 태도가 그것이다. 일

---

26) 斎藤貴男, 『ルポ改憲潮流』, 110-111.

27) 長尾一紘, 『日本国憲法』, 117.

28) 上田勝美, 「信教の自由と政教分離の原則」, 20; 長尾一紘, 『日本国憲法』, 117-118.

본정치에 깊숙이 자리한 공명당은 정교분리원칙 위배 소지가 강한 정당이다. 2012년부터 자민당과 연립해 여당을 이룬 공명당은 그 존재와 지지세력이 특정 종교조직에 강하게 의존한다. 공명당의 모체는 '소카학회創価学会'다. 그것은 세계적으로 1200만 명의 신자를 가지고 막대한 부동산과 대학, 일본 제3위의 일간신문 등을 보유하며 정당을 매개로 정계에 적지 않은 영향력을 발휘한다. 선거에 의한 공명당의 성공은 그 교단의 세력유지와 연결되어 있다.[29]

소카학회는 1956년 참의원 3명을 시작으로 당선자를 늘려오다 1964년 공명당을 창당했다. 이후 공명당은 정계의 제3당 내지 제4당으로 부각되어 다른 정당과 연립해 각료도 배출한다. 공명당의 후보선정은 물론이고 선거운동도 소카학회가 주체가 된다는 것은 비교적 잘 알려진 사실이다. 소카학회원들은 선거 때만 되면 공명당의 선거운동원 역할을 하거나 표를 몰아주어 공명당은 전체 유권자의 10%를 점한다. 그런 공명당 표를 무시할 수 없는 자민당의 구애로 공명당도 연립여당의 지위에 있다. 공명당이 '정교일치'주의 종교조직에 의해 유지됨을 자민당도 모르지 않는데도 말이다.

과거에 자민당이 공명당을 비난한 것도 그 점이었다. 즉 자민당을 떠난 오자와가 공명당을 끌어들여 비자민 연립 호소카와 정권을 만들어 공명당과 자민당이 대립하게 되자 자민당은 공명당과 소카학회를 강도 높게 비판했다. 자민당은 무라야마 총리의 자민·사회·신당사키가케 연립에서도 공명당을 비난했다. 특정 종교단체에의 충성심을 우선시하는 정치가나 동조세력은 정교분리에 반하므로 존재해서는 안 된다고 했다. 그러나 5년 후 자민·공명 연립정권이 만들

---

29) 末木文美士, 『日本宗教史』, 221; 島薗 進·中島岳志, 『愛国と信仰の構造』, 202.

어진다.30) 자민당의 정치적 이해관계가 정교분리의 위헌성을 묵인한 손바닥 뒤집기였다.

그렇게 정교분리에 눈을 감는 형태의 종교의 정치화는 개헌파 특히 아베에게서도 분명히 드러난다. 아베의 주요 지지기반 「일본회의」는 개헌으로 국방군 보유를 명시하고 집단적 자위권 행사도 용인하라고 주장하면서 '개헌을 실현하는 천만인 네트워크' 운동을 펼칠 정도로 적극적 행동단체가 되었다. 아베 정권의 각료를 비롯해 부대신, 대신 정무관, 총리관저의 주요 포스트 그리고 자민당 주요당직자의 상당수는 「일본회의 국회의원 간담회」에 속해 있다. 아베 정권 각료의 상당수도 그 멤버다. 일본회의 운동과의 항상적 제휴를 목적으로 한 간담회는 1997년 일본회의의 정식 창설 하루 전날 발족했다. 일본회의의 회원 수는 수만 명이고 국회의원 간담회에는 당파를 초월한 300인 내외의 의원 즉 의원 총수의 약 40여%가 속해 있을 정도로 일본회의는 거대조직이다.31)

그 일본회의는 종교와 무관치 않다. '일본을 지키는 회'와 '일본을 지키는 국민회의'가 통합한 일본회의의 창설 동기는 종교적이다. 1974년 창설된 일본을 지키는 회는 불교의 국교화를 의미하는 '국립계단国立戒壇'을 목표로 활동하던 '소카학회'에 대항하기 위한 단체였다. '그것이 실현되면 다른 종교단체는 금지되는 게 아닐까'라는 소카학회에 대한 두려움과 반공주의 문제의식을 느낀 '신·구 종교단체의 집합체'였다. 1981년 창설된 일본을 지키는 국민회의는 보수 정치사상을 공유한 재계·문화계 인사들의 단체였다. 이들이 합친

30) 佐高 信, 『自民党と創価学会』, 16-18, 41-49.

31) 山崎雅弘, 『日本会議』, 15-27, 189.

게 일본회의이기에 아베의 주요 지지기반은 종교적 성격과 결코 무관치 않다. 아베는 다른 종교적 지지기반도 있다. 아베 정권의 대다수 각료들이 속해 있는 「신도정치연맹 국회의원 간담회」는 '신사본청'의 정치 운동 단체인 「신도정치연맹神道政治連盟」에 협찬하며 정치적 영향력을 발휘하는 단체다.

신도정치연맹은 점령정책에 반발한 정치단체였다. 총사령부의 1945년 신도지령에 의해 국가신도가 무력화되자, 그 부활 모색 세력이 1946년 야스쿠니신사만을 제외한 전국의 신사를 총괄하는 지도적 조직으로 만든 게 신사본청이었다. 신사본청이 '신도 정신을 국정기초로'라는 슬로건으로 1969년 발족한 정치단체가 신도정치연맹이다. 연혁에서 보듯 개헌파의 이념과 거의 일치하는 그 단체는 아베 정권의 각료 대부분과 전체 국회의원의 약 절반이 소속할 정도로 개헌파의 외곽 지지단체가 되어 있다.[32] 그 점에서 아베 정권의 종교적 기반은 무시할 수 없고 그것이 정치적 행동주의의 종교적 단체라는 점에서 더욱 그러하다. 특히 일본회의라든가 신도정치연맹 등의 종교적 정치조직은 자민당 내 개헌파와 강한 유대를 형성한다.

그래서 이들을 일관되게 주요 지지기반으로 삼는 자민당도 헌법상 정교분리 위반이라는 비판에서 자유롭지 못하다. 이유의 하나는 공명당과의 연립이지만, 다른 하나는 신도정치연맹 같이 종교의 정치화를 추구하는 단체와의 견고한 유착이다. 전자가 강한 종교적 기반을 지닌 정당과의 연립의 문제라면 후자는 종교의 정치화 그 자체로 비판받는 것인 점에서 후자가 더 위험한 것일 수 있다. 정

---

32) 高橋 紘,『象徴天皇』, 36; 山崎雅弘,『日本会議』, 29-30, 61-67, 72-77.

교분리의 점에서 위험한 공명당의 배후인 소카학회의 움직임에 대응하기 위해 만든 일본을 지키는 회의 후신인 일본회의가 자민·공명 연립정권을 지지하는 것도 아이러니하지만, 더 큰 문제는 종교적 창설 동기나 종교적 배후를 지니고 게다가 상당히 국수주의적 면모도 보여주는 단체들에 의존함으로써 정교분리로부터 멀어져가는 자민당 개헌파의 정체성인 것이다.

제9장

사법과 헌법문제

1. 관료적 사법의 정치화

신헌법의 「최고재판소最高裁判所」와 메이지 헌법의 「대심원大審院」
은 다르다. 최고재판소의 수장인 '장관長官'은 총리, 중·참의원 의
장과 함께 3권의 장으로 취급되지만, 메이지 헌법의 최고재판기관
인 대심원의 '원장'은 사법 대신의 지시를 받는 지위였고, 대심원도
'검찰관'의 기관인 사법성司法省 하의 재판소였다. 따라서 대심원에
는 사법행정권이나 규칙제정권 등도 없었고 재판관 인사, 재판소
예산도 검찰관이 가졌었다. 사법권독립과는 먼 행정부 통제 하의
기관이었다.[33] 재판관의 지위도 낮아서 대심원 판사는 최고재 재판
관급이 아니어서 연령도 장년층 정도가 임명되는 경우가 많았다.
옛 대심원 판사가 신헌법에 의한 최고재 발족 당시 고등재판소 판
사로 발령된 것을 보더라도 그 지위가 최고재에 미치지 못했음을
알 수 있다. 반면 최고재는 삼권의 한 기관으로 행정권에서 독립해
있다. 그 독립성은 행정기관에 최종사법권을 부여하는 것을 금지한
신헌법 조항에 의해 뒷받침되었다.

---

33) 山田隆司, 『最高裁の違憲判決』, 257-258.

행정에 대한 특별취급의 배제라는 점에서도 전전과는 다르다. 행정관청의 위법처분에 대한 소송으로 법률에 따라 행정재판소에 속하는 것은 사법재판소에서 수리할 수 없다는 메이지 헌법 제61조에 의해 전전에는 행정사건이 프랑스처럼 행정부 내「행정재판소」의 소관이었다. 따라서 사법은 민사・형사재판만을 담당했다.[34] 이런 행정에 대한 특별취급은 사법재판소가 행정의 당부를 판단하면 안 된다고 본 메이지 정부의 의도였다.[35] 이는 삼권분립원리에 대한 이질적 수용의 결과였다. 유신 정부도 입법, 행정, 사법의 삼권분립이 유럽국가에서 상당히 유행함은 알고 있었다. 그런데도 유럽에서 근대 초기에 받아들여지던 입법, 대권, 행정이라는 삼권에도 주목했다. 로크의 권력분립론 이래 받아들여지던 그 삼권 즉 오늘날의 시각으로 보면 사실상의 이권분립에 불과한 권력분립에서는 사법은 행정의 한 부분에 불과한데, 이를 받아들임으로써 행정에 속하는 사법이 행정을 판단하는 것을 허용치 않은 것이다.

패전 후에도 그런 인식은 바뀌지 않았다. 신헌법제정 당시 정부의 견해도 최소한 사법에 관해서는 구헌법 하의 체제를 바꿀 필요가 없다는 것이었다. 그래서 행정기관에 최종적 사법권을 부여하는 것을 금지한 조항이 초안에 있는 것을 보고는, 총사령부에 그 삭제를 요구하기까지 했다. 물론 총사령부는 이를 당연히 거부했다. 미국은 영・미식 사법재판소 관념을 가진 데다가 일부 대륙법계 국가의 행정재판소 체제보다는 관료적 행정부로부터의 사법권의 독립이 일본에 필요하다고 보았기 때문이다. 그래서 특별재판소는 금지되

---

34) 伊藤博文 編, 『管制關係資料(全)』, 367.

35) 新井勉・蕪山嚴・小柳春一郎, 『近代日本司法制度史』, 141.

고 행정기관이 최종심으로 재판할 수 없게 된다.[36] 사법의 행정으로부터의 독립이 헌법화된 것이다.

그러나 사법은 정치로부터 독립적인 정체성을 보여주지도 못했다. 사법은 법제에 관해 입법과 행정이 지닌 주도적 역할을 받아들이면서 상대적으로 자신을 사법의 한계에 가두어 입법에 대한 이의 판단의 가능성 자체를 거의 부정했다. 이는 자민당의 장기집권과 관련 있었다. 55년 체제에서 항상 중·참의원의 과반수 정권이던 자민당이기에 당내에서 합의된 법안이면 자동으로 국회에서 성립될 정도였다.[37] 사법은 그런 상황을 의식했다. 게다가 내각에 의해 임명되는 재판관의 내각 의존적 존재 인식이 최고재판소가 정치부문의 결정에 대해 위헌결정을 하는 것을 꺼리게 만들었다. 그 결과 최고재의 위헌결정은 극히 적었다. 정치적 성격의 판결이 아니더라도 그러했다. 법적 시스템 자체가 이미 정치의 산물로 보였기에 위헌결정이라는 것에 민감하게 반응하고 소극적이 될 수밖에 없었다. 최근까지도 위헌결정은 극히 적고 그중 법령 위헌결정은 특히 적어서 정치문제를 헌법으로 해결하려는 의지가 없는 듯 보인다.

사법의 과도한 자기 제한 즉 최고재에 의한 정치문제 판단이 거의 불가능해진 이유는 문제를 다시 정치부문의 해결과제로 되돌리려는 태도에도 기인한다. 즉 일본에서는 헌법보다는 법률, 법률도 제대로 통하기 어려운 상황이면 정령政令, 정령도 번거롭다면 각의결정 같은 형태로 해결하곤 한다. 정치가나 관료가 형편에 적당하게 처리해 버리는 것이다.[38] 그렇게 정치적 관료적 처분이 중시되

36) 新藤宗幸, 『司法官僚』, 35.

37) 中川秀直, 『官僚国家の崩壊』, 31.

38) 井上ひさし・樋口陽一, 『'日本国憲法'を読み直す』, 24.

는 분위기에서 사법이 적극적 역할을 피하고 정치부문이 최종해결을 다시 맡게 되는 악순환이 계속된다. 사법의 과도한 자기 제한과 그 결과로서의 형식주의적 해석이 지속하면서 헌법적 사법심사권도 거의 명목화된다. 사법권에 기대되는 정치 판단적 기능을 사법 스스로 포기하거나 줄인 것이다.[39] 그렇게 스스로를 정치에 종속적으로 위치 지운 사법은 관료화된다.

사법적 관료조직은 정치사회적 주요쟁점에서 이데올로기적 색채를 드러내는 내부 구성원에 대해 제재를 가한다. 재군비나 안보조약 혹은 미군 주둔 문제 등에서 좌파적이거나 리버럴한 입장의 재판관이 주 대상이다. 자유주의로서의 '리버럴'은 본래는 국가개입의 최소화를 의미하는 보수노선이지만, 일본에서는 오히려 미국의 국가 개입주의자인 '뉴딜주의사'처럼 일종의 좌파로 이해되었다. 맥아더 점령 시절 총사령부 민정국 등의 '뉴딜러New Dealer'라 불린 진보적 직원들이 일본 내 좌익과 교류하고 그들을 선동했다고 알려져 본국 귀환을 명받고 조사받은 것도 그 때문이다. 그렇듯 일본의 사법도 리버럴 즉 자유주의자를 좌파와 동일한 의미 혹은 정부나 현존권위에 반대하는 튀는 사상의 보유자로 보아 이데올로기적으로 제재한다.

이는 사법이 정부와 내각의 입장을 읽고 그들의 의사에 반하지 않게 행동하는 것이다. 사법이 정치의 반발에 직면했던 경험을 통해 향후 유사한 문제에서 스스로를 위축시킨 결과다. 이미 1950년대 말부터 1960년대에 걸쳐 국민적 이목이 집중된 정치적 쟁점에서 몇몇 하급심 판결들이 정부 여당의 반발을 샀던 적이 있다. 그

---

39) 小林直樹, 『日本における憲法動態の分析』, 303.

판결들은 법령 위헌이라거나 법령을 그런 사안에 적용하면 위헌이라는 적용 위헌판단 등을 내려 정부를 분노케 했다. 정계는 불만을 내보이다가 급기야 '편향판결'이라고 비난했다. 그 결과 재판관의 인격이나 세계관을 문제 삼으며 사법 관료조직이 재임용거부에 이르게 된 것이다.[40) 재임용거부와 같은 이데올로기적 제재는 사법이 내부적 평정을 가장해 정계의 불만을 처리해 준 행태인 것이다.

정부와 내각의 기본방향에 어긋나는 경우 정치가 사법에 보여주는 반응은 사법에 일정한 주문을 하는 것을 넘어 사법을 위협하는 형태이기도 하다. 사법과 정치가 다툴 수는 있고 사법의 판결에 불만이면 정치가 합법적 대응을 할 수는 있지만, 일본에서는 정치가나 관료가 자기들을 불편하게 하는 사법이나 검찰을 단죄해야 한다는 발상도 한다. 그 점이 정치부문에 비해 민주적 정당성도 취약해 여론을 동원하기도 곤란한 사법을 더 수동적인 자세로 만든다. 그 수동성이 스스로를 이념적으로 단속하게 만든 것이다. 그 단속이야 말로 사법 스스로 정치부문의 이데올로기적 지향성에 부합하기 위해 관료적 조직화를 이룬 계기다. 따라서 사법의 관료적 조직화는 정치부문의 의중에 부합하기 위한 행동인 것이다.

사법은 최고재판소「사무총국事務総局」을 통해 그런 관료적 개입을 조직화한다. 한국의 법원행정처에 비견되는 사무총국은 형식적으로는 재판관 및 재판소 직원에 관련된 사법행정을 위한 최고재 내 행정조직일 뿐이다. 재판소법은 사법 행정사무 의사결정은 판사 전원으로 구성된 합의체인 '재판관회의'에 의한다고 규정하는데 이는 사법권독립을 위한 개혁이념의 표현이었다. 그 사법행정의 보좌

---

40) 樋口陽一, 『いま, 「憲法改正」をどう考えるか』, 79-80.

를 위해 1947년 설치된 소규모의 '사무국'은 이듬해 '사무총국'으로 명칭이 바뀌고 조직도 확대되는데, 이 사무총국이 사법행정 전체를 지배해 사법행정의 책임 주체인 최고재 재판관회의를 유명무실하게 만들었다.

그 확대개편의 이유는 역설적으로 사법의 독립 지키기였다. 당시 사법이 GHQ와 내각 그리고 국회와 갈등했기 때문이다. 즉 사무총국으로의 조직 확대는 사법의 자구책으로 특히 <히라노平野 사건> 등에서 확인된 일련의 외압에 대한 대응이었다. 1948년 1월 가타야마 내각의 농림상 히라노 리키조平野力三가 여당인 사회당 내에서 내각 관방장관과의 대립으로 파면되고, 2월에는 우익 경력이 문제되어 공직추방까지 당해 의원 자격이 상실될 위기였다. 그러자 충리를 상대로 신분유지 가처분을 신청했는데 도쿄지방재판소가 이를 인정해 공직추방을 무효화시켰다.

그러나 도쿄 지재 결정에 대해 GHQ와 내각이 이의를 내고, 그 이의에 대해 'GHQ의 지령에 의한 처분은 사법판단 대상이 아니다'라는 정치적 판단이 내려져 공직추방이 결정된다. 5월에는 참의원 사법위가 국정조사라면서 '재판관의 형사사건 부당처리 등에 관한 조사'를 결의해 확정판결에 이르지 않은 5개 사건을 조사하기도 한다. 이에 최고재는 사법개입이라며 강하게 반발했다. 그런 일련의 위기를 겪은 최고재판소가 사무국 기구를 확대 개편해 독자적인 사법 관료기구로 만든 것이 바로 사무총국이다. 말하자면 사법에 대한 정치개입을 막자는 의도였다.

그런데 이후 사법은 관료적 측면에서 사무총국 중심의 피라미드식 위계조직이 된다. 제도적으로는 사무총국의 수장 '사무총장'은 최고재 재판관회의의 보좌역 중의 우두머리로 직급도 고등재판소 장관에 준한다. 사법의 정점은 최고재 장관과 14명의 최고재 재판관으로 장관이 재판 외에 사법행정을 통합해 재판관과 재판소 직원을 지배·통제한다. 그러나 사실상 재판소의 절대권력자는 사무총장이고 그의 사무총국이다. 1980년대 이후 최고재 재판관이 된 전원이 사무총국 출신이고, 사무총장을 거친 대부분이 최고재 재판관이 되고, 역대 재판관 출신 최고재 장관의 대략 절반이 사무총장 출신자이며, 14명의 최고재 재판관 중 재판관 출신의 거의 전원이 사무총국 출신자다. 특히 일선 재판관에 대한 영향은 결정적이라 할 정도로 사무총국은 직접적 압박기관이다. 그렇듯 사무총장은 '그림자 최고재 장관'으로 불리는 사법행정의 최고 실력자다.[41]

그 조직체계 안에서 재판관은 관료에 가깝다. 전전에는 재판관이 행정부인 사법성의 휘하에 있었으나 전후에는 최고재를 정점으로 하되 각 재판소의 재판관이 재판에서는 완전한 독립을 하게 되고 행정적으로만 사무총국 체계에 속하게 된 것이지만, 관료적 예속의 면에서는 전전과 본질에서는 다를 것도 없다고 보인다. 위상은 전전보다 높아지고 형식적 독립성 특히 행정부로부터의 독립성은 확인되지만, 사무총국이 정치부문의 의사까지 반영하고 예측하여 간섭함으로써 행정부로부터의 직접 혹은 간접적 간섭이 있는 것은 부인되기 어렵다. 사무총국이 내각의 기본방향에 따르도록 재판관의 판결 등 행동을 사실상 통제하면서 재판관도 조직 내의 관료처럼 행동하게 된다.

사무총국의 간섭과 제재는 주로 좌파·리버럴 재판관에 대한 인

---

41) 新藤宗幸, 『司法官僚』, 39-41, 46-47, 78; 瀬木比呂志, 『絶望の裁判所』, 84-87.

사상 불이익과 재임용거부로 나타남으로써 다른 재판관에 대한 심리적 압박이 된다. 1969년의 <히라가平賀 메모 사건>으로 촉발된 사태가 그런 이데올로기적 제재의 사례다. 미사일 기지 건설을 위해 국유보안림 지정에서 해제된 지역의 주민이 자위대는 '위헌'이고 홍수위험도 있다면서 보안림 해제의 위법을 다툰 행정소송이 발단이다. 삿포로 지재의 해당 재판장에게 지방재판소장 히라가 겐타平賀健太가 소송을 '각하'하라는 메모를 건넨 게 알려지며 재판독립 침해가 문제 된다. 재판장이 좌파·리버럴 재판관이 주로 속한 '청년법률가협회' 회원임도 알려지자 보수우익 언론과 정치가들은 청법협을 비난한다. 마침 베트남전이 한창인 1969년 무렵부터 미·일 안보조약 개정과 노동, 공안, 자위대 문제 등으로 재판소와 정부 및 자민당과의 긴장 관계가 높아지던 중이라 이른바 '사법의 위기'가 초래된다.

최고재와 사무총국은 '편향재판관' 걸러내기를 시작했다. 재판독립 침해를 문제 삼는 게 아니라 반체제적 재판관을 일소하는 방향으로 나아간 것이다.42) 청법협 계열 판사를 배제해 재판관의 사상통제를 꾀하는 공직추방이 단행된다. 국회의 '재판관 소추위원회'도 전국의 재판관에 청법협 소속 여부 조사표를 보낸다. 소추위 사무국장은 최고재가 파견한 재판관이기에 이는 최고재의 의사였다. 사무총국은 청법협을 일정한 정치 신조 아래 결속된 정치단체로 간주해 회원 탈회를 권고했다. '전학공투회의全学共闘会議' 및 신좌익이 안보조약 연장저지 및 폐기 그리고 베트남 반전 투쟁으로 도쿄대 건물을 점거해 경시청이 이를 봉쇄 해제하는 과정에서 벌어진 공방

---

42) 影山日出彌, 『憲法の原理と国家の論理』, 219; 岩波書店編集部 編, 『思想の言葉 Ⅱ』, 109-111.

전에서 학생 633명이 검거된 69년의 <도쿄대 야스다 강당 사건>을 필두로 한 학생 공안사건 수사, 기소, 공판에서의 강권적 형사 절차도 문제시되면서 사법의 위기는 절정에 달한다.[43]

히라가 사건의 경과도 공안정국 분위기를 만든다. 1심에서 재판장은 주민을 승소시키지만 그 판결은 상급심인 삿포로 고재와 최고재에서 파기된다. 사무총국은 재판장을 좌천하고 그가 메모를 지인에게 보여준 걸 문제 삼아 재판소 내부문서 누설이라며 '주의' 처분하고, 부당압력을 가한 히라가에 대해서는 재판관독립 침해는 인정하지 않고 '주의' 처분했다. 청법협 탈회자는 속출했다. 탈회 거부자는 최고재에 의해 재임용이 거부당하기도 했다. 최고재는 재임용거부의 이유도 고지하지 않고, 이유를 물으면 재임용이 임명권자의 고유권한이라고만 했다. 그런 본때 보이기식 처분은 이후에도 이어졌다.

민감한 사회문제 집회의 참석을 이유로 판사보가 계고처분을 받기도 하고, 사법연수 수료생이 판사보 임관을 정치적 이유에서 거부당하기도 했다. '정치성'을 이유로 한 임관거부였다.[44] 그런 '정치적 이유'에 의한 임관거부는 재판관의 사상이나 신조에 대한 개입으로 재판관의 신분보장을 위협한다는 비판론을 만들었다. 마침 히라가 메모 사건 이후의 여파로 그 분위기는 확산한다. 그러나 사법의 위기에 대한 여론과 법조계의 반발도 사법의 관료화를 저지하지는 못했다. 그 결과 70년대 이후 사법에서 행정기관적인 계서적 조직운영과 재판체제가 확립된다.[45]

---

43) 渡辺洋三・甲斐道太郎 他,『日本社会と法』, 207-208.
44) 新藤宗幸,『司法官僚』, 120-122.
45) 渡辺洋三・甲斐道太郎 他,『日本社会と法』, 208-209.

2. 무력화된 사법심사

GHQ의 초안에는 '사법심사司法審査judicial-review' 즉 위헌심사 규정이 있었다. 사법부인 최고재판소가 일체의 법률 및 명령 등의 헌법 적합성을 판단하는 최종심재판소라는 것이다. 이 낯선 미국식 제도는 핵심 쟁점조항이 아니었기에 거의 제대로 된 논의를 거치지 않고 신헌법에 규정된다. 그러다가 제헌 이후에야 사법심사의 대상과 범위가 논의되는데, 대체로 구체적 소송사건과 관련해서만 법령 자체의 유·무효를 심사할 수 있다는 '구체적 규범통제'인 것으로 받아들여진다. 따라서 그 범위는 해석상 상당히 축소된 소극적 형태가 된다. 그나마 그 논의가 불거진 이유도 사법심사에 의해 의회 권한이 전면적으로 침해될 위험싱을 우려해서였다. 그렇게 사법심사제는 적극적 역할기대가 아니라 의회주의에 초래할 위험성의 관점에서만 주목된다.

최고재의 구성방식도 사법심사의 적극화를 기대하기 어렵게 했다. 15인 재판관 중 '장관'인 재판소장은 「재판소법」에 의해 내각이 지명하면 천황이 의례적으로 임명하므로 내각의 지명권 안에 있다. 다른 최고재 재판관도 내각에 의해 임명되고, 하급심판사도 최고재가 지명한 명부에 기초해 내각이 임명한다. 재판관을 거치지 않고 곧바로 장관으로 임명되는 경우도 적지 않아 내각은 임명권을 통해 최고재의 인적 구성을 상당 부분 장악한다. 무엇보다 내각의 임명에서 정치적 성향이 고려되기에 최고재 재판관은 내각의 입장을 의식하는 지위가 된다.46) 물론 내각에 의한 임명은 전전 사법성

---

46) J. Mark Ramseyer and Eric B. Rasmusen, *Measuring Judicial Independence.*

하의 대심원 판사의 행정권에 대한 종속성을 막기 위해 국회의 신임을 받는 내각의 임명으로 재판관의 독립성을 부여한다는 취지였다. 게다가 최고재의 폭주를 막기 위한 견제의 장치다. 그러나 운용에서 그것은 사법에 대한 신뢰 여부가 사법의 내부적 노력만에 의해 보증되지 않는 상황을 만든다.[47]

자민당의 장기집권은 최고재의 적극적 운용 의지마저도 상실시켜 갔다. 내각의 재판관 지명과 임명방식은 내각을 지배하는 정당의 교체를 전제로 한 것인데 55년 체제 자민당 장기집권에서는 자민당 내각의 임명만 있게 되기에 자민당의 눈치를 보지 않을 수 없었기 때문이다. 즉 비록 최고재 판사의 임명권을 내각에 준 것이, 국회의 통제하에 있는 내각으로 하여금 재판관의 조직에 영향을 가지게 함으로써 권력분립상 균형을 모색한 것이라 보더라도, 내각이 당파적 성격이 강한 기관인데 특정 정당의 장기집권이 이루어지면 그 눈치를 볼 수밖에 없게 되기 때문이다.

그래서 최고재 발족 당시에는 '재판관임명자문위원회'도 두었다. 초대 최고재 장관을 임명한 1947년 내각은 사회당과 자민당, 국민협동당 연립의 카타야마 테츠片山哲 내각이었다. 이 내각에서는 재판관임명자문위가 재판관을 임명해 재판관의 경력과 사상은 다양했다. 자문위의 각 위원이 고른 재판관 후보 139명 중 투표로 30인을 선발하고 내각이 그중 15인을 내정했는데 재판관 7인, 변호사 5인, 재판관·검찰관 1인, 외교관 1인, 대학교수 1인으로 출신도 다양했다.[48] 그러나 이런 신중한 임명방식은 정권의 변화와 함께 1948년

---

47) 杉田 敦, 『政治的思考』, 160.

48) 野中俊彦 他, 『憲法II』, 239; 山田隆司, 『最高裁の違憲判決』, 36-37; 長谷川正安, 『日本の憲法』, 124-126.

곧 폐지되고 자민당 내각에 의한 임명이 정착된 것이다.

내각에 의한 임명방식에서 다른 간섭요소는 작용하기 어렵다. 최고재 재판관은 내각이 임명하더라도 최고재 장관의 추천에 기초해서 그렇게 하는 게 관행이 되지만 장관의 의견을 들을지 말지는 전적으로 내각의 자유라서[49] 장관이 직접 간섭할 수 있는 건 아니다. 그래서 최고재 장관과 재판관의 임명은 자민당 일당 지배를 통해 관료적 방식이 된다. 앞선 사회당 연립내각, 단명했던 1990년대 초반의 비자민당 연립내각 그리고 2009년 이후의 민주당 중심 연립내각을 제외하고는 자민당이 50년 이상 내각을 지배한 '55년 체제'의 절대권력 자민당 체제에서 재판관의 임명은 정권의 직접적 영향하에 있었다.

반세기 이상 자민당이 내각이나 총리의 권력을 통제한 상황은 자민당 재집권의 개연성을 확실하게 인식시켰기에 재집권이 저지될 경우 차기 정부에 대한 견제 차원에서 차기 정부가 사법부를 이용할 수 없도록 현 상황에서 사법부의 독립성을 강화하고자 하는 시도마저 단념케 만들어 사법부 강화방안도 모색되지 않았다.[50] 즉 정부가 사법을 약체화시킨 태도는 그런 명확한 전망 하에 형성된 것이다. 지배정당이 계속 재집권할 개연성이 낮을 때만 독립적 사법부를 원하는데 그렇지 않아서 독립성이 약해진 사법부의 예가 바로 일본이다. 자민당 장기집권이 만든 약한 사법부인 것이다.[51]

자민당이 오랫동안 의회와 내각을 모두 지배해 내각이 임명한 사법부 재판관은 거의 모두 보수 우파적 정책과 이데올로기의 영향권

---

49) 山田隆司, 『最高裁の違憲判決』, 259.

50) 진창수, "부문별 이익배분시스템으로서의 일본 정치", 81-84.

51) Ran Hirschl, *Towards Juristocracy*, 41.

안에 있다. 사법심사제 채택 이후 50년 이상 동안 거의 정권교체 없이 지속해서 임명권자가 자민당 내각이기에 헌법 이슈에서 자민당 기본정책을 비판할 최고재 재판관은 거의 없었다. 자민당 내각의 기본정책이 미·일 안보체제 유지, 자위대의 합헌적 유지여서 정치현안에 대한 사법심사의 결과는 예측되었다. 사법심사를 통해 자민당 노선이 비판의 장에 올려질 거라는 기대는 거의 없었다. 최고재는 헌법 이슈를 자민당의 기본정책에 부합되게 처리하는 관료적 사법부의 수준 이상으로 진전되지 못했다. 일반법원의 기능을 넘는 최종심 사법심사기관으로서의 위상은 거의 확인되지 못했다.

자민당의 장기집권 외에 사법심사가 부각하지 못한 다른 이유로 특수한 제헌 방식에 따른 헌법수용 태도도 있다. 점령통치에 의해 타율적으로 강요된 외부적 소여로서의 헌법이 국민적 합의 없이 성립한 점과 사법심사의 소극성은 무관하지 않다. 기본권과 같은 헌법적 가치는 형식적 합의조차 확인되기 어려운 외부적 소여였다. 평화조항도 자민당과 내각에 의해 사실상 무시되는 조항이었다. 따라서 기본권이나 군비 문제 같은 핵심 헌법 이슈를 그나마 취약한 사법부가 검토할 만한 것인지 의문이었다. 최소한 그런 사법적 판단의 전제가 될 국민적 합의 토대가 없었다. 즉 주요한 헌법적 갈등의 대부분이 사법심사를 통해 국민적 논쟁을 만드는 미국과 같은 환경이 없는 데다가 그나마 사법이 논의를 부추기려고 시도하면 내각과 관료제를 통해 문제를 해소하는 방식이 이를 저지하므로 사법심사로 헌법 이슈를 다루는 관념이 뿌리내리지 못한 것이다.

메이지 헌법체제 하의 공권력에 대한 특별취급도 사법심사의 소극화에 영향을 주었다. 구헌법은 독일의 영향을 많이 받지만 행정

재판에 대한 인식 등은 프랑스의 영향도 받았다. 그래서 행정청의 처분의 위법성에 대해 국민이 정부를 상대로 제소하는 건 극히 한정된 몇 가지 경우 외에는 부인되고, 그 한정된 경우마저도 행정재판소라는 특별재판소에 제기해야 했다. 행정재판소는 재판을 법률에 따라 행해야 하는 것도 아니었다. 삼권분립 원칙상의 재판소가 아니라 일종의 행정관청이었다. 결국 행정재판소 사건의 대부분은 정부가 승소했다. 소방차 운전수의 과실로 행인을 치어도 국가권력의 발동인 이상 정부는 책임이 없다 했고, 도심 화약고 폭발의 피해자가 정부에 손해배상을 청구하면 화약제조가 군사적 공익사업으로 공법상 행위라는 이유로 정부 책임이 없다고 했다. 정부와 국민의 관계를 상·하 지배 복종 관계로 보아 정부 권력은 법의 구속 바깥에 있는 '살인면허' 즉 사람을 죽여도 책임을 물을 수 없는 권력으로 이해되었다.[52]

이런 의식은 정치부문의 행위에 관한 사법의 태도에 잔존한다. 회사에 의한 정치헌금의 적법성과 헌법 적합성이 다투어진 <야하타八幡제철 사건>은 오늘날까지 남은 정치에 대한 사법의 종속적 자세를 확인시켜 준다. 제철회사의 대표가 회사 명의로 자민당에 정치자금을 준 것이 정관위반행위로 상법 위반이며 헌법상 참정권 등에도 반하는 위헌이라며 주주가 손해배상소송을 냈다. 제1심은 영리 목적인 회사의 주주 동의 없는 무상지출은 회사 목적에 반하므로 정치헌금은 목적 범위 외의 행위라 했다. 반면 항소심 이후 특히 1970년 최고재는 위법성을 부인한다. 정관 목적 범위 내의 행위란 목적수행을 위해 직·간접적으로 필요한 행위 전부이므로 정

---

52) 川島武宜, 『日本人の法意識』, 50-54.

관 목적 범위에서 벗어난 게 아니라는 것이다. 참정권위반인지에 관해서도 회사는 자연인과 마찬가지로 납세자인 입장에서 정치적 의견을 표명할 수 있다고 했다.[53] 정치권에 면죄부를 준 이 판결은 이후 1996년 <미나미규슈南九州 세무사회 사건>에서 최고재가 세무사회의 정치헌금이 목적 범위 밖에 있다고 판단[54]한 것과 비교해 보더라도 수긍하기 어려운 판결이었다. 법인의 정치적 자유를 강변한 배경도 의문투성이였다.

납세를 참정권의 근거로 연결 지우는 등의 무리한 논거로 정치권의 논리를 뒷받침한 이유는 정치적 외압이었다. 법리상으로는 세무사회 사건의 판결 이유와 같이 판단됨에도 그런 논리가 당시의 정계에 관철될 수 없었기에 정계의 입장에 맞춰 판결 이유에서 무리한 논리 구성을 한 것이다. 즉 1974년 다나카 총리의 정치자금줄 문제가 불거지면서 1975년에 미키 내각이 「정치자금규정법」을 전면개정할 정도로 정치자금을 용인하는 분위기였는데 사법이 그를 좇은 것이다. 금권정치의 치부를 드러낸 1976년의 <록히드 사건>, 1988년의 <리크루트 사건> 등에서 보듯이 정치자금 관행은 여전했다. 그런데 이후 전면적 법 개정을 통해 기부가 제한되고 정치단체의 수입과 지출에 대한 공개가 강화되었기에 1996년의 세무사회 판결 같은 이유구성이 가능해진 것이다. 따라서 야하타제철 사건은 사법이 정치에 대해 사법의 잣대를 대지 못하고 특별취급하던 분위기 안에서의 판단이었다.

정치부문에 대한 그런 태도는 비교적 일관되게 나타났다. 최고재

---

53) 最(大)判昭和45年6月24日民集24巻6号625頁.

54) 最判平成8年3月19日民集50巻3号615頁

는 1948년 출범 이래 여러 판결에서 헌법상 사법심사권은 미국법원의 사법심사처럼 구체적 사건에서의 위헌성 여부만 판단대상으로 한다고 했다. 이런 해석은 적극적 위헌판단으로 비칠 경우 예상되는 정치부문의 반발을 진정시키려는 의도였다. 최고재는 심사 자체에서도 위헌결정은커녕 위헌 아닌 이유 찾기에 몰두한 것처럼 보였다. 입법행위는 본질상 정치적이어서 성질상 법적 규제대상이 아니라거나 입법 관련 결정은 국회 재량이라는 논거 등을 사용했다. 사회 혹은 경제 정책적 규제 입법은 국회가 취한 수단이 재량을 현저히 일탈한 명백히 불합리한 경우가 아니라며 위헌판단을 피해갔다. 이 태도는 정치에 대한 소극적 추인을 넘어 일종의 협력으로 비쳤다.55) '정치문제' 원리를 원용하며 정치적 기관의 재량만 부각한 사법의 권력분립적 한계론은 정치에 대한 소극적 협력이 됨을 모를 리 없기 때문이다.

이는 자민당의 정책 방향을 넘어서지 않으려는 것이었다. 특히 최대 정치 쟁점인 헌법의 평화주의를 둘러싼 판결에서 그러했다. 평화주의 조항은 제헌 직후부터 자위대와 미·일 안보조약에 대한 찬반논란을 불러왔기에 사법심사 청구가 쇄도했다. 거기서 최고재는 자민당 내각의 대미정책과 대립하지 않기 위해 '통치행위론'을 원용하며 미·일 안보조약은 일본의 존립에 중요한 관계가 있는 '고도의 정치성'을 지녀 그 위헌판단은 사법재판소의 심사대상이 아니고 체결권자인 내각 및 승인권자인 국회 그리고 주권자인 국민의 정치적 판단에 맡겨야 한다고 했다. 그렇듯 사법심사기관이라는 말이 무색할 정도로 의회와 내각의 입법과 정책을 정당화하는 권력

---

55) 민병로, 『일본의 사법심사제』, 123-128.

추종적 경향을 보였다.

입법의 위헌성 판단은 정치문제에서 보인 불개입과는 다르긴 했지만 거기서도 위헌선언은 드물다. 1960년대 이후 잇따른 '의원정수 불균형 판결'에서는 입법정책의 문제이므로 국회가 다시 결정해야 한다고만 했다. 중의원 선거구에 의한 인구수와 의원정수의 불균형이 선거권 평등원칙에 위반되는지에 관해 과소와 과대 선거구의 불균형이 위헌이라면서도 선거는 유효라고 했다. 적극적으로 어떤 비율까지가 평등원칙에 반하지 않는지의 기준을 제시한 독일과 미국의 태도와 달랐다.56) 자민당 내각이 선임한 재판관이 자민당이 다수파인 의회가 제정한 법률을 의회다수파의 변경도 예상되지 않는 상황에서 무효선언하기는 어려웠다. 선거제도가 위헌이라 선언하고 개정을 제안해도 의회가 따르지도 않았다. 실제로 최고재가 제안했는데도 의회가 응하지 않자 후에는 제안조차 회피해 이후에는 선거법이 위헌적이라 선언하지도 않았다.57) 최고재는 의회에 대한 권고적 권능조차 행사하지 않겠다고 응답한 것이다.

정치추수적 자세 이외에 최고재의 소극성을 부추긴 더 구조적인 요인은 자민당과 내각이 법안심의에서 거의 이견을 허용하지 않는다는 점이다. 자민당 총무회를 통과해 국회에 제출된 법안은 당의 결정으로서 자민당 소속 국회의원의 전체의사로 인정되어 모든 소속의원이 따라야 했다. 또한 내각의 입법안이 법안심사위에 가기 전에 내각법제국이 미리 법안의 위헌성을 심사하기에 법제국의 존재 자체가 재판관들로 하여금 법률의 위헌문제에 더 소극적이고 안

---

56) 이경주, "일본의 헌정주의와 민주주의", 178-179.

57) Tom Ginsburg, *Judicial Review in New Democracies*, 98-99.

이한 태도를 보이게 만든다. 의원내각제로 법안 대부분이 정당에 기반을 둔 정부에서 제출되고 법제국이 정부 제출법안에 대해 위헌 여부를 사전 검토하므로 사법부가 위헌판단할 여지도 거의 없을 거라는 예단이다. 그나마 위헌판단된 법률은 대체로 현행헌법 이전에 제정된 법률이거나 의원 입법된 법률에 불과한 것을 보더라도 그 점이 방증 된다.[58] 사법부는 집권당이나 내각과의 대립을 만들거나 감수할 만한 처지가 아니라고 스스로를 규정하는 것이다.

3. 정치문제 회피의 정치성

1970년대 이후 위헌심사제의 도입이 세계적으로 확산한다. 재판관에 의한 통치 같아서 바람직하지 않다는 비판도 있지만 위헌심사는 대세가 된다. 그런데 사법심사제를 이미 가진 일본에서는 오히려 논의가 거의 없었다.[59] 일본의 사법은 정치부문에 대한 헌법재판의 적극성 타진 혹은 반대 입장을 사전에 명확히 하기보다는 그저 현실에서 문제에 부딪히면 정치문제에 대한 사법적 회피로 답할 뿐이다. 위헌심사의 필요성이라는 본질에 접근하는 것조차 불편해 했다. 천황이 내각의 조언과 승인에 의해 중의원을 해산할 수 있다는 헌법 제7조에 근거해 요시다 내각이 국회를 해산하자 그로 인해 중의원의원직을 상실한 의원이 중의원해산의 위헌성과 의원 자격 확인을 구한 '도마베치苫米地 판결'에서 1960년 최고재는 고도의 정치성을 띤 국가행위는 국회에 맡겨야 한다고 했다. 중의원해산은

---

58) 長谷部恭男・杉田 敦,『헌법논쟁』, 120-123; 山田隆司,『最高裁の違憲判決』, 252.
59) 井上ひさし・樋口陽一,『日本国憲法'を読み直す』, 213.

내각이 중요정책 그리고 존속에 관해 국민 총의를 묻는 것으로 극히 정치성 높은 국가통치 기본에 관한 행위여서 그 행위의 법률상 유·무효를 심사하는 건 사법재판소의 권한 밖이라 했다.[60]

회피는 거의 일관된다. 안보용 삼림 일부에 항공자위대 시설인 미사일 기지를 설치한 게 발단이 된 <나가누마長沼 사건>에서도 1973년 최고재는 자위대의 위헌성 심판을 피한다.[61] 안보문제에서 일관되게 고도의 정치성을 지닌 통치행위라는 명분을 달아 헌법적 판단을 피한 주된 이유는 자민당 기본정책과의 충돌에 대한 두려움이다. 임명권자인 내각과의 마찰을 피하려고 정치와 거리를 두고자 한 결과다. 이런 회피는 사법 시스템의 전 단계에 걸쳐 보인다. 최초단계의 하나인 공안경찰에서부터 특정 사상과 신조에 대한 단속이나 조사임을 감추려 한다. 그래서 기소를 해도 본질에 따른 죄명 외의 죄명으로 기소한다. 자위대 파병에 반대하며 방위청 관사에 반전 삐라를 배포해도 아파트에서 반전 전단을 배포해도 주거침입으로 체포 기소되는 식이다.[62] 본질에 따른 죄명으로 기소하면 사법기관이 중요 정치 쟁점을 판단해야 하고 그러면 사회적 논쟁의 빌미가 되기 때문이다.

일본 특유의 법의식도 사법심사의 취약성과 관련 있다. 법률의 규정 내용이 불확정적인 경우에 서양인과 일본인의 대응방식은 다르다. 서양에서는 어떤 판단 기준이 법률규정의 언어의 의미에 내포되어 있지 않고 그것을 정당화하기 위해 관습법이나 조리를 사용하는 것조차도 불가능하면 법 개정절차를 밟지만, 일본에서는 그

---

60) 最(大)判昭和35年6月8日民集14巻7号1206頁.

61) 長尾龍一, "일본에 있어서의 헌법재판", 78; 이경주, "일본의 헌정주의와 민주주의", 173-174.

62) 斎藤貴男, 『ルポ改憲潮流』, 24-25.

경우 그 판단 기준이 본래부터 법률규정의 언어의 의미 속에 포함된 것으로 해석한다. 법 창조에 해당하는 법 해석으로 태연히 해결해 버리는 것이다. 그런 법 해석은 본래의 언어의 의미가 불확정적이어서 의미 한정적인 게 아니라는 식의 법의식에 의해 지탱되어 법률 조문으로 어떤 결론도 만들어내게 된다. 그래서 서구와 같은 당위와 현실 사이의 이원주의적 긴장 관계가 아니라 본래 양자 사이에 타협이 예정되어 있어 현실에 타협하는 게 부지불식간에 이루어지고, 그렇게 하는 게 '융통성' 있다고 평가된다.[63]

그래서 비현실적 법률을 기계적으로 적용해 단속하는 건 '융통성 없는' 행위라고 생각해 법률은 그저 '전가傳家의 보도寶刀'라고 본다. 그것이 사람을 베기 위해서가 아니라 가문의 장식이니 위엄의 상징에 불과한 것처럼 법률도 사회생활을 통제하기 위해 정치권력을 발동하는 수단이 아니라 다분히 장식적인 것이라 본다.[64] 그렇게 타협을 예정한 법 해석이 사법심사 기피 풍토와 무관치 않다. 첨예한 정치문제에서 위헌이라는 어렵고 민감한 정치적 결론 대신 기존 합헌의 틀 내에서 사고하게 만들기 때문이다. 회피는 합헌의 틀 내에서 보는 사고의 연장이다. 합헌 판단의 여지가 사고 속에 자리함으로써 뻔한 결론을 번거롭게 되풀이하면서 논란의 중심에 서기보다는 차라리 회피함으로써 융통성 있는 사고로 평가되려는 것이다. 그래서 자위대가 위헌이냐고 재판소에 물으면 위헌성 판단을 피하고, 수사과정에서도 위헌성문제가 재판의 쟁점이 되지 않도록 미리 배려하는 기이한 법치주의가 된다.

---

63) 川島武宜, 『日本人の法意識』, 39-45; 奥村文男, 「憲法改正論議の系譜と現状」, 286-287.
64) 川島武宜, 『日本人の法意識』, 46-47.

그렇듯 자위대의 위헌성을 묻는 소송에서 사법은 특히 회피적이다. 1950년 창설된 경찰예비대의 설치 및 유지가 제9조에 반하는 위헌무효임의 확인을 구하면서 사회당이 국가를 상대로 직접 최고재에 제소하자 최고재는 사법의 권력분립적 한계라는 원론적 입장을 내세운 선문답 같은 판결을 내며 쟁점판단을 피한다. "재판소는 구체적 쟁송사건이 제기되지 않았음에도 장래를 예상해 헌법 및 그외 법률, 명령 등의 해석에 관해 존재하는 의의 논쟁에 관한 추상적 판단을 내리는 것과 같은 권한을 행할 수는 없다"65)라고 했다. 이는 사법심사가 구체적 규범통제에 국한되어 있음을 표현한 것이기는 하지만, 그렇더라도 핵심 쟁점은 재판의 주문과 관련 없다고 회피될 것만은 아니다.

즉 핵심 쟁점의 문제는 구체적 규범통제인지 그를 벗어난 것인지의 문제와는 차원이 다르다. 설사 형식논리상 사법의 한계 밖에 있고 정치적 위헌심사의 어려움이 있고 큰 국민적 논란을 야기하게 될지라도 피해 갈 수만은 없다면 판단하는 게 맞다. 주문에 영향이 없더라도 사건의 중대성이나 위헌 상태의 정도, 판결이 미치는 영향 등을 고려해 재량으로 헌법판단을 해야만 한다. 위헌심사에서는 타협적 판단도 가능하기에 더욱 그렇다. 그런데도 회피하는 이유는 정부의 판단에 의존하거나 정부의 판단에 힘을 실어주기 위한 행동이라고 밖에는 볼 수 없다.

재판소의 일부 적극적 사법심사 판결이 없지는 않다. 제1차 아베 정권 이후인 2008년 나고야 고재의 이라크특조법에 따른 항공자위대 활동의 위헌성 여부 판단이 그것이다. 2003년 시작된 이라크전

---

65) 最(大)判昭和27年10月8日民集6卷9号783頁.

쟁과 관련해 제정된 특조법에 근거해 이라크 국내의 비행장을 오가며 인원과 물자를 수송한 항공자위대의 활동이 제9조 위반이라는 판결이다. 현대전에서 수송 등 보급 활동도 전투행위의 중요요소이며, 다국적군의 전투행위에 있어 필요불가결한 군사상의 후방지원으로, '타국에 의한 무력행사와 일체화된 행위'이므로 무력행사를 포기한 헌법 제9조 제1항 위반이라 했다. 그 전투는 실질적으로는 다국적군 대 무장세력 간의 국제적 전투이고, 특히 바그다드는 국제적 무력분쟁의 일환으로 행해지는 인명 살상과 물자파괴 행위가 이뤄지는 '전투지역'이므로, 무력행사를 금지한 특조법 제2조 제2항, 활동지역을 비전투지역에 한정한 제2조 제3항에도 위반이라 했다.

그러나 자위대의 활동의 실태가 위헌인지를 정면 판단한 그러한 일부 재판소의 직극성이 사법의 태도 변화까지 가져오지는 못했다. 심지어 여론의 변화도 사법에 영향을 주지는 못했다. 이라크파병 위헌소송은 적지 않았다. 마침 제1차 아베 정권 타도 속에서 형성된 '구조회九条の会' 등의 호헌운동 확산으로 여론도 변해 있었다. 뒤이은 후쿠다 야스오福田康夫 정권 하인 2008년 4월 8일 요미우리 신문 여론조사에서도 호헌의견이 증가해 호헌이 다수였다. 그런데도 자위대 활동의 제9조 위반 여부를 다룬 소송에서 단 하나의 재판소를 빼고는 모두 사법심사권을 포기했다. 안보조약과 자위대에 관한 위헌심사권을 일관되게 포기해 왔던 기존 입장에서 벗어나지 못한 것이다.

그 점에서 독보적인 나고야 고재의 판단도 판결 이유의 판단일 뿐으로 청구였던 손해배상은 인정되지 않았다. 그래서 결과적 형식적으로 승소한 정부가 위헌결정에 상고할 수 없자 공수활동이 제9

조 제1항 위반이라는 내용은 최고재로 가지 못하고 확정된다. 정부가 패소했다면 상고할 것이고 그러면 최고재에서 부득이 고재 위헌결정의 당부를 판단할 수밖에 없게 될 것인데 그렇게 할 수 없게 된 것이다. 그래서 이 판결의 다른 의도도 읽힌다. 이유판단에서 자위대의 위헌성을 밝혀도 주문에서 손해배상만 기각하면 정부의 상고가 불가능해 최고재가 판단할 수 없게 되므로, 판결 이유의 위헌판단을 확정판결로 남기고자 한 의도일 수도 있다는 것이다. 그렇게 본다면 고재 판결은 정부에 대한 일종의 경고다. 이라크특조법 자체를 위헌판단한 건 아니지만 항공자위대의 활동이 위헌이라 한 것은 전쟁 법제를 막을 수 없더라도 그 법제 하에서 이루어진 행위의 위헌 여부는 판단할 수 있다는 것과 그 위헌판단을 확정판결로 남김으로써 정부의 행위에 경고하는 게 되기 때문이다.

그러나 우파나 정부에게 그런 경고가 통하지는 않았다. 항공막료장은 나고야 고재 판결 다음날 '그런 거 상관없어'라는 어느 코미디언의 유행어를 사용하며 무시했다.66) 판결로 인해 정부 정책이 달라진 것도 없다. 오히려 정부는 이후 이 판결이 거론될 때마다 위헌판단 자체에 대해서는 언급하지 않고 손해배상청구가 기각된 것으로 국가가 전부승소한 판결이라고 했다. 형식적 승소를 이용한 동문서답식 평석이었다. 물론 그 판결이 상고될 수 있어 최고재가 판단했더라도 위헌결정을 기대하기는 어려웠을 것이다. 최고재는 제9조 관련 소송에서는 자위대법이나 안보조약의 합헌 혹은 위헌에 대해 최종적으로 판단하지 않고, 종국적으로는 그런 판단을 주

---

66) 名古屋高判平成20年4月17日金判1325号47頁; 小林陽一, 「軍事立国をめざす安倍改憲の戦略」, 29-30.

권을 가진 국민의 정치적 비판에 맡겨야 한다는 등의 태도로 일관해 왔기 때문이다. 그렇게 본다면 정부의 아전인수식 해석은 그런 아쉬움에 대한 우회적 토로라고 볼 수는 있겠다.

4. 스나가와 정치판결

평화주의와 미·일 안보조약의 모순이 빚은 상황에 대한 위헌성 판단에서 최고재의 관료적 태도와 이를 막후 조종한 정치권의 공작이 드러난 사례가 <스나가와砂川 사건> 판결이다. 하급심에서 주요 정치문제의 위헌성이 다루어졌고 위헌결정이 났지만 최고재가 이를 뒤집고, 더욱이 정부아 지민당 등 여당은 집단적 자위권의 용인 근거로도 이 최고재 판결을 인용해 왔는데, 알고 보니 그 배후에 정부와 미국의 조직적 사법 간섭이 있었음이 밝혀졌기 때문이다. 최근에야 알려진 파기판결 성립까지의 정치공작은 최고재의 관료적 태도를 재삼 확인시켜 준다. 즉 최고재의 그간의 판단 회피 혹은 합헌 판단이 정치적 판단이었다는 의혹이 사실임을 강하게 추단시켜 준다.

스나가와 사건은 미·일 안보조약과 행정협정에 따라 미군이 사용한 출입금지구역인 미군비행장 기지의 확장을 반대하며 침입한 주민과 학생에 대한 기소 근거법령인 형사특별법, 행정협정과 안보조약의 위헌성이 쟁점이었다. 강화로 주권이 회복되지만 안보조약에 의해 각지에 미군기지가 확대되고 스나가와의 미군기지도 확장된다. 그러자 반대 시위대 일부가 기지에 들어가서 안보조약에 기초한 미·일 간 주둔군 지위협정에 부수되는 형사특별법을 위반했다고 기소된다. 1심 도쿄 지재는 1959년 3월 안보조약의 위헌성을 정면판단한다. "안보조약에 의해 주둔하는 미군은 일본에 대한 무력공격에 대한 방어를 지원하는 데만 사용되는 게 아니고, 미국이 전략상 필요하다고 판단하는 경우에 당연히 일본지역 외로 출동할 수 있는 것"이어서 "일본이 자국과 직접 관계가 없는 무력분쟁의 소용돌이에 휘말리게 되어 전쟁의 참화가 미칠 우려"가 있고, 따라서 "일본이 외부에서의 무력공격에 대한 자위 목적으로 미군 주둔을 허용하는 건 헌법 제9조 제2항 전단에 의해 금지되는 육·해·공군 기타 전력의 보유에 해당"해 주일미군은 위헌이라 했다.

따라서 미군 주둔이 위헌인 이상 미군시설 내의 평온이라는 법익이 국민으로부터 보호되어야 할 이유가 없으므로 관련 형사특별법은 위헌무효이고 그래서 전원 무죄라 했다. 다테 아키오伊達秋雄 재판장의 유명한 '다테 판결'이다. 마침 안보조약 수정을 위해 미국과 교섭 중이던 기시는 대미 관계의 강화를 원했기에 그 판결 소식에 충격을 받는다. 혁신진영은 안보개정이 평화공존에 역행하고 위험한 군사동맹을 강화하는 것이라며 격렬히 반대했기에 더욱 그랬다.[67] 안보체제를 무너뜨릴지도 모를 위헌결정을 용납할 수 없었다. 안보조약이 사법 판결을 통해 핵심 정치문제로 부각한 이상 그냥 둘 수 없다고 판단한 정권의 압력 하에서 검찰은 이례적으로 항소를 거치지 않고 최고재에 비약 상고한다.

예상대로 최고재는 1959년 재판관 15명 전원일치로 판결을 뒤집어 정권의 편을 든다. 최고재는 일본이 직접 관계없는 무력분쟁에

---

67) 山田隆司,『最高裁の違憲判決』, 56-60; 長谷川正安,『日本の憲法』, 79.

개입하게 하는 것이라는 논란 속의 미·일 안보조약을 합헌판단하면서 평화조항은 일본군대에 관한 것이어서 자위대 위헌성은 안보조약 위헌성과는 별개 문제라는 논거로 자위대 위헌판단을 피해간다. 안보조약 같은 고도의 정치성을 띤 조약은 일견 명백하게 위헌 무효가 아닌 한 법적 위헌판단을 할 수 없다고 했다. 헌법상 '평화와 안전을 유지하기 위해 적절한 방식·수단인 한, 국제정세에 즉응하여 적당하다고 인정되는 이상 타국에 안전보장을 구하는 것'이 가능하며, 제9조 제2항이 보유를 금한 전력이란 일본이 주체가 되어 지휘권, 관리권을 행사할 수 있는 일본 자체의 전력을 의미하므로, 주둔 외국군대는 그에 해당하지 않는다고 했다. 그 결과 원심을 유죄 취지로 파기 환송한다.

결론적으로 법직 판단을 할 수 없으니 미군 주둔이 위헌이 아니라고 말함으로써 정부와 미국의 입장에 부응한 것이다. 이는 철저한 회피였다. 안보조약이 고도의 정치성을 지니기에 그 내용의 위헌판단은 조약을 체결한 내각, 조약을 승인한 국회의 고도의 정치적 혹은 자유 재량적 판단과 관련되므로, 순수사법적 사법재판소의 심사에는 '원칙적으로 친숙하지 않다'[68]라고 말한 것이 그 회피 의사를 적나라하게 드러낸 표현이었다. 친숙하지 않다는 말은 관용적 표현이기는 하더라도 불가능하다는 것은 아니기에 굳이 판단하고 싶지 않다는 정치적인 회피 의사를 에둘러 말한 것이기 때문이다. 결국 이 판단 회피는 사법의 정치에 대한 맹목적 추수로서의 정치적 판단에 불과하다.

그런데 알고 보니 비약상고 과정에서부터 정치가 개입된 공작이

---

68) 最(大)判昭和34年12月16日刑集13卷13号3225頁.

있었다. 기밀지정 해제된 미국 측 공문서에 대한 정보공개청구로 2011년 확인된 것은 1심 판결 이후 상고심이 열리기 전에 이뤄진 정치적 외교적 담합이다. 2008년 4월 마이니치신문 보도에 따르면 판결을 앞두고 다나카 고타로田中耕太郎 최고재 장관은 당시 주일 미 대사와 비공식적으로 회합해 그에게 '결정 도달까지 적어도 수개월은 걸린다'라고 했다. 2012년 4월 아사히신문 등에 따르면 다나카 장관은 주일 미 수석 공사에게도 "판결은 아마도 12월에 있을 것이다. 실질적 전원일치 판결을 내서 여론을 흔드는 근거가 되는 소수 의견을 피하는 형태로 행해지길 바란다"라고 했다.[69]

2013년 미국 국립공문서관에 정보공개 청구해 얻은 자료를 근거로 발간한『스나가와 사건과 다나카 최고재 장관: 미국 기밀해제문서로 밝혀진 일본 사법砂川事件と田中最高裁長官: 米解禁文書が明らかにした日本の司法』과 2014년에 나온『검증・법치국가 붕괴: 스나가와 사건과 미・일 밀약 교섭檢証・法治国家崩壊: 砂川裁判と日米密約交渉』을 보면 이렇다. 도쿄 지재 판결이 난 1959년 3월 30일의 다음 날 아침에 주일대사가 외상과 만나 정부가 신속한 행동을 취해 판결을 바로잡는 게 중요하다면서 정부가 직접 최고재에 상고할 필요가 있다고 했고, 외상은 그렇게 받아들이도록 각의에 권하고 싶다고 했다. 그래서 3일 뒤인 4월 3일 검찰이 비약 상고한다.

3주 후인 4월 24일 최고재 장관이 직접 주일대사에게 절차상 심리 시작 뒤 판결에 이르기까지 최소 수개월이 걸린다고 전화로 알려준다. 주일 미 대사관에서 국무장관 앞으로 보낸 전문, 다나카 장관이 수석 공사에게 말한 내용에 대한 보고 등을 보면 다나카는 수

---

69) 布川玲子, 「田中最高裁長官と上告審に関する米政府解禁文書」, 60-63.

석 공사에게 판결이 12월에 나올 거라 생각하고, 재판 쟁점을 법률문제에 국한하겠다는 결심을 확고히 하고 있고, 구두변론은 9월 초순에 시작해 주당 2회로 잡고, 매 변론기일마다 오전 및 오후에 개정하면 대략 3주 만에 끝낼 수 있다고 믿고, 최고재 평의는 판결이 실질적 전원일치를 내서 여론을 혼란시킬 지도 모르는 소수의견을 피하는 방식으로 진행되기를 바란다고 했다.[70]

안보조약개정에 지장이 없게 서두른 이 정황이 미국의 직접적 요구와 일본의 적극적 화답이었는지, 아니면 미국이 단지 빠른 해결을 암시한 정도인데도 일본이 안보조약체결에 장애가 될 판결을 없애기 위해 스스로 서두른 것인지는 불명확하다. 확실한 건 정부가 사법에 압력을 가했고 그것이 대미 관계에서의 굴욕적이고 사대주의적인 자세의 신물이었다는 것이다. 사법의 입장에서도 재판에 대한 압력과 간섭 및 내부정보 누설은 국내에서도 부당한 일인데, 하물며 정권의 압력 하에서 국외에까지 누설한 것이고, 심지어 누설방식이나 수준이 알아서 기는 것이었다. 최고재 장관이 내각의 입장을 읽고 보조를 맞춘 사법의 굴욕이었다.

5. 입헌적 갈등의 집약판

스나가와 판결은 사법의 굴욕을 넘어 그 판결을 계기로 제9조와 관련한 안보조약과 미군 주둔의 위헌성문제를 환기함으로써 헌법체제와 안보체제 간의 모순에 대한 인식을 구체화한 계기가 된 점에

---

70) 布川玲子, 「田中最高裁長官と上告審に関する米政府解禁文書」, 60-63; 吉田敏浩・新原昭治・末浪靖司, 『検証・法治国家崩壊』.

서도 중요하다. 하세가와 마사야스는 1960년대 일본을 헌법 체계와 안보법체계라는 '두 개의 법체계'로 표현하고 이를 헌법 체계로 일원화하자고 했다.71) 그에 의하면 '샌프란시스코체제'는 헌법적으로 보면 헌법을 최고법규로 해서 법률·명령으로 이어지는 '헌법 체계'와 안보조약을 최고법규로 행정협정·특별법으로 이어지는 '안보체계'라는 모순된 두 법체계가 병존하는 체제다.

두 법체계 사이의 모순은 헌법과 안보조약을 만든 각 역사적 배경에서 설명되는데, '헌법'은 패전 직후의 전 세계적 반전·반파시즘 즉 평화와 민주주의를 추구하는 분위기 속에서 탄생한 것이고, '안보조약'은 한국전쟁 개시로 냉전에서 열전에로 전환된 시기에 탄생한 것이다. 그 전환이 점령하 일본의 기본법인 포츠담선언의 해석을 180도 바꾸어 버려, 헌법은 반전·평화주의와 반파시즘 그리고 민주주의를 기본원칙으로 하고 있음에도, 미·일 안보조약은 미군의 거의 무제한적 군사행동을 승인하고 그에 장해가 될 국민의 권리를 제한하는 것이 된다.

그렇게 서로 다른 역사적 배경에서 국제정세 인식도 달라져 서로 다른 기본원칙을 가지게 되고, 구체적 법령의 내용도 전혀 다르게 되면서 상호모순하고 충돌하는 두 법체계가 만들어졌다. 이는 점령 당시의 두 법체계 즉 '관리법 체계'와 '헌법 체계'라는 두 법체계의 연장선에 있다. 일본은 피점령국으로 연합국의 간접통치를 받지만 과거 피식민지 국가와는 달리 자립성도 있는 통일 정부도 있어 관리법 체계와 헌법 체계가 공존했다. 점령 당시 양 체계는 현저한 불균형 속에서 공존했는데 관리법 체계가 압도적 비중을 가지고 존

---

71) 長谷川正安,『現代法入門』, 72; 本 秀紀,「二つの法体系」論の今日的意義と課題」, 788.

재하면서 헌법 체계는 그 아래에 있었다. 그런데 독립 후 관리법 체계가 '안보체계'로 변환되고 '헌법 체계'를 적어도 대등한 지위로 끌어올린 결과 두 법체계는 같은 수준으로 나란히 있게 되면서 한 층 더 모순과 대립이 확실히 확인된다는 것이다.[72]

그렇게 점령 중의 관리법과 헌법의 이원적 체계가 독립 후 안보 법체계와 헌법 체계의 공존으로 재편성되었다고 해석된 계기는 기지반대 투쟁이나 그 법정투쟁의 집약판인 스나가와 사건에 대한 대응으로서 헌법 '공동화空洞化'의 위험성을 지적하려는 것이다. 즉 스나가와 사건에 대한 1959년 최고재 판결은 한편으로는 안보조약에 통치 행위론을 적용해 자신의 재판권을 스스로 부정하는 것이면서도, 다른 한편으로는 안보조약의 합헌성을 설득시키려고도 하는 모순된 내용이다. 그래서 제9조와 안보조약에 대한 해석론에 머무르지 않고 나아가 적극적으로 모순의 원인을 설명한 것이다.[73] 이 이론은 1970년대 이후에는 거의 주창되지 않지만 헌법체제와 안보체제 간의 모순에 대한 지적인 점에서는 돌이켜 볼 필요가 있다.

그렇듯 스나가와 판결은 제9조와 관련한 안보조약과 미군 주둔의 위헌성문제를 극적으로 환기한 계기였다. 제9조 하에서는 일체의 군사력보유가 금지되어 자위대나 안보조약에 근거한 미군 주둔도 결국 위헌이 아닌가 라는 논란이 안보조약 체결 직후부터 계속되지만 스나가와 판결로 더욱 주목받게 된 것이다. 물론 제9조를 비무장주의로 해석해 원칙적으로는 자위대나 안보조약을 위헌이라 보는 입장이 오랫동안 통설이었다. 반면 최근 들어서는 제9조가 절

---

72) 本 秀紀, 「二つの法体系'論の今日的意義と課題」, 789-791.
73) 長谷川正安, 『日本の憲法』, 92-94; 倉持孝司, 「日米安保五〇年と'二つの法体系'論」, 817.

대평화주의라면 일체의 전쟁포기 뿐만 아니라 일체의 전력 포기도 의미해 주권국가의 자위권을 부정하는 게 된다고 비판하는 견해도 없지는 않다. 하세베 야스오長谷部恭男나 지바 신千葉眞처럼 비무장주의 해석의 비현실성이나 도덕적 문제성을 지적하는 견해가 그것이다.74) 그만큼 헌법의 평화주의와 안보체제의 공존은 일본 입헌주의의 큰 숙제가 되어 있다.

돌이켜보면 패전 직후에는 미야자와 등 헌법학자들의 지배적 영향에 의해 '절대평화주의'가 헌법학계의 다수였다.75) 다만 절대평화주의도 제9조 하에서 일본의 안보가 유엔의 집단안보 혹은 그런 방식이 완성될 때까지의 과도적 조치로서 외국군대 주둔에 의해 보장될 수 있다는 가능성마저 부정한 건 아니었다. 제9조를 절대평화주의로 해석하는 게 헌법학계의 통설이면서도 미군 주둔의 합헌성에 관해서만 서로 다른 견해가 존재했고, 오히려 미야자와의 미군 주둔 합헌론이 큰 영향력을 발휘했다. 그런데 1959년의 스나가와 사건 판결을 계기로 학설은 오히려 미·일 안보조약 위헌론이 다수가 된다.76) 스나가와 판결이 국민적 관심을 환기함으로써 호헌운동의 상징적 사건이 된 것이다. 또한 그렇게 절대평화주의와 미·일 안보조약 위헌론이 다수가 되자 다시 반발로 나타난 게 하세베 등의 견해인 것이다.

스나가와 사건의 최고재 판결은 개헌파에게도 정책적 도구가 되었다. 정부와 자민당은 거기서 평화주의와 안보체제의 모순을 보는

---

74) 長谷部恭男, 『憲法と平和を問いなおす』, 166-174; 千葉 眞, 『「未完の革命」としての平和憲法』, 岩波書店, 176-178; 愛敬浩二, 「立憲·平和主義の構想」, 228.

75) 千葉 眞, 「戦後日本の社会契約は破棄されたのか」, 210; 愛敬浩二, 「立憲·平和主義の構想」, 229.

76) 山内敏弘, 『平和憲法の理論』, 104-111.

게 아니라 평화주의 하에서도 안보체제의 공존은 물론이고 나아가 해외파병 등의 근거가 되는 집단적 자위권 용인의 근거로 최고재 판결을 원용한다. 아베도 최근 집단적 자위권 행사의 정당성을 주장하려고 스나가와 판결이 '집단적 자위권을 부정하지 않는다는 것을 확실히 하고 있다'라고 했다. 위헌이 아니라고 판단되었다는 이유만으로 미군 주둔을 사법부가 합헌으로 보았다는 근거로 드는 것이다. 판결 어디에도 미군 주둔이 합헌이라 판단한 부분은 없다. 판결은 제9조에 의해 "일본이 주권국가로서 지니는 고유한 자위권이 조금도 부정되는 건 아니다"라고 했을 뿐인데 개헌파는 최고재가 개별적·집단적 자위권을 구별하고 있지 않기에 두 가지를 모두 인정한 것이라 했다.

그러나 7과 달리 스나가와 사건은 쟁점이 미군 주둔의 합헌성을 다룬 사건일 뿐이다. 아베가 드는 것처럼 일본이 집단적 자위권을 행사할 수 있다거나 혹은 그렇게 행사함으로써 해외파병 하는 것의 합헌성이 인정되느냐 등이 문제가 된 게 아니었다. 집단적 자위권에 대해서는 어떠한 판단을 하지 않은 것이다.[77] 1967년 3월 참의원 예산위에서 다카츠지 마사미高辻正己 내각법제국 장관이 그 판결은 "미군 주둔 문제가 문제였던 것이어서 그 이외의 점에 대해 판결은 그 이상에 관해서는 판단을 내리고 있지 않다"라고 답변했듯이 집단적 자위권의 근거와는 거리가 먼 판결인 것이다.

그런데 집단적 자위권의 근거로 삼는 측에서는 최고재 다나카 고타로의 보충의견도 근거로 든다. 다나카가 국가는 국민에 대한 의무로 자위를 위해 필요적절한 조치를 강구해야 한다며 "일국이 침

---

77) 小林節·佐高信, 『安倍「壊憲」を撃つ』, 24-25.

략에 대해 자국을 지키는 것은 동시에 타국을 지키는 것이 되어 타국방위에 협력하는 건 자국을 지키는 것이기도 하다 … 오늘날에는 엄격한 의미의 자위관념은 존재하지 않으며 자위는 곧 타위, 타위는 곧 자위여서 자국의 방위를 하든 타국방위에 협력하든 각국은 이에 관해 의무를 부담한다"라고 말한 것을 근거로 든다. 아베는 보충의견이 마치 집단적 자위권 행사를 일본의 의무인 것으로 논했다고 읽는다.[78]

그러나 다나카가 '타위는 곧 자위'라고 한 것은 집단적 자위권을 염두에 둔 언급이 아니다. 유엔에 의한 집단안전보장체제 하에서의 각국의 현실적 모습을 말한 것이다. 유엔 집단안보체제 하에서는 자국의 방위가 여러 국가가 포함된 국제협동체의 평화와 안전의 유지수단으로서의 성격이기도 하다는 의미였다. 국제협동체가 전쟁이나 무력의 행사를 금지함에도 불구하고 어떤 국가가 타국을 위법하게 공격하는 경우에는 다른 모든 국가가 일치 협력해 그에 대해 싸워야 하기에 협동체를 통해 타국의 방위에 협력하는 게 자국을 지키는 의미도 된다는 뜻에 불과했다.[79]

실제로 다나카의 말은 그런 취지였다. 다나카 장관이 판결선고 전에 주일 미 대사 맥아더 2세에게 판결내용을 암시하면서 한 발언에서 보충의견의 취지를 볼 수 있다. 판결을 한 달가량 앞둔 1959년 11월 5일 맥아더 대사는 미 국무장관 앞으로 외교문서를 보내 다나카 장관이 '다테 재판장이 헌법상 쟁점에 관해 판단을 내린 것은 완전히 잘못됐다고 말했다'라고 보고했다. 즉 헌법상 쟁점을 판

---

78) 柳澤協二, 『亡国の安保政策』, 30.

79) 奧平康弘・山口二郎 編, 『集団的自衛権の何が問題か』, 124, 169-170.

단하지 않는 게 재판소의 자세여야 한다고 다나카가 보았다는 것이다. 그렇다면 다나카 자신의 보충의견도 헌법상 쟁점의 판단을 한 게 아님이 읽힌다. 따라서 그것이 집단적 자위권의 근거가 되기는 어렵다. 그간의 정부 태도를 보더라도 정부가 그렇게 이해했다고 보기도 힘들다. 스나가와 판결에 헌법상 집단적 자위권 행사가 가능하다는 논거가 있다면 그간의 정부견해에 그것이 반영됐을 것인데 그렇지 않기 때문이다.

정부견해에 반영되지 못한 이유는 정부 내에서 스나가와 판결이 집단적 자위권을 염두에 둔 것이라는 합의가 없었기 때문이다. 즉 역대 내각이 스나가와 판결까지 고려하고도 집단적 자위권 행사가 헌법상 허용되지 않는다는 견해를 33년 전에 결정해 유지하고 있었다고 본다면, 최고재 판결을 집단적 사위권의 근거로 드는 것은 무리다. 그런데도 그렇게 하는 것은 최고재 판단이 도쿄 지재의 '다테 판결'이 잘못된 것이라 본 것이고, 장기집권 자민당 내각에 의해 임명된 최고재판소장들도 거의 한결같이 다테 판결이 잘못된 것이라는 입장을 유지했기에 그에 힘 얻어 아전인수식 해석을 감히 한 것이다. 그렇게 스나가와 판결은 일본 입헌주의의 최대 논점인 자위대와 그 군사적 행동의 확대 그리고 제9조의 평화주의 간의 모순으로 인한 헌법적 갈등과 논쟁의 큰 계기가 되었다.

제10장

맺음말

일본의 헌법국가적 지향은 대체로 서구적 기준과 다르지 않다. 서구적 수준의 제도화 규범으로서의 메이지 헌법의 제헌과 이후의 정당 내각제로의 이행과 호헌운동 그리고 패전 후 신헌법의 인류 보편적 권리장전의 채택과 서구형 의원내각제의 정착 그리고 헌법의 평화조항을 수정하려는 개헌 움직임에 대한 반발 등이 그렇다. 서구형 입헌주의를 받아들인 뒤에 그 토대 위에서 운용된 그런 헌법국가적 지향은 전전에는 서구의 외압에 대응하는 근대화를 통한 강한 국가의 모색 그리고 전후에는 안보의 대미의존을 통한 경제 우선주의 같은 다분히 현실주의적인 입장에 기반을 두고 서구적 기준을 허용하는 것이 되었다.

반면 그런 서구적 기준에 대한 전통적 이념의 반발도 상존해 왔다. 그 반발은 상당히 부정적인 모습으로 비치기도 한다. 즉 현실정치에서 전통적 이념은 실은 존재기반이 없거나 소멸한 상태임에도 장식적 명분을 내세우면서 헌정의 이념적 정체성을 날조하거나 실체를 과장하거나 왜곡해 국민을 기만하는 방식을 통해 스스로를 현실화시키려 애쓰는 것처럼 보인다. 대표적으로 비무장 평화주의 조항은 패전국의 지극히 현실주의적인 국가목표였지만 전전의 복고적 이념을 계승하는 전후의 재무장 움직임이 만드는 개헌론은 그것이 오히려 성립 이후 서서히 공동화되어 온 조항에 불과하다고 주장하며 마치 장식적 조항인 듯 취급하면서 국가목표 자체가 이미 변경된 듯이 말하거나 혹은 차제에 변경해야 한다고 주장하는 것이다.

알고 보면 그런 반입헌주의적 국가목표는 헌정의 출발에서부터 늘 함께해 왔다. 이유는 헌정이 출발부터 이념적 가치조작의 산물이 되어 왔기 때문이다. 일본의 헌정은 서구의 헌법처럼 당대 시민계급의 절대왕정 타도나 그들과 타협한 왕권의 권력적 상황이 통치구조에 반영된 것이 아니고, 근대화의 정치적 성공이 제헌이라고 인식되면서 역사적 필연성과 무관하게 인위적으로 서둘러 천황대권과 부진정의원내각제적 요소를 공존시킨 장식적 서구화였다. 그래서 개인을 헌법의 기본요소로 파악하지 못했다. 서구에서 근대입헌주의는 절대왕정과 투쟁하여 승리한 시민이 근대적 개인을 이념적으로 탄생시켜 헌법에 담는 작업이었다. 즉 근대입헌주의 헌법이 자립적 개인을 기반으로 한 것은 근대 부르주아의 현실지배의 반영이었다.

그와 달리 역사적 필연성이 결여된 서구모방으로서의 일본은 국가를 주된 이념적 목표로 하고 개인을 장식적으로 두었다. 개인은 신민이라는 이름으로 기본권을 부여받기는 했지만 헌법체제 안에서 마치 국가이념에 부합하지 못하는 것처럼 존재했다. 그래서 군국주의의 시기가 되자 근대입헌주의의 기본인 개인주의를 부인하는 반입헌적 국가 행동으로 쉽게 나아갔다. 이를 보면 메이지 헌법은 현실정치의 권력 구도를 반영한 즉 현재의 정치적 지배자의 지배를 정당화하기 위한 법적 규범으로서의 헌법과 거리가 있음을 알 수 있다. 헌법의 이념적 지배자는 개인인데 제헌은 민권운동에 대한 반작용을 통해 강한 일본을 만든다는 국가목표가 주로 반영된 탓에 자유로운 개인을 전제로 한 이념에서 멀기 때문이다.

그러나 그 비판은 강한 국가를 지향한 제헌의 근본목표를 무시한 채 이념적 주체인 개인에만 천착한 것으로 근대입헌주의의 이념적 순수성을 과대 포장한 것이다. 제헌의 실질적 동기를 고려한다면 근대적 시민의 이념을 담은 개인의 기본권 보호를 위한 권력견제라는 근대 헌법관은 현실과 거리가 있는 이념의 포장물이다. 실제로 미국에서도 권력분립원리나 수정헌법에 담긴 권리장전 규정만 가지고 제헌의 목표가 설명되지는 않는다. 미국 제헌의 직접적이고 보다 현실적인 동기는 대외적으로 내세울 수 있는 강한 연방에의 열망 그리고 주의회를 중심으로 한 인민주의적 노선에 대한 연방정부적 제어의 의도였다. 그런데도 그런 현실을 굳이 내세우지 않는 것은 서구헌정사의 상당 부분이 개별국가의 특수한 역사를 넘는 인류 보편적 이념의 수사로 미화되었기 때문이다.

그 점을 고려하면 일본도 근대화를 통한 강한 국가의 형성을 뒷받침할 제도적 규범의 확립이 제헌의 실질적 동기이자 목표라고 말하는 게 오히려 근대의 출발점의 국가적 특성을 제대로 설명하는 게 된다. 그렇기에 헌법 규범 자체에는 국가목표를 위한 장식적 성격도 다분히 공존했음이 인정되어야 한다. 이는 헌법 규범들이 헌법현실과 불일치할 수밖에 없음을 의미한다. 그래서 제도적 서구화를 받아들이면서도 이념적으로는 전통적 '가'를 확장한 천황주의와 이를 지지한 관념체계인 국체론의 뒷받침을 받아야 했다. 그 결과 입헌과 헌정에서 근대 서구의 요청과 일본적 요청이 충돌한다. 그래서 입헌주의의 일본적 특수성과 생명력을 유지한 요소는 두 가지의 가치로 설명된다. 하나는 서구화의 가치이고 다른 하나는 전통적인 정신적 도덕적 가치다.

그 가치들은 전전은 물론이고 전후에도 단순히 병존한 것이 아니라 대립을 통해 조화를 보이고 공존했다. 일단 그 대립은 서구화의 큰 축을 전제로 한 것이다. 메이지 헌정은 개항 이후 국가적 생존 모색에서 서구의 보편적인 근대제도를 헌법에 담으면서 성립했다. 패전 후의 신헌법도 점령군의 강요의 수용인 점에서 서구화였다. 구헌법과 현행헌법은 각각 서구화 속에서의 자주성 유지의 모색과 패전에 의한 부득이한 서구체제로의 편입이라는 두 현실정치적 서구화의 결과물이다. 그중 구헌법은 서구적 제도화에 더 방점이 있는 서구화였고, 패전 후 점령군에 의해 사실상 기초되어 강요된 신헌법도 현실정치적 권력 역학 안에서 주어진 서구이념의 혁명적 수용인 서구화였다.

그들 서구화의 전제인 두 사실 즉 자주성의 유지를 위한 불가피한 선택이라는 점 그리고 점령에 의해 강요되었다는 점에서 그 헌법들은 필연적으로 서구와 전통의 갈등을 예정한 것이다. 서구적 제도화를 중심으로 추구된 국가목표는 강한 국가의 형성이어서 근대화와 서구화를 현실주의적 목표로 하게 되지만 동시에 전통적인 일본 중심의 국가목표도 여전히 병존하거나 혹은 이념적으로 포기할 수 없기에 서구 지향적인 현실주의적 국가목표와 갈등하게 된다. 그 경우 이념적으로는 전통적 국가목표가 더 강조되면서 우세한 것으로 드러나는 현상도 보였다. 근대적 입헌이념과 거리가 먼 교육칙어로 대표되는 전통적인 국가 지향적 사고가 헌정 이념의 큰 부분을 지배한 게 그런 모습이다.

그렇게 서구화와 전통의 갈등 속에서 일방의 이념적 일방통행도 이루어지지만 전체적으로 헌정은 양자의 조화로운 공존도 보여준다. 물론 공존의 이면에는 현실과 이념의 괴리가 있다. 즉 외관상으로는 헌정을 만든 규범 체계로의 진입이 비록 서구적 제도화를 이룬 힘에 따라 작동되지만, 그 이상으로 헌정에서 전통의 반작용도 지속하면서 헌정을 실제로 움직인 이념은 따로 존재한다. 현실에서 그것은 메이지 헌법의 한계 내에서 운용을 통해 정당내각을 실현하며 그에 대한 반발도 호헌운동으로 배제하면서 서구화로 진전해 마침내 초연 내각도 자취를 감추고 서구형 의원내각제가 제도화되는 모습임과 동시에 전통의 반발로 일본 중심의 이념이 서구의 보편원리를 부정하는 모습이기도 했다.

서구화가 진전하는 단계에서 반서구화로 등장한 군국주의가 통수권독립과 현역무관제를 무기로 발호하고 쇼와 유신의 혁신노선이 헌정의 상도를 붕괴시키고 의회정치를 부정하면서 군부주도의 파시즘을 형성하고 절대적으로 규범화된 국체를 휘두르며 입헌주의를 공격하는 모습도 나타났다. 그 정치는 일본적 가치의 슬로건으로 치장하지만 실제로는 군부나 우익이 제시한 국가목표에 대한 피지배자의 순응을 구하는 것이었다. 군국주의는 국민도 의회도 천황도 아닌 군부 파시즘에 의해 주로 대변되는 것이고 이를 천황이나 의회가 기껏해야 추인한 것에 불과했다. 국민적 합의도 없고 그저 이념적 명분의 수준에서 확인되는 어렴풋한 동의 즉 전체주의적 동원과정의 감정적 수준에 불과한 동의만 있는 것이었다.

그런데도 군부와 국민은 물론이고 정당의 정치행위조차도 그런 국가적 목표에 매몰되는 시기가 있었다. 반서구화가 심할 때는 모든 헌정 시스템은 서구의 보편원리적 헌법적 규범에 앞서 헌법 제도의 안팎에서 출몰하는 국체, 천황, 제국, 신화, 가족, 향토 그리고 오늘날의 아름다운 국가 같은 이념에 의해 지배되었다. 헌정에서 서구적 의회 중심주의의 한계가 지적되고 노정될 때마다 더욱더 일본 중심적 국가목표에 호소하곤 했다. 전전에 그것은 국체 중심론을 통해 사적 행동이나 사적 권력추구에 대한 강한 거부에 동조하게 하는 것에서 절정에 달했고, 전후에는 국민적 무력감을 배경으로 우파가 개헌론의 공세를 펴고 있는 것에서 정점에 이르렀다.

거기서 헌법은 지켜야 할 수규 규범으로서보다는 일본적 체계의 요소를 이루는 체제구성의 장식으로 비춰졌다. 서구와 전통의 갈등에 기반을 둔 지배규범의 장식화가 헌법을 공동화시켰기 때문이다. 메이지 헌법과 그 헌정을 뒷받침하는 교육칙어의 공존은 헌법 규범의 그런 장식화를 전제로 도덕규범에 대한 순응을 기대하는 모습이었다. 따라서 그 순응은 법적 규범이 지닌 이념에 대한 존중과는 다른 것이었다. 정치가 피지배자의 권력에의 순응에 대한 기대를 예상하고 지향하는 행동의 결론인 이상 어떤 헌법적 제도이든지 상관없는 게 되었다. 헌법정치도 권력에의 순응을 위한 기제만을 강조했다. 전전 체제의 군국주의와 혁신론이 내세운 반서구화의 목표도 그것이었다.

그들 신민화, 개인주의에 대한 거부, 충성의 미화, 야스쿠니적 정서 등의 전통적 이념은 일본 입헌주의의 현실주의적 국가목표를 왜곡시키고 천황으로 대변되는 이념에 집중하게 함으로써 근대입헌주의에서는 낯선 풍경을 만든다. 그로 인한 특수한 현상도 나타났다.

천황으로 상징하는 국가목표 하에서 천황 외적인 모든 권위가 상대화했기 때문이다. 패전 직후에조차 천황의 책임이 추궁되지 않은 것에서 보듯이 천황의 절대화는 현실 혹은 이념의 수준에서 흔들림이 없는 것이었다. 그러다 보니 개별정권의 단기적 사익은 국가목표의 우선순위에서 뒤로 밀렸다. 그래서 정권의 성립이나 유지를 위해 헌법을 사유화하는 현상은 보이지 않았다. 즉 국가적 목표에의 강한 응집이 결과적으로 헌법을 정권획득의 전리품처럼 취급하는 태도는 만들지 않았던 것이다.

전통적 이념의 반작용은 전후에도 이데올로기적 대립을 넘는 광범한 반서구적 태도를 보여준다. 전후의 그것은 미국이 강요한 서구 이념의 헌법 자체에 대한 반발 그리고 헌법체제는 받아들이되 그 체제와 안보체제가 공존함으로 인한 모순적 상황에 대한 반발로 나타난다. 평화주의 헌법에 반하는 실질적 무력으로서의 자위대의 위헌성에 대한 지적 그리고 대미 관계에서의 독립이라고 하는 새로운 국민적 목표를 제시한 안보투쟁 같은 것이 그것이다. 그러나 그들은 이제 힘을 잃었거나 종결된 것처럼 보인다. 반면 아름다운 나라 일본과 같은 복고적 개헌론의 반서구화는 면면히 맥을 이어 오늘날도 지속하고 있다. 그런 반발은 일본정신을 강조하며 상당한 국민적 지지까지 얻고 있다. 그러나 그 경우에도 개헌은 되지 못했다.

여기서 일본이 현실주의적 국가목표에 의해 움직이는 국가임이 읽힌다. 전후의 헌정은 헌법의 평화주의가 아니라 경제발전과 안보의 대미의존이라는 현실주의에 의해 움직였다. 그 현실주의적 국가목표에 따른 대미의존과 전통적 가치관에 기반을 둔 반발 간의 대립과 긴장의 역학이야말로 역설적으로 헌정 시스템 안정화의 요소였다. 돌이켜보면 신헌법의 서구화는 종속이기도 하기에 타의냐 자발적 혁명이냐를 두고 논란되었다. 인류보편주의라는 입헌주의적 헌법의 진일보로서의 서구화이지만 그만큼 패전에 의한 강요이기도 했다. 그래서 종속과 입헌주의적 진일보가 교차하는 지점에서 전후의 국민적 반미적 안보투쟁과 오늘날의 아베 정권으로 대표되는 공세적 개헌론 같은 반서구적 공격이 있었다.

그런데 개헌은 불발되어 신헌법이 오늘날까지 유지된다. 그 이유는 반서구적 내지 전통적 이념의 공격 자체가 헌정체제 안정화의 요소도 되었기 때문이다. 사실상 점령군사령부가 단기간에 만든 신헌법 즉 강요된 서구화로서 평화조항인 제9조를 안은 신헌법은 개헌론의 불씨를 안은 것이기에 개헌론이 강요된 헌법이라는 논리를 앞세워 공격적 태도를 보일 수 있었지만 결국 국민적 공론화에는 실패한 원인은 자민당 장기집권을 의미하는 55년 체제의 자민당과 사회당 간의 세력균형, 그리고 자민당 내의 파벌 간의 세력균형이라는 두 세력균형에 의한 개헌저지력의 결과였다. 그런데 그 저지력이야말로 경제성장을 추구하면서도 안보는 미국에 의존하는 방식으로서의 공존을 구한 현실주의 이념이 선택되었음을 의미한다.

보건대 일본은 강화 이후 독립국으로서의 헌법체제와 안보를 미국에 의존하는 안보체제가 공존하는 모순적 체제였다. 거기서 평화헌법은 규범적 효력이 크게 약화한 채로 유지되었다. 평화헌법은 비록 유지되기는 하지만 그것은 인접국이나 이해 당사국의 입장을 고려해서도 아니고, 과거의 침략이나 전쟁 도발을 반성함으로써 평화헌법이 진정하게 존중되고 있기 때문도 아니다. 오히려 개헌을 저지시킨 일차적인 힘인 세력균형은 정치의 역학관계와 일본적 특수성이 만든 현실주의적 타협의 다른 이름이었다. 경제 우선주의로 인해 평화헌법의 폐기가 만들 국방비 부담의 거부 그리고 그로 인한 평화조항 하의 자위대의 위헌성에 대한 묵인 그리고 그 결과 개헌론은 표로 연결될 수 없다는 현실을 받아들인 현실주의적 선택이 세력균형을 만든 것이기 때문이다.

신헌법이 비록 강요된 것이어서 소극적으로 받아들여진 것이더라도 그것이 일본의 경제와 안보라는 현실주의적 국가목표에 봉사하는 것임이 인정된 것이다. 비록 일본적 국가목표가 헌법의 강요성을 묵인해 버린 결과 일본의 전통적 이념의 입지가 흔들려서 반발도 나오지만 그래도 헌정에서 현실주의가 이해됨으로써 개헌이 좌절된 것이다. 즉 개헌을 막은 자민당과 사회당의 세력균형 그리고 자민당 내의 파벌들의 세력균형은 그런 현실주의적 국가목표 하에서 움직이고 판단한 결과였다. 자민당과 사회당이 대변하는 가치의 대립에 의한 세력균형의 결과도 또한 당내 파벌의 세력균형도 모두 현실주의적 이해의 결론인 것이다.

그 현실주의에서 전통이나 도덕관념도 일정한 역할을 한다. 서구 보편적 근대입헌주의에 대한 전통적 저항이나 반작용이 개헌저지에도 일조했다는 것이다. 즉 일본의 헌정은 권력의 지배 구도나 권력적 타협을 반영하는 현실정치 지배의 축도로서의 의미 외에 역사문화와 이데올로기 그리고 도덕규범의 반영으로서의 의미도 담고 있는데, 이 모습이야말로 개헌의 저지력이 되었다. 도덕규범의 관점에서 천황 외의 권력의 상대화로 정권 수준의 개별 권력의 일방적 독점을 위한 헌법의 사유화가 회피된 것에서 보이듯이 천황주의적 도덕규범화가 오히려 개헌의 저지력으로 작용하고 있다고 볼 수 있기 때문이다. 즉 이념적으로 역사적 필연성을 결여한 제도화의 측면이 입헌을 모방의 산물로 장식적으로 남겨 놓았음에도 불구하고 헌법이 생명력을 지닌 이유가 그런 도덕규범화 때문이라는 것이다.

자세히 보건대 메이지 헌법이나 현행헌법이나 외래사상의 수입에 의한 제헌이거나 외국에 의해 강요된 헌법이었다. 그런데 그 외래성은 현실주의적 국가목표의 수행에는 거의 지장을 주지 않았다고 평가된다. 그 점에서 보면 일본이 서구적 외래성에 대해 갈등한다는 의미는 실은 그런 외래성을 어떻게 일본화시킬까의 문제에서의 갈등에 불과했다고 보인다. 게다가 외래성이란 것은 그 자체로도 별 의미도 없다. 전통이란 것도 알고 보면 외래다. 미국이나 프랑스와 같은 근대입헌주의 헌법도 알고 보면 외래사상의 산물이다. 그리고 외래성에는 강요가 결부된다. 개헌론자들이 말하는 강요도 광의의 외래성 안에 있다. 비록 일본이 자기화하려고 전통적 색채를 더하더라도 내용은 실은 강요다. 그러다 보니 외래성에 대한 무관심을 넘어 긍정적 잡종성까지 받아들인다. 헌정에서도 외래적 헌법은 받아들여졌다. 그렇듯 외래 헌법이 국가목표에 봉사하면 문제는 없다는 것이다. 그래서 개헌도 통하지 않은 것이다. 그것은 현실주의적 이해였다.

물론 현실주의는 부작용을 낳는다. 현실주의적 국가목표에만 봉사하면 위헌적이든 개헌파에게 흡족한 것이 아니든 헌법은 유지되게 되지만, 이는 헌법이 국가목표 하에서 더욱 장식적 성격으로 존재하게 된다는 의미이기 때문이다. 실제로 전전에 그 외래적 헌법은 영령, 천황, 신, 국체 같은 도덕적 믿음 아래서 장식적으로 존재했다. 이 말은 헌법이 있더라도 문언에 관계 없이 실제로 헌법 이상의 도덕률에 의해 지배되거나 혹은 헌법 자체가 도덕률처럼 되고 그 도덕률이 헌법 문언 이상의 정신세계 속에서 유지되리라는 믿음이 입헌주의에서 지속하여 왔다는 것이다. 그래서 헌법 문언 자체는 중요하지 않게 되어 바뀔 필요성도 없게 된 것이다. 말을 바꾸면 해석변경의 실질에 의해 사실상 공동화되어 버릴 수 있음을 알기에 규범으로서의 헌법이 장식화된 것이다.

그런데 현실주의의 그런 부정적 측면조차도 개헌저지에 도움을 준다. 헌법에 대한 장식적 취급은 일종의 해석개헌인데 그것도 개헌을 막는 역할이 되기 때문이다. 즉 해석개헌을 통해 국가목표를 위한 장식적 수준의 헌법이 용인되어 왔기 때문에 개헌의 필요성이 절실하지 않기 때문이다. 즉 헌법의 장식성과 그에 대한 동의가 개헌저지 효과를 만든 것이다. 만약 헌법은 장식이라는 인식이 없었다면 헌법은 바뀌었을 것이다. 헌법 규범 자체가 국민을 실질적으로 지배한다고 이해하면 할수록 전통과 불일치 하는 헌법의 지배에 거부감을 표했을 것이기 때문이다. 따라서 그렇게 본다면 사회당 등 호헌파에 의한 세력균형이 개헌에 대한 사실상의 저지력이었다고 보는 것은 과대평가다. 오히려 현실주의적 국가목표 아래서 헌법의 사실상의 공동화로 볼 때 굳이 개헌도 필요치 않다고 이해되었기 때문에 개헌이 저지된 것이다.

그 점에서 과거와 달리 적극화한 오늘날의 개헌론 대공세는 일면 놀랍다. 오늘날의 개헌론의 이념적 출발점은 모두 과거다. 그것은 신헌법에 대한 반발이자 보수 본류인 요시다 노선에 대한 거부다. 요시다의 현실주의 노선이 의미하는 정책적 모호함 그리고 헌정과 안보체제의 공존이 의미하는 모순을 정면돌파하려는 것이다. 그 모순의 공통적 핵심에는 헌법 제9조의 비무장조항 하에서도 실질적 군대로 존재하는 자위대의 위헌성 문제가 있고 거기에 집단적 자위권 논란까지 더해져 있는데 그에 관한 기존의 정통적 논거를 해체하려는 것이다. 결론적으로 그것은 자위대의 위헌성을 인정하지 않고 그 기능을 확대하면서도 헌법과의 모순은 외면하고 그러면서도 헌법 자체에 대한 부정적 입장에서 개헌을 말하는 것이다.

그 개헌론에는 구헌법이념으로의 복귀를 주상하는 복고적 퇴행적 반서구화가 있다. 이들은 문민통제를 수정하고 미국의 국제공헌 요구에 편승한 해외파병의 상례화를 만드는 식으로 헌법의 평화주의를 무색하게 하는 정치 행동으로 나아간다. 그 도전적 개헌론은 전후 개헌론 흐름에서 특히 최근에 다시 강조되는데 그것은 어느덧 국제공헌론의 색을 띄지만 그 내용은 마찬가지로 복고적 퇴행적이다. 그것은 전전에서 전후로 이어진 역사수정주의다. 최근의 정치이념으로서의 호헌론의 약세와 무관심은 그런 개헌파의 대공세를 허용하고 있고, 그에 걸맞게 아베 정권으로 대표되는 복고적 탈서구형 개헌파가 '전후체제로부터의 탈각'이라는 국가주의적 개헌을 위한 개헌용 안보정책을 구축하면서 집단적 자위권 법제 등 개헌으로의 본격적 시동을 걸었다.

그것은 55년 체제에서와 같은 세력균형이 깨진 상태에서의 개헌 시도이자 무엇보다 지금까지 받아들여졌던 현실주의적 국가목표와의 싸움을 예정한 것이기에 위험하다. 그들은 복고적인 자신들의 명분과 현행헌법의 부조화를 말한다. 그래서 전전 지향적이고 과거의 비극을 재현하는 것이 될 수 있기에 위험하다. 게다가 그것은 민주주의의 이름으로 이루어지는 폭주의 형태이기에 더 위험하다.

최근 그런 폭주는 개헌론의 이름으로 자주 등장했다. 국민에 의해 선출되었으니 무엇을 해도 정당하다는 논리를 내세우며 의회나 내각의 폭주가 자행된다. 선거에서 다수가 되어 개헌안 의결정족수에 달하면 개헌을 추진하든 그 전제로 집단적 자위권 행사 가능성에 관한 내각법제국의 기존의견을 바꾸도록 종용하든 모든 게 가능하다는 아베식 폭주가 그것이었다.

그 폭주는 선거의 다수파를 전제로 한 행동인 이상 비록 극단적 모습이더라도 민주주의의 이름으로는 부인되기 어려울 수 있다. 민주적 정당성의 이름으로는 문제 되기 어렵기 때문이다. 그래서 반입헌주의라는 차원에서만 비난받을 수 있다. 그런 폭주는 언제든 재발할 수 있고 그런 폭주를 제어하는 것은 입헌주의의 역할이다. 국민에 의해 선출된 즉 민주주의가 선택한 자신들의 민주적 정당성을 헌법이 제한하는 건 이상하다는 사고방식은 민주정치 하에서 입헌주의는 가치가 없다고 말하는 것과 마찬가지다. 민주적으로 선출된 권력이니까 임기 중에는 자기 뜻대로 하자는 식의 논리는 반입헌주의이고, 그것을 막는 것이 입헌주의다.

패전 전의 독일과 일본에서 그 위험한 발상의 결말을 보았다. 전체주의라는 말은 사후의 평가일 뿐이다. 두 나라의 정치는 스스로를 민주주의의 한 특별한 방식인 양 포장했다. 오늘날 많은 국가에서 보이듯 민주주의를 참칭한 인민주의도 때로는 좌파와 우파를 막론한 파시즘으로 발전한다. 그렇듯 의회 내 다수파의 민주적 정당성의 이름 아래 입헌주의의 한계를 돌파하려는 그 개헌론은 파시즘이다. 그런데 개헌을 저지하던 현실주의 즉 경제 우선과 미국에 의한 안보의 유지라는 국가목표가 천황 외의 권위들의 상대화에 기반을 둔 세력균형을 통해 헌법을 유지해 왔던 모습은 사라졌다. 55년 체제의 세력균형의 한 축인 야권의 많은 운동세력도 몰락해 있고 국민 여론도 호헌을 뒷받침해주지 못한다. 게다가 그들은 파병의 상례화를 통해 미국에 의한 안보라는 입장조차 뛰어넘은 것처럼 보인다.

이 정치적 폭주를 사법도 제어하지 못한다. 민주주의의 폭주를 방지해야 할 사법은 관료화되어 정치적 헌법문제를 판단할 사법심사의 임무를 유기하고, 특히 자위대의 위헌성 판단을 회피해 현실의 위헌적 군대의 존재와 그 확장적 군사행동을 묵인함으로써 사실상 보수우파의 정치적 스탠스에 있다. 그래서 민주주의라는 지고의 가치를 앞장세워 국민의 이성을 마비시키는 개헌론은 이제까지의 현실주의를 돌파해 넘어갈 수도 있다. 그 개헌론은 전전과 같은 허구적 이상에 기반을 둔 것이지만 세력균형 붕괴 후의 사실상의 폭주를 위장하는 민주적 정당성의 슬로건이 국민을 설득한다면 즉 의회에서 3분의 2선을 넘긴다면 개헌은 언제든지 가능할 수 있다. 그것을 막는 장치는 물론 국민의 입헌주의적 이성인 것이다.

〈 참 고 문 헌 〉

<국내자료>

김영수, 『한국헌법사』, 학문사, 2001.

민병로, 『일본의 사법심사제』, 2003.

박 훈, 『메이지유신은 어떻게 가능했는가』, 민음사, 2015.

신우철, 『비교헌법사: 대한민국 입헌주의의 연원』, 법문사, 2008.

유진오, 『헌정의 이론과 실제』, 일조각, 1954.

유진오, 『헌법기초회고록』, 일조각, 1980.

田中 彰, 현명철 역, 『메이지유신과 서양문명: 이와쿠라 사절단은 무엇을 보았는가』, 소화, 2013.

長谷部恭男·杉田 敦, 김일영·浅羽祐樹 역, 『헌법 논쟁: 민주주의 대 입헌주의』, 논형, 2010.

김효전, "한국에 있어서 일본헌법이론의 초기수용", 『공법연구』, 한국공법학회, 제31권 제1호, 2002.

박명림, "헌법개혁과 한국 민주주의", 함께하는 시민운동 편, 『헌법 다시 보기: 87년 헌법 무엇이 문제인가』, 서울: 창비, 2007.

박명림, "헌법, 헌법주의, 그리고 한국 민주주의: 2004년 노무현 대통령 탄핵 사태를 중심으로", 『한국정치학회보』, 한국정치학회, 제39집 제1호, 2005.

신우철, "일본 입헌주의의 초기 형성: 그 서구적 원형과 동아시아적 변형", 『중앙법학』, 중앙법학회, 제9집 제1호, 2007.

이경주, "일본의 헌정주의와 민주주의", 김영민·김용호 외, 『21세기 헌정주의와 민주주의』, 인간사랑, 2007.

진창수, "부문별 이익배분 시스템으로서의 일본정치", 김영명 편, 『동아시아의 정치체제』, 한림대학교 아시아문화연구소, 1998.

최상룡, "전후 일본의 천황제연구", 고려대학교아세아문제연구소, 『아세아연구』, 제53호, 1975.

홍윤기, "국민 헌법에서 시민 헌법으로", 함께하는 시민운동 편, 『헌법 다시 보기: 87년 헌법 무엇이 문제인가』, 서울: 창비, 2007.

<외국자료>

丸山眞男, 『忠誠と反逆: 轉形期日本の精神史的位相』, 筑摩書房, 1992.

丸山眞男 外, 1984年11月 「三田評論」11月, 慶応義塾, 丸山眞男, 『丸山眞男座

談, 第9冊, 1983-1995年』, 岩波書店, 1998.

丸山真男, 『日本の思想』, 岩波新書, 2005.

丸山眞男, 『現代政治の思想と行動(新装版)』, 未來社, 2007.

丸山真男・加藤周一, 『翻訳と日本の近代』, 岩波新書, 2015.

川島武宜, 「日本社会の家族的構成」, 日高六郎 編, 『近代主義(現代日本思想大系 第34巻)』, 筑摩書房, 1964.

川島武宜, 『イデオロギーとしての家族制度』, 岩波書店, 1978.

川島武宜, 『日本人の法意識』, 岩波書店, 2016.

美濃部達吉, 『憲法講話』, 有斐閣, 1912.

美濃部達吉, 『逐条憲法精義』, 有斐閣, 1930.

美濃部達吉, 『憲法撮要』, 有斐閣, 1933.

美濃部達吉, 『日本國憲法原論』, 有斐閣, 1948.

長谷部恭男, 『憲法と平和を問いなおす』, ちくま新書, 2005.

長谷部恭男, 『比較不能な価値の迷路: リベラル・デモクラシーの憲法理論』, 東京大学出版会, 2005.

長谷部恭男 編, 『「この国のかたち」を考える』, 岩波書店, 2014.

長谷部恭男, 『憲法の理性』, 東京大学出版会, 2016.

宮澤俊義, 『憲法略説』, 岩波書店, 1943.

宮沢俊義, 「八月革命と国民主権主義」, 『世界文化』 第1巻 第4号(1946年5月).

宮澤俊義, 『日本国憲法』, 日本評論新社, 1956.

宮澤俊義, 『憲法講話』, 岩波新書, 1967.

加藤周一, 『雑種文化: 日本の小さな希望』, 講談社, 1956.

加藤周一, 「戦争と知職人」, 鷲巣 力 編, 『加藤周一著作集 第七巻』, 平凡社, 1980.

加藤周一, 『加藤周一自選集 2: 1955-1959』, 岩波書店, 2009.

鈴木安藏, 『日本憲法史研究』, 叢文閣, 1935.

鈴木安藏, 『日本憲法史概説』, 中央公論社, 1941.

鈴木安藏, 『憲法制定とロエスレル: 日本憲法諸原案の起草經緯と其の根本精神』, 東洋 經濟新報社, 1942.

鈴木安藏, 『比較憲法史』, 勁草書房, 1951.

鈴木安蔵, 『憲法と条約と駐留軍』, 至誠堂, 1959.

尾佐竹猛, 『日本憲政史』, 日本評論社, 1930.

尾佐竹猛, 『日本憲政史大綱(上巻)』, 日本評論社, 1938.

尾佐竹猛, 『日本憲政史の研究』, 一元社, 1943.

尾佐竹猛, 三谷太一郎 校注, 『大津事件: ロシア皇太子大津遭難』, 岩波文庫, 1997.

福澤諭吉, 『學問のすすめ』, 靑木書店, 1954.

福沢諭吉, 慶応義塾 編, 『福沢諭吉全集 <第5巻>』, 岩波書店, 1970.

福沢諭吉, 『文明論之槪略』, 岩波文庫, 1988.

福澤諭吉, 『福翁自伝』, 慶応義塾大学出版会, 2001.

福澤諭吉, 山本博文 訳, 『(現代語訳)福澤諭吉 幕末・維新論集』, ちくま新書, 2012.

長谷川正安, 『(新版)憲法学の方法』, 日本評論社, 1968.

長谷川正安, 『憲法運動論』, 岩波書店, 1968.

長谷川正安, 『現代法入門』, 勁草書房, 1975.

長谷川正安, 『日本の憲法(第3版)』, 岩波新書, 1994.

和辻哲郎, 「封建思想と神道の教義」, 『和辻哲郎全集(第14巻)』, 岩波書店, 1962.

和辻哲郎, 「国民全体性の表現者」, 『和辻哲郎全集(第14巻)』, 岩波書店, 1962.

和辻哲郎, 『鎖国: 日本の悲劇(下)』, 岩波文庫, 1997.

和辻哲郎, 『風土: 人間学的考察』, 岩波文庫, 1998.

和辻哲郎, 『日本精神史研究』, 岩波文庫, 2000.

和辻哲郎, 『鎖国: 日本の悲劇(上)』, 岩波文庫, 2011.

和辻哲郎, 『日本倫理思想史(四)』, 岩波文庫, 2012.

杉原泰雄, 『国民主権の研究』, 岩波書店, 1971.

杉原泰雄, 『平和憲法』, 岩波新書, 1990.

杉原泰雄, 『憲法と国家論』, 有斐閣, 2006.

司馬遼太郎・ドナルド キーン, 『日本人と日本文化』, 中公新書, 1992.

司馬遼太郎, 『「昭和」という国家』, NHKブックス, 1999.

司馬遼太郎, 『「明治」という国家[下]』, 日本放送出版協会, 2007.

司馬遼太郎, 『「明治」という国家[上]』, 日本放送出版協会, 2016.

小林 節・渡部昇一, 『そろそろ憲法を変えてみようか』, 致知出版社, 2001.

小林 節, 『白熱講義! 日本国憲法改正』, ベスト新書, 2013.

小林 節・佐高 信, 『安倍「壊憲」を撃つ』, 平凡社新書, 2015.

山崎丹照, 『內閣制度の研究』, 高山書院, 1942.

山崎丹照, 『內閣論』, 學陽書房, 1953.

大石義雄, 『帝國憲法と財産制』, 日本評論社, 1943.

大石義雄, 『憲法』, 勁草書房, 1951.

吉田 茂, 『回想十年 第二巻』, 中公文庫, 1998.

吉田 茂, 『回想十年(新版)』, 毎日ワンズ, 2012.

酒井直樹, 『日本思想という問題: 翻訳と主体』, 岩波書店, 1998.

酒井直樹, 『希望と憲法: 日本国憲法の発話主体と応答』, 以文社, 2008.

田中 彰, 『明治維新(日本の歴史 第24巻)』, 小学館, 1976.

田中 彰 編, 『日本の近世 <第18巻>: 近代国家への志向』, 中央公論社, 1994.

田中 彰, 『小国主義: 日本の近代を読みなおす』, 岩波新書, 1999.

小林直樹, 『日本における憲法動態の分析』, 岩波書店, 1964.

小林直樹, 『日本国憲法の問題状況』, 岩波書店, 1964.

家永三郎, 『日本文化史(第二版)』, 岩波新書, 1991.

家永三郎 編, 『植木枝盛選集』, 岩波文庫, 2007.

坂野潤治, 『明治デモクラシー』, 岩波新書, 2005.

坂野潤治・田原総一朗, 『大日本帝国の民主主義』, 小学館, 2006.

坂野潤治, 『未完の明治維新』, ちくま新書, 2007.

坂野潤治, 『日本近代史』, ちくま新書, 2012.

豊下楢彦, 『安保条約の成立: 吉田外交と天皇外交』, 岩波書店, 1996.

豊下楢彦, 『集団的自衛権とは何か』, 岩波新書, 2007.

安倍晋三・岡崎久彦, 『この国を守る決意』, 扶桑社, 2004.

安倍晋三, 『美しい国へ』, 文春新書, 2006.

安倍晋三, 『新しい国へ: 美しい国へ 完全版』, 文春新書, 2013.

遠山茂樹・佐藤誠朗, 板垣退助 監修, 『自由党史(上)』, 岩波文庫, 1957.

遠山茂樹・佐藤誠朗, 板垣退助 監修, 『自由党史(中)』, 岩波文庫, 1992.

遠山茂樹・佐藤誠朗, 板垣退助 監修, 『自由党史(下)』, 岩波文庫, 1992.

南原 繁, 『大學の自由』, 東京大學出版部, 1952.

南原 繁, 『人間と政治』, 岩波新書, 2013.

大石 眞, 『日本憲法史(第二版)』, 有斐閣, 2005.

大石 眞, 『憲法講義I(第2版)』, 有斐閣, 2011.

大久保利謙, 「維新政府」, 大久保利謙 編, 『政治史III』, 山川出版社, 1975.

大久保利謙, 『岩倉具視』, 中公新書, 1990.

加藤弘之, 『立憲政体略』, 谷山楼, 1868.

加藤弘之, 『国家の統治権』, 実業之日本社, 1913.

加藤弘之, 「隣艸」, 吉野作造 編, 『明治文化全集(第七巻 政治篇)』, 日本評論社, 1927.

吉野作造, 『世界平和主義論(吉野作造博士民主主義論集 第4巻)』, 新紀元社,

1947.

吉野作造, 『吉野作造選集 <第六巻>』, 岩波書店, 1996.

中江兆民, 『平民の目さまし』, 文昌堂, 1887.

中江兆民, 『三酔人経綸問答』, 桑原武夫・島田虔次 訳注, 岩波文庫, 2015.

中村政則, 『日本近代と民衆』, 校倉書房, 1984.

中村政則, 『戦後史』, 岩波新書, 2005.

伊藤博文, 『帝國憲法皇室典範義解』, 國家學會, 1888.

伊藤博文 編, 『管制關係資料(全)』, 秘書類纂刊行會, 1942.

高橋哲哉, 『靖国問題』, ちくま新書, 2005.

高橋哲哉・岡野八代, 『憲法のポリティカ: 哲学者と政治学者の対話』, 白澤社, 2015.

瀧井一博, 『文明史のなかの明治憲法: この国のかたちと西洋体験』, 講談社選書メチエ, 2003.

瀧井一博, 『伊藤博文: 知の政治家』, 中公新書, 2010.

渡辺洋三, 『政治と法の間: 日本国憲法の十五年』, 東京大学出版会, 1963.

渡辺洋三・甲斐道太郎 外, 『日本社会と法』, 岩波書店, 2007.

浦田一郎, 『現代の平和主義と立憲主義』, 日本評論社, 1995.

浦田一郎, 『政府の憲法九条解釈: 内閣法制局資料と解説』, 信山社, 2013.

井上寿一, 『吉田茂と昭和史』, 講談社現代新書, 2009.

井上寿一, 『政友会と民政党: 戦前の二大政党制に何を学ぶか』, 中公新書, 2012.

山崎雅弘, 『日本会議: 戦前回帰への情念』, 集英社新書, 2016.

山崎雅弘, 『「天皇機関説」事件』, 集英社新書, 2017.

阪田雅裕, 『政府の憲法解釈』, 有斐閣, 2013.

阪田雅裕 編, 『政府の憲法解釈』, 有斐閣, 2013.

石川真澄, 『データ戦後政治史』, 岩波新書, 1984.

石川真澄, 『戦後政治史』, 岩波新書, 1995.

三谷太一郎, 『学問は現実にいかに関わるか』, 東京大学出版会, 2013.

三谷太一郎, 『日本の近代とは何であったか: 問題史的考察』, 岩波新書, 2017.

高柳賢三, 『天皇・憲法第九條』, 有斐閣, 1963.

高柳賢三, 「憲法に関する逐条意見書」, 『ジュリスト』第289号(1964年1月).

杉田 敦, 「'押し付け憲法'は選びなおさないと, 自分たちの憲法にはならないのではないか」, 憲法再生フォ-ラム 編, 『改憲は必要か』, 岩波新書, 2004.

杉田 敦, 『政治的思考』, 岩波新書, 2013.

中村 元, 『シナ人の思惟方法: 東洋人の思惟方法II』, みすず書房, 1948.

中村 元, 「日本人の思惟方法」, 増田四郎 編, 『西洋と日本: 比較文明史的考察』, 中公新書, 1991.

千葉 眞, 「戦後日本の社会契約は破棄されたのか: 政治思想史からの徹底平和主義」, 小林正弥 編, 『戦争批判の公共哲学: 「反テロ」世界戦争における法と政治』, 勁草書房, 2003.

千葉 眞, 『「未完の革命」としての平和憲法: 立憲主義思想史から考える』, 岩波書店, 2009.

横田喜三郎, 「駐兵は認めても再軍備は避けなければならぬ」, 『世界』 第70号 (1951年10月).

横田喜三郎, 「安全保障と自衛権」, 『時の法令』 No. 329(1959年10月3日).

田口精一, 「天皇の地位」, 田上穣治 編, 『憲法の論点』, 法学書院, 1965.

田口精一, 「家庭生活における基本原理」, 田上穣治 編, 『憲法の論点』, 法学書院, 1965.

樋口陽一, 『個人と国家: 今なぜ立憲主義か』, 集英社新書, 2005.

樋口陽一, 『いま, 「憲法改正」をどう考えるか: 「戦後日本」を「保守」することの意味』, 岩波書店, 2013.

樋口陽一・小林 節, 『憲法改正の真実』, 集英社新書, 2016.

井上ひさし・樋口陽一, 『'日本国憲法'を読み直す』, 岩波書店, 2014.

清水幾太郎, 『無思想時代の思想: わが精神の放浪記2』, 中央公論社, 1975.

清水唯一朗, 『近代日本の官僚: 維新官僚から学歴エリートへ』, 中公新書, 2013.

中村 明, 『戦後政治にゆれた憲法九条: 内閣法制局の自信と強さ(第3版)』, 西海出版, 2009.

苅部 直, 『丸山眞男: リベラリストの肖像』, 岩波新書, 2012.

清宮四郎, 『国家作用の理論』, 有斐閣, 1963.

横田耕一, 『憲法と天皇制』, 岩波新書, 1990.

岡 義武 編, 『吉野作造評論集』, 岩波文庫, 1993.

藤田正勝, 『日本文化をよむ: 5つのキーワード』, 岩波新書, 2017.

奥平康弘・山口二郎 編, 『集団的自衛権の何が問題か: 解釈改憲批判』, 岩波書店, 2014.

蝋山政道, 『日本政治動向論』, 高陽書院, 1933.

芦田 均, 『制定の立場で省みる日本国憲法入門 第一集』, 書肆心水, 2013.

村上重良, 『国家神道』, 岩波新書, 1991.

川口暁弘, 『明治憲法欽定史』, 北海道大学出版会, 2007.

姜 尚 中, 『愛国の作法』, 朝日新書, 2006.

神島二郎, 『近代日本の精神構造』, 岩波書店, 1967.

金子 勝, 『憲法の論理と安保の論理』, 勁草書房, 2013.

斎藤貴男, 『ルポ改憲潮流』, 岩波新書, 2016.

高見勝利, 『憲法改正とは何だろうか』, 岩波新書, 2017.

加藤 朗, 『日本の安全保障』, ちくま新書, 2016.

牧原憲夫, 『民権と憲法』, 岩波書店, 2016.

細谷雄一, 『安保論争』, ちくま新書, 2016.

三上 治, 『憲法の核心は権力の問題である: 九条改憲阻止に向けて』, 御茶の水書房, 2007.

日本外務省特別資料部 編, 『日本占領及び管理重要文書集 第2巻』, 東洋經濟新報社, 1949.

岩村 等, 『入門日本近代法制史』, ナカニシヤ出版, 2008.

廣田直美, 『内閣憲法調査会の軌跡: 渡米調査と二つの「報告書」に焦点をあてて』, 日本 評論社, 2017.

伊藤述史, 『現代日本の保守主義批判: 歴史・国家・憲法』, 御茶の水書房, 2008.

新井勉・蕪山嚴・小柳春一郎, 『近代日本司法制度史』, 信山社, 2011.

岡田亥之三郎 編, 『日本國憲法審議要録』, 盛文社, 1947.

櫻井庄太郎, 『日本封建社會意識論』, 日光書院, 1949.

孫崎 享, 『日米同盟の正体: 迷走する安全保障』, 講談社, 2009.

佐高 信, 『自民党と創価学会』, 集英社新書, 2016.

島薗 進・中島岳志, 『愛国と信仰の構造: 全体主義はよみがえるのか』, 集英社新書, 2016.

憲法再生フォ-ラム 編, 『改憲は必要か』, 岩波新書, 2004.

宮台真司・福山哲郎, 『民主主義が一度もなかった国・日本』, 幻冬舎新書, 2009.

増田 弘, 『自衛隊の誕生: 日本の再軍備とアメリカ』, 中公新書, 2004.

中川秀直, 『官僚国家の崩壊』, 講談社, 2008.

原 彬久, 『岸信介: 権勢の政治家』, 岩波新書, 1995.

内田健三, 『現代日本の保守政治』, 岩波新書, 1989.

西村幸祐, 『日本人に「憲法」は要らない』, ベスト新書, 2016.

小島 毅, 『靖国史観: 幕末維新という深淵』, ちくま新書, 2007.

飯尾 潤, 『日本の統治構造: 官僚内閣制から議院内閣制へ』, 中公新書, 2013.

猪木正道, 『軍国日本の興亡: 日清戦争から日中戦争へ』, 中公新書, 1995.

柳澤協二, 『亡国の安保政策: 安倍政権と「積極的平和主義」の罠』, 岩波書店, 2014.

小倉和夫, 『吉田茂の自問: 敗戦, そして報告書 「日本外交の過誤」』, 藤原書店, 2004.

佐野 學, 『日本再武装論』, 醐燈社, 1951.

森 史朗, 『司馬遼太郎に日本人を学ぶ』, 文春新書, 2016.

新藤宗幸, 『司法官僚: 裁判所の権力者たち』, 岩波新書, 2009.

中野晃一, 『右傾化する日本政治』, 岩波新書, 2016.

半田 滋, 『日本は戦争をするのか: 集団的自衛権と自衛隊』, 岩波新書, 2014.

菅 直人, 『大臣』, 岩波新書, 2009.

潮匡人・斎藤貴男・鈴木邦男・林信吾, 『超日本国憲法』, 講談社, 2007.

日高義樹, 『アメリカが日本に「昭和憲法」を与えた真相』, PHP, 2013.

村松岐夫・伊藤光利・辻中豊, 『日本の政治[第2版]』, 有斐閣, 2005.

文部省 編, 『國體の本義』, 文部省, 1937.

塩田 潮, 『「昭和の怪物」 岸信介の真実』, ワック, 2006.

稲田正次, 『明治憲法成立史(上巻)』, 有斐閣, 1960.

内閣官房 編, 『内閣制度七十年史』, 内閣官房, 1955.

林田亀太郎, 『明治大正政界側面史 上巻』, 大日本雄弁会, 1926.

中野剛志, 『日本思想史新論: プラグマティズムからナショナリズムへ』, ちくま新書, 2012.

小島英俊, 『帝国議会と日本人』, 祥伝社新書, 2016.

松沢弘陽・植手通有 編, 『丸山眞男回顧談(上)』, 岩波書店, 2006.

武藤貞一, 『日支事変と次に来るもの』, 新潮社, 1937.

久米邦武 編, 『特命全権大使米欧回覧実記 第3巻(ヨーロッパ大陸編・上)』, 慶応義塾大学出版会, 2008.

淺井 清, 『日本國憲法講話』, 巖松堂書店, 1950.

南 博, 『日本的自我』, 岩波新書, 1983.

梁谷博治, 『初期議會條約改正』, 白揚社, 1926.

渡辺 治, 『政治改革と憲法改正: 中曽根康弘から小沢一郎へ』, 青木書店, 1996.

高尾栄司, 『日本国憲法の真実』, 幻冬舎, 2016.

木村草太, 『憲法という希望』, 講談社現代新書, 2016.

屋山太郎, 『官僚亡国論』, 新潮社, 1993.

伊達源一郎 編, 『日本憲政史』, 民友社, 1915.

東京日日新聞社・大阪毎日新聞社 編, 『明治・大正・昭和 議会政治裏面史』, 東京日日新聞社・大阪毎日新聞社, 1937.

勝田政治, 『明治国家と万国対峙: 近代日本の形成』, 角川選書, 2017.

堀 茂, 『昭和初期政治史の諸相: 官僚と軍人と党人』, 展転社, 2017.

憲法研究会 編, 『日本国自主憲法試案』, 勁草書房, 1955.

久田栄正, 『日本憲法史: 戦後憲法意識の展開と変遷』, 法律文化社, 1960.

渡邊幾治郎, 『日本憲法制定史講』, 千倉書房, 1939.

小針 司, 『文民統制の憲法学的研究』, 信山社, 1990.

關 和知, 『近代政治の理想と現實』, 帝國講學會, 1925.

高橋清吾, 『現代政治の科學的觀測』, 早稲田大學出版部, 1926.

大藪龍介, 『明治国家論: 近代日本政治体制の原構造』, 社会評論社, 2010.

川人貞史, 『議院内閣制』, 東京大学出版会, 2015.

小関素明, 『日本近代主権と立憲政体構想』, 日本評論社, 2014.

国際法学会 編, 『国際関係法辞典(第2版)』, 三省堂, 2005.

平野義太郎, 『平和の思想: その歴史的系譜』, 白石書店, 1978.

高橋和之, 『立憲主義と日本国憲法(第3版)』, 有斐閣, 2013.

吉田敏浩・新原昭治・末浪靖司, 『検証・法治国家崩壊: 砂川裁判と日米密約交渉』, 創元社, 2014.

初宿正典, 『憲法 1: 統治の仕組み(I)』, 成文堂, 2002.

工藤武重, 『改訂明治憲政史』, 有斐閣, 1934.

穂積八束, 『憲政大意』, 日本評論社, 1935.

山本佐門, 『現代国家と民主政治: 現代政治への基本視点(改訂版)』, 北樹出版, 2013.

山口二郎, 『日本政治の課題: 新・政治改革論』, 岩波新書, 1997.

竹中佳彦, 『日本政治史の中の知識人: 自由主義と社会主義の交錯(下)』, 木鐸社, 1995.

出原政雄, 『自由民権期の政治思想: 人権・地方自治・平和』, 法律文化社, 1995.

一色 清・姜尚中 外, 『明治維新150年を考える: 「本と新聞の大学」講義録』, 集英社新書, 2017.

荒野泰典, 『近世日本と東アジア』, 東京大学出版会, 1988.

子安宣邦, 『国家と祭祀: 国家神道の現在』, 靑土社, 2004.

藤本一美, 『戦後政治の争点: 1945-1970』, 專修大学出版局, 2002.

清水正之, 『日本思想全史』, ちくま新書, 2014.

篠田英郎, 『ほんとうの憲法: 戦後日本憲法学批判』, ちくま新書, 2017.

白井 聡, 『永続敗戦論: 戦後日本の核心』, 太田出版, 2013.

浅井 清, 『明治立憲思想史におけるイギリス国会制度の影響』, 有信堂, 1969.

岩波書店編集部 編, 『思想の言葉:「思想」1962年-1989年 II』, 岩波書店, 2001.

渡辺 浩, 『日本政治思想史: 十七-十九世紀』, 東京大学出版会, 2010.

升味準之輔, 『日本政治史1: 幕末維新, 明治国家の成立』, 東京大学出版会, 2000.

石橋湛山, 『大日本主義との闘争(石橋湛山著作集3 政治・外交論)』, 鴨 武彦 編, 東洋経済新報社, 1996.

児島 襄, 『史録日本国憲法』, 文藝春秋, 1972.

床次竹二郎・岩切重雄, 『日本憲法の精神』, 豊文社, 1921.

清水 伸, 『獨墺に於ける伊藤博文の憲法取調と日本憲法』, 岩波書店, 1939.

橋川文三, 『ナショナリズム』, 紀伊国屋書店, 1994.

清原貞雄, 『外來思想の日本的發達』, 敞文館, 1944.

鳥海 靖, 『日本近代史講義: 明治入憲制の形成とその理念』, 東京大学出版会, 1988.

阿比留乾二, 『滿洲問題とは何ぞや』, 日本評論社, 1929.

安丸良夫, 『現代日本思想論: 歴史意識とイデオロギー』, 岩波書店, 2006.

熊野純彦, 『和辻哲郎: 文人哲学者の軌跡』, 岩波新書, 2009.

高橋 紘, 『象徴天皇』, 岩波新書, 1987.

吉見俊哉, 『親米と反米: 戦後日本の政治的無意識』, 岩波新書, 2007.

西川武臣, 『ペリー来航: 日本・琉球をゆるがした412日間』, 中公新書, 2016.

山內昌之, 『帝国と国民』, 岩波書店, 2004.

末木文美士, 『日本宗教史』, 岩波新書, 2008.

網野善彦, 『日本社会の歴史(下)』, 岩波新書, 1998.

柄谷行人, 『日本精神分析』, 文藝春秋, 2002.

伊藤之雄, 『政党政治と天皇(日本の歴史 第22巻)』, 講談社, 2002.

鈴木 淳, 『維新の構想と展開(日本の歴史 第20巻)』, 講談社, 2002.

大澤真幸, 『戦後の思想空間』, ちくま新書, 2007.

永井秀夫, 『自由民権(日本の歴史 第25巻)』, 小学館, 1976.

北岡伸一, 『日本政治史: 外交と権力』, 有斐閣, 2013.

森 英樹, 『憲法の平和主義と「国際貢献」』, 新日本出版社, 1992.

影山日出彌, 『憲法の原理と国家の論理』, 勁草書房, 1975.

中村雄二郎, 『近代日本における制度と思想』, 未來社, 1986.

服部之総, 『明治維新史: 附絶對主義論』, 上野書店, 1929.

小田中直樹, 『日本の個人主義』, ちくま新書, 2006.

利谷信義, 『日本の法を考える』, 東京大学出版会, 1994.

野中俊彦 他, 『憲法II(第4版)』, 有斐閣, 2006.

長尾一紘, 『日本国憲法』, 世界思想社, 1978.

小林孝輔, 『戦後憲法政治の軌跡』, 勁草書房, 1995.

中川善之助, 憲法普及会 編 『新憲法と家族制度』, 國立書院, 1948.

星野 通, 『民法典論争史: 明治家族制度論争史』, 河出書房, 1949.

鈴木正幸, 『近代日本の軌跡7: 近代の天皇』, 吉川弘文館, 1993.

幣原喜重郎, 『外交五十年』, 中公文庫, 1987.

久野 収・鶴見俊輔, 『現代日本の思想: その五つの渦』, 岩波新書, 2008.

吉田傑俊, 『戦後思想論』, 青木書店, 1985.

平川 新, 『戦国日本と大航海時代: 秀吉・家康・政宗の外交戦略』, 中公新書, 2018.

田中 元, 『古代日本人の世界: 仏教受容の前提』, 吉川弘文館, 1972.

伊藤正徳 編, 『加藤高明(下巻)』, 宝文館, 1929.

井上勝生, 『幕末・維新』, 岩波新書, 2016.

瀬木比呂志, 『絶望の裁判所』, 講談社現代新書, 2014.

アーネスト・サトウ, 『一外交官の見た明治維新(下)』, 坂田精一 訳, 岩波文庫, 2011.

ルース・ベネディクト, 長谷川松治 訳, 『菊と刀: 日本文化の型』, 社会思想社, 1977.

ロナルド・トビ(Ronald Toby), 『「鎖国」という外交(日本の歴史 第9巻)』, 小学館, 2008.

メーチニコフ, 渡辺雅司 訳, 『回想の明治維新: 一ロシア人革命家の手記』, 岩波文庫, 1997.

NHK放送文化研究所 編, 『現代日本人の意識構造 [第八版]』, NHK出版, 2015.

PHP研究所 編, 『安倍晋三 対論集: 日本を語る』, PHP, 2006.

布川玲子, 「田中最高裁長官と上告審に関する米政府解禁文書」, 布川玲子・新原昭治 編『砂川事件と田中最高裁長官: 米解禁文書が明らかにした日本の司法』, 日本評論社, 2013.

伊藤公雄, 「『和の精神』の発明: 聖徳太子像の変貌」, 井上 俊 他, 『日本文化の

社会学 (岩波講座 現代社会学 第23巻)』, 岩波書店, 1996.

中野 卓,「内と外」, 相良 亨・尾藤正英・秋山 虔 編, 『講座日本思想3 秩序』, 東京大学出版会, 1983.

宮本英雄,「京大問題の眞相」, 佐佐木惣一 他 共編, 『京大事件』, 岩波書店, 1933.

川崎卓吉,「憲政常道の復活」, 讀賣新聞社 編, 『日本をどうする: 速に國策を樹立せよ』, 日本評論社, 1935.

宇野哲人,「儒敎と日本國民性」, 解放社 編, 『日本國民性の研究』, 解放社, 1921.

左藤 功,「日本における國家權力と法: 日本國憲法起草者の論理と心理を中心として」, 日本法哲學會 編, 『法と國家權力II 類型』(法哲學年報), 有斐閣, 1953.

蟻川恒正,「‘憲法の番人’に関する考察」, 『法律時報』(88巻5号), 日本評論社, 2016.

山元 一,「九条論を開く: <平和主義と立憲主義の交錯>をめぐる一考察」, 水島朝穂 編, 『立憲的ダイナミズム』, 岩波書店, 2014.

愛敬浩二,「立憲・平和主義の構想」, 水島朝穂 編, 『立憲的ダイナミズム』, 岩波書店, 2014.

青井未帆,「文民統制論のアクチュアリティ」, 水島朝穂 編, 『立憲的ダイナミズム』, 岩波書店, 2014.

住友陽文,「大正期立憲デモクラシー論の展開と帰結: 法治主義と徳治主義の分節化の 果てに」, 林 尚之・住友陽文 編, 『立憲主義の「危機」とは何か』, すずさわ書店, 2015.

坂本一哉,「独立国の条件: 1950年代の日本外交」, 五百籏頭真 編, 『戦後日本外交史』, 有斐閣, 2000.

奥村文男,「靖国訴訟と死者儀禮」, 慶野義雄・大矢吉之 外 編, 『国家・憲法・政治: 戦後の憲法秩序を考える』, 嵯峨野書院, 1995.

大矢吉之,「憲法と人権」, 慶野義雄・大矢吉之 外 編, 『国家・憲法・政治: 戦後の憲法 秩序を考える』, 嵯峨野書院, 1995,

五百籏頭真,「占領下日本の外交」, 五百籏頭真 編, 『戦後日本外交史』, 有斐閣, 2000.

大矢吉之,「憲法前文の思想」, 慶野義雄・大矢吉之 他 編, 『国家・憲法・政治: 戦後の憲法秩序を考える』, 嵯峨野書院, 1995.

大矢吉之,「九条と国の安全保障」, 慶野義雄・大矢吉之 他 編, 『国家・憲法・

政治: 戦後の憲法秩序を考える』, 嵯峨野書院, 1995,

小林陽一, 「軍事立国をめざす安倍改憲の戦略」, 小林陽一 外, 『軍事立国への野望』, かもがわ出版, 2015.

澤野義一, 「憲法の歴史的発展'史観に立つ憲法九条と永世中立論の再考」, 杉原泰雄・樋口陽一・森 英樹 編, 『長谷川正安先生追悼論集 戦後法学と憲法』, 日本評論社, 2012.

本 秀紀, 「'二つの法体系'論の今日的意義と課題」, 杉原泰雄・樋口陽一・森 英樹 編, 『長谷川正安先生追悼論集 戦後法学と憲法』, 日本評論社, 2012.

倉持孝司, 「日米安保五〇年と'二つの法体系'論」, 杉原泰雄・樋口陽一・森 英樹 編, 『長谷川正安先生追悼論集 戦後法学と憲法』, 日本評論社, 2012.

孫 文, 「大アジア主義」, 小野川秀美 編, 『孫文・毛沢東』, 中央公論社, 1969.

石川健治, 「軍隊と憲法」, 水島朝穂 編, 『立憲的ダイナミズム』, 岩波書店, 2014.

林 尚之, 「世界大戦のなかの立憲主義と世界連邦的国連中心主義」, 林尚之・住友陽文 編, 『立憲主義の「危機」とは何か』, すずさわ書店, 2015.

小関素明, 「「護憲」の超克と民主主義の制度設計: 国民主権の実効化の探究」, 林尚之・ 住友陽文 編, 『立憲主義の「危機」とは何か』, すずさわ書店, 2015.

佐藤太久磨, 「敗戦・アメリカ・日本国憲法: 戦時思想から戦後政治へ」, 林尚之・住友陽文 編, 『立憲主義の「危機」とは何か』, すずさわ書店, 2015.

田中希生, 「法外なるこの世界: 近代日本社会と立憲主義」, 林尚之・住友陽文 編, 『立憲主義の「危機」とは何か』, すずさわ書店, 2015.

赤坂真理, 「どんな兵器よりも破壊的なもの」, 内田 樹 編, 『日本の反知性主義』, 晶文社, 2016.

塩原 勉, 「変容する日本文化」, 井上 俊 他, 『日本文化の社会学』, 岩波書店, 1996.

三浦銕太郎, 「民主主義化と啓蒙運動」, 松尾尊兌 編, 『大日本主義か小日本主義か: 三浦銕太郎論説集』, 東洋経済新報社, 1995.

堀 孝彦, 「天皇制の二重構造: 自立的倫理の確立を阻害するもの」, 『名古屋学院大学論集』, 27(1)(1990年7月).

恒藤 恭, 「平和憲法と国民の真情」, 『世界』, 岩波書店, 138(1957年6月), 27-34.

泉谷周三郎, 「国民道徳論と個人主義」, 西洋思想受容研究会 編, 『西洋思想の

日本的展開: 福澤諭吉からジョン・ロールズまで』, 慶應義塾大学出版
会, 2002.

内田 満, 「教育勅語と戦後日本の道徳教育」, 西洋思想受容研究会 編, 『西洋思
想の日本的展開: 福澤諭吉からジョン・ロールズまで』, 慶應義塾大学
出版会, 2002.

相沢 久, 「現代日本における国家と宗教」, 『ジュリスト』増刊総合特集 第21号
(1981年).

上田勝美, 「信教の自由と政教分離の原則」, 龍谷大学宗教法研究会 編, 『宗教
学研究』第一輯.

米谷匡史, 「丸山眞男と戦後日本: 戦後民主主義の<始まり>をめぐって」, 情況
出版編集部, 『丸山真男を読む』, 情況出版, 1997.

増田四郎, 「世界史的にみたヨーロッパと日本」, 増田四郎 編, 『西洋と日本: 比
較文明史的考察』, 中公新書, 1991.

宇野俊一, 「天皇制支配体制の確立過程」, 大久保利謙 編, 『政治史III』, 山川出
版社, 1975.

Dahl, Robert, 2006, *A Preface to Democratic Theory*, Chicago: The
University of Chicago Press.

Hirschl, Ran, *Towards Juristocracy*, 2004.

Ginsburg, Tom, 2003, *Judicial Review in New Democracies: Constitutional
Courts in Asian Cases*, Cambridge: Cambridge University Press.

J. Mark Ramseyer and Eric B. Rasmusen, *Measuring Judicial Independence:
The Political Economy of Judging in Japan*, Chicago: The
University of Chicago Press, 2003.

Alec Stone Sweet, *Governing with Judges*, 2000.

Bellamy, Richard, 2007, *Political Constitutionalism: A Republican Defence
of the Constitutionality of Democracy*, New York: Cambridge
University Press.

Griffin, Stephen M., 1996, *American Constitutionalism: From Theory to
Politics*, Princeton: Princeton University Press.

Wood, Gordon S., 1998, *The Creation of American Republic, 1776-1787*,
Chapel Hill: University of North Carolina Press.

Oscar Handlin and Mary Handlin (ed.), *The Popular Source of Political*

Authority: Documents on the Massachusetts Constitutions of 1780, Cambridge: The Belknap Press of Harvard University Press, 1966.

Alfred H. Kelly and Winfred A. Harbison, *The American Constitution: Its Origins and Development*, 3rd ed., New York: W.W. Norton & Company, 1963.

Kramer, Larry D., 2004, *The People Themselves: Popular Constitutionalism and Judicial Reiew*, New York: Oxford University press.

Hamilton, Alexander, James Madison and John Jay, 2003, *The Federalist Papers*, Clinton Rossiter (ed.), New York: New American Library.

Dworkin, Ronald, 1995, "Constitutionalism and Democracy", European Journal of Philosophy, 3, 2-11.

Elster, Jon, 1994, "Constitutional Bootstrapping in Philadelphia and Paris", Michel Rosenfeld (ed.), *Constitutionalism, Identity, Difference, and Legitimacy: Theoretical Perspectives*, Durham: Duke University Press.

Sheldon Wolin, "Collective Identity and Constitutional Power", *The Presence of the Past: Essays on the State and the Constitution*, Baltimore: The Johns Hopkins University Press, 1989.

Parker, Richard D., 1994, "Here, the People Rule: A Constitutional Populist Manifesto," Cambridge: Harvard University Press(Valparaiso University Law Review, 27:3(1993), 531-84)

Ferejohn, John, 1999, "Accountability and Authority: Toward a Theory of Political Accountability", Adam Przeworski, Susan C. Stokes and Bernard Manin (eds.), *Democracy, Accountability, and Representation*, Cambridge: Cambridge University Press.

장진호

성균관대학교 신문방송학과
고려대학교 대학원 정치외교학과
성균관대학교 대학원 정치외교학과(정치학박사)
제44회 사법시험
제34기 사법연수원
대한변협 법제연구원 연구위원
충청북도 고문변호사

저서: 『헌법재판과 한국민주주의』 (2015)

일본의 헌법이념과
헌법정치

초판인쇄 2020년 11월 23일
초판발행 2020년 11월 23일

지은이 장진호
펴낸이 채종준
펴낸곳 한국학술정보㈜
주소 경기도 파주시 회동길 230(문발동)
전화 031) 908-3181(대표)
팩스 031) 908-3189
홈페이지 http://ebook.kstudy.com
전자우편 출판사업부 publish@kstudy.com
등록 제일산-115호(2000. 6. 19)

ISBN 979-11-6603-214-1 93360